普通高等教育"十二五"规划教材·卓越汽车工程师系列

汽车电工电子基础

（第3版）

主编 张大鹏 张 宪
主审 石 勇 付少波

北京理工大学出版社
BEIJING INSTITUTE OF TECHNOLOGY PRESS

内 容 简 介

本书是以教育部颁布的"高等学校工科电工电子技术（电工学）课程教学基本要求"为依据修订编写的，其内容按3个方面来讲述：第一，电路基础部分。重点介绍电路的基本概念和分析方法，包括电路模型，基本定律，电位计算；直流、交流电路的分析方法等。第二，模拟电子技术部分。包括半导体器件、基本放大电路、集成运算放大器的应用、直流稳压电源、晶闸管及可控整流电路等。第三，数字电子技术部分。包括数字电路基础、逻辑门电路与组合逻辑电路、时序逻辑电路和集成555定时器、数/模和模/数转换器等。

本书可作为高等院校工科非电类专业的教材或教学参考用书。

版权专有　侵权必究

图书在版编目（CIP）数据

汽车电工电子基础／张大鹏，张宪主编．—3版．—北京：北京理工大学出版社，2012.11（2020.12重印）
ISBN 978-7-5640-6893-6

Ⅰ. ①汽⋯　Ⅱ. ①张⋯②张⋯　Ⅲ. ①汽车－电工②汽车－电子技术
Ⅳ. ①U463.6

中国版本图书馆 CIP 数据核字（2012）第241675号

出版发行／	北京理工大学出版社
社　　址／	北京市海淀区中关村南大街5号
邮　　编／	100081
电　　话／	(010)68914775（办公室）　68944990（批销中心）　68911084（读者服务部）
网　　址／	http：//www.bitpress.com.cn
经　　销／	全国各地新华书店
印　　刷／	北京虎彩文化传播有限公司
开　　本／	787毫米×1092毫米　1/16
印　　张／	20
字　　数／	464千字
版　　次／	2012年11月第3版　2020年12月第8次印刷
定　　价／	46.00元

责任编辑／陈莉华
责任校对／周瑞红
责任印制／王美丽

图书出现印装质量问题，本社负责调换

《汽车电工电子基础（第3版）》编委会

主　编　张大鹏　张　宪
副主编　王凤忠　谭允恩　李良洪　张　磊
编　委　郭丽莉　王立研　桂明华　张　亮
　　　　李志勇　赵建辉　付兰芳　刘卜源
　　　　沈　虹　俞　妍　李纪红　陈　影
主　审　石　勇　付少波

第3版前言

△ 汽车电工电子基础（第3版）

本书是以教育部颁布的"高等学校工科电工电子技术（电工学）课程教学基本要求"为依据编写的，可作为高等院校工科非电类专业的教材或教学参考用书。

本书是在第2版的基础上修订的。参考学时为70学时左右。对于少学时专业采用本书时，可根据实际情况删减部分内容。

《汽车电工电子基础》是汽车相关专业的一门重要技术基础课程。本书总结了我们多年的教学实践经验，贯彻"少而精"的教学原则；注意取材的先进性和实用性，力求概念叙述清楚；内容深入浅出，适当更新；做到重点突出，理论联系实际。本书的特点是着重电路的定性分析，强调基本概念，重视基本理论的应用和基本技能的训练。

在内容安排上，贯彻从实际出发，由浅入深、由特殊到一般、从感性上升到理性等原则。本书按3个方面来讲述：第一，电路基础部分。重点介绍电路的基本概念和分析方法，包括电路模型，基本定律，电位计算；直流、交流电路的分析方法等。第二，模拟电子技术部分。包括半导体器件、基本放大电路、集成运算放大器的应用、直流稳压电源、晶闸管及可控整流电路等。第三，数字电子技术部分。包括数字电路基础、逻辑门电路与组合逻辑电路、时序逻辑电路和集成555定时器、数/模和模/数转换器等。以上内容是汽车相关专业了解有关电工电子基础及应用的主体内容。

第3版《汽车电工电子基础》应广大读者的需求，在各章习题中增加了填空题和选择题。目的是帮助学生理解教材的相关基本概念和基本知识，并能适应对考试中类似题目的理解和掌握。根据需要，删减了非正弦周期电路、场效应管放大电路和安全用电等章节。本书有与之配套的《汽车电工电子基础学习指导与习题选解》辅助教材，以帮助初学者提高分析问题、解决问题的能力。

在本书中我们既强调了基本理论、基本知识和基本技能，也注意到了知识面的拓宽和更新，力求处理好以下几个关系：

（1）电路基本理论与电子技术的关系。除了深入理解书中介绍的基本概念与设备原理以及一般电路的分析方法外，还必须掌握电子技术的相关理论，深化和扩展对课程内容的理解。

（2）传统内容和知识更新的关系。利用分立元件电路讲述基本概念和原理，做到少而精，重点介绍集成电路的特点和应用。

（3）器件与电路的关系。对于器件主要介绍其外部特性及使用方法，不必过分地追究其内部机理。重点在于电路工作原理的分析和应用实践。

（4）模拟电路与数字电路的关系。适度删减模拟电路的内容，突出重点，奠定基础；增大数字电路的比重，以适应实际工作的需要。

（5）理论学习与素质培养的关系。在加强"三基"的同时，注意素质的培养，尤其是例题、习题的选择中，增加了实用的填空题与选择题，以提高分析问题、解决问题的能力。

在此，对所有为本书进行审阅并提出宝贵意见以及在编写、出版过程中给予热情帮助和支持的同志们，一并表示衷心的感谢。本书中参考了大量有关教材和文献资料，对相关作者表示诚挚的感谢。

由于编者的学识有限，加之时间仓促，书中必然存在一些缺点和错误，恳切希望使用本书的读者给予批评、指正。

编 者

目 录

△ 汽车电工电子基础（第3版）

▶ 第一章　电路的基本概念与基本定律 ·· 1

　　第一节　电路的基本物理量及其正方向 ·· 1
　　第二节　电路的组成和作用 ·· 4
　　第三节　电路的基本定律 ··· 5
　　第四节　电路的三种工作状态 ··· 10
　*第五节　电路中电位的计算 ·· 13
　　习题一 ··· 15

▶ 第二章　电路的分析方法 ··· 20

　　第一节　电阻的串联与并联 ·· 20
　　第二节　电压源与电流源及其等效变换 ··· 23
　　第三节　支路电流法 ·· 28
　*第四节　节点电压法 ··· 30
　　第五节　叠加原理 ··· 32
　　第六节　戴维宁定理与诺顿定理 ··· 35
　　习题二 ··· 39

▶ 第三章　交流电路 ·· 49

　　第一节　交流电的基本概念 ·· 49
　　第二节　正弦量的相量表示法 ··· 52
　　第三节　无源元件 ··· 57
　　第四节　纯电阻交流电路 ··· 60

第五节　纯电感交流电路 62
　　第六节　纯电容交流电路 65
　　第七节　RLC 串联电路 67
　＊第八节　阻抗的串联与并联 73
　　第九节　功率因数的提高 77
　＊第十节　电路中的谐振 78
　　习题三 84

▶ **第四章　三相交流电路** 92

　　第一节　三相交流电源 92
　　第二节　对称负载的三相交流电路 94
　　第三节　不对称负载的三相交流电路 97
　　第四节　三相交流电路的功率 99
　　习题四 101

▶ **第五章　半导体器件** 106

　　第一节　半导体基本知识 106
　　第二节　半导体二极管 109
　　第三节　稳压管 111
　　第四节　半导体三极管 112
　　习题五 117

▶ **第六章　基本放大电路** 122

　　第一节　三极管放大电路的组成及工作原理 122
　　第二节　放大电路的静态分析 124
　　第三节　放大电路的动态分析 125
　　第四节　静态工作点的稳定 131
　　第五节　射极输出器 133
　　第六节　多级放大电路 136
　＊第七节　功率放大电路 139
　　第八节　集成运算放大器 141
　＊第九节　负反馈放大器 144
　　习题六 148

▶ **第七章　集成运算放大器的应用** 154

　　第一节　基本运算电路 154

第二节　测量放大器 ……………………………………………………… 159
＊第三节　信号处理电路 ……………………………………………………… 160
　　第四节　正弦波振荡器 ……………………………………………………… 165
　　习题七 ……………………………………………………………………… 168

▶ 第八章　直流稳压电源 …………………………………………………… 174

　　第一节　整流电路 …………………………………………………………… 174
　　第二节　滤波电路 …………………………………………………………… 178
　　第三节　稳压管稳压电路 …………………………………………………… 181
　　第四节　串联型晶体管稳压电路 …………………………………………… 182
　　第五节　集成稳压电源 ……………………………………………………… 183
　　习题八 ……………………………………………………………………… 185

▶ 第九章　晶闸管及可控整流电路 ………………………………………… 190

　　第一节　晶闸管 ……………………………………………………………… 190
　　第二节　可控整流电路 ……………………………………………………… 193
　　第三节　单结晶体管触发电路 ……………………………………………… 197
　　习题九 ……………………………………………………………………… 201

▶ 第十章　数字电路基础 …………………………………………………… 204

　　第一节　概述 ………………………………………………………………… 204
　　第二节　逻辑代数的基本运算 ……………………………………………… 205
＊第三节　逻辑代数的基本运算规则和定律 ………………………………… 207
　　第四节　逻辑函数的表示方法 ……………………………………………… 208
＊第五节　逻辑函数的代数化简法 …………………………………………… 209
＊第六节　逻辑函数的卡诺图化简法 ………………………………………… 211
　　习题十 ……………………………………………………………………… 214

▶ 第十一章　逻辑门电路与组合逻辑电路 ………………………………… 216

　　第一节　分立元件门电路 …………………………………………………… 216
＊第二节　集成门电路 ………………………………………………………… 219
　　第三节　组合逻辑电路的分析和设计方法 ………………………………… 222
＊第四节　加法器 ……………………………………………………………… 225
＊第五节　编码器 ……………………………………………………………… 227
＊第六节　译码器 ……………………………………………………………… 230
　　习题十一 …………………………………………………………………… 234

▶ 第十二章 时序逻辑电路和集成 555 定时器······239

第一节 触发器······239
第二节 寄存器······245
第三节 计数器······248
第四节 集成 555 定时器······257
习题十二······262

▶ 第十三章 数/模和模/数转换器······269

第一节 数/模转换器（DAC）······269
第二节 模/数转换器（ADC）······273
习题十三······277

▶ 部分习题参考答案······280

▶ 附录一 半导体器件型号命名法······297

▶ 附录二 常用半导体器件的主要性能指标······298

▶ 附录三 半导体集成电路的型号命名及引脚识别······301

▶ 附录四 常用半导体集成电路的主要性能指标······303

▶ 参考文献······307

第一章
电路的基本概念与基本定律

△ 汽车电工电子基础（第3版）

本章从电路的基本物理量及其单位出发，着重讨论电路的基本定律、基本知识、电路的工作状态、电位的计算以及电压和电流的正方向等。直流电路中介绍的这些内容都是分析与计算电路的基础，原则上也适用于正弦交流电路及其他各种线性电路。

第一节 电路的基本物理量及其正方向

一、电流

电荷在电场作用下作有规则的定向运动，称为电流。

在金属导体内的电流是由于导体的内部自由电子在电场力的作用下有规则地运动而形成的。电流在数值上等于单位时间内通过某一导体横截面的电荷量。如果电流用 I 表示，电荷量用 q 表示，时间用 t 表示，则得

$$I = \frac{q}{t} \tag{1-1}$$

式中，q 为时间 t 内通过导体横截面 S 的电荷量。如图 1-1 所示。

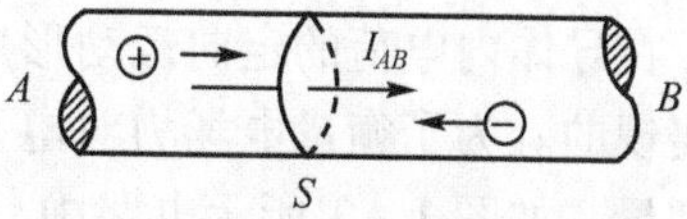

对于随时间变化的电流来说，则电流为

$$i = \frac{dq}{dt} \tag{1-2}$$

图 1-1 金属导体中的电流方向

式（1-2）表示电流是随时间而变化的，是时间的函数，称为变化电流，用小写字母 i 表示。当电流的大小和方向都不随时间变化时，称为直流电流，用大写字母 I 表示。

在国际单位制（SI）中，电流的单位为安（培），用大写字母 A 表示。当 1 s 内通过导体横截面的电荷量为 1 C（库仑）时，则电流为 1 A。在电力系统中，遇到的电流为几安、几十安甚至更大；而在电子技术中经常遇到较小的电流，是以毫安（mA）或微安（μA）为单位来计算的。它们之间的关系是

$$1 \text{ kA} = 10^3 \text{ A}$$

$$1\text{ mA} = 10^{-3}\text{ A}$$
$$1\text{ μA} = 10^{-3}\text{ mA} = 10^{-6}\text{ A}$$

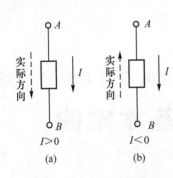

图 1-2 电流的正方向

通常规定正电荷运动的方向或负电荷运动的相反方向为电流的实际方向。但是在分析电路的时候，有时电流的实际方向难于事先确定，特别是在交流电路中，电流的实际方向随时间不断地反复改变，在电路图上也无法用一个箭头来表示它的实际方向。为此，为了分析电路方便，我们可任意选定某一方向作为电流的正方向，或称为参考方向。当电流的正方向与其实际方向一致时，则电流为正值，如图 1-2（a）所示；当电流的正方向与其实际方向相反时，则电流为负值，如图 1-2（b）所示。因此，在正方向选定之后，电流值的正与负，就决定了电流的实际方向。

本书中电路图上所标的电流方向都是正方向（参考方向）。

另外，电流的正方向除用带箭头的直线表示外，还可用双下标表示。如图 1-1 所示，图中 I_{AB} 即表示电流的正方向是由 A 指向 B。若选定正方向为由 B 指向 A，则为 I_{BA}，两者相差一个负号，即 $I_{AB} = -I_{BA}$。

综上所述，电流的正方向是电路中一个非常重要的概念，在学习中应注意以下几点：

（1）电流的实际方向是客观存在的，而其正方向是根据计算的需要任意选取的，正方向一经选定后，在电路分析和计算过程中就必须以此为依据，不能随意改动。

（2）同一电流，若正方向选择不同，其数值相等而符号相反。因此，电流值的正负只有在选定正方向下才有意义。

（3）电路中的基本公式和结论，都是在一定的正方向下得出来的。应用时必须注意正方向的选择。

（4）电流是具有大小和流动方向的代数量，是标量，不是矢量。电流流动方向与矢量中的方向不同，它并不决定电流这一物理量的作用效果。

二、电压和电动势

1. 电压

在导体内电荷的定向运动形成电流，它是在电场力的作用下实现的。为了衡量电场力对电荷做功的能力，引入电压这一物理量。如图 1-3 所示电路中，A、B 两点间的电压 U_{AB} 在数值上等于电场力把单位正电荷从 A 点移到 B 点所做的功。在电场内两点间的电压也常称为两点间的电位差，即电压

$$U_{AB} = V_A - V_B \tag{1-3}$$

式中，V_A 为 A 点的电位；V_B 为 B 点的电位。物理学中电位称为电势，表示电场中某一点能量性质的物理量，它是相对参考点而言的。电场中某点 A 的电位，在数值上等于电场力把单位正电荷从该点沿任意路径移到参考点所做的功。可见，电场中某点的电位就是该点到参考点间的电压。

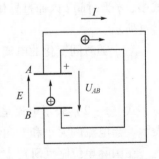

图 1-3 电荷的运动回路

正电荷在电场力推动下，从高电位向低电位移动。则图 1-3 中 A 点称为高电位，用 "+" 号表示。而 B 点称为低电位，用 "-" 号表示。电压的方向是从高电位端指向低电位端，即为电位降低的方向。和电流一样，在电路图上所标的电压的方向也都是正方向。也用箭头或双下标表示，还可用 "+" "-" 表示。在直流电路中，当电压的实际方向已知时，为了简便，常以电压的实际方向作为正方向。

在国际单位制（SI）中，电压的单位为伏特，简写为伏，用字母 V 表示。在测量中也可用千伏（kV）、毫伏（mV）和微伏（μV）表示，它们之间的关系是

$$1 \text{ kV} = 10^3 \text{ V}$$

$$1 \text{ V} = 10^3 \text{ mV} = 10^6 \text{ μV}$$

2. 电动势

为了维持 AB 两点间的电压恒定，则必须使 B 端增加的正电荷经过另一路径流向 A 端，否则 AB 间电压将降低。但由于电场力的作用，电极 B 端上的正电荷不能逆电场而上到达 A 端。因此，必须有一种力能克服电场力而使 B 端的正电荷移向 A 端。电源就能产生这种力，称为电源力。电源力将单位正电荷从电源负极端 B 经过电源内部移至正极端 A，克服电场力所做的功称为电源的电动势，用字母 E 表示。

按照电动势的定义，其单位也是伏特。必须注意，电动势的实际方向由负极指向正极，如图 1-3 所示。因此，电动势的实际方向与电压的实际方向相反。

电动势与电压是两个不同的概念。它们既可以用正负极之间的电动势表示，也可以用其间的电压表示，但要注意两者之间的区别。在图 1-3 中，电动势 E 与电压 U_{AB} 表示同一电源；即 $E = U_{AB}$。在以后的叙述中，常常用一个与电源的电动势大小相等、方向相反的电压等效表示电动势对外电路的作用效果。

三、功和功率

如果在电场中某两点 A 和 B 之间的电压为 U，当电荷 q 受到电场力的作用，在时间 t 内从 A 点移到 B 点，那么电场力做的功为

$$W = Uq \tag{1-4}$$

即

$$W = UIt \tag{1-5}$$

电场做功的结果是消耗了电能。单位时间内消耗的电能称为电功率（或称功率）

$$P = \frac{W}{t} = UI \tag{1-6}$$

在国际单位制（SI）中，功率的单位是瓦特，简称瓦，用 W 表示。如果电压的单位为伏（V），电流的单位为安（A），则功率的单位为瓦（W）。

工程上，较大的功率常用千瓦（kW）和兆瓦（MW）作单位，较小的功率也用毫瓦（mW）和微瓦（μW）表示。它们之间的换算关系为

$$1 \text{ MW} = 10^3 \text{ kW} = 10^6 \text{ W}$$

$$1 \text{ W} = 10^3 \text{ mW} = 10^6 \text{ μW}$$

功的单位是焦耳，用 J 表示（1 J = 1 W·s）。

电功有时也用千瓦时（kW·h）作为单位，1 千瓦时俗称 1 度电。

$$1 \text{ kW·h} = 1 \text{ kW} \times 1 \text{ h} = 1\,000 \text{ W} \times 3\,600 \text{ s} = 3.6 \times 10^6 \text{ J}$$

我们常说用了多少"度"电，就是指消耗了多少千瓦时的电能。

例 1.1 一只 60 W、220 V 的白炽灯泡，按每月 30 天，每天以 4 小时计算。一个月要消耗多少千瓦时电能？

解 根据式（1-5）和式（1-6）可知

$$W = Pt = 60 \times 4 \times 30 = 7\,200 \text{ W} \cdot \text{h} = 7.2 \text{ kW} \cdot \text{h}$$

必须指出 在电工技术里，负载的大小是指用电设备吸收或消耗功率的大小，消耗功率大的称为负载大，消耗功率小的称为负载小。

第二节 电路的组成和作用

一、电路的组成

某些电气设备或器件按一定方式连接起来，构成电流的通路，称为电路。最简单的电路是如图 1-4 所示的手电筒电路，它由下列三部分组成：电源、中间环节、负载。

1. 电源

电源是一种将非电能转换成电能的装置。常用的电源有干电池、蓄电池和发电机等，它们分别将化学能和机械能转换成电能。电源的符号如图 1-5 所示。图 1-5（a）表示干电池或蓄电池符号，图 1-5（b）表示干电池组或蓄电池组的符号。在电路分析中，电源设备一般用图 1-5（c）所示的电压源表示，图中 R_S 表示电压源的内阻。

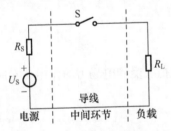

图 1-4 手电筒电路模型

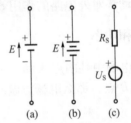

图 1-5 电源符号

（a）干电池、蓄电池符号；（b）干电池、蓄电池组符号；（c）电源符号

2. 中间环节

中间环节起传输、分配和控制电能的作用。最简单的中间环节就是开关和导线。一般连接导线的电阻很小，所以电路分析中常把连接导线的电阻视为零。中间环节一般还有保护和测量设备。对于一个实际电路来说，中间环节可能是相当复杂的，它可能是由各种元器件或设备组成的网络系统。

3. 负载

负载是取用电能的设备，其作用是将电能转换成其他形式的能量（如机械能、光能、热能）。常见的负载有电灯、电动机、电炉、扬声器等。

综上所述，电源、中间环节和负载是组成一个完整电路的三个最基本的部分。

二、电路的作用

电路的组成形式和功能虽然是多种多样的,但总的来说,它的作用主要有以下两点。

1. 实现电能的传输和转换

在电力系统中,发电机组把热能、水能、原子能转换成电能,通过变压器、输电线路输送和分配到用户,用户则根据实际需要又把电能转换成机械能、光能和热能等。

2. 传递和处理电信号

通过电路元件,可以将信号源施加的信号变换或加工成所需的输出信号。如放大电路的作用是把微弱的输入信号放大成为满足工作需要的强的输出信号。

无论电能的传输、分配和转换,还是信号的传递和处理,其中电源或信号源的电压(电流)都称为激励,它驱动电路工作。在激励作用下,电路某一元件上的电压或通过元件的电流称为响应。激励表示电源供给电路的能量,响应表示在电路某一元件上能量的应用。所谓电路分析,就是在已知电路结构和元件参数的情况下,讨论电路的激励和响应之间的关系。

第三节 电路的基本定律

电路中使用的最简单、最普通的电路元件是电阻,电阻是从实际元件中抽象出来的模型,在电路中对电流呈现阻力。电阻元件两端的电压和通过的电流是受欧姆定律约束的。在简单电路分析中,运用欧姆定律即可得到解决,但是在实际工作中,常常会遇到比较复杂的电路,要分析这类电路问题就有赖于基尔霍夫定律和欧姆定律的配合使用。在学习这些基本定律之前,先介绍几个有关的电路名词。

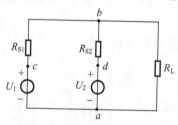

图 1-6 电路图的示例

支路 电路中含有电路元件的每个分支称为支路,一条支路中通过的电流为同一电流。在图 1-6 中有三条支路,如 acb 支路,adb 支路和 R_L 支路。在支路 acb 和支路 adb 中含有电源,这些支路称为有源支路,而电阻 R_L 支路称为无源支路。

节点 在电路中,三条或三条以上支路的连接点称为节点。在图 1-6 中有两个节点 a 和 b。而 c 和 d 则不被看作节点。

回路 电路中任一闭合路径称为回路。在图 1-6 电路中共有三个回路。即 $acbda$,$adbR_La$,$acbR_La$。

网孔 在回路内部不含有支路的回路称为网孔。在图 1-6 电路中 $acbda$ 和 $adbR_La$ 回路都是网孔。

一、欧姆定律

通常流过电阻 R 的电流与电阻两端的电压成正比,与电阻 R 成反比,这就是欧姆定律。它是分析计算电路的基本定律之一。对图 1-7(a)所示的电路,当有电流 I 通过电阻时,

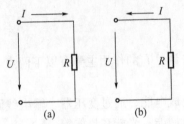

图1-7 欧姆定律
(a) 参考方向一致；(b) 参考方向不一致

欧姆定律可用下式表示

$$I = \frac{U}{R} \tag{1-7}$$

或

$$U = IR \tag{1-8}$$

由式（1-7）可知，如果电压一定时，电阻 R 越小，则电流 I 越大；反之，电阻 R 越大，电流 I 越小。显然，电阻在电路中具有对电流起阻碍作用的物理性质。

在国际单位制（SI）中，电阻的单位是欧姆（Ω）。当电路两端电压为1伏（V），流过的电流为1安（A）时，则这条支路的电阻为1欧（Ω）。在实际工作中还常用到千欧（kΩ）或兆欧（MΩ），它们之间的关系为

$$1 \text{ k}\Omega = 10^3 \text{ }\Omega$$

$$1 \text{ M}\Omega = 10^3 \text{ k}\Omega = 10^6 \text{ }\Omega$$

应用欧姆定律时注意，如果流过电阻的电流和电压的正方向不一致时，如图1-7（b）所示，则欧姆定律应写为

$$I = -\frac{U}{R} \tag{1-9}$$

或

$$U = -IR$$

在电压电流参考方向一致时，电阻吸收或消耗的功率为

$$P = UI = RI^2 = \frac{U^2}{R} \tag{1-10}$$

式（1-10）只适用计算电阻所消耗的功率，I 和 U 分别为流过该电阻的电流和端电压，当 R 为正实常数时，电阻消耗的功率将大于零，是一个耗能元件，与假定的参考方向无关。

在实际电路中，如果参考方向一致，计算所得功率为负值（$P<0$），则表示这段电路（或元件）发出功率，即产生能量。

例1.2 如图1-8所示电路，试用欧姆定律求 I 或 U 以及电阻吸收的功率。

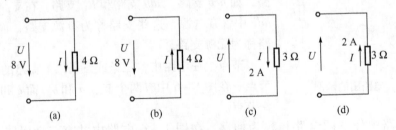

图1-8 例1.2的图

解 由图1-8（a）可知，电压、电流的参考方向一致，有

$$I = \frac{U}{R} = \frac{8}{4} = 2 \text{ (A)}$$

$$P = UI = 8 \times 2 = 16 \text{ (W)}$$

由图1-8（b）可知，电压、电流方向不一致，即有

$$I = -\frac{U}{R} = -\frac{8}{4} = -2 \text{ (A)}$$

$$P = -UI = -8 \times (-2) = 16 \text{ (W)}$$

由图 1-8（c）可知，电压、电流的参考方向不一致，即有
$$U = -IR = -2 \times 3 = -6 \text{ (V)}$$
$$P = -UI = -(-6) \times 2 = 12 \text{ (W)}$$

由图 1-8（d）可知，电压、电流的参考方向一致，有
$$U = IR = 2 \times 3 = 6 \text{ (V)}$$
$$P = UI = 12 \text{ (W)}$$

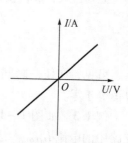

图1-9 线性电阻的伏安特性曲线

由式（1-7）可知，电阻元件的电压与电流成正比关系，通过实验可将测量得到的电压值和电流值绘出一根直线，如图 1-9 所示。我们称遵循欧姆定律的电阻为线性电阻，由线性元件组成的电路称为线性电路。图 1-9 所示的直线常称为线性电阻的伏安特性曲线。

二、基尔霍夫定律

1. 基尔霍夫电流定律（KCL）

基尔霍夫电流定律是用来确定一个节点上各支路电流之间关系的。由于电流的连续性，在电路任何点（包括节点在内）的截面上，均不能堆积电荷。因此，基尔霍夫电流定律的具体内容如下：

在任一瞬间，流入某节点的电流 $I_入$ 之代数和等于从该节点流出的电流 $I_出$ 之代数和，即

$$\sum I_入 = \sum I_出 \tag{1-11}$$

对于图 1-10 所示汽车常用电路来说，由节点 a 可以得到
$$I_G + I_B = I_L$$

如果我们规定流入节点的电流为正，而流出节点的电流为负，这样基尔霍夫电流定律可写成一般表示式

$$\sum I = 0 \tag{1-12}$$

式（1-12）说明，在任一瞬间，流入或流出节点的电流代数和恒为零。如果规定流入节点的电流为正，则流出节点的电流就为负。

基尔霍夫电流定律不仅适用于电路中的任一节点，而且还适用于电路中的任一封闭面。该封闭面称为广义节点，如图 1-11 所示电路，封闭面包围的是一个三角形电路，它有 A、B、C 三个节点。应用电流定律可列出

$$I_A = I_{AB} - I_{CA}$$
$$I_B = I_{BC} - I_{AB}$$
$$I_C = I_{CA} - I_{BC}$$

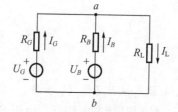

图 1-10 汽车常用电路

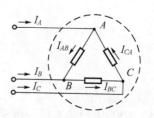

图 1-11 KCL 的推广应用

上列三式相加，便得
$$I_A + I_B + I_C = 0$$
或
$$\sum I = 0$$

可见，在任一瞬间，通过任一封闭面的电流的代数和也恒等于零。

例1.3 如图 1-12 为电路中的某一节点 O，试求 bO 支路中的电流 I_{bO}。

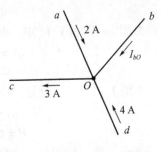

图 1-12 电路中的一个节点

解 在分析计算支路电流时，应首先假设各支路电流的参考方向。一经标定就应根据基尔霍夫电流定律列写方程。必须指出，在计算过程中严禁变更电流的参考方向，以免引起混乱。在本例所示电路图中，假定 b 支路中的电流方向为流入节点 O。所以
$$2 + I_{bO} + 4 - 3 = 0$$
故
$$I_{bO} = 3 - 4 - 2 = -3 \text{ (A)}$$

这里 I_{bO} 为负值，说明电流 I_{bO} 的实际方向是从节点 O 流出的，与参考方向相反。

2. 基尔霍夫电压定律（KVL）

基尔霍夫电压定律是用来确定回路中各部分电压之间的关系的。具体内容如下：

在任一瞬间，对于电路中任一回路，沿任一指定（顺时针或逆时针）方向绕行一周，各部分电压的代数和恒等于零。即
$$\sum U = 0 \tag{1-13}$$

所谓代数和，必须要考虑到正负号，正负号的确定方法如下：

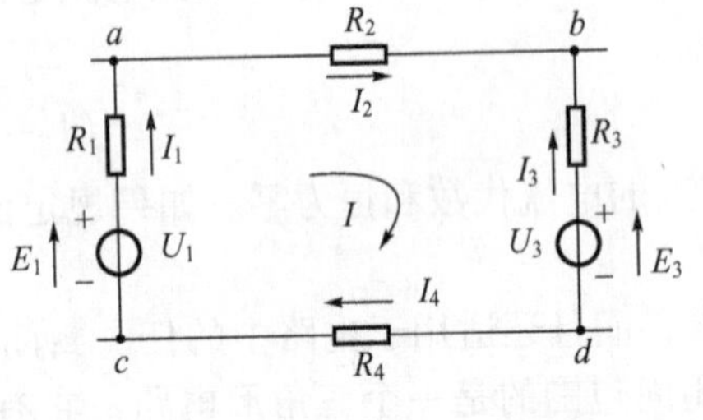

首先任意规定绕行方向（顺时针或逆时针方向），各部分电压参考方向与绕行方向一致者取正号，不一致者取负号。

基尔霍夫电压定律常与欧姆定律配合使用。如图 1-13 所示电路，其电流的参考方向如图所示。

图 1-13 电路中的一个闭合回路

当沿回路 $abdca$ 所示的顺时针方向绕行时，列写 KVL 方程，有
$$U_{ab} + U_{bd} + U_{dc} + U_{ca} = 0$$

其中
$$\begin{cases} U_{ab} = R_2 I_2 \\ U_{bd} = -R_3 I_3 + U_3 \\ U_{dc} = R_4 I_4 \\ U_{ca} = R_1 I_1 - U_1 \end{cases}$$

所以
$$U_{ab} + U_{bd} + U_{dc} + U_{ca} = R_2 I_2 - R_3 I_3 + U_3 + R_4 I_4 + R_1 I_1 - U_1 = 0$$

此外，KVL 方程还有另一种表达式。仍按 $abdca$ 所示的顺时针方向绕行，由于 $E_1 = U_1$，$E_3 = U_3$，且 $U_{R1} = R_1 I_1$ 与绕行方向一致取正号，同理 U_{R2} 和 U_{R4} 与绕行方向也一致，故也取

正号，而 $U_{R3} = R_3 I_3$ 的参考方向与回路绕行方向相反，应取负号。对于电动势（在等式左端时），其参考方向与回路绕行方向一致时取负号，如 E_1；不一致时取正号，如 E_3。所以，根据 KVL 可得

$$U_{R1} + U_{R2} - U_{R3} + U_{R4} + E_3 - E_1 = 0$$

即

$$R_1 I_1 + R_2 I_2 - R_3 I_3 + R_4 I_4 + E_3 - E_1 = 0$$

或将电阻压降写在等式的左端，电动势写在等式的右端，则

$$R_1 I_1 + R_2 I_2 - R_3 I_3 + R_4 I_4 = E_1 - E_3$$

上式写成普遍形式为

$$\sum (RI) = \sum E \qquad (1-14)$$

式（1-14）是基尔霍夫电压定律的另一表示形式，即在电路中，在任一瞬间，沿任一闭合路径电压降的代数和等于电动势的代数和。

在应用式（1-14）时，同样要规定绕行方向。如果电流（电压）的参考方向与绕行方向一致，电阻两端的电压取正号，反之取负号。如果电动势（在等式右端时）的参考方向与绕行方向一致取正号，反之取负号。

例 1.4 如图 1-14 所示电路，试写出回路 I 和回路 II 的电压方程。

解 应用 KVL 分析电路时，一般应按下列步骤进行：
（1）首先假定各支路电流的参考方向，如图 1-14 所示。
（2）假定回路绕行方向，图中为顺时针方向。
（3）应用式（1-13）或式（1-14）列出电压方程。

由式（1-13）可得

回路 I $\qquad R_1 I_1 + R_2 I_2 - U_1 + U_2 = 0$

回路 II $\qquad -R_2 I_2 + R_3 I_3 - U_2 = 0$

由于 $E_1 = U_1$，$E_2 = U_2$，应用式（1-14），得

回路 I $\qquad R_1 I_1 + R_2 I_2 = E_1 - E_2$

回路 II $\qquad R_3 I_3 - R_2 I_2 = E_2$

例 1.5 在图 1-15 所示电路中，已知 $R_B = 20 \text{ k}\Omega$，$R_1 = 10 \text{ k}\Omega$，$E_B = 6 \text{ V}$，$U_S = 6 \text{ V}$，$U_{BE} = -0.3 \text{ V}$，试求电流 I_B、I_2 及 I_1。

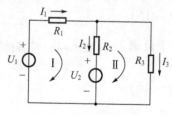

图 1-14 例 1.4 的图

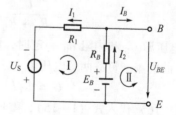

图 1-15 例 1.5 的图

解 对回路 II 应用基尔霍夫电压定律列出

$$E_B - I_2 R_B - U_{BE} = 0$$
$$6 - 20 I_2 - (-0.3) = 0$$

即

故 $\qquad I_2 = 0.315 \text{ (mA)}$

再对回路 I 列出

$$E_B - I_2 R_B - I_1 R_1 + U_S = 0$$

即

$$6 - 0.315 \times 20 - 10I_1 + 6 = 0$$

故

$$I_1 = 0.57 \text{ (mA)}$$

应用基尔霍夫电流定律列出

$$I_2 - I_1 - I_B = 0$$

即

$$0.315 - 0.57 - I_B = 0$$

故

$$I_B = -0.255 \text{ (mA)}$$

由此可见，基尔霍夫电压定律不仅适用于任一闭合回路，而且对于任一假想的闭合回路，基尔霍夫电压定律同样适用。

综上所述，在电路中，电阻元件上的电流、电压关系要符合欧姆定律，而对于任何节点，各支路电流要按照基尔霍夫电流定律分配；对于任何闭合回路中的各支路电压应满足基尔霍夫电压定律。

另外，在应用欧姆定律和基尔霍夫定律列写电路方程时，首先应在电路图中标出电压、电流的参考方向，因为方程式中各个物理量的正、负号均由相应的电压、电流的参考方向所决定。

第四节　电路的三种工作状态

电路工作时，有可能处于有载工作状态、开路状态和短路状态。现分别讨论每一种状态下的特点。

一、有载工作状态

由图 1-16 的电路可知，当开关 S 闭合时，电路接通，有电流通过负载 R_L，这种状态称为有载工作状态，此时电路中的电流为

$$I = \frac{U_S}{R_0 + R_L} \quad (1-15)$$

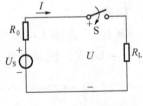

图 1-16　电路的有载工作状态

当电压源 U_S 和内阻 R_0 一定时，电流 I 的数值取决于负载电阻 R_L 的大小。负载两端电压为

$$U = R_L I \quad (1-16)$$

将式 (1-16) 代入式 (1-15)，整理可得

$$U = U_S - R_0 I \quad (1-17)$$

由式 (1-17) 可得

$$U_S = U + R_0 I \quad (1-18)$$

式 (1-18) 两边同乘以 I，则得功率平衡方程式

$$U_S I = UI + I^2 R_0 \quad (1-19)$$

或
$$P_S = P + P_0 \qquad (1-20)$$

式中，$P_S = U_S I$，是电源产生的功率；

$P_0 = I^2 R_0$，是电源内阻上损耗的功率；

$P = UI$，是负载消耗的功率。

式（1-20）说明，电路在有载工作状态下，电压源 U_S 产生的功率等于电源内阻 R_0 上损耗的功率与负载 R_L 消耗的功率之和。

在图 1-16 中，当负载电阻减小时，负载电流将随之增加，电源输出功率也将增加，若不能加以限制，则电源将因电流过大而被烧毁。对于电气设备或电路元件也同样存在类似情况。所以在使用时，都要明确规定使用数据，这些数据就是该设备或元件的额定值。电气设备工作在额定情况下叫作额定工作状态。

各种电气设备和电路元件都有额定值。按照额定值使用，电气设备运行才能安全可靠，经济合理，同时也不至于缩短使用寿命。例如，一只变压器的寿命与它的绝缘材料的耐热性能和绝缘强度有关。如果通过变压器的电流大于其额定电流时，将会由于发热过甚而损坏绝缘材料。同理，若所加电压超过额定电压，绝缘材料有可能被击穿，影响使用寿命。导线的使用也是如此，一定要根据使用场合、通过电流的大小来选定导线的粗细和绝缘等级等。

为了便于用户使用，生产厂家在电气设备和元器件的铭牌或外壳上均明确标出了其额定数据——额定电压、额定电流和额定功率，分别用 U_N、I_N 和 P_N 表示。例如，一台直流发电机的铭牌上标有 28 V、160 A、4.5 kW。这些数据就是它的额定值。在额定电压下工作，负载电流小于额定值时称为欠载；负载电流等于额定值时称为满载；负载电流大于额定值时，称为过载。一般情况下，应按照规定值来使用各种电器设备。

例 1.6 有一阻值为 200 Ω，功率为 2 W 的碳膜电阻，在使用时其电流和电压不得超过多大的数值？

解 由 $P_N = U_N I_N = I_N^2 R$

所以

$$I_N = \sqrt{P_N/R} = \sqrt{2/200} = 0.1 \text{ (A)}$$
$$U_N = I_N R = 0.1 \times 200 = 20 \text{ (V)}$$

二、开路状态

如图 1-17 所示电路，开关 S 未闭合，或未接负载 R_L 时，电路断开，此时电路中输出电流为零，电路的这种状态叫作开路状态。这时电源的端电压 U_L' 在数值上等于电压源的电压 U_S，这个电压叫作开路电压，用 U_{OC} 表示。由于输出电流为零，故电路不输出功率。开路状态电路的主要特点为

$$\left. \begin{array}{l} I = 0 \\ U_L' = U_{OC} = U_S \\ P = I^2 R_L = 0 \end{array} \right\} \qquad (1-21)$$

三、短路状态

在图 1-18 电路中，当负载电阻 R_L 逐渐减小到等于零时，或者由于某种原因导致负载

两端发生短路时，短路点电阻为零，电流有捷径可流通，不再流过负载，这种状态称为短路状态。在此状态下，电路中电流只通过电源内阻 R_0，电流将达到很大的数值，这个电流叫作短路电流，用 I_{SC} 表示。即

$$I_{SC} = \frac{U_S}{R_0} \tag{1-22}$$

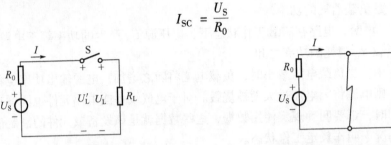

图 1-17　电路的开路状态　　　　图 1-18　电路的短路状态

此时，电源内阻上的电压
$$U_0 = R_0 I_{SC} = U_S$$

负载上的端电压
$$U = U_S - R_0 I_{SC} = 0 \tag{1-23}$$

因而负载上吸收的功率也等于零，即
$$P = 0 \tag{1-24}$$

所以电源产生的功率全部消耗在内阻上，即
$$P_0 = R_0 I_{SC}^2$$

内阻 R_0 一般很小，由式（1-22）可知 I_{SC} 将很大。如果这种状态不能迅速排除，短路电流经过内阻产生的热量会烧坏电源。电源短路是一种严重事故，应尽量避免。为了防止短路引起大电流损坏电源的事故出现，通常在电路中安装熔断器或自动保护装置。一旦发生短路故障时，能迅速切断电路使之处于开路状态，以保护电气设备和供电线路。

实际工作中，有时出于某种需要，可以将电路的某一段或某一元件短路（常称为短接）或进行某种短路实验，如图 1-19 所示。应该注意：严禁将电源输出端钮直接短路。

例 1.7　设图 1-20 电路中的电源额定功率 $P_N = 11$ kW，额定电压 $U_N = 220$ V，内电阻 $R_0 = 0.4$ Ω，R 为可调节的负载电阻，求：

（1）电源的额定电流 I_N；
（2）电源的开路电压 U_{OC}；
（3）电源满载时的负载电阻 R_N；
（4）负载发生短路时的短路电流 I_{SC}。

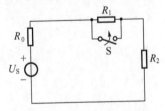

图 1-19　电路的短接

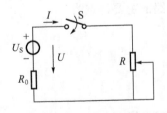

图 1-20　例 1.7 的图

解 （1）电源的额定电流

$$I_N = \frac{P_N}{U_N} = \frac{11 \times 10^3}{220} = 50 \ (A)$$

（2）电源的开路电压

$$U_{OC} = U_S = U_N + R_0 I_N = 220 + 0.4 \times 50 = 240 \ (V)$$

（3）电源满载时的负载电阻

$$R_N = \frac{U_N}{I_N} = \frac{220}{50} = 4.4 \ (\Omega)$$

（4）短路电流

$$I_{SC} = \frac{U_S}{R_0} = \frac{240}{0.4} = 600 \ (A) \gg I_N$$

由计算可知，电源短路时的电流很大，因而具有很大的危害性。

*第五节　电路中电位的计算

在电路分析中，特别是在电子线路分析中，为了方便而又准确地判断晶体管的工作状态，普遍使用电位的概念来讨论问题，而较少使用电压。

为了求得电路中各点的电位值，必须在电路中选择一个参考点，而且规定参考点的电位为零，这个参考点常称为零电位点。原则上零电位点是可以任意指定的，在实际工程中，我们常常指定大地为零电位参考点。这是因为有些设备的机壳大都是与地面相连接的。但是，在许多电子仪器设备中，它们的外壳一般是不与大地连接的。为了分析方便，我们把电路中很多元件汇集在一起的一个公共点假设为参考点，用符号"⊥"表示。而接地点则用符号"⏚"表示。

电路中的参考点选定以后，电路中某点的电位就等于该点与参考点之间的电压，这样电路中各点电位就有了一个确定数值，高于参考点的电位为正；低于参考点的电位为负。电路中各点的电位一旦确定以后，我们就可以求得任意两点之间的电压。

在电子技术中，引入电位概念以后，习惯上常常将图1-21（a）所示的电路图画为图1-21（b）所示的电路，不画电源，各端标以电位值。

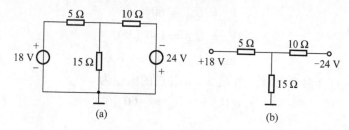

图1-21　具有参考点的电路图

例1.8　试分别计算图1-22中开关断开和接通时 A 点的电位。

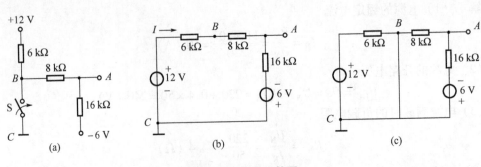

图 1-22 例 1.8 的图

解 图 1-22（a）所示的电路是一种习惯画法，图中接地符号表示零电位。开关断开和闭合时的等效电路可重新画出，如图 1-22（b）和图 1-22（c）所示电路。

开关 S 断开时如图 1-22（b）所示，显然是一个单回路电路，其电流参考方向如图所示。根据基尔霍夫电压定律，按顺时针方向沿回路绕行一周列出的电压方程为

$$(16+8+6) \times 10^3 I = 12 + 6$$

可求得

$$I = \frac{18}{30 \times 10^3} = 0.6 \text{ (mA)}$$

所以

$$V_A = U_{AC} = 16 \times I - 6 = 3.6 \text{ (V)}$$

当开关 S 闭合后，由图 1-22（c）所示电路可知，节点 B 与参考点 C 由一短路线相连接，使得两个电源构成了两个单独的回路。即 A 点电位只与 6 V 电源所产生的回路电流有关，所以

$$V_A = U_{AB} = U_{AC} = \frac{8 \times (-6)}{16+8} = -2 \text{ (V)}$$

例 1.9 如图 1-23 所示电路，已知 $U_{ab}=60$ V，$U_{ca}=80$ V，$U_{da}=30$ V，$U_{cb}=140$ V，$U_{db}=90$ V，试求：

（1）当 $V_b=0$ 时，a、c、d 各点的电位；

（2）当 $V_a=0$ 时，b、c、d 各点的电位。

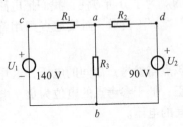

图 1-23 例 1.9 的图

解（1）因为 b 点为参考点即 $V_b=0$，所以 a、c、d 与 b 点之间的电压即为 a、c、d 各点的电位。

$$V_a = U_{ab} = 60 \text{ (V)}$$
$$V_c = U_{cb} = 140 \text{ (V)}$$
$$V_d = U_{db} = 90 \text{ (V)}$$

（2）同理，a 点为参考点时，则 b、c、d 各点的电位为

$$V_b = U_{ba} = -U_{ab} = -60 \text{ (V)}$$

或

$$V_b = U_{bc} + U_{ca} = -140 + 80 = -60 \text{ (V)}$$
$$V_b = U_{bd} + U_{da} = -90 + 30 = -60 \text{ (V)}$$
$$V_c = U_{ca} = 80 \text{ (V)}$$

$$V_d = U_{da} = 30 \text{ (V)}$$

由上分析可知:

(1) 电路中某一点的电位等于该点与参考点之间的电压。

(2) 对于同一参考点,电路中任一点的电位为一定值,而与所选路径无关。

(3) 电路中各点的电位随着参考点的改变而改变,但电路中任意两点间的电压是不会变化的。

(4) 在计算电路中各点的电位时,参考点的选择是任意的,但在一个电路中只能选择一个参考点。

习 题 一

一、填空题

1.1 电路由_____、_____、和_____三部分组成。

1.2 电源和负载的本质区别是:电源是把_____能量转换成_____能的设备,负载是把_____能转换成_____能量的设备。

1.3 在电压、电流符合关联参考方向的情况下 $P = UI$,若元件电压、电流参考方向相反时,则电功率 $P = $ _____;以上情况若结果 $P > 0$,则元件为_____,若 $P < 0$,则元件为_____。

1.4 电路中各支路电流任意时刻均遵循_____定律;回路上各电压之间的关系则受_____定律的约束。

1.5 电路中参考点选得不同,各点的电位_____。

1.6 电路中任意两点之间电位的差值等于这两点间_____。电路中某点到参考点间的_____称为该点的电位。

1.7 生产厂家在电气设备和元器件的铭牌或外壳上均明确标出了电压、电流和功率的值,它们均为_____,分别用符号_____、_____、_____来表示。

二、选择题

1.1 某电阻元件的额定数据为"1 kΩ、2.5 W",正常使用时允许流过的最大电流为(   )。

A. 50 mA B. 2.5 mA C. 250 mA D. 25 mA

1.2 有"220 V、100 W""220 V、25 W"白炽灯两盏,串联后接入 220 V 交流电源,其亮度情况是(   )。

A. 100 W 灯泡最亮
B. 25 W 灯泡最亮
C. 两只灯泡一样亮
D. 两只都不亮

1.3 一电阻 R 上 U、I 参考方向不一致,令 $U = -10$ V,消耗功率为 0.5 W,则电阻 R 为(   )。

A. 200 Ω B. -200 Ω C. 100 Ω D. -100 Ω

1.4 电流与电压为关联参考方向是指(   )。

A. 电流参考方向与电压降参考方向一致
B. 电流参考方向与电压升参考方向一致
C. 电流实际方向与电压升实际方向一致
D. 电流实际方向与电压降实际方向一致

1.5 图 1-24 所示电路中，A、B 两点间的电压 U_{AB} 为（   ）V。

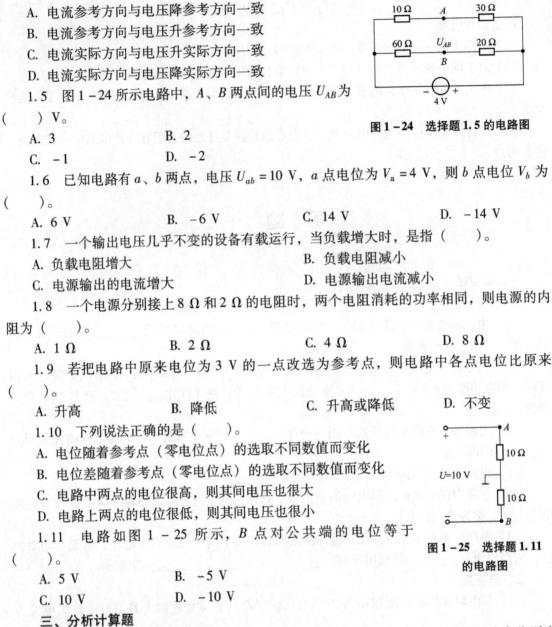

图 1-24　选择题 1.5 的电路图

A. 3　　　　　　B. 2
C. -1　　　　　D. -2

1.6 已知电路有 a、b 两点，电压 $U_{ab} = 10$ V，a 点电位为 $V_a = 4$ V，则 b 点电位 V_b 为（   ）。

A. 6 V　　　B. -6 V　　　C. 14 V　　　D. -14 V

1.7 一个输出电压几乎不变的设备有载运行，当负载增大时，是指（   ）。

A. 负载电阻增大　　　　　　B. 负载电阻减小
C. 电源输出的电流增大　　　D. 电源输出电流减小

1.8 一个电源分别接上 8 Ω 和 2 Ω 的电阻时，两个电阻消耗的功率相同，则电源的内阻为（   ）。

A. 1 Ω　　　B. 2 Ω　　　C. 4 Ω　　　D. 8 Ω

1.9 若把电路中原来电位为 3 V 的一点改选为参考点，则电路中各点电位比原来（   ）。

A. 升高　　　B. 降低　　　C. 升高或降低　　　D. 不变

1.10 下列说法正确的是（   ）。
A. 电位随着参考点（零电位点）的选取不同数值而变化
B. 电位差随着参考点（零电位点）的选取不同数值而变化
C. 电路中两点的电位很高，则其间电压也很大
D. 电路上两点的电位很低，则其间电压也很小

1.11 电路如图 1-25 所示，B 点对公共端的电位等于（   ）。

图 1-25　选择题 1.11 的电路图

A. 5 V　　　　　　B. -5 V
C. 10 V　　　　　D. -10 V

三、分析计算题

1.1 在图 1-26 所示的电路中，a、b 段产生功率 1 500 W，其余三段消耗功率分别为 1 000 W、350 W、150 W，若已知电流 $I = 20$ A，方向如图所示。

（1）标出各段电路电压的极性。
（2）求出 U_{ab}、U_{cd}、U_{ef}、U_{gh} 的值。
（3）电路产生的功率与消耗的功率相等，这反映了能量守恒定律。你能从（2）中计算的结果看出这一定律反映在整个电路中电压有什么规律性吗？

1.2 设电路如图 1-27 所示，求电流 I_3 和两个电流源发出的功率。

1.3 一直流发电机，它的额定电压 $U_N = 220$ V，额定输出功率 $P_N = 4.4$ kW。

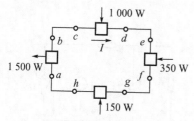

图 1-26 分析计算题 1.1 的图

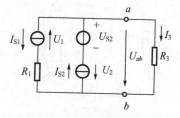

图 1-27 分析计算题 1.2 的图

（1）求发电机的额定电流 I_N；
（2）设负载电阻为 R_L，当 R_L 为何值时，发电机正好满载？若 R_L 小于此值时会怎样？
（3）将一只 220 V、60 W 的灯泡作为发电机的负载时，是否能正常工作？为什么？

1.4 为了测量某直流电机励磁线圈的电阻 R，采用了图 1-28 所示的"伏安法"。伏特计读数为 220 V，安培计读数为 0.7 A，试求线圈的电阻。如果在实验时有人误将安培计当作伏特计，并联在电源上，其后果如何？（已知安培计的量程为 1 A，内阻 R_0 为 0.4 Ω）

1.5 如图 1-29 所示电路，试求 I_0。

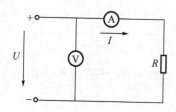

图 1-28 分析计算题 1.4 的图

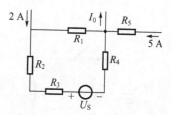

图 1-29 分析计算题 1.5 的图

1.6 试求图 1-30 所示电路中的电流 I_1、I_2、I_3 和电压 U_1、U_2。

1.7 在图 1-31 所示的晶体管电路中，已知 $U_{CC}=6$ V，$I_C=2$ mA，$I_B=50$ μA，$I_2=0.15$ mA，$U_{R_E}=1$ V，$U_{R_C}=2$ V，$R_2=11$ kΩ。试求：（1）集电极电阻 R_C；（2）电压 U_{CE} 和 U_{BE}；（3）电流 I_1 和 I_E。

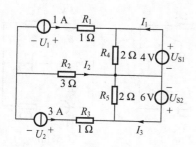

图 1-30 分析计算题 1.6 的图

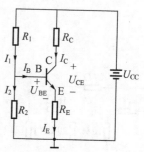

图 1-31 分析计算题 1.7 的图

1.8 试求图 1-32 所示的电路中，已知 $R_1=R_2=5$ Ω，$R_3=10$ Ω，$R_4=R_5=15$ Ω，$I_1=2$ A，$I_3=4$ A，$I_5=1$ A，试求电动势 E_1、E_3 及 E_5。

1.9 在图 1-33 所示的电路中，已知 $U_S=16$ V，$I_S=2$ A，$R_1=12$ Ω，$R_2=1$ Ω，求开关 S 断开时开关两端的电压 U 和开关 S 闭合时通过开关的电流 I。

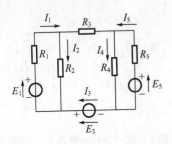

图 1-32 分析计算题 1.8 的图

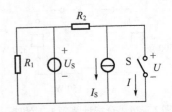

图 1-33 分析计算题 1.9 的图

1.10 为了测定蓄电池的内阻，通常选用一个阻值等于额定负载的电阻 R，接成如图 1-34 所示电路。合上开关 S，读出端电压 $U = 24$ V，再打开开关 S 读出开路电压 $U_{OC} = 25.2$ V，如果图 1-34 中 $R = 10\ \Omega$，试求蓄电池内阻 R_0 等于多少？

1.11 在图 1-35 的电路中，试求：（1）开关 S 断开时电路各段的电流 I_1、I_2 及 I_3；（2）S 合上后的电流 I_2 和 I_S；（3）S 合上后电路各段上的电压 U、U_1、U_2 及 U_3，哪个变高了？哪个变低了？

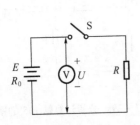

图 1-34 分析计算题 1.10 的图

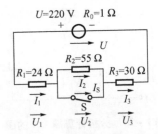

图 1-35 分析计算题 1.11 的图

1.12 求图 1-36 所示电路中的电流 I 和电压 U。

1.13 试求图 1-37 所示的电路中电压 U_{ab}。

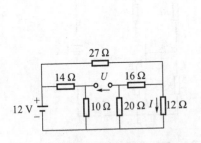

图 1-36 分析计算题 1.12 的图

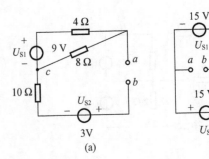

图 1-37 分析计算题 1.13 的图

1.14 在图 1-38 电路中，在开关 S 断开和闭合的两种情况下试求 A 点的电位。

1.15 如图 1-39 所示电路，试分别计算电路中开关 S 断开及接通时 a 点（对地）的电位 V_a。

1.16 如图 1-40 所示电路，已知 $R_1 = 1\ \Omega$，$R_2 = 2\ \Omega$，$R_3 = 3\ \Omega$，$R_4 = 4\ \Omega$，$R_5 = 5\ \Omega$，

$E_1 = 10$ V,$E_2 = 9$ V。试求以 B 为参考点的 V_C、V_D 和 U_{AB}。

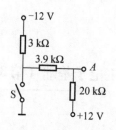

图 1-38 分析计算题
1.14 的图

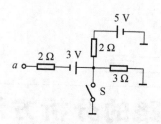

图 1-39 分析计算题
1.15 的图

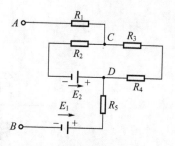

图 1-40 分析计算题
1.16 的图

第二章 电路的分析方法

电路按其结构形式可分为简单电路和复杂电路。最简单的电路只有一个回路,即所谓单回路电路。凡不能用串并联的方法将多个回路化简为单回路电路的,称为复杂电路。

欧姆定律和基尔霍夫定律是分析电路的基础,但由于实际电路往往比较复杂,计算起来相当繁复。因此,要根据电路的结构特点,去寻找分析电路的简单方法。电路有线性电路和非线性电路,线性电路是指电路中的元件均为常数的电路。本章着重讨论线性电路的分析方法,线性电路首先介绍电阻电路的串并联及应用,然后重点讨论几种常用的电路分析方法:电源的等效变换、支路电流法、节点电压法、叠加原理和戴维宁定理等。

第一节 电阻的串联与并联

一、电阻的串联

如果在一段电路上,几个电阻依次首尾相连,各个电阻中通过同一电流,这种联结方法称为电阻的串联。图 2-1 (a) 为三个电阻串联的电路。

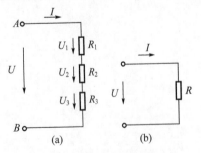

图 2-1 电阻的串联
(a) 电阻的串联；(b) 等效电路

设电路中通过的电流为 I,各电阻的电压分别为 U_1、U_2 和 U_3。那么 AB 端的电压 U 为

$$U = U_1 + U_2 + U_3 \quad (2-1)$$

由欧姆定律可知

$$U_1 = IR_1, U_2 = IR_2, U_3 = IR_3$$

所以

$$U = I(R_1 + R_2 + R_3) = IR \quad (2-2)$$

式中

$$R = R_1 + R_2 + R_3 \quad (2-3)$$

即若干个电阻串联时，它们的等效电阻 R 等于各个串联电阻之和。如图 2-1（b）所示。

各个电阻上的电压为

$$\left. \begin{array}{l} U_1 = IR_1 = \dfrac{R_1}{R}U \\ U_2 = IR_2 = \dfrac{R_2}{R}U \\ U_3 = IR_3 = \dfrac{R_3}{R}U \end{array} \right\} \quad (2-4)$$

式（2-4）为串联电路的分压公式。它表明串联电阻上电压的分配与电阻大小成正比。

电阻串联的应用很多。例如，在负载额定电压低于电源电压的情况下，通常需要与负载串联一个电阻，用来降去一部分电压。有时为了限制负载中通过过大的电流，也可以与负载串接一个限流电阻。如果需要调节电路中的电压或电流，一般也可在电路中串联一个变阻器来进行调节。

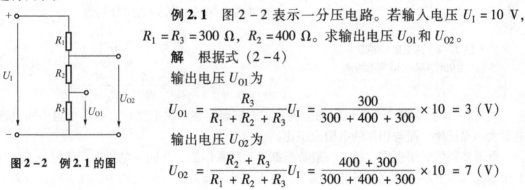

例 2.1 图 2-2 表示一分压电路。若输入电压 $U_\mathrm{I} = 10\ \mathrm{V}$，$R_1 = R_3 = 300\ \Omega$，$R_2 = 400\ \Omega$。求输出电压 U_{O1} 和 U_{O2}。

解 根据式（2-4）

输出电压 U_{O1} 为

$$U_{O1} = \frac{R_3}{R_1 + R_2 + R_3} U_\mathrm{I} = \frac{300}{300 + 400 + 300} \times 10 = 3\ (\mathrm{V})$$

输出电压 U_{O2} 为

$$U_{O2} = \frac{R_2 + R_3}{R_1 + R_2 + R_3} U_\mathrm{I} = \frac{400 + 300}{300 + 400 + 300} \times 10 = 7\ (\mathrm{V})$$

图 2-2 例 2.1 的图

二、电阻的并联

如果电路中有两个或更多个电阻接在两个公共的节点之间，这样的联结方式称为电阻的并联。图 2-3（a）是三个电阻并联的电路。由图可以看出，并联电路的基本特点是各个电阻两端的电压相同。

设 R_1、R_2、R_3 中通过的电流分别为 I_1、I_2、I_3，电路中通过的电流为 I，其参考方向如图所示，根据基尔霍夫电流定律

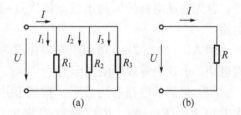

图 2-3 电阻的并联
(a) 电阻的并联；(b) 等效电路

$$I = I_1 + I_2 + I_3 \quad (2-5)$$

由欧姆定律可知

$$I_1 = \frac{U}{R_1} \quad I_2 = \frac{U}{R_2} \quad I_3 = \frac{U}{R_3}$$

因此

$$I = \left(\frac{1}{R_1} + \frac{1}{R_2} + \frac{1}{R_3}\right)U = \frac{U}{R} \tag{2-6}$$

式中

$$\frac{1}{R} = \frac{1}{R_1} + \frac{1}{R_2} + \frac{1}{R_3} = \sum_{i=1}^{n}\frac{1}{R_i} \tag{2-7}$$

即并联电路等效电阻 R 的倒数等于各个电阻的倒数之和。式（2-7）也可写成

$$R = \frac{1}{\sum_{i=1}^{n}\frac{1}{R_i}} \tag{2-8}$$

式（2-8）是计算并联等效电阻 R 的一般公式。它表明电阻并联越多，等效电阻 R 越小。

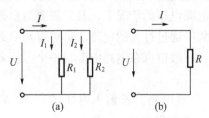

图 2-4 两电阻的并联
（a）电阻的并联；（b）等效电路

在实际应用中，最常见的是两个电阻的并联，如图 2-4 所示，它们的等效电阻为

$$R = \frac{R_1 R_2}{R_1 + R_2} \tag{2-9}$$

通过两个并联电阻的电流分别为

$$\left. \begin{aligned} I_1 &= \frac{U}{R_1} = \frac{IR}{R_1} = \frac{R_2}{R_1 + R_2}I \\ I_2 &= \frac{U}{R_2} = \frac{IR}{R_2} = \frac{R_1}{R_1 + R_2}I \end{aligned} \right\} \tag{2-10}$$

式（2-10）为两个并联电阻的分流公式。它表明在并联电路中，各个电阻中的电流与电阻大小成反比，而与相邻的电阻成正比。

电阻并联的应用也很广泛。一般负载都是并联联结的，在同一电压下，任何一个负载的工作情况基本上不受其他负载的影响。有时为了某些需要，可将电路中的某一段与电阻或电位器并联，以起分流或调节电流的作用。

实际电路中往往既有电阻的并联，又有串联，这种连接称为混联，要分析和计算这类电路，首先要从电路的结构出发，依次运用电阻串并联关系，把它们化简成一个等效电阻的电路。

例 2.2 将图 2-5 所示电路简化成为一个等效电阻电路，求这个等效电阻的阻值。

解 化简从电路右边着手，按照串并联关系，依次求出 R_1、R_2、R_3、R_4，最后求出电路的等效电阻 R。

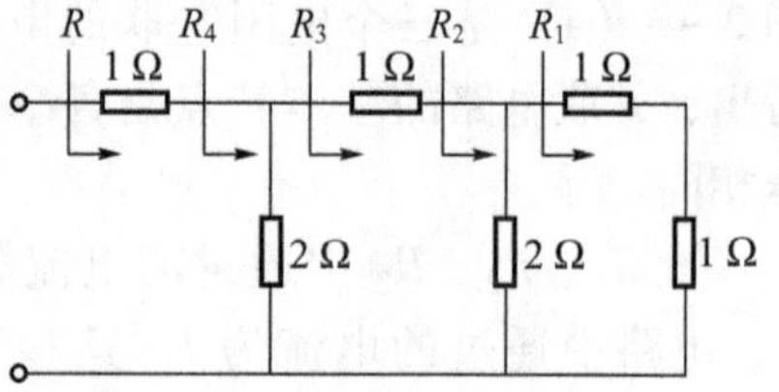

图 2-5 例 2.2 的图

由图 2-5 可以看出：

$$R_1 = 1 + 1 = 2\ (\Omega)$$

$$R_2 = \frac{2 \times R_1}{2 + R_1} = \frac{2 \times 2}{2 + 2} = 1\ (\Omega)$$

$$R_3 = R_2 + 1 = 1 + 1 = 2\ (\Omega)$$

$$R_4 = \frac{2 \times R_3}{2 + R_3} = \frac{2 \times 2}{2 + 2} = 1\ (\Omega)$$

$$R = R_4 + 1 = 1 + 1 = 2\ (\Omega)$$

例2.3 计算图2-6（a）所示电阻电路的等效电阻R，并求电流I和I_5。

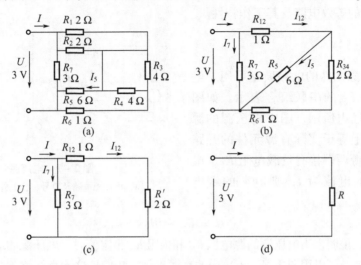

图2-6 例2.3的图

解 （1）在计算等效电阻时，要从电路结构中，看清哪些电路是串联的，哪些是并联的。电阻并联用符号"//"表示，从图2-6（a）中可知

R_1与R_2并联，得$R_{12} = R_1 // R_2 = 1$（Ω）

R_3与R_4并联，得$R_{34} = R_3 // R_4 = 2$（Ω）

因而简化为图2-6（b）所示的电路。在此图中，R_{34}与R_6串联，而后再与R_5并联，得

$$R' = (R_{34} + R_6) // R_5 = 2 \text{（Ω）}$$

再简化为图2-6（c）所示的电路。在此图中，R_{12}与R'串联，而后再与R_7并联，得

$$R = (R_{12} + R') // R_7 = \frac{(1+2) \times 3}{1+2+3} = 1.5 \text{（Ω）}$$

由此最后化简为图2-6（d）所示的电路。

（2）在图2-6（d）中，电流

$$I = \frac{U}{R} = \frac{3}{1.5} = 2 \text{（A）}$$

（3）在图2-6（c）中

$$I_7 = \frac{U}{R_7} = \frac{3}{3} = 1 \text{（A）} \qquad I_{12} = I - I_7 = 2 - 1 = 1 \text{（A）}$$

于是应用分流公式可得

$$I_5 = \frac{R_{34} + R_6}{R_{34} + R_6 + R_5} \times I_{12} = \frac{2+1}{2+1+6} \times 1 = 0.33 \text{（A）}$$

第二节 电压源与电流源及其等效变换

在组成电路的各种元件中，电源是一个有源元件。一个电源可以用两种不同的等效电路表示：一种以输出电压为特征，称为电压源；另一种以输出电流为特征，称为电流源。下面我们来讨论电源的等效电路及其工作特性。

一、电压源

通常一个有源元件的电路模型可用一电压源 U_S 和内阻 R_S 的串联组合表示。如图2-7（a）虚线框内所示，图中电压源的源电压 U_S 在数值上等于实际有源元件的开路电压 U_{OC}。若电源两端接有负载电阻 R_L，电源向负载输出的电流为 I，则电源的端电压为

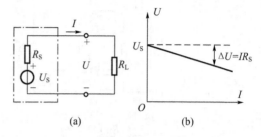

图2-7 电压源
(a) 电压源电路及符号；(b) 外特性曲线

$$U = U_S - IR_S \qquad (2-11)$$

式（2-11）说明，当电压源的源电压 U_S 和内阻 R_S 为定值时，电压源的端电压 U 与负载电流 I 呈线性关系，可以用图2-7（b）中的直线表示。我们把这条直线称为电压源的外特性曲线，简称外特性。也就是电源端电压 U 随输出电流 I 变化的伏安特性曲线。可以看出，当负载电流 I 增大时，电压源内阻压降 $\Delta U = U_S - U = IR_S$ 也增大，电压源的端电压 U 则随之下降。

如果实际电源的内阻很小，则它们的外特性比较平坦。由图2-7（b）可看出，当负载变动时，电压源端电压随电流 I 变化的大小取决于内阻 R_S 的大小，R_S 愈小，内阻压降愈小，电源的端电压愈稳定。

如果 $R_S = 0$，由式（2-11）知，这时电源的端电压为定值，即 $U = U_S$，与负载 R_L 无关，这样的电源我们称为理想电压源，又称恒压源。

理想电压源的基本性质：

（1）理想电压源的端电压 U 是恒定值，而与流过它的电流大小和方向无关。

（2）理想电压源所通过的电流可以是任意值，电流的大小和方向取决于与之相联结的外电路。

（3）n 个理想电压源可以串联，其等效电压为其代数和。若理想电压源并联，其端电压必须相等。

（4）任一支路与理想电压源 U_S 并联时，等效电压仍为其端电压 U_S，而等效电压源的电流等于原电路外部电路电流。

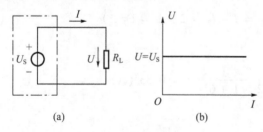

图2-8 理想电压源
(a) 理想电压源电路及符号；(b) 外特性曲线

图2-8（a）中虚线框内所示为理想电压源的符号，其外特性是一条平行于 I 轴的直线，如图2-8（b）所示。

众所周知，理想的电压源是不存在的。但是，如果一个电压源的内电阻 R_S 比负载电阻 R_L 小很多时，即满足 $R_S \ll R_L$，则端电压 $U = IR_L \gg IR_S$，于是 $U \approx U_S$，端电压基本恒定，可以认为是理想电压源。如大功率供电网、干电池、蓄电池、直流稳压电源等，其内阻一般都很小，可把它们作为理想的电压源。

二、电流源

实际电源除用源电压 U_S 和内阻 R_S 串联的电源模型来表示外，还可以用图 2-9（a）所示的另一种电源模型来表示，由图可得关系式

$$I = I_S - \frac{U}{R_S} \quad (2-12)$$

式中，I_S 为电源的短路电流；I 仍为负载电流；而 U/R_S 是电源内阻 R_S 中流过的电流。

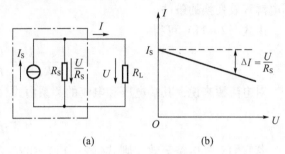

图 2-9　电流源
（a）电流源电路及符号；（b）外特性曲线

图 2-9（a）虚线框是由电流源 I_S 和内阻 R_S 相并联的电源模型，称为电流源。其中电流源的源电流 I_S 在数值上等于电源端口短路电流 I_{SC}。

由式（2-12）可知，电流源的电流 I_S 和内阻 R_S 为定值时，电流源的输出电流 I 与负载端电压 U 呈线性关系，可以用图 2-9（b）中的直线表示。我们把这条直线称为电流源的外特性曲线。

由图 2-9（b）可知，电源向外部输出的电流 I 总是小于 I_S，实际电流源的内阻 R_S 通常都很大。当负载变动时，电流源的输出电流 I 的大小取决于 R_S，R_S 愈大，内阻 R_S 分去的电流愈小，电流源输出电流就愈稳定。

如果电流源的内阻 $R_S = \infty$，这时电源供给负载的电流 I 为恒定值，即 $I = I_S$，与负载的大小无关，这种电流源我们称为理想电流源，又称恒流源。

理想电流源的基本性质：

（1）理想电流源输出的电流是恒定值 I_S，与其端电压无关。

（2）它的端电压是任意的，由外电路决定。

（3）n 个理想电流源可以并联，其等效电流为其代数和。若理想电流源串联，则各电流源的电流必须相等。

（4）任一支路与理想电流源 I_S 串联时，等效电流仍为电流 I_S，而等效电流源的电压等于原电路外部电路电压。

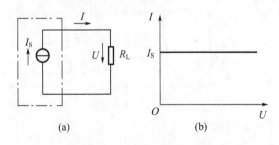

图 2-10　理想电流源
（a）理想电流源电路及符号；（b）外特性曲线

图 2-10（a）中虚线框内所示为理想电流源的符号，其外特性是一条平行于 U 轴的直线，如图 2-10（b）所示。

和理想电压源一样，理想电流源实际上是不存在的。但是，如果一个电源的内阻 R_S 比负载电阻大得多，即满足 $R_S \gg R_L$，则负载电流 $I = U/R_L \gg U/R_S$，因而 $I \approx I_S$，可以认为是理想电流源。如光电池和工作在线性区的三极管都可近似看成理想电流源。

三、电压源与电流源的等效变换

在电路分析计算中,以上两种电源模型是可以等效变换的。下面我们就来研究这两种实际电源等效变换的条件。

由式(2-11)可得

$$I = \frac{U_S - U}{R_S} = \frac{U_S}{R_S} - \frac{U}{R_S} \quad (2-13)$$

对电流源来说,其端电压和电流的关系由式(2-12)可知

$$I = I_S - \frac{U}{R_S} \quad (2-14)$$

若它们对外电路等效,则式(2-13)和式(2-14)对应项应相等。因此等效变换条件为

$$I_S = \frac{U_S}{R_S} \quad (2-15)$$

或

$$U_S = I_S R_S \quad (2-16)$$

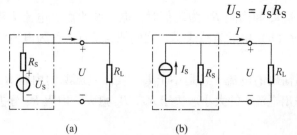

图 2-11 两种电源的等效互换

当两者满足以上关系,且电压源的内阻等于理想电流源的内阻时,这两种电源是可以互换的。两种电源的等效互换电路如图 2-11 所示。

电源的两种等效电路互相变换时,要注意以下几点:

(1)电压源和电流源的参考方向要一致。即电流源流出电流的一端应与电压源的正极相对应。

(2)所谓"等效"是指它们对外电路等效,电源内部电路不等效。

(3)理想电压源与理想电流源之间不能等效变换。因为理想电压源的内阻 $R_S = 0$,而理想电流源的内阻 $R_S = \infty$,两者不满足等效变换条件。

电压源与电流源的等效变换非常简便,它可以使一些复杂电路的计算简化,是一种很实用的电路变换方法。

例 2.4 把图 2-12(a)所示的电路变换成电压源的等效电路。

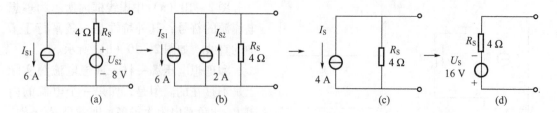

图 2-12 例 2.4 的图

解 (1)先将电压源等效变换成电流源,如图 2-12(b)所示,其中

$$I_{S2} = \frac{U_{S2}}{R_S} = \frac{8}{4} = 2 \text{ (A)}$$

(2) 然后将两电流源合并为 I_S，如图 2-12（c）所示。

则
$$I_S = I_{S1} - I_{S2} = 6 - 2 = 4 \text{ (A)}$$

(3) 再将图 2-12（c）中的电流源等效变换成电压源，如图 2-12（d）所示，其中
$$U_S = I_S R_S = 4 \times 4 = 16 \text{ (V)}$$
$$R_S = 4 \text{ (Ω)}$$

例 2.5 图 2-13（a）电路中各参数已知，求 R_4 中的电流 I。

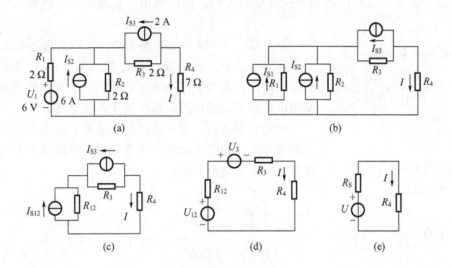

图 2-13 例 2.5 的图

解 (1) 将图 2-13（a）中的电压源等效变换为电流源，如图 2-13（b）所示，其中
$$I_{S1} = \frac{U_1}{R_1} = \frac{6}{2} = 3 \text{ (A)}$$

(2) 将两个并联的电流源合并成图 2-13（c）所示 I_{S12} 与 R_{12} 相并联的电流源。其中
$$I_{S12} = I_{S1} + I_{S2} = 3 + 6 = 9 \text{ (A)}$$
$$R_{12} = R_1 \mathbin{/\mkern-6mu/} R_2 = \frac{R_1 R_2}{R_1 + R_2} = \frac{2 \times 2}{2 + 2} = 1 \text{ (Ω)}$$

(3) 将两电流源分别等效变换成两电压源如图 2-13（d）所示，其中
$$U_{12} = I_{S12} R_{12} = 9 \times 1 = 9 \text{ (V)} \qquad R_{12} = 1 \text{ (Ω)}$$
$$U_3 = I_{S3} R_3 = 2 \times 2 = 4 \text{ (V)} \qquad R_3 = 2 \text{ (Ω)}$$

(4) 将两个电压源合并成如图 2-13（e）所示的电压源。其中
$$U = U_{12} - U_3 = 9 - 4 = 5 \text{ (V)}$$
$$R_S = R_{12} + R_3 = 1 + 2 = 3 \text{ (Ω)}$$

(5) 按等效电路图 2-13（e），可求得电流 I 为
$$I = \frac{U}{R_S + R_4} = \frac{5}{3 + 7} = 0.5 \text{ (A)}$$

由上例可见，利用电源等效变换，可简化电路，使复杂电路的计算变得简便。

第三节 支路电流法

支路电流法是计算复杂电路的最基本的方法，它以各支路电流为未知量，应用基尔霍夫定律和欧姆定律对节点和回路列出所需要的方程，然后解出各支路电流，进而求出电压或功率。

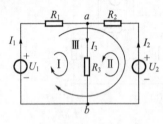

图 2-14 两个电源并联的电路

下面以图 2-14 所示电路为例，介绍支路电流法。

在本电路中，支路数 $b=3$，节点数 $n=2$，要求出三条支路的电流，需列出三个独立方程联立求解。所谓独立方程是指该方程不能通过已经列出的方程演变而来。

在列方程之前，首先必须在电路图中选定未知支路电流的参考方向。按图中选定的参考方向，根据基尔霍夫电流定律可列出两个电流方程：

对于节点 a

$$I_1 + I_2 - I_3 = 0 \qquad [2-17(a)]$$

对于节点 b

$$I_3 - I_2 - I_1 = 0 \qquad [2-17(b)]$$

比较以上两式发现，只有一个方程是独立的。因为对于式 [2-17(b)] 可由式 [2-17(a)] 导出，同理，式 [2-17(a)] 可由式 [2-17(b)] 导出。所以对具有两个节点的电路，应用基尔霍夫电流定律，只能列出一个独立方程。

一般地说，对具有 n 个节点的电路应用基尔霍夫电流定律只能列出 $(n-1)$ 个独立方程。

图 2-14 中有三个回路：即回路 Ⅰ、Ⅱ、Ⅲ。根据基尔霍夫电压定律可列出三个回路电压方程。回路的绕行方向如图 2-14 所示。

对于回路 Ⅰ 可列出

$$U_1 = I_1 R_1 + I_3 R_3 \qquad (2-18)$$

对于回路 Ⅱ 可列出

$$U_2 = I_2 R_2 + I_3 R_3 \qquad (2-19)$$

对于回路 Ⅲ 可列出

$$U_1 - U_2 = I_1 R_1 - I_2 R_2 \qquad (2-20)$$

以上三个方程中，实际上只有两个是独立方程，因为第三个方程可以从前面两个方程导出。在列回路方程时，要使所列出的方程都是独立方程，就得适当选取回路。一般来说，在电路分析中，选取以网孔为回路所列出的电压方程一定为独立方程。图 2-14 所示电路有两个网孔，可列出两个独立的回路电压方程。一般来说，对具有 n 个节点和 b 条支路的电路，按基尔霍夫电压定律列出的独立方程数为 $b-(n-1)$ 个，这正好等于电路中的网孔数。

由上可知，对于图 2-14 所示的电路可列出如下独立方程：

$$\left.\begin{array}{l}I_1 + I_2 - I_3 = 0 \\ U_1 = I_1 R_1 + I_3 R_3 \\ U_2 = I_2 R_2 + I_3 R_3\end{array}\right\} \quad (2-21)$$

将以上方程联立求解，即可求得 I_1、I_2 和 I_3。若求出的数值为正，则表示该电流的实际方向与参考方向相同；若求出的数值为负，则表示电流的实际方向与参考方向相反。

必须指出，当用支路电流法分析含有理想电流源的电路时，由于理想电流源所在支路的电流为已知，所以可少列一个方程。因此，在列回路方程时要避开理想电流源支路。

现在，我们把用支路电流法计算复杂电路的解题步骤归纳如下：
(1) 判定电路的支路数 b 和节点数 n；
(2) 标出各待求支路电流的参考方向和回路的绕行方向；
(3) 根据 KCL 列出 $(n-1)$ 个独立的电流方程式；
(4) 根据 KVL 列出 $b-(n-1)$ 个独立回路的电压方程式；
(5) 解联立方程组，求出各支路电流。

例 2.6 图 2-15 所示电路中，已知：$U_S = 10$ V，$I_S = 4$ A，$R_1 = 6$ Ω，$R_2 = 2$ Ω，$R = 4$ Ω。用支路电流法求各支路电流。

解 图 2-15 所示电路共有 $n=2$ 个节点和 $b=3$ 条支路。设各支路电流的参考方向如图所示。由于 R_2 支路含电流源 I_S，电流 $I_2 = I_S = 4$ A 为已知，所以只需列出 1 个独立的回路的电压方程，且列回路方程时应避开理想电流源支路。根据基尔霍夫电流定律和电压定律可列出如下独立方程。

列 KCL 方程 $\qquad I_1 + I_2 - I = 0$

列 KVL 方程 $\qquad I_1 R_1 + IR - U_S = 0$

$$I_2 = I_S = 4 \text{ A}$$

代入数据得
$$I_1 + 4 - I = 0$$
$$6I_1 + 4I - 10 = 0$$

联立求解方程得
$$I_1 = -0.6 \text{ (A)} \qquad I_2 = 4 \text{ (A)} \qquad I = 3.4 \text{ (A)}$$

负号表示电流 I_1 的实际方向与图中所设参考方向相反。

例 2.7 图 2-16 所示为一测量电阻的电桥电路，用支路电流法求出各支路的电流。已知 $R_1 = 20$ Ω，$R_2 = 50$ Ω，$R_3 = 40$ Ω，$R_4 = 36$ Ω，$R_5 = 10$ Ω，$U = 12$ V。

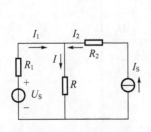

图 2-15 例 2.6 的图

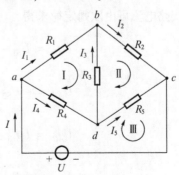

图 2-16 例 2.7 的图

解 该电路中有 4 个节点和 6 条支路，设各支路电流的参考方向和网孔的绕行方向如图 2-16 所示。

对节点 a： $I = I_1 + I_4$

对节点 b： $I_2 = I_1 + I_3$

对节点 d： $I_4 = I_3 + I_5$

对网孔 Ⅰ： $20I_1 - 40I_3 - 36I_4 = 0$

对网孔 Ⅱ： $50I_2 - 10I_5 + 40I_3 = 0$

对网孔 Ⅲ： $36I_4 + 10I_5 = 12$

联立求解得

$I_1 = 0.24$（A） $I_2 = 0.144$（A） $I_3 = -0.096$（A）

$I_4 = 0.24$（A） $I_5 = 0.336$（A） $I = 0.48$（A）

负号表示电流 I_3 的实际方向与图中所设的参考方向相反。

*第四节 节点电压法

支路电流法虽是分析计算复杂电路的基本方法，但对图 2-17 的电路，用支路电流法求解就比较复杂。下面我们讨论计算这种电路的简单方法——节点电压法。

节点电压法是以电路中节点电压为待求量，对复杂电路进行分析计算的一种方法。求出节点电压后，所有支路的电压就确定了，再对各支路运用基尔霍夫定律或欧姆定律，求出各支路电流及其他待求量。

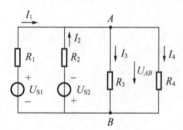

图 2-17 两节点电路

节点电压法特别适宜节点数少而支路数较多的电路分析。图 2-17 所示为四条支路并联的电路。这个电路的特点是节点少、支路数多，所有支路都接在两节点之间。选 B 点为参考点，两个节点 A 和 B 间的电压 U_{AB} 称为节点电压，在图中，电压的正方向由 A 指向 B。

设各支路电流方向如图所示，对于节点 A

$$I_1 + I_2 - I_3 - I_4 = 0 \qquad (2-22)$$

各支路电流可由欧姆定律求得

$$\left. \begin{array}{ll} U_{AB} = U_{S1} - I_1 R_1 & I_1 = \dfrac{U_{S1} - U_{AB}}{R_1} \\[6pt] U_{AB} = -U_{S2} - I_2 R_2 & I_2 = \dfrac{-U_{S2} - U_{AB}}{R_2} \\[6pt] U_{AB} = I_3 R_3 & I_3 = \dfrac{U_{AB}}{R_3} \\[6pt] U_{AB} = I_4 R_4 & I_4 = \dfrac{U_{AB}}{R_4} \end{array} \right\} \qquad (2-23)$$

将式(2-23)代入式(2-22)得

$$\frac{U_{S1} - U_{AB}}{R_1} + \frac{-U_{S2} - U_{AB}}{R_2} - \frac{U_{AB}}{R_3} - \frac{U_{AB}}{R_4} = 0$$

经整理后可得节点电压的公式

$$U_{AB} = \frac{\dfrac{U_{S1}}{R_1} - \dfrac{U_{S2}}{R_2}}{\dfrac{1}{R_1} + \dfrac{1}{R_2} + \dfrac{1}{R_3} + \dfrac{1}{R_4}} = \frac{\sum \dfrac{U}{R}}{\sum \dfrac{1}{R}} \qquad (2-24)$$

将 U_{AB} 代入式(2-23)中,即可求出各支路电流。

由上所述可总结出用节点电压法计算各支路电流的步骤:

(1) 标出各支路电流和节点电压 U_{AB} 的参考方向;

(2) 用式(2-24)求出节点电压 U_{AB}。式中分子项可以为正,也可以为负。当电压源和节点电压的正方向相同时取正号(如 U_{S1}),相反时则取负号(如 U_{S2})。

(3) 再由式(2-23)求解各支路的电流。

例 2.8 用节点电压法求图 2-18 电路中各支路的电流。

解 这是由四个电源并联供电的电路,设节点电压 U_{AB} 和各支路电流方向如图 2-18 所示。

(1) 先求 U_{AB}。因 U_1、U_2、U_3 的方向与 U_{AB} 的方向相同,故取正号;U_4 的方向与 U_{AB} 的方向相反,故取负号。由式(2-24)求得节点电压为

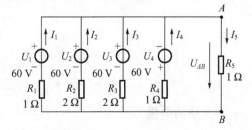

图 2-18 例 2.8 的图

$$U_{AB} = \frac{\dfrac{U_1}{R_1} + \dfrac{U_2}{R_2} + \dfrac{U_3}{R_3} + \dfrac{-U_4}{R_4}}{\dfrac{1}{R_1} + \dfrac{1}{R_2} + \dfrac{1}{R_3} + \dfrac{1}{R_4} + \dfrac{1}{R_5}} = \frac{\dfrac{60}{1} + \dfrac{60}{2} + \dfrac{60}{2} + \dfrac{-60}{1}}{\dfrac{1}{1} + \dfrac{1}{2} + \dfrac{1}{2} + \dfrac{1}{1} + \dfrac{1}{1}} = 15 \text{ (V)}$$

(2) 求各支路电流,由式(2-23)可得

$$I_1 = \frac{U_1 - U_{AB}}{R_1} = \frac{60 - 15}{1} = 45 \text{ (A)}$$

$$I_2 = \frac{U_2 - U_{AB}}{R_2} = \frac{60 - 15}{2} = 22.5 \text{ (A)}$$

$$I_3 = \frac{U_3 - U_{AB}}{R_3} = \frac{60 - 15}{2} = 22.5 \text{ (A)}$$

$$I_4 = \frac{-U_4 - U_{AB}}{R_4} = \frac{-60 - 15}{1} = -75 \text{ (A)}$$

$$I_5 = \frac{U_{AB}}{R_5} = \frac{15}{1} = 15 \text{ (A)}$$

求得的电流 I_4 为负值,表示 I_4 的实际方向与图中所设的方向相反。

例 2.9 用节点电压法求图 2-19 所示电路中的电压 U_{AB} 和各支路的电流 I_1、I_2 和 I_3。

解 由电源的等效变换电路可知,U_S/R_S 就是电流源的电流,所以节点电压公式可写成

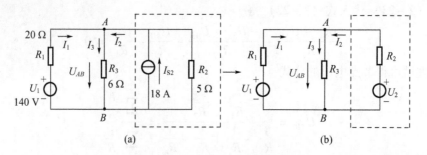

图 2-19 例 2.9 的图

$$U_{AB} = \frac{I_{S1}+I_{S2}}{\frac{1}{R_1}+\frac{1}{R_2}+\frac{1}{R_3}} = \frac{\sum I_S}{\sum \frac{1}{R}}$$

在此，I_S 与 U_{AB} 的正方向相反取正号；否则，取负号。因此由图 2-19（a）可直接求 U_{AB}。

$$U_{AB} = \frac{\frac{U_1}{R_1}+I_{S2}}{\frac{1}{R_1}+\frac{1}{R_2}+\frac{1}{R_3}} = \frac{140/20+18}{\frac{1}{20}+\frac{1}{5}+\frac{1}{6}} = 60 \text{（V）}$$

各支路的电流为

$$I_1 = \frac{U_1-U_{AB}}{R_1} = \frac{140-60}{20} = 4 \text{（A）}$$

$$I_2 = \frac{U_2-U_{AB}}{R_2} = \frac{90-60}{5} = 6 \text{（A）}$$

$$I_3 = \frac{U_{AB}}{R_3} = \frac{60}{6} = 10 \text{（A）}$$

第五节 叠加原理

叠加原理是网络定理中一个最基本的定理，它的重要性并不在于用来计算复杂电路，而在于它是分析和计算线性电路的普遍原理，它反映了线性电路的两个基本性质，即叠加性和比例性，在后续课程中起到重要的作用。其具体内容为：在具有 n 个电源的线性电路中，n 个电源共同作用时，在某一支路中所产生的电流（或电压），等于各个电源单独作用时分别在该支路中所产生的电流（或电压）之代数和。将这个关于各个电源作用的独立性的原理，称为叠加原理。

叠加原理的正确性可用下例说明：

如以图 2-20 中支路电流 I_1 为例，它可用支路电流法求出，即应用基尔霍夫定律列出方程组

$$\left.\begin{array}{l} I_1 + I_2 - I_3 = 0 \\ U_1 = I_1 R_1 + I_3 R_3 \\ U_2 = I_2 R_2 + I_3 R_3 \end{array}\right\} \quad (2-25)$$

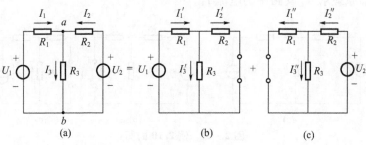

图 2-20 叠加原理

而后解之，得

$$I_1 = \left(\frac{R_2 + R_3}{R_1 R_2 + R_2 R_3 + R_3 R_1}\right) U_1 - \left(\frac{R_3}{R_1 R_2 + R_2 R_3 + R_3 R_1}\right) U_2 \quad (2-26)$$

$$\left.\begin{array}{l} I_1' = \dfrac{R_2 + R_3}{R_1 R_2 + R_2 R_3 + R_3 R_1} U_1 \\[2mm] I_1'' = \dfrac{R_3}{R_1 R_2 + R_2 R_3 + R_3 R_1} U_2 \end{array}\right\} \quad (2-27)$$

于是

$$I_1 = I_1' - I_1''$$

显然，I_1' 是当电路中只有 U_1 单独作用时，在第一支路中所产生的电流，如图 2-20 (b) 所示。而 I_1'' 是当电路中只有 U_2 单独作用时，在第一支路中所产生的电流，如图 2-20 (c) 所示。因为 I_1'' 与 I_1 的正方向相反，所以带负号。

同理

$$I_2 = I_2'' - I_2'$$
$$I_3 = I_3' + I_3''$$

由此可见，用叠加原理计算复杂电路，就是把一个多电源的复杂电路化为几个单电源电路来进行计算。

应用叠加原理时应注意以下几点：

(1) 叠加原理只适用线性电路。它只能用来分析和计算线性电路的电流和电压。由于功率不是电流和电压的一次函数，所以不能用叠加原理来计算电路的功率。如以图 2-20 (a) 中电阻 R_3 上的功率为例，显然

$$P_3 = I_3^2 R_3 = (I_3' + I_3'')^2 R_3 \neq I_3'^2 R_3 + I_3''^2 R_3$$

这说明，电阻上所消耗的功率不等于各个电源单独作用时在电阻 R 上所消耗的功率之和。

(2) 在对电路中电流或电压进行叠加时，要注意各支路电压或电流的参考方向。凡是电压（或电流）分量的参考方向与原支路电压（或电流）的参考方向一致时，取正号，反之则取负号。

(3) 所谓某一电源单独作用，就是假设其余电源除去（简称除源）。即将电压源中的理

想电压源用短路线代替；把电流源中理想电流源 I_S 断开，但电路中的其他元件及电路联结方式都保持不变。

例 2.10 电路如图 2-21（a）所示，已知 $R_1 = 1\ \Omega$，$R_2 = 2\ \Omega$，$R_3 = 3\ \Omega$，$U_S = 4\ V$，$I_S = 2\ A$，用叠加原理求 R_3 支路中的电流 I_3。

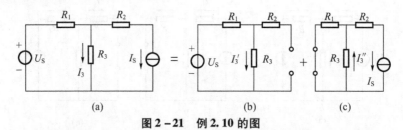

图 2-21 例 2.10 的图

解 （1）当电压源 U_S 单独作用（理想电流源 I_S 断开）时，其等效电路如图 2-21（b）所示。

由图 2-21（b）可得

$$I_3' = \frac{U_S}{R_1 + R_3} = \frac{4}{1+3} = 1\ (\text{A})$$

（2）当理想电流源 I_S 单独作用（电压源 U_S 不作用）时，其等效电路如图 2-21（c）所示。

由图 2-21（c）可得

$$I_3'' = \frac{R_1}{R_1 + R_3} I_S = \frac{1}{1+3} \times 2 = 0.5\ (\text{A})$$

考虑 I_3'、I_3'' 与 I_3 的参考方向，则

$$I_3 = I_3' - I_3'' = 1 - 0.5 = 0.5\ (\text{A})$$

例 2.11 用叠加原理计算图 2-22（a）所示电路。已知各电阻 R 相等，测得电压 $U = 6\ V$，若 16 V 电压源电压降为 0 V 时，U 等于多少？

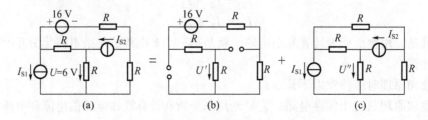

图 2-22 例 2.11 的图

解 由于该题存在三个有源元件，其中只有一个电源发生变化，所以特别适宜叠加原理。

（1）电压源 16 V 单独作用时的电路如图 2-22（b）所示。由图可知

$$U' = \frac{R}{4R} \times 16 = 4\ (\text{V})$$

（2）当 16 V 电压源电压降为 0 V 时，U'' 相当于两个电流源单独作用时产生的电压，电路如图 2-22（c）所示，根据题意，三个电源共同作用时产生的电压为

$$U = U' + U'' = 4 + U'' = 6 \text{ (V)}$$

（3）当 16 V 电压源电压降为 0 V 时，两个电流源单独作用时产生的电压为

$$U'' = U - U' = 6 - 4 = 2 \text{ (V)}$$

由上例可知，在复杂电路的分析中，其中只有一个电源发生变化时，叠加原理使计算变得简单。

第六节　戴维宁定理与诺顿定理

在分析研究一些电路时，往往只需求解一个复杂电路中某个支路的电流或功率；或者在电路其他参数不变的情况下，某支路的电阻改变时，分析计算该支路的电流变化情况。如果用前面讲的支路电流法、叠加原理、节点电压法来计算时，必然要求出一些不需要求的电流来，使计算过程复杂，此时若用戴维宁定理或诺顿定理来进行计算，就比较简便。

一、二端网络的概念

任何电路，不论是简单的还是复杂的，只要它具有两个端钮，则称它为二端网络。根据它内部是否含有电源，又分为无源二端网络［如图 2-23（a）所示］与有源二端网络［如图 2-23（b）所示］。

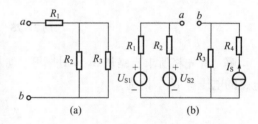

图 2-23　二端网络
(a) 无源二端网络；(b) 有源二端网络

二、戴维宁定理

任何一个线性有源二端网络，对外电路来讲，都可以用一个电压源 U_S 和内阻 R_S 串联的组合电源模型来代替，如图 2-24 所示。图中线性有源二端网络用 A 表示，任意负载用 L 表示。等效电源的电压源 U_S 就是有源二端网络的开路电压 U_{OC}（将负载断开后 ab 两端间的电压），等效电源的内阻 R_S 等于有源二端网络中所有电源均不作用（将各个理想电压源短路，即其电压为零；将各个理想电流源开路，即其电流为零）时，所得的无源二端网络两端间的等效电阻。这个由电压源 U_S 和串联电阻 R_S 组成的等效电路称为戴维宁等效电路。

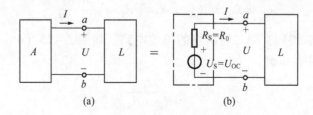

图 2-24　戴维宁等效电路

由上可知，应用戴维宁定理求解电路的关键在于正确处理和求得有源二端网络的电压源 U_S 和串联电阻 R_S。下面通过例题说明如何应用戴维宁定理简化有源二端网络，求解复杂

电路。

例 2.12 应用戴维宁定理计算图 2-25（a）的支路电流 I_3。

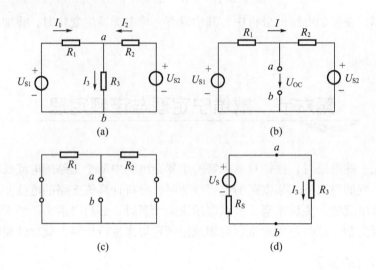

图 2-25 例 2.12 的图

解 首先将所求支路从 a、b 处断开，如图 2-25（b）所示。求此时有源二端网络等效电路的电压源 U_S。因为

$$I = \frac{U_{S1} - U_{S2}}{R_1 + R_2}$$

于是

$$U_{OC} = U_{S1} - IR_1 = \frac{R_1 U_{S2} + R_2 U_{S1}}{R_1 + R_2}$$

由图 2-25（b）可看出 ab 间的开路电压 U_{OC} 就是等效电源的电压源 U_S，故

$$U_S = U_{OC} = \frac{R_1 U_{S2} + R_2 U_{S1}}{R_1 + R_2}$$

然后将有源二端网络内的理想电压源短路，如图 2-25（c）所示，此无源二端网络的等效电阻为

$$R_S = R_0 = R_{ab} = R_1 /\!/ R_2 = \frac{R_1 R_2}{R_1 + R_2}$$

U_S 和 R_S 求出后，得到有源二端网络的等效电路，如图 2-25（d）所示。由图 2-25（d）可求出 R_3 支路中的电流

$$I_3 = \frac{U_S}{R_S + R_3}$$

将 U_S 及 R_S 代入上式得

$$I_3 = \frac{R_1 U_{S2} + R_2 U_{S1}}{R_1 R_2 + R_2 R_3 + R_1 R_3}$$

通过以上分析，可得出应用戴维宁定理求解电路的一般步骤：

（1）断开待求量的支路，得到一有源二端网络。

(2) 根据有源二端网络的具体电路，计算出二端网络的开路电压 U_{OC}，得到等效电压源的源电压 U_S。

(3) 将有源二端网络中的全部电源除去（即理想电压源短路，理想电流源开路），画出所得无源二端网络的电路图，计算其等效电阻，便得到等效电路的内阻 R_S。

(4) 画出由等效电压源与待求支路组成的简单电路，计算出待求电流。

例 2.13 如图 2-26 (a) 所示电路中，已知 $U = 10$ V，$R_1 = 16\ \Omega$，$R_2 = 4\ \Omega$，$R_3 = 20\ \Omega$，$R_4 = 5\ \Omega$，$I_S = 4$ A。试用戴维宁定理求电阻 R_2 中的电流 I。

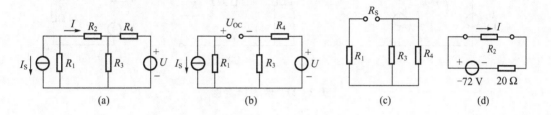

图 2-26　例 2.13 的图

解 (1) 根据题意，断开待求的 R_2 支路求其两端的开路电压 U_{OC}。如图 2-26 (b) 所示，可得

$$U_S = U_{OC} = -I_S R_1 - \frac{U}{R_3 + R_4} R_3 = -4 \times 16 - \frac{10}{20+5} \times 20 = -72\ (\text{V})$$

(2) 求无源二端网络的等效电阻 R_S，将电流源 I_S 断开，如图 2-26 (c) 所示，由图可得

$$R_S = R_1 + \frac{R_3 R_4}{R_3 + R_4} = 16 + \frac{20 \times 5}{20 + 5} = 20\ (\Omega)$$

(3) 求 I，将断开的 R_2 支路联结上，画出戴维宁等效电路如图 2-26 (d) 所示。则

$$I = \frac{U_S}{R_S + R_2} = \frac{-72}{20 + 4} = -3\ (\text{A})$$

必须指出：用戴维宁定理求解时，待求支路电流或电压的方向若与戴维宁等效电路电压方向关联时取正号，否则取负号。

例 2.14 用戴维宁定理求解图 2-27 (a) 所示电路 R_L 中所通过的电流 I_L。

解 (1) 求开路电压。将 R_L 从 A、B 处断开得图 2-27 (b) 所示电路，首先将其左边 I_S 与 R_S 相并联的电流源变换成电压源，如图 2-27 (c) 所示。由图看出

$$U_{AB} = U_{CB}$$

回路中电流

$$I = \frac{U_1 - U_2}{R_{01} + R_{02} + R_1} = \frac{7 - 1}{3 + 1 + 2} = 1\ (\text{A})$$

于是可得

$$U_{OC} = U_{AB} = U_{CB} = U_1 - IR_{01} = 7 - 1 \times 3 = 4\ (\text{V})$$

(2) 求 R_0。

根据图 2-27 (b) 所示二端网络，将 I_S 开路、U_1 短路，得图 2-27 (d) 所示电路，从 AB 端往左看过去的等效电阻为

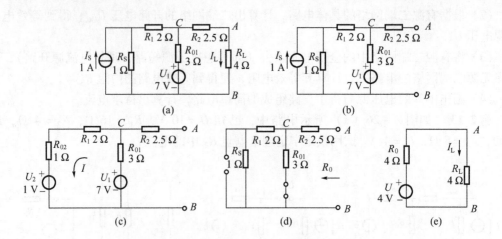

图 2-27 例 2.14 的图

$$R_0 = R_2 + \frac{(R_1+R_S)R_{01}}{R_1+R_S+R_{01}} = 2.5 + \frac{(2+1)\times 3}{2+1+3} = 4\ (\Omega)$$

(3) 画出戴维宁等效电路如图 2-27 (e) 所示,得

$$I_L = \frac{U_{OC}}{R_0+R_L} = \frac{4}{4+4} = 0.5\ (A)$$

由上例可知,应用戴维宁定理计算复杂电路时,最重要的是计算 U_{OC} 和 R_0。在计算 U_{OC} 时,最好画出输出端开路时的有源二端网络的电路图;在计算 R_0 时,最好画出有源二端网络中各理想电压源短路以及理想电流源开路时的电路图。这样既便于计算,也可避免错误。

三、诺顿定理

任何一个有源二端线性网络都可以用一个电流为 I_S 的理想电流源和内阻 R_S 并联的电源模型来等效代替。如图 2-28 所示,电流源的电流 I_S 等于二端网络端口短路时的短路电流,并联电阻等于线性有源二端网络除源(理想电压源短路,理想电流源开路)后所得到的无源网络 a、b 两端之间的等效电阻。这就是诺顿定理。

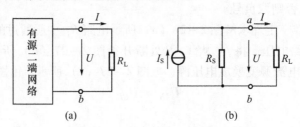

图 2-28 诺顿定理等效电路

由图 2-28 (b) 的等效电路,可用下式计算电流

$$I = \frac{R_S}{R_S+R_L}I_S \tag{2-28}$$

因此一个有源二端网络既可用戴维宁定理化为等效电源(电压源),也可用诺顿定理化为图 2-28 所示的等效电源(电流源)。两者对外电路来说是等效的,可利用电源等效变换

的条件互换。

例 2.15 用诺顿定理求图 2-29（a）电路中流过 4 Ω 电阻的电流 I。

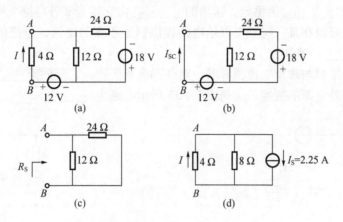

图 2-29　例 2.15 的图

解　(1) 将所求支路 4 Ω 电阻划去，短接 A、B 两点求短路电流 I_{SC}，电路如图 2-29 (b) 所示，根据叠加原理

$$I_{SC} = \frac{18}{24} + \frac{12}{12 /\!/ 24} = 0.75 + 1.5 = 2.25 \text{ (A)}$$

(2) 计算等效电路的内阻 $R_S = R_{AB}$。将 A、B 端口开路，理想电压源短路，得图 2-29 (c) 所示电路，则

$$R_S = R_{AB} = 12 /\!/ 24 = \frac{12 \times 24}{12 + 24} = 8 \text{ (Ω)}$$

(3) 求得诺顿等效电源后，再把 4 Ω 的电阻接在 A、B 之间，得图 2-29 (d) 所示电路，则

$$I = \frac{8}{4 + 8} \times 2.25 = 1.5 \text{ (A)}$$

习　题　二

一、填空题

2.1　如图 2-30 所示电路中有_____个节点，_____条支路，_____个网孔。

2.2　如图 2-31 所示电路中各个电阻值均为 $R = 10$ Ω，则 $R_{AB} =$ _____ Ω。

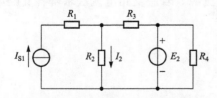

图 2-30　填空题 2.1 的电路图

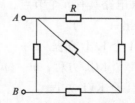

图 2-31　填空题 2.2 的电路图

2.3 如图2-32所示电路中，则 U_{ab} = _____ V。
2.4 理想电压源输出的_____值恒定，输出的_____由它本身和外电路共同决定；理想电流源输出的_____值恒定，输出的_____由它本身和外电路共同决定。
2.5 理想电流源在某一时刻可以给电路提供恒定不变的电流，电流的大小与端电压无关，端电压由_____来决定。
2.6 理想电压源与理想电流源并联，对外部电路而言，它等效于_____。
2.7 应用等效电源的变换，化简图2-33所示电路为_____。

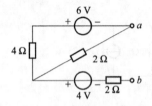

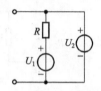

图2-32 填空题2.3的电路图 图2-33 填空题2.7的电路图

2.8 应用等效电源的变换，化简图2-34所示电路为_____。
2.9 应用等效电源的变换，化简图2-35所示电路为_____。
2.10 对有源二端线性网络除源时，恒压源应作_____路处理。恒流源应作_____路处理。
2.11 图2-36所示电路的戴维宁等效电路为_____。

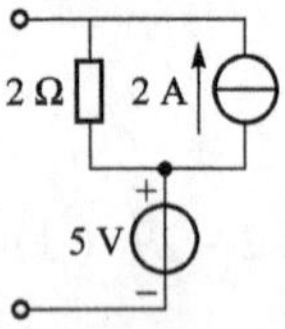

图2-34 填空题2.8的电路图 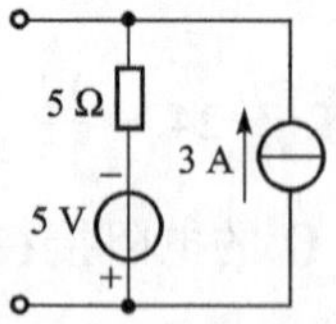 图2-35 填空题2.9的电路图 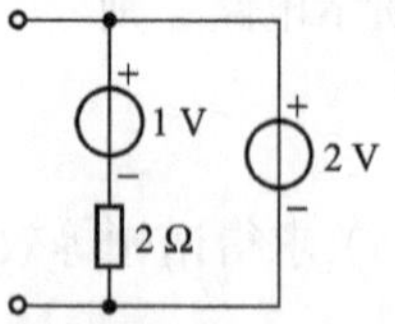 图2-36 填空题2.11的电路图

二、选择题

2.1 电路如图2-37所示，R_{ab} = (   )。
A. 100 Ω B. 50 Ω
C. 150 Ω D. 200 Ω

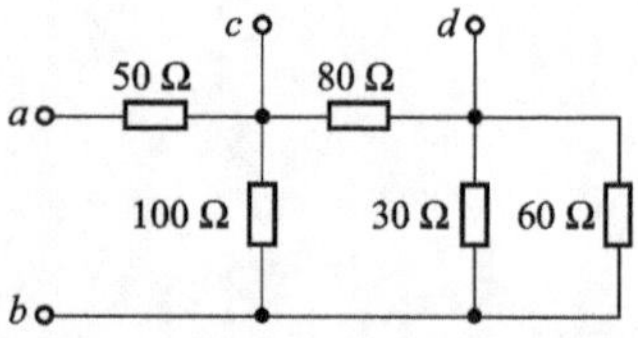

2.2 用具有一定内阻的电压表测出实际电源的端电压为6 V，则该电源的开路电压比6 V (   )。
A. 稍大 B. 稍小
C. 严格相等 D. 不能确定

图2-37 选择题2.1的电路图

2.3 某电路具有 n 个节点、m 条支路，不含电流源。若用支路电流法求解各支路电流时，共需列出 (   )。
A. $n-1$ 个 KCL 方程
B. $n-1$ 个 KCL 方程，$m-(n-1)$ 个 KVL 方程
C. $m-1$ 个 KVL 方程

2.4 对有 n 个节点的电路，应用支路电流法可以列 (   ) 个独立的节点电流

方程。

 A. n B. $n-1$ C. $n+1$

2.5 对于有 n 个节点，m 条支路的电路，应用支路电流法可以列（ ）个独立的回路电压方程。

 A. $n-m$ B. $m-(n-1)$ C. $n+m$

2.6 支路电流法是以（ ）为求解对象。

 A. 节点电压   B. 支路电流   C. 电路功率

2.7 某电路有 3 个节点和 6 条支路，采用支路电流法求解各支路电流时，应列出 KCL 方程数和 KVL 方程数为（ ）。

 A. 3 个 KCL 和 3 个 KVL 方程   B. 3 个 KCL 和 4 个 KVL 方程

 C. 2 个 KCL 和 4 个 KVL 方程

2.8 在电路分析中，对网络化简必须强调"等效"，所谓"等效"是指对（ ）等效。

 A. 网络以外的电路   B. 相互替代的网络内部

 C. 整个电路全部

2.9 电路如图 2-38 所示，根据工程近似的观点，a、b 两点间的电阻值约等于（ ）。

 A. 0.5 kΩ   B. 1 kΩ

 C. 2 kΩ   D. 100 kΩ

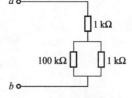

图 2-38 选择题 2.9 的电路图

2.10 两个理想电流源并联可等效为一个理想电流源，其等效的电流源电流为（ ）。

 A. 两个电流源电流中较大的一个

 B. 两个电流源电流的代数和

 C. 两个电流源电流的平均值

 D. 两个电流源电流中较小的一个

2.11 图 2-39 所示电路中，电流值 $I=$（ ）。

 A. 2 A   B. 4 A   C. 6 A   D. -2 A。

2.12 图 2-40 所示电路中，欲使 $I_1=I/4$，则 R_1、R_2 的关系式为（ ）。

 A. $R_1=R_2/4$ B. $R_1=R_2/3$ C. $R_1=3R_2$ D. $R_1=4R_2$

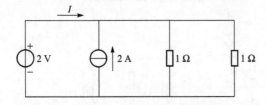

图 2-39 选择题 2.11 的电路图

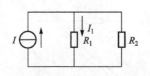

图 2-40 选择题 2.12 的电路图

2.13 叠加原理主要用于（ ）。

 A. 计算线性电路中的电压和电流   B. 计算非线性电路中的电压和电流

 C. 计算线性电路中的电压、电流和功率

2.14 求解有源二端线性网络的戴维宁等效电路电阻时,此网络的电压源、电流源处理方法为( )。
A. 电压源短路、电流源开路
B. 电流源短路、电压源开路
C. 电流源、电压源都要开路

2.15 某实际电路的开路电压为24 V,短路电流为10 A,当它外接负载为2.4 Ω时供出的电流为( )。
A. 5 A
B. 10 A
C. 25 A

2.16 实验测得某有源二端线性网络开路电压 $U_{OC} = 8$ V,短路电流 $I_{SC} = 2$ A,则该网络的戴维宁等效电压源的参数为( )。
A. $U_S = 8$ V $R = 2$ Ω
B. $U_S = 4$ V $R = 4$ Ω
C. $U_S = 8$ V $R = 4$ Ω

三、分析计算题

2.1 求图2-41(a)和图2-41(b)所示的无源二端网络a、b的入端电阻 R_{ab}。

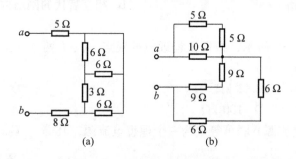

图2-41 分析计算题2.1的图

2.2 求图2-42所示各二端网络的等效电阻 R_{ab},其中图2-42(d)应分别在S打开和闭合时求解。

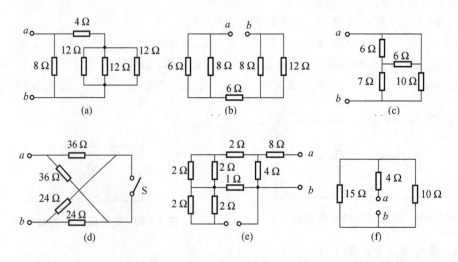

图2-42 分析计算题2.2的图

2.3 在图2-43的电路中,电阻R均为5 Ω,即 $R_1 = R_2 = R_3 = R_4 = R = 5$ Ω,试求在下

列各情况下，电流表的读数：

(1) $R_L = 0\ \Omega$；(2) $R_L = \infty$；(3) $R_L = R = 5\ \Omega$。

2.4 有一无源二端网络如图2-44所示，通过实验测得：当$U = 10\ V$时，$I = 2\ A$；并已知该电阻网络由4个3 Ω的电阻构成，试问这4个电阻是如何连接的？

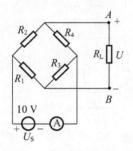

图2-43 分析计算题2.3的图

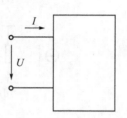

图2-44 分析计算题2.4的图

2.5 图2-45所示电路是蓄电池向两个并联电阻供电的电路，已知$E = 6\ V$，$R_0 = 1\ \Omega$，$R_1 = 25\ \Omega$，$R_2 = 6.25\ \Omega$。求电源供给的电流和通过电阻R_1和R_2的电流。

2.6 图2-46所示的是由电位器组成的分压电路，电位器的电阻$R_P = 270\ \Omega$，两边的串联电阻$R_1 = 350\ \Omega$，$R_2 = 550\ \Omega$。设输入电压$U_1 = 24\ V$，试求输出电压U_2的变化范围。

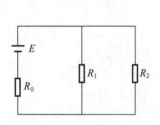

图2-45 分析计算题2.5的图

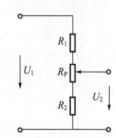

图2-46 分析计算题2.6的图

2.7 图2-47是万用表中直流毫安挡的电路。表头内阻$R_0 = 280\ \Omega$，满标值电流$I_0 = 0.6\ mA$。今欲使其量程扩大为1 mA、10 mA及100 mA，试求分流电阻R_1、R_2及R_3。

2.8 图2-48是一衰减电路，共有四挡，当输入电压$U_1 = 20\ V$时，试计算各挡的输出电压U_2。

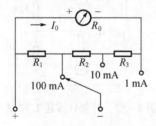

图2-47 分析计算题2.7的图

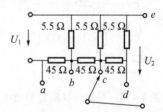

图2-48 分析计算题2.8的图

2.9 将图2-49所示的电压源模型变换为一个等效的电流源模型。将电流源模型变换为一个等效的电压源模型。

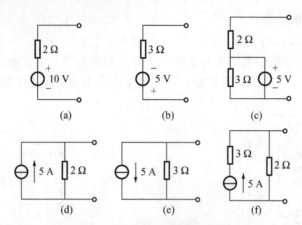

图 2-49 分析计算题 2.9 的图

2.10 将图 2-50 所示的各电路分别用实际电源的电流源模型和电压源模型来表示。

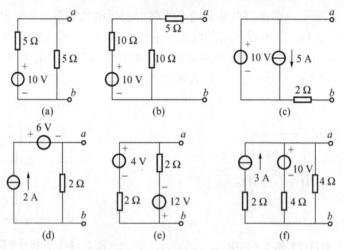

图 2-50 分析计算题 2.10 的图

2.11 利用电源等效变换原理求图 2-51 所示电路中的电流 I。

2.12 利用电源等效变换原理求图 2-52 所示电路中的电流 I。

图 2-51 分析计算题 2.11 的图　　　　图 2-52 分析计算题 2.12 的图

2.13 试用电源等效变换的方法计算图 2-53 中 2 Ω 电阻中的电流 I。

2.14 如图 2-54 所示电路,已知 $U_{S1}=U_{S2}=12$ V,$R_1=R_2=6$ Ω,$R_3=12$ Ω,$R=3$ Ω,$I_S=3$ A。求 ab 两点间电压 U_{ab}。

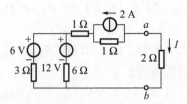

图 2-53 分析计算题 2.13 的图

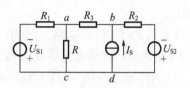

图 2-54 分析计算题 2.14 的图

2.15 计算图 2-55 中的电流 I_3。

2.16 利用电源等效变换原理求图 2-56 所示电路中 R_6 支路的电流 I。已知：$U_{S1} = 3$ V，$U_{S2} = 12$ V，$U_{S3} = 4.5$ V，$I_S = 1.5$ A，$R_1 = 2$ Ω，$R_2 = 8$ Ω，$R_3 = 1.5$ Ω，$R_4 = 3$ Ω，$R_5 = 8$ Ω，$R_6 = 0.4$ Ω。

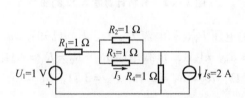

图 2-55 分析计算题 2.15 的图

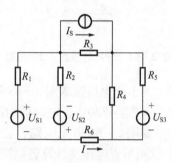

图 2-56 分析计算题 2.16 的图

2.17 求图 2-57 所示电路中 U 的值。

2.18 用支路电流法求图 2-58 所示电路中各支路的电流，已知：$U_{S1} = 12$ V，$U_{S2} = 15$ V，$R_1 = 3$ Ω，$R_2 = 1.5$ Ω，$R_3 = 9$ Ω。

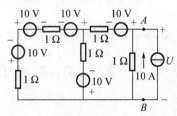

图 2-57 分析计算题 2.17 的图

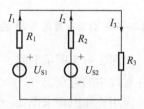

图 2-58 分析计算题 2.18 的图

2.19 用支路电流法求图 2-59 所示电路中各支路的电流 I_1、I_2、I_3。

2.20 用支路电流法和节点电压法求图 2-60 所示电路中各支路的电流。并求三个电源的

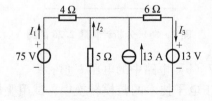

图 2-59 分析计算题 2.19 的图

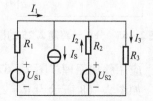

图 2-60 分析计算题 2.20 的图

输出功率和电阻 R_3 取用的功率。已知：$U_{S1}=30$ V，$U_{S2}=24$ V，$I_S=1$ A，$R_1=6$ Ω，$R_2=R_3=12$ Ω。

2.21 图 2-61 所示电路，已知：$U=12$ V，$R_1=R_2=5$ Ω，$R_3=10$ Ω，$R_4=5$ Ω，$R_5=10$ Ω，$R=0.5$ Ω，试用支路电流法列出求解各支路电流的方程式。

2.22 用节点电压法求图 2-62 所示电路中的电流 I，已知：$U_S=36$ V，$I_{S1}=5$ A，$I_{S2}=2$ A，$R_1=6$ Ω，$R_2=8$ Ω，$R_3=12$ Ω。

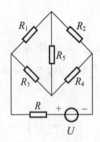
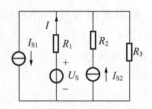

图 2-61 分析计算题 2.21 的图　　　图 2-62 分析计算题 2.22 的图

2.23 用节点电压法求图 2-63 所示电路中的电压 $U_{N'N}$ 和电流 I_1、I_2、I_3。已知：$U_{S1}=150$ V，$U_{S2}=U_{S3}=330$ V，电源的内阻 $R_{S1}=R_{S2}=R_{S3}=1$ Ω，负载电阻 $R_1=R_2=R_3=9$ Ω。

2.24 如图 2-64 所示电路，已知：$R_1=11$ Ω，$R_2=R_3=2$ Ω，$R_4=3$ Ω，$U_S=15$ V，$I_S=2$ A。试用节点电压法计算各电阻中的电流。

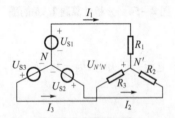
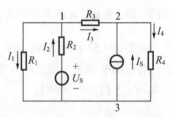

图 2-63 分析计算题 2.23 的图　　　图 2-64 分析计算题 2.24 的图

2.25 如图 2-65 所示电路，已知 $U_S=6$ V，$I_S=3$ A，$R_1=R_2=1$ Ω，$R_3=2$ Ω，用叠加原理求各元件中的电流。

2.26 应用叠加原理求图 2-66 电路中的电流 I_3 值。

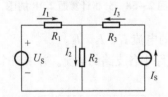
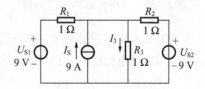

图 2-65 分析计算题 2.25 的图　　　图 2-66 分析计算题 2.26 的图

2.27 应用叠加原理求图 2-67（a）和图 2-67（b）电路中的电压 U 值。

2.28 如图 2-68 所示为 $R-2R$ 梯形网络，用于电子技术的数模转换中，试用叠加原理求证 $I=\dfrac{U_R}{3R\times 2^4}(2^3+2^2+2^1+2^0)$。

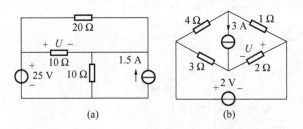

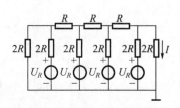

图 2-67 分析计算题 2.27 的图

图 2-68 分析计算题 2.28 的图

2.29 如图 2-69 所示电路,已知 $U_{S1}=72$ V,$U_{S2}=80$ V,$R_1=1.5$ kΩ,$R_2=3$ kΩ,$R_3=R_4=2$ kΩ,负载电阻 $R=2$ kΩ,用戴维宁定理求 R 中电流 I。

2.30 图 2-70 所示是常见的分压电路,试用戴维宁定理和诺顿定理分别求负载电流 I_L。

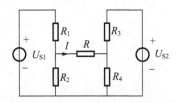

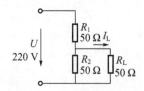

图 2-69 分析计算题 2.29 的图

图 2-70 分析计算题 2.30 的图

2.31 一个有源二端网络 N_A,测得其开路电压为 18 V,当输出端接一个 9 Ω 电阻时,流过的电流为 1.8 A,现将这个 N_A 连接成如图 2-71 所示的电路,求它的输出电流 I 及输出功率 P。

2.32 应用戴维宁定理和诺顿定理分别求图 2-72 电路中的电流 I。

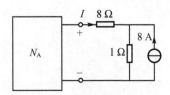

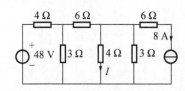

图 2-71 分析计算题 2.31 的图

图 2-72 分析计算题 2.32 的图

2.33 电路如图 2-73 所示,求端点 ab 处的戴维宁等效电路。

2.34 在图 2-74 电路中,如果用一个零电阻的电流表跨接于 ab 两端上,求流过电流表的电流。

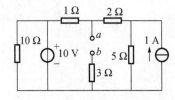

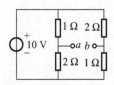

图 2-73 分析计算题 2.33 的图

图 2-74 分析计算题 2.34 的图

2.35 求图2-75所示电路中流过 ab 支路和 cd 支路的电流 I_{ab} 和 I_{cd}。

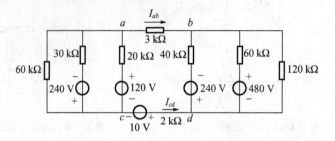

图2-75 分析计算题2.35的图

第三章 交流电路

交流电路是电工学的重点内容之一，是学习电机、电器和电子技术的理论基础。

现代工农业生产、国防以及人们日常生活中广泛应用交流电。所谓交流电是指大小和方向随时间作周期性交替变化的电动势、电压和电流。按正弦规律变化的交流电称为正弦交流电。本章重点讨论正弦交流电，以下所称的交流电均指正弦交流电。

直流电路的分析方法原则上也适用于交流电路。由于交流电路中电压和电流的大小和方向随时间作周期性变化，因此交流电路的分析和计算比直流电路要复杂得多。本章首先讨论正弦交流电路的基本概念及相量表示法，然后介绍单一参数的伏安特性和能量关系，以及由这些单一参数组成的电路中电压与电流之间的关系及功率，最后分析和研究提高功率因数的意义和方法。在学习中要注意掌握交流电路的特点和规律。

第一节 交流电的基本概念

一、周期电流和电压

在工程技术中常采用各种大小和方向随时间作周期性变化的电流和电压以传递电能和电信号，其波形如图3-1所示，这种电流和电压称为周期电流和电压。

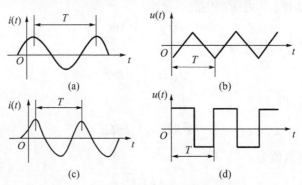

图3-1 周期电流和电压的波形

周期性电压和电流重复一次所需的时间叫作周期,用 T 表示,单位为秒(s)。单位时间内电压和电流变化的次数叫作频率,用 f 表示,单位为赫兹(Hz)。由上述定义可知,频率与周期互为倒数,即

$$f = \frac{1}{T} \tag{3-1}$$

图 3-1 是几种常见的交流电的波形图,其中图 3-1(a)为正弦交流电的波形。交流电在某一瞬间的数值称为瞬时值,规定用小写字母来表示,例如 i、u、e 分别表示交流电的电流、电压、电动势的瞬时值。

我国发电厂发出的交流电,其频率均为 50 Hz,这一频率为我国工业用电的标准频率,所以 50 Hz 的交流电又称为工频交流电,一般交流电动机、照明、电热等设备,都是按照取用 50 Hz 的交流电来设计制造的。

二、正弦交流电及三要素

正弦电动势、电压和电流其表达式为

$$\left. \begin{aligned} e &= E_\mathrm{m}\sin(\omega t + \varphi_e) \\ u &= U_\mathrm{m}\sin(\omega t + \varphi_u) \\ i &= I_\mathrm{m}\sin(\omega t + \varphi_i) \end{aligned} \right\} \tag{3-2}$$

由上式可知,一个正弦电流,当知道了 I_m、ω 和 φ_i 时,这个正弦电流就被确定下来。正弦电压和电动势也是一样,所以称这几个量为正弦量的三要素。下面分别讨论。

1. 幅值和有效值

正弦量瞬时值中最大的值称为幅值或最大值,它确定了正弦量变化的范围,用带下标的小写字母表示。如 I_m、U_m、E_m 分别表示电流、电压及电动势的幅值。

正弦交流电的瞬时值是随时间改变的,所以不便用它来计量交流电的大小,而是用有效值来表示。交流电的有效值是根据其热效应来确定的。

不论是周期性变化的正弦电流还是直流电流,只要它们在相等的时间内通过同一电阻所产生的热量相等,则此直流值叫作该交流电流的有效值。因此,交流电流的有效值实际上就是在热效应方面与其相当的直流电流值。

直流电流 I 通过电阻 R,在时间 T 内所产生的热量为

$$Q_\text{直} = I^2RT$$

而交流电流在无限短的时间 $\mathrm{d}t$ 内电流的变动极小,可以近似认为不变,因此,交流电流 i 通过电阻 R,在时间 $\mathrm{d}t$ 内所产生的热量为

$$\mathrm{d}Q_\text{交} = i^2R\mathrm{d}t$$

一个周期内所产生的热量为

$$Q_\text{交} = \int_0^T i^2R\mathrm{d}t$$

当 $Q_\text{直} = Q_\text{交}$ 时,得

$$I^2RT = \int_0^T i^2R\mathrm{d}t$$

故交流电流的有效值为

$$I = \sqrt{\frac{1}{T}\int_0^T i^2\mathrm{d}t} \tag{3-3}$$

根据式（3-3），交流电的有效值也称为均方根值。

把 $i = I_m \sin \omega t$ 代入上式，即得

$$I = \sqrt{\frac{1}{T}\int_0^T I_m^2 \sin^2 \omega t \, dt}$$

因为

$$\int_0^T \sin^2 \omega t \, dt = \int_0^T \frac{1-\cos 2\omega t}{2} dt = \frac{1}{2}\int_0^T dt - \frac{1}{2}\int_0^T \cos 2\omega t \, dt$$
$$= \frac{T}{2} - 0 = \frac{T}{2}$$

所以

$$I = \sqrt{\frac{1}{T} \cdot I_m^2 \cdot \frac{T}{2}} = \frac{I_m}{\sqrt{2}} \tag{3-4}$$

由此可见，正弦交流电流的有效值等于最大值的 $\frac{1}{\sqrt{2}}$ 倍或 0.707 倍。

同理，正弦电动势、电压也可类似地分别推出它们的有效值与最大值之间的关系为

$$E = \frac{E_m}{\sqrt{2}} \qquad U = \frac{U_m}{\sqrt{2}}$$

一般讲正弦电压或电流的大小，都是指它的有效值。交流电压表和电流表的读数一般也都是有效值，交流电气设备铭牌上的额定电压、额定电流也都是用有效值来表示的。

例 3.1 已知 $u = U_m \sin \omega t$ V，$U_m = 282.8$ V，试求有效值 U。

解

$$U = \frac{U_m}{\sqrt{2}} = \frac{282.8}{\sqrt{2}} = 200 \text{（V）}$$

2. 角频率

式（3-2）中的 ω 称为正弦量的角频率。由于正弦量在一个周期 T 内相位角变化为 2π 弧度，且 $f = \frac{1}{T}$，所以

$$\omega = \frac{2\pi}{T} = 2\pi f \tag{3-5}$$

ω 的单位是弧度/秒（rad/s）。

对于 $f = 50$ Hz 的工频交流电，其角频率为

$$\omega = 2\pi f = 2\pi \times 50 = 314 \text{（rad/s）}$$

3. 初相位与相位差

图 3-2 是正弦电流的波形，它的瞬时值表达式为

$$\left.\begin{aligned} i_1 &= I_m \sin \omega t \\ i_2 &= I_m \sin (\omega t + \varphi_2) \end{aligned}\right\} \tag{3-6}$$

由式（3-6）可知，这两个正弦量的幅值和角频率虽然相同，但两者是有区别的。其区别在于它们到达零值（或最大值）的时间不同，从波形图上可直观

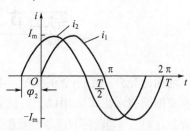

图 3-2 正弦电流波形

地看出。反映在函数式中的差别是 ωt 和 $(\omega t + \varphi_2)$ 不一样。我们把角度 ωt 和 $(\omega t + \varphi_2)$ 称为正弦量的相位角或相位。

$t = 0$ 时的相位角称为初相位角或初相位。在式(3-6)中 i_1 的初相位为零，i_2 的初相位为 φ_2。因此，所取计时起点不同，正弦量的初相位不同，其初始值也就不同。

在研究分析两个同频率正弦量的关系时，常常用到相位差的概念。两个同频率正弦量的相位之差，称为相位差，用 φ 表示。例如有两个同频率的正弦交流电

$$u = U_m \sin(\omega t + \varphi_u)$$

和

$$i = I_m \sin(\omega t + \varphi_i)$$

则它们的相位差为

$$\varphi = (\omega t + \varphi_u) - (\omega t + \varphi_i) = \varphi_u - \varphi_i \tag{3-7}$$

由此可见，两个同频率正弦量的相位差等于它们的初相位之差。

当 $\varphi = \varphi_u - \varphi_i = 0$ 时，波形如图 3-3（a）所示，这时 u 和 i 的相位相同，称为同相。

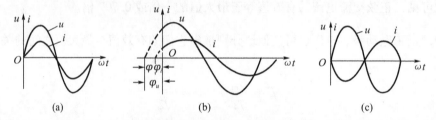

图 3-3　正弦量的同相、超前（滞后）和反相

当 $\varphi = \varphi_u - \varphi_i > 0$ 时，波形如图 3-3（b）所示，u 总是比 i 先经过零值或最大值，即 u 的变化总是超前于 i 的变化，我们称 u 在相位上超前于 i 一个 φ 角，或者说 i 滞后于 u 一个 φ 角。

当 $\varphi = \varphi_u - \varphi_i = 180°$ 时，波形如图 3-3（c）所示，这时 u 和 i 相位相反，称为反相。

例 3.2　确定两个正弦电流

$$i_1 = 10\sin(314t + 30°)\ \text{A}$$
$$i_2 = 50\sin(314t - 60°)\ \text{A}$$

的相位差，并说明两者的相位关系。

解　已知 i_1 的初相位 $\varphi_1 = 30°$，i_2 的初相位 $\varphi_2 = -60°$，所以 i_1 与 i_2 的相位差

$$\varphi = \varphi_1 - \varphi_2 = 30° - (-60°) = 90°$$

因为 $\varphi_1 > \varphi_2$，所以 i_1 超前于 i_2 90°，或称 i_2 滞后于 i_1 90°。

第二节　正弦量的相量表示法

前面已经介绍了一个正弦量具有幅值、频率及初相位三个特征。这些特征可以用三角函数或波形图表示出来。用以上方法表示的正弦量进行四则运算显得很麻烦。为了简化电路的分析与计算，本节将引出"相量法"的概念。应用相量法，可以把交流电路中按正弦规律变化的电压、电流变换成相量图或复数的形式，使正弦量的运算变换为几何或代数运算。相

量法是以复数运算为基础的,为此,简要介绍一些有关复数的基本知识。

一、复数的表示形式和四则运算

1. 复数的表示形式

复数有以下几种表达形式,代数型为

$$A = a + jb \tag{3-8}$$

式(3-8)中 a 和 b 分别是复数的实部和虚部,算符 $j = \sqrt{-1}$ 是虚数单位,即数学中的虚数 i,电工学中为避免与电流 i 相混而改用 j 表示。

复数还可以由复平面内几何线段来表示,如图3-4所示。图中横坐标为实数轴,用+1表示实数单位;纵坐标为虚数轴,用+j表示虚数单位。实数轴与虚数轴构成的平面称为复平面。复数 $A = a + jb$ 是横坐标为 a 和纵坐标为 b 的一点。a 是复数的实数部分,简称实部。取复数 A 的实部,常写成 $\mathrm{Re}[A]$,它等于复数 A 在实轴上的投影;b 是复数的虚数部分,简称虚部。取复数 A 的虚部,常写成 $\mathrm{Im}[A]$,它等于复数 A 在虚轴上的投影。由原点 O 到 A 点的有向线段 $\overrightarrow{OA}$,称为复数的向量,图中向量 $\overrightarrow{OA}$ 的长度用 r 表示,称为复数的模。向量 $\overrightarrow{OA}$ 与实数轴正方向的夹角 φ,称为复数的辐角。显然,实部、虚部、模和辐角之间的关系为

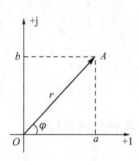

图 3-4 有向线段的复数表示

$$\left.\begin{aligned} a &= r\cos\varphi \\ b &= r\sin\varphi \end{aligned}\right\} \tag{3-9}$$

$$\left.\begin{aligned} r &= \sqrt{a^2+b^2} \\ \varphi &= \arctan\frac{b}{a} \end{aligned}\right\} \tag{3-10}$$

由式(3-9)可以得到

$$A = a + jb = r\cos\varphi + jr\sin\varphi \tag{3-11}$$

上式称为复数的三角函数式。

应用欧拉恒等式

$$\cos\varphi + j\sin\varphi = e^{j\varphi}$$

式(3-11)可以写为复数的指数形式

$$A = re^{j\varphi} \tag{3-12}$$

为了便于书写,指数式又可写成极坐标式,即

$$A = r\underline{/\varphi} \tag{3-13}$$

综上所述,复数的几种表示形式为

$$A = a + jb = r(\cos\varphi + j\sin\varphi) = re^{j\varphi} = r\underline{/\varphi}$$

不论复数是哪种表达式,它都只有两个要素,即模和辐角(或是虚部和实部)只要它们一定,其对应的复数便确定了。

如果把 $\varphi = \pm\dfrac{\pi}{2}$ 代入欧拉公式,则得

$$e^{j\varphi} = e^{\pm j\frac{\pi}{2}} = \cos\frac{\pi}{2} \pm j\sin\frac{\pi}{2} = 0 \pm j = \pm j$$

将复数 $A = re^{j\varphi}$ 乘以 $e^{j\frac{\pi}{2}}$ 可得

$$re^{j\varphi} \cdot e^{j\frac{\pi}{2}} = re^{j(\varphi+\frac{\pi}{2})} = jre^{j\varphi}$$

而把复数 $A = re^{j\varphi}$ 乘以 $e^{-j\frac{\pi}{2}}$ 得

$$re^{j\varphi} \cdot e^{-j\frac{\pi}{2}} = re^{j(\varphi-\frac{\pi}{2})} = -jre^{j\varphi}$$

因此，任一向量乘以 j，则该向量逆时针旋转 90°，乘以 -j，则应顺时针旋转 90°。所以 j 称为旋转 90°的算子。如图 3-5 所示。

例 3.3 将复数 $A = 6 + j8$ 变换成极坐标和指数表达式。

解 复数的模

$$r = \sqrt{6^2 + 8^2} = 10$$

辐角

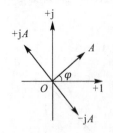

图 3-5 A 乘 j 或 -j

$$\varphi = \arctan\frac{8}{6} = 53.1°$$

所以

$$A = 10\underline{/53.1°} = 10e^{j53.1°}$$

2. 复数的四则运算

（1）加减法运算。复数的加减法运算一般采用代数形式，即实部与实部相加减，虚部与虚部相加减。

例如：

$$A_1 = a_1 + jb_1$$
$$A_2 = a_2 + jb_2$$

则

$$A_1 \pm A_2 = (a_1 \pm a_2) + j(b_1 \pm b_2)$$

（2）乘除法运算。复数的乘除法运算一般采用指数形式或极坐标形式。两复数相乘时，其模相乘，辐角相加。

例如：

$$A_1 = r_1\underline{/\varphi_1}, \quad A_2 = r_2\underline{/\varphi_2}$$

其积为

$$A_1 \cdot A_2 = r_1 r_2\underline{/\varphi_1 + \varphi_2}$$

两复数相除时，其模相除，辐角相减，即

$$\frac{A_1}{A_2} = \frac{r_1}{r_2}\underline{/\varphi_1 - \varphi_2}$$

例 3.4 已知两复数为 $A_1 = 3 + j5$，$A_2 = 4 - j3$，求它们的和、差、积、商。

解 利用代数形式求它们的和与差

$$A_1 + A_2 = (3 + j5) + (4 - j3) = 7 + j2$$
$$A_1 - A_2 = (3 + j5) - (4 - j3) = -1 + j8$$

利用指数形式求它们的积与商。先将 A_1、A_2 化为指数形式

$$A_1 = 3 + j5 = \sqrt{3^2 + 5^2}\,e^{j\arctan\frac{5}{3}} = 5.83 e^{j59°}$$
$$A_2 = 4 - j3 = \sqrt{4^2 + (-3)^2}\,e^{j\arctan\frac{-3}{4}} = 5 e^{-j36.9°}$$

它们的积与商分别为

$$A_1 \cdot A_2 = 5.83 e^{j59°} \times 5 e^{-j36.9°} = 29.15 e^{j22.1°}$$
$$\frac{A_1}{A_2} = \frac{5.83}{5} e^{j(59°+36.9°)} = 1.17 e^{j95.9°}$$

二、正弦量的相量表示法

一个正弦量是由它的幅值（或有效值）、频率和初相位三要素所决定的。在正弦交流电路中，由于电压和电流均是同频率的正弦量，因此要确定电压或电流，只要知道它们的幅值（或有效值）和初相位两个量就行了。而一个复数恰好能满足代表两个要素的要求。现从数学角度给出相量定义：

设一复数为 $U_m e^{j(\omega t + \varphi)}$，根据欧拉公式可得

$$U_m e^{j(\omega t + \varphi)} = U_m \cos(\omega t + \varphi) + j U_m \sin(\omega t + \varphi) \tag{3-14}$$

对于最大值为 U_m、初相位角为 φ 的正弦电压，其瞬时表达式为

$$u = U_m \sin(\omega t + \varphi) \tag{3-15}$$

比较式（3-14）和式（3-15）可见，瞬时值正好是复数的虚部，即

$$u = \mathrm{Im}[U_m e^{j(\omega t + \varphi)}] = \mathrm{Im}[\sqrt{2} U e^{j\varphi} e^{j\omega t}]$$
$$= \mathrm{Im}[\sqrt{2} \dot{U} e^{j\omega t}]$$

式中
$$\dot{U} = U e^{j\varphi} = U\,\underline{/\varphi} \tag{3-16}$$

显然 $\dot{U}$ 是复数，其模等于正弦量的有效值，辐角等于正弦量的初相角，我们称这个复数为有效值相量。而 $\dot{U}_m = \sqrt{2} U e^{j\varphi}$，则称为最大值相量。以后不加说明所指的相量均为有效值相量。由此可知，相量与正弦量之间存在一一对应的关系。为了与一般的复数相区别，我们把表示正弦量的复数上打"·"，如式中所示。

同理，若 $i = \sqrt{2} I \sin(\omega t - \varphi_i)$，则相量形式为

$$\dot{I} = I e^{-j\varphi_i} = I\,\underline{/-\varphi_i}$$

把正弦量变换成相量来分析计算正弦电路的方法，称为相量法。

按照各个正弦量的大小和相位关系用初始位置的有向线段画出的若干个相量的图形，称为相量图。在相量图上能形象地看出各个正弦量的大小和相互间的相位关系。如图 3-6 所示画出了相量 $\dot{U}$ 和 $\dot{I}$，有向线段的长度表示 $\dot{I}$ 和 $\dot{U}$ 的模，有向线段与横轴的夹角则代表它们的辐角。相量图不仅清楚地表明了 $\dot{I}$ 和 $\dot{U}$ 有效值的大小和初相位，还显示了 $\dot{I}$ 和 $\dot{U}$ 之间的相位关系。如图 3-6 所示 $\dot{U}$ 滞后于 $\dot{I}$ 为 $(\varphi_2 - \varphi_1)$ 角度，或 $\dot{I}$ 超前于 $\dot{U}$ 为 $(\varphi_2 - \varphi_1)$ 角度，为简便计，以后复数坐标就不一定画出了。

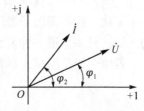

图 3-6 相量图

必须指出：只有在所有激励（输入电信号）均为同一频率情况下，各正弦量用相量表示

才有意义,这样采用相量法来分析计算才能得到正确的结果。相量只是表示正弦量,并不等于正弦量。因为正弦量是时间函数,相量只是表征了正弦量的有效值和初相位。只有将相量 $\dot{U}$（或 $\dot{I}$）乘以旋转因子 $e^{j\omega t}$ 后再取其虚部才是正弦量的时域函数形式。因此,相量是一种为简化运算而引出的一种数学变换方法,而且它只适用于正弦激励时的稳态电路分析。由于相量是复数,所以就可按复数运算法则进行四则运算,并能同时求出正弦量的大小和相位,这是分析正弦交流电路的主要运算方法。

例 3.5 用相量形式表示

$$i = 150\sqrt{2}\sin(\omega t + 30°) \text{ A}$$

解 先写出幅值相量

$$\dot{I}_m = 150\sqrt{2}e^{j30°} = 150\sqrt{2} \angle 30° \text{ (A)}$$

其有效值相量

$$\dot{I} = 150e^{j30°} = 150 \angle 30° \text{ (A)}$$

例 3.6 已知两个正弦电流

$$i_1 = 5\sqrt{2}\sin(\omega t + 70°) \text{ A}$$
$$i_2 = 10\sqrt{2}\sin(\omega t - 60°) \text{ A}$$

求 $i = i_1 + i_2$。

解 先将两个正弦电流分别表示成相量,并展开成代数式

$$\dot{I}_1 = 5 \angle 70° = 5\cos 70° + j5\sin 70° = 1.71 + j4.7 \text{ (A)}$$
$$\dot{I}_2 = 10 \angle -60° = 10\cos(-60°) + j10\sin(-60°) = 5 - j8.66 \text{ (A)}$$

则

$$\dot{I} = \dot{I}_1 + \dot{I}_2 = (1.71 + j4.7) + (5 - j8.66) = 6.71 - j3.96 \text{ (A)}$$

再将上式转换成极坐标形式,则

$$\dot{I} = 6.71 - j3.96 = \sqrt{6.71^2 + (-3.96)^2} \angle \arctan\frac{-3.96}{6.71}$$
$$= 7.79 \angle -30.5° \text{ (A)}$$

所以电流 i 的瞬时值表达式为

$$i = \sqrt{2}I\sin(\omega t + \varphi) = 7.79\sqrt{2}\sin(\omega t - 30.5°) \text{ (A)}$$

至此,我们得出了表示正弦量可以用三角函数式、正弦波形、相量图和复数等几种不同的方法,只要知道一种表示形式,便可求出其他几种表示形式。

若两个相量相减,可看成一相量加另一个的反向相量,再进行求和的运算,即

$$\dot{I}_1 - \dot{I}_2 = \dot{I}_1 + (-\dot{I}_2)$$

例 3.7 已知 $i_1 = 40\sqrt{2}\sin(314t + 90°)$ A,$i_2 = 30\sqrt{2}\sin 314t$ A。求 $i_1 - i_2$ 的有效值及瞬时值表达式。

解 先用相量图法求解。将 i_1 及 i_2 的相量 $\dot{I}_1$ 和 $\dot{I}_2$ 画在图 3-7 上,然后把 $\dot{I}_2$ 的相量倒转 180°成 $(-\dot{I}_2)$。这时 $\dot{I}_1$ 和 $(-\dot{I}_2)$ 间具有直角三角形关系。其对角线很容易算出。

因为

图 3-7　例 3.7 的相量图

$$\dot I = \dot I_1 - \dot I_2 = \dot I_1 + (-\dot I_2)$$

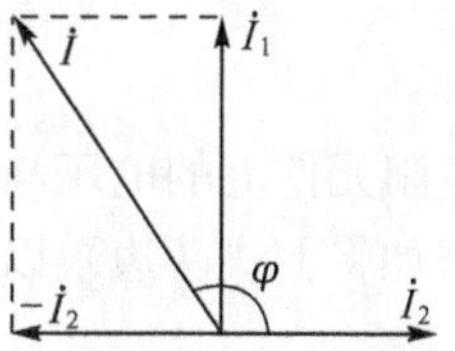

所以 $i_1 - i_2 = i$ 的有效值、初相位和瞬时值表达式分别为

$$I = \sqrt{40^2 + 30^2} = 50\ (\text{A})$$

$$\varphi = 180° - \arctan\frac{40}{30} = 126.9°$$

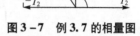

$$i = 50\sqrt{2}\sin(314t + 126.9°)\ (\text{A})$$

此题也可用相量法求解。即

$$\begin{aligned}\dot I = \dot I_1 - \dot I_2 &= 40\angle 90° - 30\angle 0° \\ &= 40\cos 90° + \text{j}\,40\sin 90° - (30\cos 0° + \text{j}\,30\sin 0°) \\ &= -30 + \text{j}\,40\ (\text{A})\end{aligned}$$

请注意 $\dot I$ 的初相角。根据 $\dot I$ 的实数为"－"，虚数为"＋"，因而该相量在第二象限内，辐角为大于90°的正角。则

$$\begin{aligned}\dot I = -30 + \text{j}\,40 &= \sqrt{30^2 + 40^2}\angle\left(180° - \arctan\frac{40}{30}\right) \\ &= 50\angle 126.9°\ (\text{A})\end{aligned}$$

所以

$$i = 50\sqrt{2}\sin(314t + 126.9°)\ (\text{A})$$

由上例可知，复数中辐角 φ 的度数，不能只凭虚部和实部的比值来确定，而是同时要根据虚部和实部的正负号来判明复数 A 在哪个象限后来决定。

第三节　无源元件

电路元件按能量特性可分为无源元件和有源元件。当两端元件上的电压和电流取关联参考方向时，若它在任何 t 时刻得到的总能量始终为

$$W = \int_{-\infty}^{t} ui\text{d}t > 0 \tag{3-17}$$

则表明元件对外界不提供能量，这种元件称为无源元件。本节将讨论电阻、电感和电容等无源元件的基本概念及其伏安特性。

在交流电路中，由于所加电压是随时间交变的，因此电路中的电流、功率以及电场和磁场中所储存的能量也都是随时间而变化的。所以在交流电路中，电感元件中的感应电动势和电容元件中的电流均不等于零。但在直流电路稳定状态下，电感元件可视作短路，电容元件视作开路。下面我们讨论的电阻元件、电感元件与电容元件都是组成电路模型的理想元件。

一、电阻元件

在图 3-8 中，u 和 i 的正方向相同，根据欧姆定律得出

$$i = \frac{u}{R} \text{ 或 } u = Ri \qquad (3-18)$$

即电阻元件上的电压与通过的电流呈线性关系。

如将上式两边乘以 i，并积分之，则得

$$\int_0^t uidt = \int_0^t i^2 Rdt$$

上式表明电能全部消耗在电阻上，转换为热能。

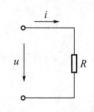

图 3-8 电阻电路

金属导体的电阻与导体的尺寸及导体材料的导电性能有关，即

$$R = \rho \frac{l}{S} \qquad (3-19)$$

式中，ρ 称为电阻率，它是一个表示材料对电流起阻碍作用的物理量。在国际单位制中，电阻率的单位为欧姆米（$\Omega \cdot m$），也使用 $\frac{欧 \cdot 毫米^2}{米}\left(\frac{\Omega \cdot mm^2}{m}\right)$。$1\frac{\Omega \cdot mm^2}{m} = 10^{-6} \Omega \cdot m$。常用铜的电阻率 $\rho = 0.0175\ \Omega \cdot mm^2/m$。

二、电感元件

将绝缘导线绕成 N 匝的螺管线圈，便组成一个非铁芯电感元件，简称线性电感器或电感。如图 3-9 所示。

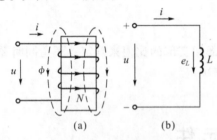

图 3-9 电感电路
(a) 电感器；(b) 电感元件符号

我们在物理学中已学过电磁感应定律，它的内容是：当通过 N 匝线圈的磁通量 Φ 发生变化时，不论引起磁通量变化的原因是什么，在线圈电路上产生的感应电动势 e_L，总是与磁通量对时间 t 的变化率的负值成正比，即

$$e_L = -N\frac{d\Phi}{dt} \qquad (3-20)$$

规定感应电动势 e_L 的参考方向与磁通的参考方向之间符合右手螺旋定则。因此 e_L 的参考方向与 i 的参考方向一致。如图 3-9（b）所示。在磁路不饱和的情况下，磁通 Φ 与流过线圈的电流 i 成比例，这个比例系数称为电感，即

$$L = \frac{N\Phi}{i} = \frac{\Psi}{i} \qquad (3-21)$$

式中，Ψ 是磁链，其值等于线圈每匝磁通 Φ 乘以线圈匝数 N。

在国际单位制（SI）中，电感的单位是亨利（H）。实际工作中还常用到毫亨利（mH）和微亨利（μH）。它们之间的关系为

$$1\ H = 10^3\ mH = 10^6\ \mu H$$

图 3-9（b）是电感的图形符号和 u、i 的参考方向。

因此，式（3-20）又可写成

$$e_L = -N\frac{d\Phi}{dt} = -L\frac{di}{dt}$$

根据基尔霍夫电压定律可知

$$u + e_L = 0$$

所以
$$u = -e_L = L\frac{di}{dt} \tag{3-22}$$

这就是电感元件上电压与通过它的电流关系式。由式（3-22）可见，当电流为正值增大时，即 $\frac{di}{dt}>0$ 时，e_L 为负值，即其实际方向与电流方向相反。这时的 e_L 要阻碍电流增大。同理，当电流为正值减小时，即 $\frac{di}{dt}<0$ 时，e_L 为正值，即其实际方向与电流方向相同，这时 e_L 要阻碍电流的减小。可见，感应电动势具有阻碍电流变化的性质，所以外加电压要平衡线圈中的感应电动势，即 $u = -e_L$。

当线圈中通过不随时间变化的恒定电流时，由于电流恒定不变，端电压为零，电感就呈短路状态。

将式（3-22）两边乘上 i，并积分之，则得

$$\int_0^t uidt = \int_0^i Lidi = \frac{1}{2}Li^2 \tag{3-23}$$

式（3-23）表明当电感元件中的电流增大时，磁场能量增大；在此过程中电能转换为磁场能，即电感元件从电源取用能量。式（3-23）的 $\frac{1}{2}Li^2$ 就是磁场能量。当电流减小时，磁场能量减小，磁场能转换为电能，即电感元件向电源放还能量。

三、电容元件

用绝缘材料隔开的两个金属导体的组合称为电容器，两个金属导体称为电容器的极板，极板上所储存的电荷量 q 与极板上所加的电压 u 成正比，即

$$\frac{q}{u} = C \tag{3-24}$$

式中，C 就是电容器的电容量，简称电容。在国际单位制（SI）中，电容的单位是法拉（F）。但实际电容器的电容都很小，通常用微法（μF）或皮法（pF）。它们之间的关系为

$$1\ \mu F = 10^{-6}\ F \qquad 1\ pF = 10^{-12}\ F$$

电容器的电容与金属极板的大小、形状、两极间的绝缘材料有关，而与金属极板的材料无关。电容器的符号如图 3-10 所示。

因为电容器极板间存在着绝缘层，在直流情况下，它不导通，相当于开路。但当极板两端电压发生变化时，极板上储存的电荷量就随之改变，则接在电容器极板上的导线将出现电流，我们假设电流 i 和电压 u 的参考方向如图 3-11 所示，则

$$i = \frac{dq}{dt} = C\frac{du}{dt} \tag{3-25}$$

式（3-25）表明，电容电流不是与电容两端电压成正比而是与电容两端电压对时间的变化率成正比。

如将式（3-25）两边乘上 u，并积分之，则得

$$\int_0^t uidt = \int_0^u Cudu = \frac{1}{2}Cu^2 \tag{3-26}$$

这说明当电容元件上的电压增高时，电场能量增大；在此过程中电容元件从电源取用能

量（充电）。上式中的 $\frac{1}{2}Cu^2$ 就是电容元件极板间的电场能量。当电压降低时，该电场能量减小，即电容元件向电源放还能量（放电）。

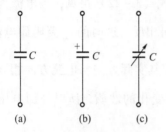

图 3-10 电容元件的符号
(a) 一般电容器；(b) 极性电容器；(c) 可调电容器

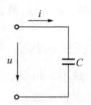

图 3-11 电容电路

必须指出：本节所讲的都是线性元件，R、L 和 C 都是常数，即相应的 u 和 i、Φ 和 i 及 q 和 u 之间都是线性关系。分析中电压和电流瞬时值关系式是在 u 和 i 的正方向一致的情况下得出的，否则，式中有一负号。

第四节 纯电阻交流电路

从这节开始，我们将分别研究电阻 R、电感 L 和电容 C 这三个电路参数在交流电路中的作用，分析电路中电压与电流的大小和相位关系，能量转换及功率问题。

在实际电路中 R、L、C 这三个参数的影响都存在，但在研究某一具体电路时，为了使问题简化，经常抓住起主要作用的参数，而忽略其余两个参数的影响，这样的电路叫单一参数元件电路。我们必须首先掌握单一参数元件电路中电压与电流之间的关系，因为其他电路元件是一些单一参数元件的组合而已。

本节首先分析纯电阻的正弦交流电路。

一、电压与电流的关系

如图 3-12 (a) 所示是一个线性电阻元件的交流电路。电压和电流的正方向如图中所示。两者关系由欧姆定律确定，即

$$u = iR$$

设电路中的电流为

$$i = I_m \sin \omega t$$

则电阻两端电压为

$$u = iR = I_m R \sin \omega t = U_m \sin \omega t \quad (3-27)$$

也是一个同频率的正弦量。

由上式可知

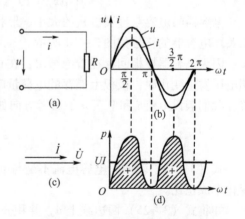

图 3-12 电阻元件的交流电路
(a) 电路图；(b) 电压与电流的正弦波形；
(c) 电压与电流的相量图；(d) 功率波形

或
$$U_m = I_m R$$
$$\frac{U_m}{I_m} = \frac{U}{I} = R \quad (3-28)$$

如用相量表示，则
$$\dot{I} = I\angle 0° \qquad \dot{U} = U\angle 0°$$
$$\frac{\dot{U}}{\dot{I}} = \frac{U}{I}\angle 0° = R$$

或
$$\dot{U} = \dot{I}R \quad (3-29)$$

此即欧姆定律的相量表达式。

由上分析，可得到下述结论：

（1）在正弦交流电流作用下，电阻两端的电压与电流是同频率的正弦量，而且相位相同。

（2）电压的幅值（或有效值）与电流的幅值（或有效值）之比值就是电阻 R。

它们的波形和相量图如图 3-12(b)、(c) 所示。

二、电阻上的功率

1. 瞬时功率

在任意瞬间，电压的瞬时值 u 与电流的瞬时值 i 的乘积，称为瞬时功率，用小写字母 p 代表，即

$$p = p_R = ui = U_m I_m \sin^2 \omega t = \frac{U_m I_m}{2}(1 - \cos 2\omega t)$$
$$= UI(1 - \cos 2\omega t) \quad (3-30)$$

式（3-30）说明，电阻上的瞬时功率由一个固定分量 UI 和一个交变量 $UI\cos 2\omega t$ 组成。p 随时间变化的波形如图 3-12（d）所示。由于 u 和 i 总是同相变化的，所以瞬时功率总是正值，即 $p>0$。这表明电阻总是消耗电功率的，它把电能转换成热能，这是一种不可逆的能量转换过程。

2. 平均功率

由于瞬时功率时刻在变动，不便计算，通常取瞬时功率在一个周期内的平均值来衡量电阻上消耗的电功率，称为平均功率，用大写字母 P 表示。

$$P = \frac{1}{T}\int_0^T p\,dt = \frac{1}{T}\int_0^T UI(1-\cos 2\omega t)\,dt = UI = I^2 R = \frac{U^2}{R} \quad (3-31)$$

式（3-31）的计算形式与直流电路中的功率计算形式完全一样，但要注意电压有效值和电流有效值的乘积是交流功率的平均值，不能把它与直流电路的功率混淆起来。在交流电路中电阻上消耗的平均功率称为有功功率，简称功率，单位为瓦（W）。

例 3.8 一个额定电压 220 V，功率为 50 W 的电烙铁，接于初相角为 30° 的 220 V 的工频正弦交流电源上，求电烙铁的电阻和流过的电流，若经过 4 h，问消耗的电能是多少？如果电烙铁误接于 380 V 的交流电源上，则电烙铁吸收的功率是多少？（不考虑电阻的温度影响）

解 （1）电烙铁的电阻

$$R = \frac{U_N^2}{P} = \frac{220^2}{50} = 968 \ (\Omega)$$

(2) 当接上 220 V 的电源时，通过电烙铁的电流有效值

$$I = \frac{U}{R} = \frac{220}{968} = 0.227 \ (A)$$

瞬时值表达式，由已知条件

$$u = 220\sqrt{2}\sin(314t + 30°) \ (V)$$

得

$$i = \frac{u}{R} = \frac{220\sqrt{2}}{968}\sin(314t + 30°)$$
$$= 0.227\sqrt{2}\sin(314t + 30°) \ (A)$$

用相量形式解得

$$\dot{U} = 220 \angle 30° \ (V)$$

则

$$\dot{I} = \frac{\dot{U}}{R} = \frac{220\angle 30°}{968} = 0.227 \angle 30° \ (A)$$

(3) 4 h 消耗的电能

$$W = Pt = 50 \times 4 \times 3\ 600 = 7.2 \times 10^5 \ (J)$$

(4) 当误接于 380 V 电源时，电烙铁功率为

$$P' = \frac{380^2}{968} = 150 \ (W)$$

这时电烙铁的电阻丝有被烧断的危险。

第五节　纯电感交流电路

若交流电路中其他参数的影响与电感相比可忽略不计时，则只考虑电感参数的作用，这种只有单一电感参数的电路，称为纯电感电路，如图 3-13（a）所示。

一、电压与电流关系

设流过图 3-13（a）所示电感元件的电流为

$$i = I_m \sin \omega t$$

则自感电压为

$$u = L\frac{di}{dt} = L\frac{d}{dt}(I_m \sin \omega t) = I_m \omega L \cos \omega t$$
$$= I_m \omega L \sin(\omega t + 90°)$$
$$= U_m \sin(\omega t + 90°) \tag{3-32}$$

它是一个和电流同频率的正弦量。式（3-32）中

$$U_m = \omega L I_m$$

或

$$\frac{U_m}{I_m} = \frac{U}{I} = \omega L \tag{3-33}$$

比较上面各式可知，纯电感电路中，在相位上电压比电流超前90°。电压的幅值（或有效值）与电流的幅值（或有效值）之比值为ωL，它的单位为欧姆（Ω）。当电压U一定时，ωL愈大，则电流I愈小。可见它具有对交流起阻碍作用的物理性质，所以称为电感电抗，简称感抗，用X_L代表，即

$$X_L = \omega L = 2\pi f L \tag{3-34}$$

感抗X_L与电感L和频率f成正比。因此，电感线圈对高频电流的阻碍作用很大，而对直流电因为$f=0$，所以$X_L=0$，线圈可视作短路。

当U和L一定时，X_L和I与f的关系如图3-14所示。

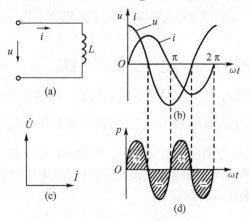

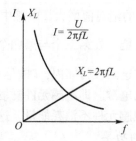

图3-13　电感元件的交流电路
(a)电路图；(b)电压与电流的正弦波形；
(c)电压与电流的相量图；(d)功率波形

图3-14　X_L和I与f的关系

应该注意，感抗X_L是电压有效值（或幅值）与电流有效值（或幅值）之比，而不是它们的瞬时值之比，即$\frac{u}{i} \neq X_L$。这是因为电感元件电路里的电压与电流是导数关系，而不是成正比关系，它们的波形如图3-13（b）所示。

如果用相量表示电压与电流之间的关系，则为

$$\dot{I} = I\underline{/0°} \qquad \dot{U} = U\underline{/90°}$$

$$\frac{\dot{U}}{\dot{I}} = \frac{U}{I}\underline{/90°} = jX_L$$

或

$$\dot{U} = j\dot{I}X_L = j\dot{I}\omega L \tag{3-35}$$

式（3-35）就是电感电压和电流关系的相量形式。其含义十分明显，它既表示了电感电压和电流有效值之间的数值关系为$U=IX_L$，又表达了电压的有效值相量$\dot{U}$在相位上超前电流有效值相量$\dot{I}$ 90°。在几何意义上，式（3-35）表明$\dot{I}$乘以X_L后朝逆时针方向旋转90°即得到电压相量$\dot{U}$。$\dot{U}$和$\dot{I}$的相量图见图3-13（c）。

二、电感上的功率

1. 瞬时功率

将电感电路中的电压瞬时值与电流瞬时值相乘,就可得到瞬时功率,即

$$p = p_L = ui = U_m I_m \sin \omega t \sin(\omega t + 90°)$$

$$= U_m I_m \sin \omega t \cos \omega t = \frac{U_m \cdot I_m}{2} \sin 2\omega t$$

$$= UI \sin 2\omega t \tag{3-36}$$

由式(3-36)可见,p 是一个幅值为 UI,并以两倍于电流的频率按正弦规律变化,其变化的波形如图 3-13(d)所示。

在第一个与第三个 $\frac{1}{4}$ 周期内,由于 u 和 i 的参考方向相同,故其乘积为正值,即 $p > 0$,在此期间 i 的绝对值增大,电感中存储的磁场能增加,因此需从电源吸收功率,以便把电能转变为磁场能。在第二个与第四个 $\frac{1}{4}$ 周期内,u 和 i 的参考方向相反,所以它的乘积为负值,即 $p < 0$,在这两段时间内,i 的绝对值减小,电感中存储的磁场能减少,因此磁场能又转变为电能送回电源。即电感元件磁场能量的建立与消失对交流电源来说是一种可逆的能量转换过程,纯电感元件不消耗能量,这可由平均功率表达式得到证明。

2. 平均功率

在电感元件电路中的平均功率

$$P = \frac{1}{T}\int_0^T p dt = \frac{1}{T}\int_0^T UI \sin 2\omega t dt = 0$$

从图 3-13(d)的功率波形图也容易看出,p 的平均值为零。

3. 无功功率

由上述可知,电感本身不消耗电能,但在电感和电源之间有能量的互换。这种能量互换的规模,用无功功率 Q_L 来衡量。我们规定无功功率等于瞬时功率 p_L 的幅值,即

$$Q_L = UI = I^2 X_L \tag{3-37}$$

无功功率的单位是乏(Var)或千乏(kVar)。

例 3.9 有一线圈,其电感 $L = 35$ mH,线圈电阻忽略不计,在频率 $f = 50$ Hz,电压 $U = 220$ V 的电源作用下,求:

(1)线圈的感抗;
(2)电路中的电流及其与电压的相位差 φ;
(3)线圈的无功功率 Q_L。

解 (1) $X_L = 2\pi f L = 2\pi \times 50 \times 35 \times 10^{-3} = 11$ (Ω)。

(2)设电压为参考相量;$\dot{U} = 220 \underline{/0°}$ (V)

$$\dot{I} = \frac{\dot{U}}{jX_L} = \frac{220\underline{/0°}}{j11} = \frac{220\underline{/0°}}{11\underline{/90°}} = 20\underline{/-90°}\ (A)$$

$$i = 20\sqrt{2}\sin(314t - 90°)\ (A)$$

$$\varphi = \varphi_u - \varphi_i = 0° - (-90°) = 90°$$

说明电压超前于电流90°，或称电流滞后电压90°。

（4）$Q_L = UI = 220 \times 20 = 4\,400$（Var）。

第六节　纯电容交流电路

若在交流电路中，只含有单一电容参数（即其他参数的影响可忽略）称为纯电容电路，如图3-15（a）所示。

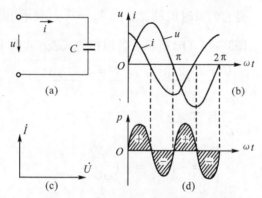

图3-15　电容元件的交流电路
(a) 电路图；(b) 电压与电流的正弦波形；(c) 电压与电流的相量图；(d) 功率波形

一、电压与电流的关系

当电容器两端电压发生变化时，电容器极板上的电量（电流）也要随着变化，即

$$i = \frac{dq}{dt} = C\frac{du}{dt}$$

设在电容器的两端加一个电压

$$u = U_m \sin \omega t$$

则

$$i = C\frac{d}{dt}(U_m \sin \omega t) = U_m \omega C \cos \omega t$$

$$= U_m \omega C \sin(\omega t + 90°) = I_m \sin(\omega t + 90°) \quad (3-38)$$

即电流和电压是一个同频率的正弦量。式（3-38）中

$$I_m = U_m \omega C$$

或

$$\frac{U_m}{I_m} = \frac{U}{I} = \frac{1}{\omega C} \quad (3-39)$$

比较以上各式可知，在纯电容电路中，相位上电流比电压超前90°。电压的幅值（或有效值）与电流的幅值（或有效值）之比值为$\frac{1}{\omega C}$，它的单位是欧姆（Ω）。当电压U一定时，$\frac{1}{\omega C}$愈大，流过电容的电流愈小。可见它具有对电流起阻碍作用的物理性质，所以称为电容

电抗，简称容抗，用 X_C 代表，即

$$X_C = \frac{1}{\omega C} = \frac{1}{2\pi f C} \qquad (3-40)$$

容抗 X_C 与电容 C、频率 f 成反比。因此对直流电（$f=0$）所呈现的容抗 $X_C \to \infty$，可视作开路。电容器这种"通交隔直"的特性，在电子技术中应用十分普遍。

当电压 U 和电容 C 一定时，容抗 X_C 和电流 I 与频率 f 的关系表示在图 3-16 中。

必须注意，容抗 X_C 是电压有效值与电流有效值的比，而不是它们瞬时值的比，即 $X_C \neq \dfrac{u}{i}$。表示电压和电流的正弦波形如图3-15（b）所示。若用相量式表示电压和电流之间的关系则为

$$\dot{U} = U\angle 0° \qquad \dot{I} = I\angle 90°$$

$$\frac{\dot{U}}{\dot{I}} = \frac{U}{I}\angle -90° = -j\frac{U}{I} = -jX_C$$

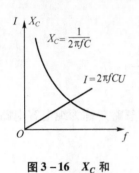

图 3-16 X_C 和 I 与 f 的关系

或

$$\dot{U} = -j\dot{I}X_C = -j\frac{\dot{I}}{\omega C} = \frac{\dot{I}}{j\omega C} \qquad (3-41)$$

式（3-41）表示电压有效值相量 $\dot{U}$ 在相位上滞后于电流有效值相量 $\dot{I}$ 90°，在数值上 $U = IX_C$。电压和电流的相量图如图 3-15（c）所示。从相量图上可以看出，电流相量 $\dot{I}$ 乘以算子（$-j$）后，即向后（顺时针方向）旋转 90°，就是电压相量 $\dot{U}$ 的位置。

二、电容上的功率

1. 瞬时功率

将电容电路中电压和电流的瞬时值表示式直接相乘，则可求得瞬时功率。即

$$\begin{aligned} p = p_C = ui &= U_m I_m \sin \omega t \sin(\omega t + 90°) \\ &= U_m I_m \sin \omega t \cos \omega t = \frac{U_m \cdot I_m}{2} \sin 2\omega t \\ &= UI \sin 2\omega t \end{aligned} \qquad (3-42)$$

由式（3-42）可见，p 是一个以 2ω 角频率随时间而变化的交变量，它的幅值为 UI，其波形如图 3-15（d）所示。

在第一个与第三个 $\dfrac{1}{4}$ 周期内，电压的绝对值增加，表示电容充电，$p>0$，电容器从电源吸取能量，而储存于电容器的电场内；在第二个与第四个 $\dfrac{1}{4}$ 周期内，电压的绝对值减小，表示电容器放电，$p<0$，电容器放出充电时储存的能量，送回电源，所以电场能的变化是可逆的。

2. 平均功率

在电容元件电路中，平均功率

$$P = \frac{1}{T}\int_0^T p\,dt = \frac{1}{T}\int_0^T UI\sin 2\omega t\,dt = 0$$

这说明电容也是不消耗能量的，在电源与电容元件之间只发生能量的互换。

3. 无功功率

我们把电容元件与电源之间能量互换的最大值（即瞬时功率的幅值），称为无功功率，用符号 Q_C 表示。

$$Q_C = UI = I^2 X_C \tag{3-43}$$

例3.10 如图3-17所示的晶体管电路中，在电阻两端并联一个电容器，其目的是使交流电"容易通过"，而不致在电阻上产生显著的交流电压降，以此提高晶体管放大电路的放大倍数。设 $R = 100\ \Omega$，$C = 100\ \mu F$，试计算信号频率等于 50 Hz 和 5 000 Hz 时的容抗。

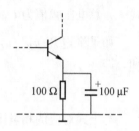

图3-17 例3.10的图

解 （1）当 $f = 50$ Hz 时

$$X_C = \frac{1}{2\pi fC} = \frac{1}{2\times 3.14\times 50\times 100\times 10^{-6}} = 31.85\ (\Omega)$$

（2）当 $f = 5\ 000$ Hz 时

$$X_C = \frac{1}{2\pi fC} = \frac{1}{2\times 3.14\times 5000\times 100\times 10^{-6}} = 0.318\ 5\ (\Omega)$$

由此可见，在信号频率为 5 000 Hz 时，容抗 $X_C \ll R$，它把 5 000 Hz 的交流信号给"旁路"掉了。

第七节　RLC 串联电路

前面我们讨论了单一元件的正弦交流电路，在明确了每种参数的性质及其在交流电路中的作用后，可直接应用上面分析的结果来讨论电阻、电感和电容串联的交流电路。

电阻、电感和电容组成的串联交流电路如图3-18（a）所示，电路中流过三个元件的电流是相同的。

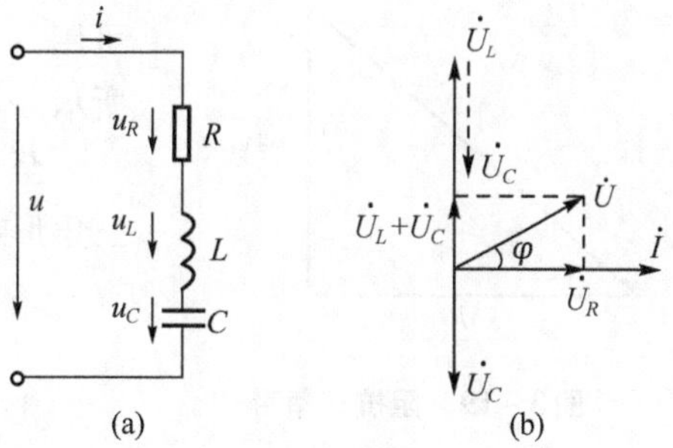

图3-18　电阻、电感与电容元件
串联的交流电路
（a）电路图；（b）相量图

一、电压与电流的关系

设电流 $i = I_m \sin \omega t$ 为参考正弦量，于是电阻、电感和电容端电压的表达式分别为

$$u_R = I_m R \sin \omega t$$
$$u_L = I_m \omega L \sin(\omega t + 90°)$$
$$u_C = \frac{I_m}{\omega C}\sin(\omega t - 90°)$$

根据基尔霍夫电压定律,总电压应为

$$u = u_R + u_L + u_C$$
$$= I_m R\sin\omega t + I_m\omega L\sin(\omega t + 90°) + \frac{I_m}{\omega C}\sin(\omega t - 90°) \tag{3-44}$$

同频率的正弦量相加仍然是同频率的正弦量,故总电压的表达式可写为

$$u = u_R + u_L + u_C = U_m\sin(\omega t + \varphi) \tag{3-45}$$

式中,总电压幅值为 U_m,与电流 i 之间的相位差为 φ。

如果将电压 u_R、u_L、u_C 用相量 $\dot{U}_R$、$\dot{U}_L$、$\dot{U}_C$ 表示,则总电压等于三个电压的相量和,即

$$\dot{U} = \dot{U}_R + \dot{U}_L + \dot{U}_C$$

与上式对应的相量图如图3-18(b)所示。图中选 $\dot{I}$ 为参考相量,画在水平位置。从相量图可见,电感电压 $\dot{U}_L$ 和电容电压 $\dot{U}_C$ 反相,因此,它们的作用是相互削弱的。由相量图(组成电压三角形)求得总电压有效值,即

$$U = \sqrt{U_R^2 + (U_L - U_C)^2} = \sqrt{(IR)^2 + (IX_L - IX_C)^2}$$
$$= I\sqrt{R^2 + (X_L - X_C)^2}$$

也可写成

$$\frac{U}{I} = \sqrt{R^2 + (X_L - X_C)^2} \tag{3-46}$$

由上式可知,这种电路中电压与电流的有效值之比为 $\sqrt{R^2 + (X_L - X_C)^2}$,它具有对电流起阻碍作用的性质,我们称它为电路的阻抗,其单位是欧姆,用 $|Z|$ 表示,即

$$|Z| = \sqrt{R^2 + (X_L - X_C)^2} \tag{3-47}$$

可见阻抗 $|Z|$ 与 R 和 $(X_L - X_C)$ 三者之间的关系也可用一个直角三角形——阻抗三角形来表示,如图3-19所示。

至于电源电压 u 与电流 i 之间的相位差 φ 也可以从电压三角形或阻抗三角形得出,即

$$\varphi = \arctan\frac{U_L - U_C}{U_R} = \arctan\frac{X_L - X_C}{R} \tag{3-48}$$

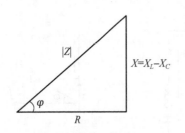

图3-19 阻抗三角形

式(3-48)表明电压三角形和阻抗三角形是相似三角形。但要注意 $|Z|$、R 和 X 都不是相量,所以画阻抗三角形的三条边均不应带箭头。

从式(3-48)可以看出,电源电压与电流的相位差 φ 角的大小和正负完全由电路的参数来决定。如果 $X_L > X_C$,即 $U_L > U_C$,则 $\varphi > 0$。这表明在相位上电压 u 比电流 i 超前 φ 角,这种电路呈电感性。如果 $X_L < X_C$,即 $U_L < U_C$,则 $\varphi < 0$,这表明在相位上电压 u 比电流 i 滞后 φ 角,这种电路呈电容性。当然,也可能存在 $X_L = X_C$,即 $U_L = U_C$,则 $\varphi = 0$,表明电路中电压和电流同相位,电路呈现纯电阻性。这种电路称为谐振电路。

如果用相量表示电压与电流关系,则为

$$\dot{U} = \dot{U}_R + \dot{U}_L + \dot{U}_C = \dot{I}R + \mathrm{j}\dot{I}X_L - \mathrm{j}\dot{I}X_C$$
$$= \dot{I}[R + \mathrm{j}(X_L - X_C)] \tag{3-49}$$

或

$$\frac{\dot{U}}{\dot{I}} = R + \mathrm{j}(X_L - X_C) = R + \mathrm{j}X$$

式中的 $R + \mathrm{j}(X_L - X_C)$ 称为电路的复数阻抗（简称复阻抗），复数阻抗的实部为 R。虚部 $X = X_L - X_C$，称为电抗。复数阻抗用大写字母 Z 表示，即

$$Z = R + \mathrm{j}(X_L - X_C) = \sqrt{R^2 + (X_L - X_C)^2}\ \mathrm{e}^{\mathrm{j}\arctan\frac{X_L - X_C}{R}}$$
$$= |Z|\mathrm{e}^{\mathrm{j}\varphi} = |Z|\underline{/\varphi} \tag{3-50}$$

则式（3-49）可写成

$$\dot{U} = Z\dot{I} \tag{3-51}$$

由式（3-50）可知，复数阻抗的单位与电阻一样，也是欧姆，它代表了电路的电压与电流之间的关系，既表示了大小关系（反映在复数阻抗的模 $|Z|$ 上），又表示了相位关系（反映在辐角 φ 上）。式（3-51）在形式上和直流电路的欧姆定律相似，称为交流电路的欧姆定律。

复数阻抗的辐角 φ 即为电压 $\dot{U}$ 与电流 $\dot{I}$ 之间的相位差，对电感性电路 φ 为正；对电容性电路 φ 为负。

应该注意：复数阻抗不是时间函数，所以它不是相量。只是一个复数计算量。

二、RLC 串联电路的功率

1. 瞬时功率

知道了电压 u 和电流 i 的变化规律与相互关系后，便可计算出瞬时功率，设

$$i = I_\mathrm{m}\sin \omega t$$
$$u = U_\mathrm{m}\sin(\omega t + \varphi)$$

则

$$p = ui = U_\mathrm{m}I_\mathrm{m}\sin(\omega t + \varphi)\sin \omega t$$
$$= 2UI\sin(\omega t + \varphi)\sin \omega t$$
$$= UI\cos \varphi - UI\cos(2\omega t + \varphi) \tag{3-52}$$

从式（3-52）可以看出，瞬时功率由两项组成，一项是恒定分量 $UI\cos \varphi$，一项是两倍于电源频率变化的分量 $-UI\cos(2\omega t + \varphi)$。

2. 平均功率

由于电阻元件上要消耗电能，相应的平均功率为

$$P = \frac{1}{T}\int_0^T p\mathrm{d}t = \frac{1}{T}\int_0^T [UI\cos \varphi - UI\cos(2\omega t + \varphi)]\mathrm{d}t$$
$$= UI\cos \varphi \tag{3-53}$$

此式与直流电路的功率公式不同，由式（3-53）中可看出，有功功率不仅与电压和电流的有效值乘积 UI 成正比，而且还与 $\cos \varphi$ 成正比，$\cos \varphi$ 称为功率因数。相位差角 φ 又称为功率因数角。显然，因为 $-90° \leqslant \varphi \leqslant 90°$，所以 $0 \leqslant \cos \varphi \leqslant 1$，这就是说有功功率总小于或等于电压与电流有效值的乘积 UI。

从电压三角形 [图3-18 (b)] 可得出

$$U\cos\varphi = U_R = IR$$

于是

$$P = UI\cos\varphi = U_R I = I^2 R \tag{3-54}$$

3. 无功功率

对于 RLC 串联电路，从电压三角形 [图3-18 (b)] 可得出

$$U\sin\varphi = U_L - U_C$$

所以

$$\begin{aligned} Q &= UI\sin\varphi = (U_L - U_C)I \\ &= U_L I - U_C I = (X_L - X_C)I^2 \\ &= Q_L - Q_C \end{aligned} \tag{3-55}$$

上式说明，无功功率 Q 的大小取决于 U、I 和 $\sin\varphi$ 的大小。

综上所述，一个交流发电机输出的功率不仅与发电机的端电压及其输出电流的有效值的乘积有关，而且还与电路（负载）的参数有关。电路所具有的参数不同，则电压与电流间的相位差 φ 就不同，在同样电压 U 和电流 I 之下，这时电路的有功功率和无功功率也就不同。

4. 视在功率和功率三角形

在交流电路中，平均功率一般不等于电压与电流有效值的乘积，如将两者的有效值相乘，则得出所谓视在功率 S，即

$$S = UI = I^2 |Z| \tag{3-56}$$

交流电气设备是按照规定了的额定电压 U_N 和额定电流 I_N 来设计和使用的，变压器的容量就是以额定电压和额定电流的乘积，即所谓额定视在功率

$$S_N = U_N I_N$$

来表示的。

视在功率的单位是伏安（V·A）或千伏安（kV·A），以便和有功功率、无功功率相区别。

因为

$$P = UI\cos\varphi$$
$$Q = UI\sin\varphi$$

所以

$$P^2 + Q^2 = S^2(\cos^2\varphi + \sin^2\varphi) = S^2$$

或

$$S = \sqrt{P^2 + Q^2} \tag{3-57}$$

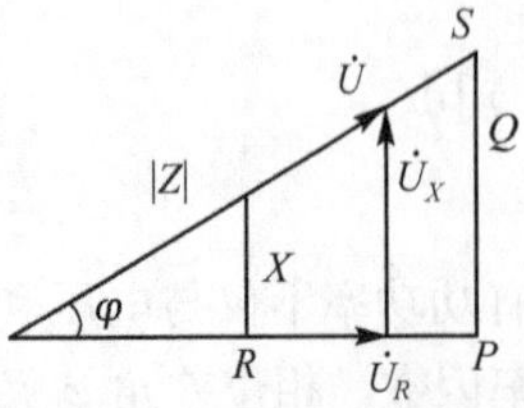

由式 (3-57) 可见，视在功率 S、有功功率 P 和无功功率 Q 之间也可用一个直角三角形来表示，如图3-20所示，称之为功率三角形。

功率、电压和阻抗三角形是相似的。因为将电压三角形每边乘以电流 I 即可得到功率三角形，而将电压三角形每边除以电流 I 即可得到阻抗三角形（如图3-20）。现在把它们同时表示在图3-20中。目的是便于我们分析和记忆。

图3-20 阻抗、电压、功率三角形

应该注意,功率 P、Q 及 S 都不是正弦量,所以不能用相量来表示。

这一节中,我们分析了电阻、电感与电容元件串联的交流电路,这是一个典型电路,其他的单一参数电路,以及 RL 串联电路和 RC 串联电路都可以看成是它的特例。现将几种正弦交流电路中电压与电流的关系列入表 3-1 中,以帮助读者总结和记忆。

表 3-1 正弦交流电路中电压与电流的关系

电路	瞬时关系	相位及相量图	大小关系	复数式
R ($X_L = X_C = 0$)	$u = iR$	$\varphi = 0°$	$I = \dfrac{U}{R}$	$\dot{I} = \dfrac{\dot{U}}{R}$
L ($R = X_C = 0$)	$u = L\dfrac{di}{dt}$	$\varphi = 90°$	$I = \dfrac{U}{X_L}$	$\dot{I} = \dfrac{\dot{U}}{jX_L}$
C ($R = X_L = 0$)	$u = \dfrac{1}{C}\int i\,dt$	$\varphi = -90°$	$I = \dfrac{U}{X_C}$	$\dot{I} = \dfrac{\dot{U}}{-jX_C} = j\dfrac{\dot{U}}{X_C}$
RL 串联 ($X_C = 0$)	$u = iR + L\dfrac{di}{dt}$	$\varphi = \arctan\dfrac{X_L}{R}$, $0 < \varphi < 90°$	$I = \dfrac{U}{|Z|} = \dfrac{U}{\sqrt{R^2 + X_L^2}}$	$\dot{I} = \dfrac{\dot{U}}{Z} = \dfrac{\dot{U}}{R + jX_L}$
RC 串联 ($X_L = 0$)	$u = iR + \dfrac{1}{C}\int i\,dt$	$\varphi = \arctan\dfrac{-X_C}{R}$, $-90° < \varphi < 0$	$I = \dfrac{U}{|Z|} = \dfrac{U}{\sqrt{R^2 + (-X_C)^2}}$	$\dot{I} = \dfrac{\dot{U}}{Z} = \dfrac{\dot{U}}{R - jX_C}$
RLC 串联	$u = iR + L\dfrac{di}{dt} + \dfrac{1}{C}\int i\,dt$	$\varphi = \arctan\dfrac{X_L - X_C}{R}$ $\varphi > 0$(u 超前 i,感性) $\varphi < 0$(u 滞后 i,容性) $\varphi = 0$(u 与 i 同相,电阻性)	$I = \dfrac{U}{|Z|} = \dfrac{U}{\sqrt{R^2 + (X_L - X_C)^2}}$	$\dot{I} = \dfrac{\dot{U}}{Z} = \dfrac{\dot{U}}{R + j(X_L - X_C)}$

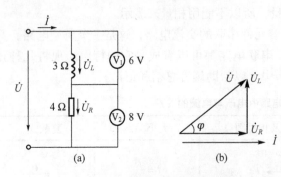

图 3-21 例 3.11 的电路图和相量图
（a）电路图；（b）相量图

例 3.11 求如图 3-21（a）所示的总电压 U 和总阻抗 $|Z|$。

解 图中电压表测量的是有效值,故不能用有效值直接相加的方法求总电压 U,因此,需利用相量图分析求解。

在作相量图时,应首先选择参考相量,一般选已知量或公共量作为参考相量。在串联电路中,电流相量 $\dot{I}$ 是公共相量,可作为参考相量。如图 3-21（b）所示。

作相量图 $\dot{U}_R$ 与 $\dot{I}$ 同相, $\dot{U}_L$ 超前于 $\dot{I}$ 90°,然后求 $\dot{U}_R$ 与 $\dot{U}_L$ 的相量和,即得 $\dot{U}$。

由图 3-21（a）知
$$U_R = 8 \text{ (V)} \qquad U_L = 6 \text{ (V)}$$

则
$$U = \sqrt{U_R^2 + U_L^2} = \sqrt{8^2 + 6^2} = 10 \text{ (V)}$$

同理,总阻抗为
$$|Z| = \sqrt{R^2 + X_L^2} = \sqrt{4^2 + 3^2} = 5 \text{ (Ω)}$$

例 3.12 在 RLC 串联电路中,已知 $R = 30$ Ω, $L = 127$ mH, $C = 40$ μF,电源电压 $u = 100\sqrt{2}\sin(314t + 30°)$ V,求：

（1）感抗、容抗和阻抗；
（2）电流的有效值 I 与瞬时值 i 的表达式；
（3）各部分电压的有效值与瞬时值表达式；
（4）作相量图；
（5）用相量计算电流 $\dot{I}$ 和各部分电压 $\dot{U}_R$、$\dot{U}_L$ 及 $\dot{U}_C$；
（6）求功率 P 和 Q。

解 （1）
$$X_L = \omega L = 314 \times 127 \times 10^{-3} = 40 \text{ (Ω)}$$
$$X_C = \frac{1}{\omega C} = \frac{1}{314 \times 40 \times 10^{-6}} = 80 \text{ (Ω)}$$
$$|Z| = \sqrt{R^2 + (X_L - X_C)^2} = \sqrt{30^2 + (40 - 80)^2} = 50 \text{ (Ω)}$$

（2）
$$I = \frac{U}{|Z|} = \frac{100}{50} = 2 \text{ (A)}$$
$$\varphi = \arctan\frac{X_L - X_C}{R} = \arctan\frac{40 - 80}{30} = -53° \text{（电容性）}$$
$$i = 2\sqrt{2}\sin(314t + 30° + 53°) = 2\sqrt{2}\sin(314t + 83°) \text{ (A)}$$

注意：$\varphi = -53°$ 表示电压滞后电流 53°,因 u 的初相位为 30°,所以电流 i 的初相位为 $30° + 53° = 83°$。

（3）
$$U_R = IR = 2 \times 30 = 60 \text{ (V)}$$

$$u_R = 60\sqrt{2}\sin(314t + 83°) \text{ (V)}$$
$$U_L = IX_L = 2 \times 40 = 80 \text{ (V)}$$
$$u_L = 80\sqrt{2}\sin(314t + 83° + 90°) = 80\sqrt{2}\sin(314t + 173°) \text{ (V)}$$
$$U_C = IX_C = 2 \times 80 = 160 \text{ (V)}$$
$$u_C = 160\sqrt{2}\sin(314t + 83° - 90°)$$
$$= 160\sqrt{2}\sin(314t - 7°) \text{ (V)}$$

显然，$U \neq U_R + U_L + U_C$。所以，在正弦电路中，有效值不能直接相加。在本例中，$U_C > U$，电路中部分电压大于电源电压是在直流电路中不可能发生的。

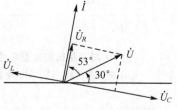

图 3-22　例 3.12 的相量图

（4）作相量图如图 3-22 所示。
（5）用相量形式计算

$$\dot{U} = 100 \angle 30° \text{ (V)}$$
$$Z = R + j(X_L - X_C) = 30 + j(40 - 80)$$
$$= 30 - j40 = 50 \angle -53° \text{ (Ω)}$$
$$\dot{I} = \frac{\dot{U}}{Z} = \frac{100 \angle 30°}{50 \angle -53°} = 2 \angle 83° \text{ (A)}$$
$$\dot{U}_R = \dot{I}R = 2 \angle 83° \times 30 = 60 \angle 83° \text{ (V)}$$
$$\dot{U}_L = j\dot{I}X_L = j40 \times 2 \angle 83° = 80 \angle 173° \text{ (V)}$$
$$\dot{U}_C = -j\dot{I}X_C = -j80 \times 2 \angle 83° = 160 \angle -7° \text{ (V)}$$

（6）$P = UI\cos\varphi = 100 \times 2 \times \cos(-53°)$
$= 100 \times 2 \times 0.6 = 120 \text{ (W)}$
$Q = UI\sin\varphi = 100 \times 2 \times \sin(-53°)$
$= 100 \times 2 \times (-0.8) = -160 \text{ (Var)}$

*第八节　阻抗的串联与并联

在学习了正弦量的相量表示法及复数的基本运算规则以后，就可用复数对阻抗串联或并联的交流电路进行分析与计算。

一、阻抗的串联

图 3-23（a）是两个阻抗串联的电路，其负载复阻抗分别为 Z_1 和 Z_2。根据基尔霍夫定律，电源电压 $\dot{U}$ 等于阻抗上的电压降 $\dot{U}_1$ 和 $\dot{U}_2$ 之和，即

$$\dot{U} = \dot{U}_1 + \dot{U}_2 = \dot{I}Z_1 + \dot{I}Z_2 = \dot{I}(Z_1 + Z_2) = \dot{I}Z \quad (3-58)$$

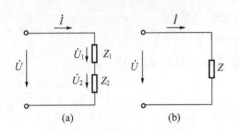

图 3-23 阻抗的串联电路

(a) 阻抗的串联；(b) 等效电路

式（3-58）中 Z 称为串联电路的等效复阻抗。将图 3-23（a）的 Z_1 和 Z_2 两个阻抗用一个阻抗 Z 代替，如图 3-23（b）所示，则在同样电压作用下，电路中电流的有效值和相位保持不变，串联后的等效复阻抗等于各个复阻抗之和，即

$$Z = Z_1 + Z_2 \quad (3-59)$$

因为，一般情况下

$$U \neq U_1 + U_2$$

即

$$I|Z| \neq I|Z_1| + I|Z_2|$$

所以

$$|Z| \neq |Z_1| + |Z_2|$$

由此可见，切不可将几个阻抗的模直接相加（阻抗同性质，且阻抗角相同者可直接相加）。若有 n 个复阻抗串联，则计算串联等效复阻抗的一般公式为

$$Z = \sum Z_k = \sum R_k + j\sum X_k = |Z| e^{j\varphi} \quad (3-60)$$

式中

$$|Z| = \sqrt{(\sum R_k)^2 + (\sum X_k)^2}$$

$$\varphi = \arctan \frac{\sum X_k}{\sum R_k}$$

上列各式的 $\sum X_k$ 中，感抗 X_L 取正号，容抗 X_C 取负号。

运用相量计算，可以列出复阻抗串联电路的分压公式

$$\left.\begin{array}{l} \dot{U}_1 = \dot{I} Z_1 = \dot{U} \dfrac{Z_1}{Z_1 + Z_2} \\ \dot{U}_2 = \dot{I} Z_2 = \dot{U} \dfrac{Z_2}{Z_1 + Z_2} \end{array}\right\} \quad (3-61)$$

例 3.13 在图 3-23（a）中有两个复数阻抗 $Z_1 = 3 + j4\ \Omega$ 和 $Z_2 = 3 - j12\ \Omega$，它们串联在电压 $u = 220\sqrt{2}\sin(314t - 30°)$ V 的电源上，试用相量计算：

(1) 电路的等效复阻抗；

(2) 电路中的电流 $\dot{I}$；

(3) 各阻抗上的电压 $\dot{U}_1$ 和 $\dot{U}_2$；

(4) 作相量图。

解 （1） $Z = Z_1 + Z_2 = 3 + j4 + 3 - j12$

$= 6 - j8 = 10\angle{-53.1°}\ (\Omega)$

（2） $\dot{I} = \dfrac{\dot{U}}{Z} = \dfrac{220\angle{-30°}}{10\angle{-53.1°}} = 22\angle{23.1°}$ (A)

（3） $\dot{U}_1 = \dot{I} Z_1 = \dot{I}(3 + j4)$

$= 22\angle{23.1°} \times 5\angle{53.1°}$

$= 110\angle{76.2°}$ (V)

$\dot{U}_2 = \dot{I} Z_2 = \dot{I}(3 - j12)$

$$= 22 \underline{/23.1°} \times 12.37 \underline{/-75.96°}$$
$$= 272.14 \underline{/-52.86°} \text{ (V)}$$

(4) 相量图如图 3-24 所示。

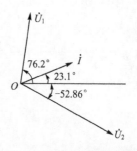

图 3-24 例 3.13 的相量图

二、阻抗的并联

图 3-25（a）是两个阻抗并联的电路。根据基尔霍夫电流定律，总电流 $\dot{I}$ 等于各支路电流 $\dot{I}_1$ 和 $\dot{I}_2$ 之和，即

$$\dot{I} = \dot{I}_1 + \dot{I}_2 = \frac{\dot{U}}{Z_1} + \frac{\dot{U}}{Z_2} = \dot{U}\left(\frac{1}{Z_1} + \frac{1}{Z_2}\right) = \dot{U}\frac{1}{Z} \tag{3-62}$$

式中 Z 称为并联电路的等效复阻抗，图 3-25（a）中的 Z_1 和 Z_2 两个并联复阻抗可用一个等效复阻抗 Z 来代替，如图 3-25（b）所示。则在同样电压作用下，电路中的电流保持不变。复数阻抗并联后的等效复阻抗的倒数等于各并联支路复数阻抗的倒数之和，即

$$\frac{1}{Z} = \frac{1}{Z_1} + \frac{1}{Z_2}$$

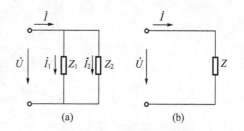

图 3-25 阻抗的并联电路
（a）阻抗的并联；（b）等效电路

或

$$Z = \frac{Z_1 Z_2}{Z_1 + Z_2} \tag{3-63}$$

在一般情况下

$$I \neq I_1 + I_2$$

即

$$\frac{U}{|Z|} \neq \frac{U}{|Z_1|} + \frac{U}{|Z_2|}$$

所以

$$\frac{1}{|Z|} \neq \frac{1}{|Z_1|} + \frac{1}{|Z_2|}$$

由此可见，切不可将 n 个阻抗的模的倒数直接相加（阻抗同性质，且阻抗角相同者可直接相加）。

若有 n 个复阻抗并联，则计算并联等效复阻抗的一般公式为

$$\frac{1}{Z} = \sum \frac{1}{Z_k} \tag{3-64}$$

式（3-64）与直流电路并联等效电阻的计算公式是相似的。

运用相量计算，可写出两个阻抗并联电路的分流公式

$$\left.\begin{array}{l}\dot{I}_1 = \dfrac{\dot{U}}{Z_1} = \dfrac{\dot{I}Z}{Z_1} = \dot{I}\dfrac{Z_2}{Z_1 + Z_2} \\ \\ \dot{I}_2 = \dfrac{\dot{U}}{Z_2} = \dfrac{\dot{I}Z}{Z_2} = \dot{I}\dfrac{Z_1}{Z_1 + Z_2}\end{array}\right\} \tag{3-65}$$

例 3.14 如图 3-25（a）所示的电路中，$Z_1 = 4 + j8 \ \Omega$，$Z_2 = 10 - j10 \ \Omega$，电源电压 $u = 220\sqrt{2}\sin 314t$ V，试计算等效复阻抗和电路中的电流 $\dot{I}_1$、$\dot{I}_2$ 和 $\dot{I}$。

解 （1）先求各支路的复阻抗及等效复阻抗：

$$Z_1 = 4 + j8 = 8.94 \angle 63.4° \ (\Omega)$$

$$Z_2 = 10 - j10 = 14.1 \angle -45° \ (\Omega)$$

$$Z = \frac{Z_1 Z_2}{Z_1 + Z_2} = \frac{8.94 \angle 63.4° \times 14.1 \angle -45°}{4 + j8 + 10 - j10}$$

$$= \frac{8.94 \angle 63.4° \times 14.1 \angle -45°}{14.1 \angle -8.1°} = 8.94 \angle 26.5° \ (\Omega)$$

(2) 电压 $\dot{U} = 220 \angle 0°$ (V),则

$$\dot{I} = \frac{\dot{U}}{Z} = \frac{220 \angle 0°}{8.94 \angle 26.5°} = 24.6 \angle -26.5° \ (A)$$

$$\dot{I}_1 = \frac{\dot{U}}{Z_1} = \frac{220 \angle 0°}{8.94 \angle 63.4°} = 24.6 \angle -63.4° \ (A)$$

$$\dot{I}_2 = \frac{\dot{U}}{Z_2} = \frac{220 \angle 0°}{14.1 \angle -45°} = 15.6 \angle 45° \ (A)$$

例 3.15 如图 3-26（a）所示的电路中，$I_1 = I_2 = 10$ A，$U = 200$ V，$\dot{U}$ 和 $\dot{I}$ 同相位，试求 I、R、X_L 及 X_C。

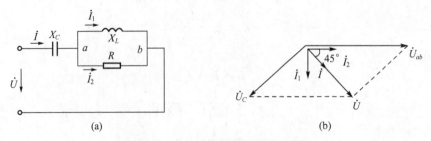

图 3-26 例 3.15 的电路图及相量图

解 （1）先根据题意画相量图。

以电压 $\dot{U}_{ab}$ 为参考相量画在水平位置上，电阻 R 上的电流 $\dot{I}_2$ 和 $\dot{U}_{ab}$ 同相位，感抗 X_L 上的电流 $\dot{I}_1$ 滞后于电压 $\dot{U}_{ab}$ 90°，又由于 $I_1 = I_2 = 10$ A，所以电流 $\dot{I}$ 必定滞后于电压 $\dot{U}_{ab}$ 45°，$\dot{I} = \dot{I}_1 + \dot{I}_2$，如图 3-26（b）所示。

容抗 X_C 两端的电压 $\dot{U}_C$ 滞后于总电流 $\dot{I}$ 90°，由题意 $\dot{U}$ 与 $\dot{I}$ 同相位，可画出电压相量 $\dot{U} = \dot{U}_C + \dot{U}_{ab}$。

（2）根据相量图可得

$$I = \frac{I_1}{\cos 45°} = \sqrt{2} \times 10 = 14.1 \ (A)$$

$$U_C = U \tan 45° = 200 \times 1 = 200 \ (V)$$

$$U_{ab} = \frac{U}{\cos 45°} = 1.41 \times 200 = 282 \ (V)$$

或

$$U_{ab} = \sqrt{U_C^2 + U^2} = \sqrt{200^2 + 200^2} = 282 \text{ (V)}$$

(3) 电阻、感抗、容抗为

$$R = \frac{U_{ab}}{I_2} = \frac{282}{10} = 28.2 \text{ (}\Omega\text{)}$$

$$X_L = \frac{U_{ab}}{I_1} = \frac{282}{10} = 28.2 \text{ (}\Omega\text{)}$$

$$X_C = \frac{U_C}{I} = \frac{200}{14.1} = 14.18 \text{ (}\Omega\text{)}$$

第九节 功率因数的提高

一、提高功率因数的意义

在供电系统的负载中，就其性质来说，多属感性负载。如经常使用的异步电动机、控制电路中的交流接触器，以及照明用的日光灯等，都是感性负载。由于感性负载的电流滞后于电压、功率因数 $\cos\varphi$ 总是小于1。功率因数低将带来一些不良后果，这可以从以下两方面来说明。

1. 电源设备的容量不能充分利用

交流电源（发电机或变压器）的容量是根据设计的额定电压和额定电流来确定的。其视在功率 $S_N = U_N I_N$ 就是电源的额定容量。但负载能否得到这样大的有功功率还得取决于负载的性质。

例如，$S = 1\,000$ kV·A 的发电机，当负载的功率因数 $\cos\varphi = 0.9$ 时，输出的有功功率为

$$P = S\cos\varphi = 1\,000 \times 0.9 = 900 \text{ (kW)}$$

当负载的功率因数 $\cos\varphi = 0.6$ 时，则其输出的有功功率只有 600 kW。可见功率因数降低后，电源输出的有功功率也随之减少，电源利用率降低。

2. 增加了输电线路和发电机绕组的功率消耗

当电源电压 U 和输出的有功功率 P 一定时，线路电流 I 与功率因数成反比，即

$$I = \frac{P}{U\cos\varphi}$$

显然，功率因数越低，则通过线路的电流越大，线路和发电机上损耗的电功率 $\Delta P = I^2 R_0$ 也就越大（R_0 为线路上和发电机绕组的电阻）。

由此可见，提高电网的功率因数对国民经济的发展有着重要的意义。功率因数的提高，能使发电设备的容量得到充分利用，减小线路电流和功率损失。

二、提高功率因数的方法

提高功率因数，常用的方法就是与电感性负载并联电容器，其电路图和相量图如图 3-27 所示。

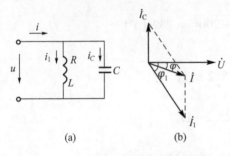

图 3-27 并联电容器提高功率因数
(a) 电路图；(b) 相量图

并联电容器以后，电感性负载的电流 $I_1 = U/\sqrt{R^2 + X_L^2}$ 和功率因数 $\cos\varphi_1 = R/\sqrt{R^2 + X_L^2}$ 均未变化，这是因为所加电压和负载参数没有改变。但电压 u 和线路电流 i 之间的相位差 φ 变小了，即 $\cos\varphi$ 变大了。这里我们所讲的提高功率因数，是指提高电源或电网的功率因数，而不是指提高某个电感性负载的功率因数。

由相量图可见，并联电容器以后线路电流也减小了，因而减小了功率损耗。应该注意，并联电容器以后感性负载的有功功率并未改变，因为电容器是不消耗电能的。

例 3.16 有一感性负载，其功率 $P = 10$ kW，功率因数 $\cos\varphi_1 = 0.6$，接在 $U = 220$ V，$f = 50$ Hz 的电源上。(1) 如果将功率因数提高到 $\cos\varphi = 0.95$，求与负载并联的电容器容量。(2) 求出与电容器并联前后的线路电流。

解 (1) 计算并联电容器容量，可从图 3-27 的相量图导出公式。由图可得

$$I_C = I_1\sin\varphi_1 - I\sin\varphi = \left(\frac{P}{U\cos\varphi_1}\right)\sin\varphi_1 - \left(\frac{P}{U\cos\varphi}\right)\sin\varphi$$

$$= \frac{P}{U}(\tan\varphi_1 - \tan\varphi)$$

又因

$$I_C = \frac{U}{X_C} = U\omega C$$

所以

$$U\omega C = \frac{P}{U}(\tan\varphi_1 - \tan\varphi)$$

由此得

$$C = \frac{P}{\omega U^2}(\tan\varphi_1 - \tan\varphi)$$

求出

$$\cos\varphi_1 = 0.6 \text{ 时} \quad \varphi_1 = 53°$$
$$\cos\varphi = 0.95 \text{ 时} \quad \varphi = 18°$$

则

$$C = \frac{10 \times 10^3}{2\pi \times 50 \times 220^2}(\tan 53° - \tan 18°) = 659 \ (\mu F)$$

(2) 并联电容前的线路电流为

$$I_1 = \frac{P}{U\cos\varphi_1} = \frac{10 \times 10^3}{220 \times 0.6} = 75.8 \ (A)$$

并联电容后的线路电流为

$$I = \frac{P}{U\cos\varphi} = \frac{10 \times 10^3}{220 \times 0.95} = 47.8 \ (A)$$

*第十节　电路中的谐振

如前所述，在含有电感和电容元件的电路中，由于感抗和容抗都是频率的函数，电路可

能表现为感性,也可能表现为容性。在一定条件下,电路还可能表现为纯电阻性,这种现象叫作电路的谐振。谐振电路具有的某些特征在无线电和电工技术中得到广泛的应用;另一方面,在电力系统中若发生谐振时,可能破坏系统的正常工作状态,应尽量避免。所以对谐振现象的研究,有重要意义。根据电路的联结方法可分为串联谐振和并联谐振,下面分别讨论。

一、串联谐振

RLC 串联电路中(如图 3-28 所示),在正弦电压的作用下,其复阻抗为

$$Z = R + j(X_L - X_C) = |Z| \angle -\varphi$$

它的模和辐角分别为

$$|Z| = \sqrt{R^2 + (X_L - X_C)^2}$$

$$\varphi = \arctan \frac{X_L - X_C}{R}$$

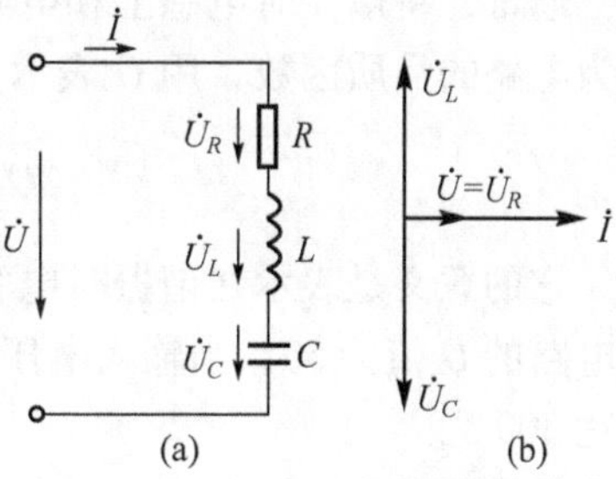

当 $X_L = X_C$ 时,即

$$\omega L = \frac{1}{\omega C} \qquad (3-66)$$

则

$$\varphi = \arctan \frac{X_L - X_C}{R} = 0$$

图 3-28 RLC 串联谐振电路
(a) 电路图;(b) 相量图

即电路的电压和电流同相,这时电路中发生谐振现象。由于 RLC 串联,故称串联谐振。

式(3-66)是发生串联谐振的条件,根据这一谐振条件,可求得谐振角频率和谐振频率分别为

和

$$\left. \begin{array}{l} \omega_0 = \dfrac{1}{\sqrt{LC}} \\ f_0 = \dfrac{1}{2\pi \sqrt{LC}} \end{array} \right\} \qquad (3-67)$$

由式(3-67)可知,只要调节 ω(或频率 f)和 L、C 三个数值中的任意一个量,都能使电路发生谐振。

串联谐振具有以下特征:

(1) 谐振时,电路的阻抗 $|Z| = \sqrt{R^2 + (X_L - X_C)^2} = R$,其值最小,且等于电阻 R。

(2) 谐振时,电压与电流同相位,电路为纯电阻性。

(3) 在电源电压一定的条件下,由于谐振时电路阻抗最小,故电路中电流最大,此时的电流为

$$I = I_0 = \frac{U}{|Z|} = \frac{U}{R}$$

I_0 称为谐振电流。

(4) 谐振时,因为 $X_L = X_C$,于是有

$$U_L = U_C = I_0 X_C = I_0 X_L$$

且

$$U = I_0 |Z| = I_0 R = U_R$$

即电路总电压等于电阻电压降。如果电路参数满足 $X_L = X_C \gg R$ 的条件,则各元件端电压的关系是

$$U_L = U_C \gg U_R = U$$

于是出现电路的局部电压大于电源电压 U,甚至可能大于电源电压许多倍,所以串联谐振又称电压谐振。在电力系统中一般应避免发生串联谐振,以防止高电压影响正常运行和损坏电器设备。但在无线电工程中,正是利用串联谐振的这个特点来获得一个比输入电压大许多倍的电压。

通常,将谐振时电感上和电容上的电压有效值 U_L 和 U_C 与电源电压有效值 U 相比之值,称为电路的品质因数,用 Q 表示,简称 Q 值。

$$Q = \frac{U_L}{U} = \frac{U_C}{U} = \frac{\omega_0 L}{R} = \frac{1}{\omega_0 CR} \qquad (3-68)$$

它的意义是表示在谐振时电容或电感元件上的电压是电源电压的 Q 倍,无量纲。例如,若电路的 Q 值为 50,当输入电压 $U=6$ V 时,那么在谐振电路中电容或电感元件上的电压将高达 300 V。

品质因数是谐振电路的一个重要指标,它不仅标志着电路在谐振时的电容和电感元件上获得电压的高低,而且还标志着谐振电路选频性能的好坏,为了清楚地说明这一点,我们研究一下它们随频率变化的情况。

对于 RLC 串联电路,当电源电压 U 不变时,电路中电流 I、容抗 X_C、感抗 X_L、阻抗 $|Z|$ 都将随频率变化。因为

$$\left.\begin{array}{l} X_L = \omega L \quad X_C = \dfrac{1}{\omega C} \\ X = X_L - X_C \\ |Z| = \sqrt{R^2 + X^2} = \sqrt{R^2 + \left(\omega L - \dfrac{1}{\omega C}\right)^2} \end{array}\right\} \qquad (3-69)$$

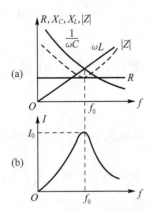

图 3-29 阻抗与电流等随频率变化的曲线
(a) 阻抗等随频率变化的曲线;
(b) 电流谐振曲线

由此可得它们随频率变化的曲线如图 3-29(a) 所示,其中 $X_L = \omega L$ 与 ω 成正比,$X_C = \dfrac{1}{\omega C}$ 与 ω 成反比,当 $0 \leq \omega \leq \omega_0$ 时,$X = X_L - X_C < 0$,故在低频范围内电路呈容性;当 $\omega_0 < \omega$ 时 $X = X_L - X_C > 0$,即在高频范围内电路呈感性,而在 $\omega = \omega_0$ 时,$X_L - X_C = 0$,此时的电路呈电阻性。

在电源电压 U 不变时,根据阻抗 $|Z|$ 曲线可以得到电流的频率特性。即

$$I = \frac{U}{|Z|} = \frac{U}{\sqrt{R^2 + \left(\omega L - \dfrac{1}{\omega C}\right)^2}} = \frac{\dfrac{U}{R}}{\sqrt{1^2 + \left(\dfrac{\omega L}{R} - \dfrac{1}{\omega CR}\right)^2}}$$

$$= \frac{I_0}{\sqrt{1^2 + \left(\dfrac{\omega L}{R} - \dfrac{1}{\omega CR}\right)^2}} \qquad (3-70)$$

式中,$I_0 = U/R$。

串联电路中电流的有效值随频率的变化曲线称为电流谐振曲线,如图3-29(b)所示。

由图3-29(b)可知,当 $\omega = \omega_0$ 时, $I = I_0$,电流最大。当 $\omega < \omega_0$ 或 $\omega > \omega_0$ 时,电流的有效值 I 都小于谐振时的最大值 I_0,这表明串联谐振电路具有选择特性。也就是说,这种电路能够选择所需要的频率信号,抑制不需要的频率信号,这就是谐振电路的选择性。

图3-30是电路谐振曲线与品质因数的关系,由图可知对应于不同的 Q 值,特性曲线的形状不一样,Q 值愈大,谐振曲线愈尖锐,对应稍微偏离谐振频率的信号,就大大减弱。这说明,电路的 Q 值愈大,电路的选择性愈好。为了说明电路选择性的好坏,通常引用通频带宽度的概念。我们规定:在电流等于电流最大值 I_0 的70.7%(即 $1/\sqrt{2}$)处频率上下限之间的宽度称为通频带宽度,如图3-31所示,用 $\Delta\omega$ 或 Δf 表示:

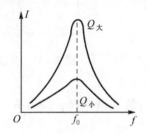

图3-30　Q 与谐振曲线的关系

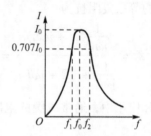

图3-31　通频带宽度

$$\Delta\omega = \omega_2 - \omega_1,\ 或\ \Delta f = f_2 - f_1$$

可以证明通频带宽度和 Q 值的关系为

$$f_2 - f_1 = \frac{f_0}{Q} \tag{3-71}$$

显然,Q 值愈大,通频带宽度就愈窄,表明谐振曲线愈尖锐,谐振电路的选择性就愈好。

例3.17 某接收电路,其参数 $R = 10\ \Omega$,$L = 0.3\ mH$,$C = 300\ pF$,串联接入电源电压 $U = 2\ mV$ 时,发生谐振。求(1)谐振频率 f_0,谐振电流 I_0,品质因数 Q 和电容电压 U_C 各为何值?(2)如电压 U 的有效值不变,而频率增加10%时,电容电压 U_C 为何值?

解 (1) $f_0 = \dfrac{1}{2\pi\ \sqrt{LC}} = \dfrac{1}{2 \times 3.14\ \sqrt{0.3 \times 10^{-3} \times 300 \times 10^{-12}}}$

$= 531 \times 10^3$（Hz）

$X_L = \omega_0 L = 2\pi f_0 L = 2 \times 3.14 \times 531 \times 10^3 \times 0.3 \times 10^{-3} = 1\,000$（Ω）

$X_C = \dfrac{1}{\omega_0 C} = \dfrac{1}{2 \times 3.14 f_0 C} = \dfrac{1}{2 \times 3.14 \times 531 \times 10^3 \times 300 \times 10^{-12}} = 1\,000$（Ω）

$I_0 = \dfrac{U}{R} = \dfrac{2 \times 10^{-3}}{10} = 0.2 \times 10^{-3}$（A）$= 0.2$（mA）

$Q = \dfrac{\omega_0 L}{R} = \dfrac{1000}{10} = 100$

$U_C = QU = 100 \times 2 \times 10^{-3}$（V）$= 200$（mV）

(2) 当电压有效值不变,而频率增加10%时的电容电压:

$f = (1 + 0.1)f_0 = 584 \times 10^3$（Hz）

$$X_L = \omega L = 2\pi f L = 2 \times 3.14 \times 584 \times 10^3 \times 0.3 \times 10^{-3} = 1\,101\ (\Omega)$$

$$X_C = \frac{1}{\omega C} = \frac{1}{2\pi f C} = \frac{1}{2 \times 3.14 \times 584 \times 10^3 \times 300 \times 10^{-12}} = 908\ (\Omega)$$

$$|Z| = \sqrt{R^2 + (X_L - X_C)^2} = \sqrt{10^2 + (1\,101 - 908)^2} = 193.9\ (\Omega)$$

$$U_C = \frac{X_C}{|Z|}U = \frac{908}{193.3} \times 2 \times 10^{-3} = 9.4\ (\text{mV})$$

二、并联谐振

图 3-32 为具有电阻 R 和电感 L 与电容 C 组成的并联电路。电路的等效复阻抗为

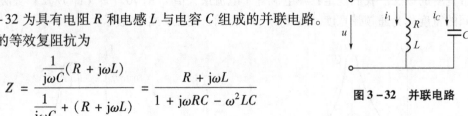

图 3-32 并联电路

$$Z = \frac{\frac{1}{j\omega C}(R + j\omega L)}{\frac{1}{j\omega C} + (R + j\omega L)} = \frac{R + j\omega L}{1 + j\omega RC - \omega^2 LC}$$

在实际应用中,通常线圈的电阻 R 是很小的,所以一般在谐振时,$\omega L \gg R$,则上式可写成

$$Z \approx \frac{j\omega L}{1 + j\omega RC - \omega^2 LC} = \frac{1}{\frac{RC}{L} + j\left(\omega C - \frac{1}{\omega L}\right)} \quad (3-72)$$

并联电路发生谐振的条件是使式(3-72)中的虚部为零,即将电源频率 ω 调到 ω_0 时发生谐振,这时

$$\left.\begin{array}{r}\omega_0 C - \dfrac{1}{\omega_0 L} \approx 0 \\[4pt] \omega_0 \approx \dfrac{1}{\sqrt{LC}} \\[4pt] f_0 \approx \dfrac{1}{2\pi \sqrt{LC}}\end{array}\right\} \quad (3-73)$$

则

或

上式说明,并联谐振电路与串联谐振电路的谐振频率具有相同的计算公式。

并联谐振具有下列特征:

(1) 谐振时,电路的阻抗由式(3-72)可知为

$$|Z_0| = \frac{1}{\frac{RC}{L}} = \frac{L}{RC} \quad (3-74)$$

其值为最大。因此,在电源电压 U 一定的情况下,电路中的电流 I 将在谐振时达到最小值,即

$$I = I_0 = \frac{U}{\frac{L}{RC}} = \frac{U}{|Z_0|}$$

阻抗与电流的谐振曲线如图 3-33 所示。

(2) 谐振时,电压与电流同相位,电路为纯电阻性。

(3) 谐振时,各并联支路的电流为

$$I_C = U\omega_0 C$$

$$I_1 = \frac{U}{\sqrt{R^2 + (\omega_0 L)^2}} \approx \frac{U}{\omega_0 L}$$

而

$$|Z_0| = \frac{L}{RC} = \frac{\omega_0 L}{R\omega_0 C} \approx \frac{(\omega_0 L)^2}{R}$$

当 $\omega_0 L \gg R$ 时

$$\omega_0 L \approx \frac{1}{\omega_0 C} \ll \frac{(\omega_0 L)^2}{R}$$

则可得 $I_1 \approx I_C \gg I_0$，如图 3-34 所示。即支路电流大于电路总电流，所以并联谐振又称为电流谐振。

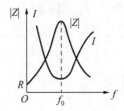

图 3-33 $|Z|$ 和 I 的谐振曲线

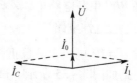

图 3-34 并联谐振时的相量图

通常，将 I_1 或 I_C 与 I_0 之比值称作品质因数，用 Q 表示

$$Q = \frac{I_C}{I_0} = \frac{\omega_0 C U}{U \big/ \frac{L}{RC}} = \frac{\omega_0 L}{R} = \frac{1}{\omega_0 CR} \tag{3-75}$$

式（3-75）表明，Q 值愈大，谐振电路的阻抗愈大，总电流愈小，阻抗谐振曲线愈尖锐，选择性愈好。在无线电工程和通信技术中常应用并联谐振获得高阻抗的特点来选择信号或消除干扰。

例 3.18 在图 3-32 所示的并联电路中，已知 $L = 0.05$ mH，$C = 90$ pF，$R = 10$ Ω，$I_0 = 0.2$ mA，试求：(1) 谐振频率和品质因数各是多少？(2) 谐振时的电路阻抗和两支路中的电流。

解 (1) $f_0 = \dfrac{1}{2\pi \sqrt{LC}} = \dfrac{1}{2\pi \sqrt{0.05 \times 10^{-3} \times 90 \times 10^{-12}}} = 2\,374$ (kHz)

品质因数

$$Q = \frac{\omega_0 L}{R} = \frac{2\pi f_0 L}{R} = \frac{2\pi \times 2374 \times 10^3 \times 0.05 \times 10^{-3}}{10} = 74.5$$

(2) 谐振时的阻抗

$$|Z_0| = \frac{L}{RC} = \frac{0.05 \times 10^{-3}}{10 \times 90 \times 10^{-12}} = 55.6 \text{ (k}\Omega)$$

电感及电容支路的电流 I_1 及 I_C 为

$$I_1 = I_C = QI_0 = 14.9 \text{ (mA)}$$

习 题 三

一、填空题

3.1 正弦量的三要素是_____、_____、_____。

3.2 正弦交流电压 $u = 311\sin(314t + 60°)$ V，其相量形式为_____。

3.3 当取关联参考方向时，理想电容元件的电压与电流的一般关系式为_____。

3.4 纯电容电路中，$X_C = 20$ Ω，电压 $u = 311\sin(314t + 30°)$ V，则电流 $i =$ _____ A。

3.5 在 RLC 串联电路中，$Z = 30 - j40$ Ω，则 $R =$ _____ Ω，$X =$ _____ Ω，该电路属于电_____性电路。

3.6 设 $\dot{U} = 10 + j10$ V，且正弦函数角频率为 ω，则 $u(t) =$ _____。

3.7 电路如图 3-35 所示，试求复阻抗 $Z =$ _____。

3.8 电路如图 3-36 所示，设 $\dot{I} = 3\angle 0°$ A，试求 $\dot{U} =$ _____。

3.9 电路如图 3-37 所示，试求电流 $\dot{I} =$ _____。

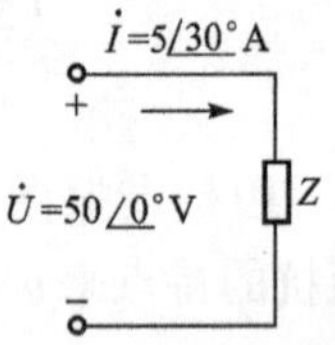

图 3-35 填空题 3.7 的电路图 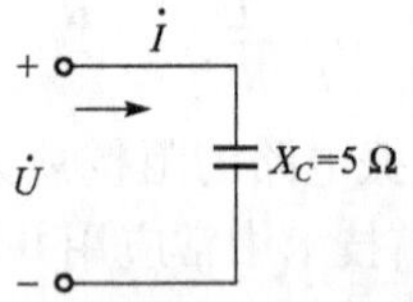　　图 3-36 填空题 3.8 的电路图 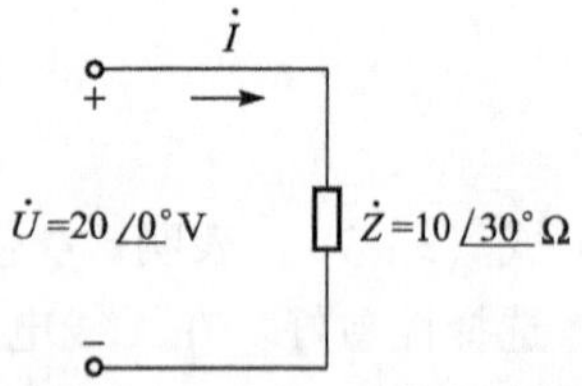　　图 3-37 填空题 3.9 的电路图

3.10 对于低功率因数的感性负载，常用_____的方法来提高功率因数。

3.11 当 RLC 交流串联电路发生谐振时，电路中的电流_____，阻抗_____，又称为_____谐振。

二、选择题

3.1 正弦电压 u 的幅值为 10 V，其波形如图 3-38（a）所示，施加于容抗 $X_C = 10$ Ω 的电容元件上，通过该元件的电流 i_C 与 u 取关联正方向，如图 3-38（b）所示，则电流 $i_C =$（　　）。

A. $100\sin(\omega t + 90°)$ A　　B. $1\sin(\omega t - 90°)$ A　　C. $1\sin(\omega t + 120°)$ A

3.2 用有效值相量来表示正弦电压 $u = 100\sin(314t - 30°)$ V 时，可写作（　　）。

A. $-70.7\angle 30°$ V　　B. $70.7\angle -30°$ V　　C. $100\angle -30°$ V

3.3 在图 3-39 所示正弦交流电路中，用电压表测得 $U = 10$ V，$U_2 = 6$ V，则 U_1 为（　　）。

A. 4 V　　B. 8 V　　C. 16 V

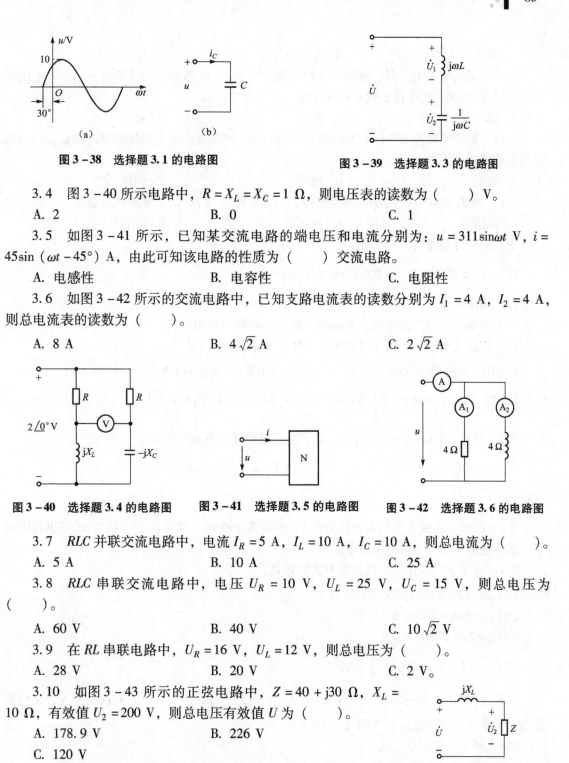

图 3-38 选择题 3.1 的电路图

图 3-39 选择题 3.3 的电路图

3.4 图 3-40 所示电路中，$R = X_L = X_C = 1\ \Omega$，则电压表的读数为（　　）V。
A. 2　　　　　　　　B. 0　　　　　　　　C. 1

3.5 如图 3-41 所示，已知某交流电路的端电压和电流分别为：$u = 311\sin\omega t$ V，$i = 45\sin(\omega t - 45°)$ A，由此可知该电路的性质为（　　）交流电路。
A. 电感性　　　　　　B. 电容性　　　　　　C. 电阻性

3.6 如图 3-42 所示的交流电路中，已知支路电流表的读数分别为 $I_1 = 4$ A，$I_2 = 4$ A，则总电流表的读数为（　　）。
A. 8 A　　　　　　　B. $4\sqrt{2}$ A　　　　　C. $2\sqrt{2}$ A

图 3-40 选择题 3.4 的电路图　　图 3-41 选择题 3.5 的电路图　　图 3-42 选择题 3.6 的电路图

3.7 RLC 并联交流电路中，电流 $I_R = 5$ A，$I_L = 10$ A，$I_C = 10$ A，则总电流为（　　）。
A. 5 A　　　　　　　B. 10 A　　　　　　　C. 25 A

3.8 RLC 串联交流电路中，电压 $U_R = 10$ V，$U_L = 25$ V，$U_C = 15$ V，则总电压为（　　）。
A. 60 V　　　　　　B. 40 V　　　　　　　C. $10\sqrt{2}$ V

3.9 在 RL 串联电路中，$U_R = 16$ V，$U_L = 12$ V，则总电压为（　　）。
A. 28 V　　　　　　B. 20 V　　　　　　　C. 2 V。

3.10 如图 3-43 所示的正弦电路中，$Z = 40 + j30\ \Omega$，$X_L = 10\ \Omega$，有效值 $U_2 = 200$ V，则总电压有效值 U 为（　　）。
A. 178.9 V　　　　　B. 226 V
C. 120 V

图 3-43 选择题 3.10 的电路图

3.11 在电感与电容并联的正弦交流电路中，当 $X_L > X_C$ 时，电路呈现为（　　）。
A. 电感性　　　　　　B. 电容性　　　　　　C. 不可确定属性

3.12 某感性负载用并联电容器法提高电路的功率因数后，该负载的有功功率 P 将

( )。

  A. 减小   B. 保持不变   C. 增大

 3.13 交流电路中，当电容的无功功率为 100 Var，电感的无功功率为 40 Var，电阻的有功功率为 80 W，则电路的视在功率 S 为（ ）V·A。

  A. 100   B. 80   C. 40

 3.14 为了使电源设备的容量得到充分的利用，同时提高电力系统的供电质量，应当使交流负载的功率因数（ ）。

  A. 降低   B. 提高   C. 保持不变

 3.15 RLC 串联电路在 f_0 时发生谐振，当频率增加到 $2f_0$ 时，电路性质呈（ ）。

  A. 电阻性   B. 电感性   C. 电容性。

三、分析计算题

 3.1 已知正弦电压 $u = 100\sqrt{2}\sin\left(100\pi t - \dfrac{\pi}{4}\right)$ V。

 （1）画出波形图；

 （2）求该正弦电压的幅值、角频率、频率、周期和初相位；

 （3）该正弦电压与下列各正弦电流的相位关系如何？

  $i_1 = 10\sqrt{2}\cos 100\pi t$ A； $i_2 = 100\sqrt{2}\sin 100\pi t$ A；

  $i_3 = 20\sqrt{2}\sin\left(100\pi t - \dfrac{\pi}{3}\right)$ A； $i_4 = 4\sqrt{2}\sin\left(200\pi t + \dfrac{\pi}{4}\right)$ A。

 3.2 设 $u = 200\sin\left(\omega t - \dfrac{\pi}{6}\right)$ V，试求在下列情况下电流的瞬时值：

 （1）$f = 500$ Hz，$t = 0.25$ ms；   （2）$\omega t = 2.5\pi$ rad；

 （3）$t = \dfrac{3}{4}T$；   （4）$\omega t = 75°$。

 3.3 已知一正弦电流的有效值为 6 A，频率为 100 Hz，初相位 $\varphi_i = 45°$，试写出其瞬时表达式，计算 $t = 0.5$ s 时的电流值。

 3.4 写出下列各正弦量的相量形式表达式：

 （1）$u = 220\sqrt{2}\sin(100t - 30°)$ V；

 （2）$u = 5\sin(100t + 45°)$ V；

 （3）$i = 2\sin 5000t$ A；

 （4）$i = 10\sqrt{2}\sin\left(250t - \dfrac{\pi}{6}\right)$ A。

 3.5 已知 $\dot{I}_1 = 3 - j4$ A，$\dot{I}_2 = -3 - j4$ A，$\dot{I}_3 = 5\angle 36.1°$ A，$\dot{U} = 100e^{j30°}$ V。试分别用三角函数式、正弦波及相量图表示它们。

 3.6 对下列各正弦电流

  $i_1 = 5\sqrt{2}\sin(\omega t - 150°)$ A； $i_2 = 10\sqrt{2}\cos(\omega t + 100°)$ A；

  $i_3 = -7\sqrt{2}\sin(\omega t - 100°)$ A； $i_4 = -8\sqrt{2}\cos(\omega t - 10°)$ A。

写出相量的极坐标式并画出相量图。

 3.7 设电压 $\dot{U}_1 = 11 - j24$ V，$\dot{U}_2 = 7.2 + j3.8$ V，$\dot{U}_3 = 8.6\angle 120°$ V。

求 $\dot{U} = \dot{U}_1 + \dot{U}_2 - \dot{U}_3$。

3.8 电压 u_C 如图 3-44（a）所示，施加于一个电容 $C = 500$ μF 上，如图 3-44（b）所示。试求 $i(t)$，并绘出波形图。

3.9 如图 3-45（a）所示电路，已知电感 $L = 100$ mH，其电流如图 3-45（b）所示。

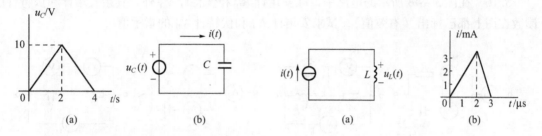

图 3-44 分析计算题 3.8 的图　　　　图 3-45 分析计算题 3.9 的图

（1）计算并绘出 $t \geq 0$ 时的电压 $u_L(t)$；
（2）求出 $t = 1$ μs 时的电感元件的功率和储能。

3.10 在单一参数的正弦交流电路中，判断下列各式哪些是正确的？哪些是错误的？

$$i = \frac{u}{R}; \quad i = \frac{u}{X_C}; \quad i = \frac{u}{X_L}$$

$$I = \frac{U}{R}; \quad I = \frac{U}{X_C}; \quad I = \frac{U}{X_L}$$

$$\dot{I} = \frac{\dot{U}}{R}; \quad \dot{I} = \frac{\dot{U}}{X_C}; \quad \dot{I} = \frac{\dot{U}}{X_L}$$

3.11 电阻 R 接在 $u = \sqrt{2}U\sin \omega t$ 的交流电源上，如图 3-46 所示，已知电压表的读数分别为 220 V 和 20 A，试计算 R 的阻值和消耗的功率。

3.12 如图 3-47 所示电路，设 $u = 100\sqrt{2}\sin 314t$ V，当 N_P 为（1）纯电阻 $R = 10$ Ω；（2）纯电感 $L = 10$ mH；（3）纯电容 $C = 10$ μF 时，求输入电流 i，并画出其相量图。

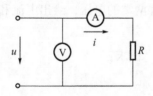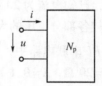

图 3-46 分析计算题 3.11 的图　　　　图 3-47 分析计算题 3.12 的图

3.13 把 $L = 51$ mH 的电感接在 $f = 50$ Hz、$U = 220$ V 的交流电路中，要求：画出电路图，计算 X_L 和 I，绘出电压、电流的相量图。

3.14 有一个电感 $L = 318.5$ mH 的线圈，略去内阻不计，接在 $f = 50$ Hz、$U = 220$ V 的交流电路中，试求：
（1）通过线圈的电流有效值，并写出电流的瞬时值表达式；
（2）电感线圈的瞬时功率、无功功率。

3.15 在 $C = 10$ μF 的电容器两端加上有效值 100 V 的正弦电压，其频率为 50 Hz，初相

位 $\varphi_u = -60°$,试求:

(1) 电流有效值 I_C 和瞬时值表达式;

(2) 电容器的无功功率 Q_C;

(3) 当频率为 100 Hz 时,I 和 i 结果又是怎样?

3.16 在图 3-48 所示的电路中,除安培计 A_0 和伏特计 V_0 外,其余安培计和伏特计的读数在图上都已标出(有效值),试求安培计 A_0 和伏特计 V_0 的指示值。

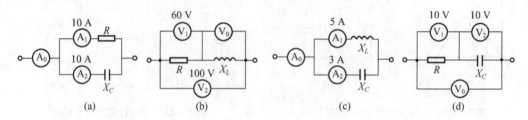

图 3-48 分析计算题 3.16 的图

3.17 一个电感线圈接在 $U = 120$ V 的直流电源上,电流为 20 A。若接在 $f = 50$ Hz, $U = 220$ V 交流电源上,则电流为 28.2 A。求该线圈的电阻和电感。

3.18 已知电阻和电感串联的电路中,$R = 20$ Ω,$L = 0.1$ H,$f = 50$ Hz,$U = 220$ V。求电流 I,电阻端电压 U_R 和电感的端电压 U_L,并画出相量图。

3.19 日光灯管与镇流器串联接到交流电压上,可看作为 R、L 串联电路。如已知某灯管的等效电阻 $R_1 = 280$ Ω,镇流器的电阻和电感分别为 $R_2 = 20$ Ω 和 $L = 1.65$ H,电源电压 $U = 220$ V,电源频率为 50 Hz。试求电路中的电流和灯管两端与镇流器上的电压。这两个电压加起来是否等于 220 V?

3.20 有一 RC 串联电路,电源电压为 u,电阻和电容上的电压分别为 u_R 和 u_C,已知电路阻抗为 2 kΩ,频率为 1 kHz,并设 u 与 u_C 之间的相位差为 30°,试求 R 和 C,并说明在相位上 u_C 比 u 超前还是滞后?

3.21 由电阻为 120 Ω、感抗为 100 Ω 的电感性元件和一个容抗为 190 Ω 的电容性元件组成串联电路,已知电流为 20 mA,求电源电压和各元件两端的电压,绘出电流和各电压的相量图,并比较各部分电压的大小。

3.22 在 RL 串联电路中,已知 $u = 220\sqrt{2}\sin 314t$ V。试求:

(1) 当 $R = 20$ Ω,$L = 0.1$ H 时;

(2) 当 $R = 4$ Ω,$L = 17.2$ mH 时;

两种情况下电路的阻抗 $|Z|$,阻抗角 φ、$\dot{I}$、$\dot{U}_R$、$\dot{U}_L$ 以及有功功率 P。

3.23 一个 RC 串联电路,当输入电压 $U = 220$ V 时,$I = 2.5$ A,已知电路的有功功率 $P = 325$ W,$f = 50$ Hz。试计算 R、C、U_R、U_C 和 S,并画出相量图。

3.24 在图 3-49 中,安培计 A_1 和 A_2 的读数分别为 $I_1 = 6$ A,$I_2 = 8$ A。

(1) 设 $Z_1 = R$,$Z_2 = -jX_C$,则安培计 A_0 的读数为多少?

(2) 设 $Z_1 = jX_L$,问 Z_2 为何种参数才能使安培计 A_0 的读数最大?此读数为多少?

(3) 设 $Z_1 = -jX_C$,问 Z_2 为何种参数才能使安培计 A_0 的读数最小?此读数为多少?

3.25 在图 3-50 所示的电路中,已知电路中 $R_1 = 300$ Ω,$R_2 = 40$ Ω,电感 $L = 1.3$ H。

交流电压的有效值 $U = 220$ V。当频率 $= 50$ Hz 时，分别求出电流 I、电压 U_1 和 U_2。画出电压的相量图。

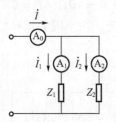

图 3-49 分析计算题 3.24 的图

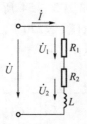

图 3-50 分析计算题 3.25 的图

3.26 计算图 3-51（a）中的电流 $\dot{I}$ 和电路上各阻抗元件上的电压 $\dot{U}_1$ 和 $\dot{U}_2$，并作相量图；计算图 3-51（b）中各支路电流 $\dot{I}_1$ 和 $\dot{I}_2$ 及电压 $\dot{U}$ 并作相量图。

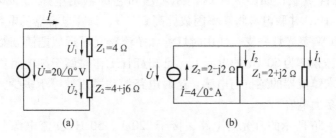

图 3-51 分析计算题 3.26 的图

3.27 在图 3-52 中，$I_1 = 10$ A，$I_2 = 10\sqrt{2}$ A，$U = 200$ V，$R = 5$ Ω，$R_2 = X_L$。试求 I、X_C、X_L 及 R_2。

3.28 在 RLC 串联电路中，已知 $R = 80$ Ω，$L = 1.5$ H，$C = 150$ μF，接在电源电压为 $u = 220\sqrt{2}\sin(100t + 60°)$ V 的交流电源上，求电路的阻抗；电路的有功功率；无功功率；视在功率和功率因数。

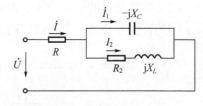

图 3-52 分析计算题 3.27 的图

3.29 有一由 RLC 元件串联的交流电路，已知 $R = 10$ Ω，$L = \dfrac{1}{31.4}$ H，$C = \dfrac{10^6}{3140}$ μF。在电容元件的两端并联一短路开关 S。

（1）画出电路图；

（2）当电源电压为 220 V 的直流电压时，试分别计算在短路开关闭合和断开两种情况下电路中的电流 I 及各元件上的电压 U_R、U_L、U_C；

（3）当电源电压为正弦电压 $u = 220\sqrt{2}\sin 314t$ V 时，试分别计算在上述两种情况下电流及各电压的有效值，并求出有功功率、无功功率、视在功率及功率因数。

3.30 已知一个线圈的内阻 $R = 16$ Ω，$L = 38.2$ mH，与一个电容 $C = 188.4$ μF 的电容器串联，接在电源电压为 $u = 220\sqrt{2}\sin(314t + 60°)$ V 的交流电源上，试用相量法计算电路中的电流 i，线圈两端的电压 u_{RL} 和电容器的电压 u_C，并求出电路的有功功率、无功功率、视在功率和功率因数。

3.31 图 3-53 所示的电路中，$X_C = 11\ \Omega$，$R = 22\ \Omega$，$X_L = 22\ \Omega$，电源电压 $U = 220\ V$，试求电路中的总电流、功率因数、有功功率和视在功率。

3.32 在如图 3-54 所示的 RLC 并联电路中，已知 $R = 10\Omega$，$L = 0.047\ H$，$C = 300\ \mu F$，电源电压 $U = 220\ V$，$f = 50\ Hz$，试求电路中的总电流、功率因数、有功功率、视在功率，并作相量图。

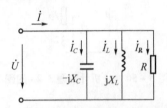

图 3-53 分析计算题 3.31 的图

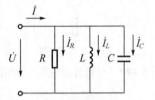

图 3-54 分析计算题 3.32 的图

3.33 有一感性负载，如图 3-55 所示。已知它的额定电压为 380 V，$P = 15\ kW$，$\cos \varphi = 0.5$，$f = 50\ Hz$，并联电容将功率因数提高到 0.9，计算电容器的电容值。

3.34 今有 40 W 荧光灯一支，使用时灯管和镇流器（可近似把镇流器看作纯电感）串联在电压为 220 V，频率为 50 Hz 的电源上，已知灯管工作时属于纯电阻负载，灯管两端电压等于 110 V，试求镇流器的感抗与电感。这时电路的功率因数等于多少？若将功率因数提高到 0.8，应并联多大电容？

3.35 如图 3-56 所示的日光灯电路，接于 220 V、50 Hz 交流电源上工作，测得灯管两端电压为 80 V，电流为 0.375 A，镇流器的功率为 4.2 W。试求：

（1）灯管的电阻 R_L 及镇流器的内阻 r 和电感 L。

（2）灯管消耗的有功功率、电路消耗的总有功功率以及电路的功率因数。

（3）若使电路的功率因数提高到 0.9，需并联多大的电容器？

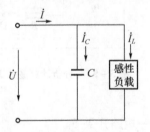

图 3-55 分析计算题 3.33 的图

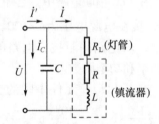

图 3-56 分析计算题 3.35 的图

3.36 某收音机输入电路的电感为 0.3 mH，可变电容器的调节范围为 25~360 pF，试问能否满足收听波段 535~1 605 kHz 的要求。

3.37 在图 3-57 所示的电路中，电源电压 $U = 12\ V$，$f = 465\ kHz$，调节电容 C 使电路达到谐振，此时测得谐振电流 $I_0 = 100\ mA$，电容端谐振电压 $U_{C0} = 200\ V$，试求各参数 R、L、C 的值及电路的品质因数 Q。

3.38 线圈中电阻 $R = 10\ \Omega$，电感 $L = 10\ mH$，与电容器串联。当外加电源频率为 $f = 5\ kHz$ 时电流最大，求电容 C 等于多少？

3.39 电路分别由电感 $L = 640\ \mu H$，电阻 $R = 20\ \Omega$ 和电容 $C = 400\ pF$ 三个元件组成，如

图 3-58（a）与（b）所示。求两电路谐振时的谐振频率和谐振阻抗。

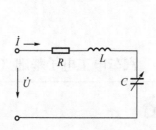

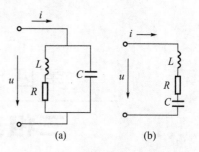

图 3-57　分析计算题 3.37 的图

图 3-58　分析计算题 3.39 的图

3.40　在图 3-59 所示的电路中，已知 $R = 80\ \Omega$，$C = 106\ \mu F$，$L = 63.7\ mH$，$\dot{U} = 150\angle 0°\ V$。求：

(1) $f = 50\ Hz$ 时的 $\dot{I}$ 和 $\dot{I}_C$、$\dot{I}_L$；

(2) f 为何值时，电流最小，这时的 $\dot{I}$ 和 $\dot{I}_C$、$\dot{I}_L$ 为多少？

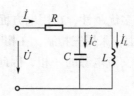

图 3-59　分析计算题 3.40 的图

第四章 三相交流电路

自从19世纪末世界上首次出现三相制以来，它几乎占据了电力系统的全部领域。三相制就是由三个幅值相等、频率相同、相位互差120°的电动势组成的供电体系，由这种电源供电的电路叫作三相交流电路。目前世界上电力系统所采用的供电方式，绝大多数是属于三相制电路。

三相交流电比单相交流电有很多优越性，在用电方面，三相电动机比单相电动机结构简单、价格便宜、性能好；在送电方面，采用三相制，在相同条件下比单相输电节省输电线的用铜量。实际上单相电源就是取三相交流电源的一相，因此，三相交流电得到了广泛的应用。

第一节 三相交流电源

一、三相交流电动势的产生

三相交流电动势是由三相交流发电机产生的。图4-1是具有一对磁极的三相交流发电机的原理图。它的工作原理是以转动的磁场使三个静止的线圈产生感应电动势。发电机的转动部分叫作转子，它的磁极由直流电励磁，产生沿空气隙按正弦规律分布的磁场。发电机的静止部分叫作定子。其内壁槽中放置几何尺寸、形状和匝数都相同的三个线圈 AX、BY、CZ，在空间三个线圈互隔120°。A、B、C分别为三个线圈的首端，X、Y、Z 是其末端。当转子由原动机带动，并以角速度 ω 沿顺时针方向匀速旋转时，则各绕组中的电动势必然频率相同、最大值相等。又由于三个线圈依次切割转子磁场的磁力线，因此，出现电动势最大值的时间就不相同，即在相位上互差120°。电动势的参考方向规定为自绕组的末端指向始端，如以 A 相为参考可得出各相电动势的解析式为

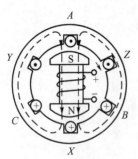

图4-1 三相交流发电机的原理图

$$\left.\begin{array}{l}e_A = E_m\sin\omega t\\ e_B = E_m\sin(\omega t - 120°)\\ e_C = E_m\sin(\omega t - 240°)\\ = E_m\sin(\omega t + 120°)\end{array}\right\} \qquad (4-1)$$

这三个电动势的参考方向、波形图、相量图如图 4-2 所示。

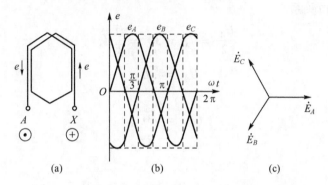

图 4-2 三相对称电动势的参考方向、波形图和相量图
(a) 参考方向；(b) 波形图；(c) 相量图

三相交流电依次出现正的最大值的顺序称为相序，图中相序为 $A\rightarrow B\rightarrow C$。

由上可见，三相电动势具有最大值（有效值）相等、频率相同、相位互差 120°的特点，这种电动势称为三相对称电动势。

二、三相四线制电源

发电机三相绕组的接法通常是将绕组的末端 X、Y、Z 连在一个公共点上，此点称为中点，用 N 表示。这种联结称为星形联结，从中点引出的导线称为中线或零线。从 A、B、C 三个始端引出的三条导线称为相线或端线，俗称火线。这种具有中线的三相供电方式称为三相四线制，如图 4-3 所示。如果不引出中线则称为三相三线制。

三相四线制电源可以提供两种电压，每根相线与中线间的电压称为相电压，其参考方向规定由绕组的首端指向中点，用符号 u_A、u_B、u_C 表示，其有效值用 U_A、U_B、U_C 或 U_p 表示。由于绕组内阻抗可以忽略不计，因此，相电压和电动势的数值可以认为是相等的，即 $U_A = E_A$，$U_B = E_B$，$U_C = E_C$，且在相位上也互差 120°，因此，三个相电压也是对称的。

任意两根相线之间的电压称为线电压，线电压的参考方向由下标注明的顺序来表示，例如 u_{AB} 表示线电压的参考方向为由 A 相指向 B 相，习惯上人们采用 u_{AB}、u_{BC}、u_{CA} 表示这三个线电压，其有效值用 U_{AB}、U_{BC}、U_{CA} 或 U_l 表示。

根据图 4-3 所示的电压参考方向及基尔霍夫电压定律，线电压与相电压之间的关系为

$$\left.\begin{array}{l}u_{AB} = u_A - u_B\\ u_{BC} = u_B - u_C\\ u_{CA} = u_C - u_A\end{array}\right\} \qquad (4-2)$$

用相量表示为

$$\left.\begin{aligned}\dot{U}_{AB} &= \dot{U}_A - \dot{U}_B \\ \dot{U}_{BC} &= \dot{U}_B - \dot{U}_C \\ \dot{U}_{CA} &= \dot{U}_C - \dot{U}_A\end{aligned}\right\} \quad (4-3)$$

由式（4-3）可作出各线电压相量图，如图4-4所示。由图可求出线电压与相电压之间的数值关系和相位关系。

$$\frac{U_{AB}}{2} = U_A \cos 30° = \frac{\sqrt{3}}{2} U_A$$

即
$$U_{AB} = \sqrt{3} U_A$$

同理可得
$$U_{BC} = \sqrt{3} U_B$$
$$U_{CA} = \sqrt{3} U_C$$

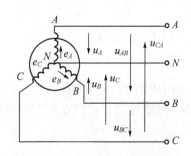

图4-3　发电机的星形联结

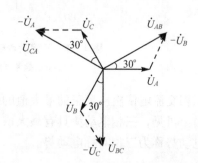

图4-4　发电机星形联结时的相量图

一般可写作
$$U_l = \sqrt{3} U_p \quad (4-4)$$

即三相四线制的线电压等于相电压的$\sqrt{3}$倍，线电压在相位上超前其对应的相电压30°，所以，线电压也是对称的。以后凡提到三相电源的电压都是指电源的线电压，如我国工业低压配电中采用380 V三相四线制电源，就是指线电压为380 V的电源。

第二节　对称负载的三相交流电路

在使用交流电的电气设备中，其中很多是需要三相电源才能工作的，例如三相交流电动机，它就属于三相负载。还有些负载是单相的（如白炽灯、日光灯等）。它们可以接在三相电源的任一相线与中线之间，也可以构成三相负载。

根据构成三相负载的各相负载的阻抗和阻抗角是否完全相同，可分为对称三相负载和不对称三相负载，各相负载的阻抗和阻抗角完全相等的叫对称三相负载，即：$|Z_a| = |Z_b| = |Z_c| = |Z|$和$\varphi_a = \varphi_b = \varphi_c = \varphi$。三相电动机就是一种三相对称负载，而三相照明负载通常是不对称的三相负载。

在三相供电系统中,三相负载有两种基本接法,星形(Y)接法和三角形(△)接法。下面对两种不同的负载接法分别进行讨论。

一、三相对称负载的星形接法

1. 联结方法

无论是三相对称负载还是三相不对称负载,只要当各相负载的额定电压等于电源线电压的 $1/\sqrt{3}$ 倍时,三相负载均应作星形联结。对白炽灯等单相负载,只要一端接相线另一端接中线即构成了星形接法;对于三相对称负载,应将各相负载的一端联结成一点,接于三相电源的中线上,而每相负载的另一端分别接到三相电源的三根相线上,如图4-5所示。

2. 负载的电压与电流的计算

负载作星形联结并具有中线时,加在每相负载上的电压就是电源的相电压,流过每相负载的电流称为相电流,即 i_a、i_b、i_c,一般用 i_l 表示,其参考方向是根据各相电压的参考方向确定的。流过相线的电流称为线电流,即 i_A、i_B、i_C,一般用 i_l 表示,其参考方向规定从电源到负载。中线电流 i_N 其参考方向规定从负载中点到电源中点,如图4-6所示。

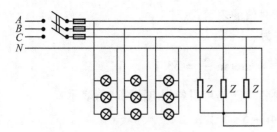

图4-5 负载星形联结的示意图

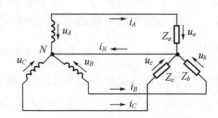

图4-6 负载星形联结的三相四线制电路

三相对称负载以星形联结在三相对称电源上,其各相负载两端的电压也必然是对称的。即 $U_a = U_b = U_c = U_p$,所以各相负载电流也是对称的。即

$$I_a = I_b = I_c = I_p = \frac{U_p}{|Z|} \quad (4-5)$$

各相电流与其相电压之间的相位差是相等的。即

$$\varphi_a = \varphi_b = \varphi_c = \varphi = \arctan\frac{X}{R} \quad (4-6)$$

式中,R 为各相负载中的电阻,$X = X_L - X_C$ 为各相负载的电抗。由图4-6知,在星形联结的电路中各线电流等于各相电流,即

$$i_l = i_p$$

或

$$I_l = I_p \quad (4-7)$$

根据基尔霍夫电流定律,中线电流

$$i_N = i_A + i_B + i_C \quad (4-8)$$

用相量表示为

$$\dot{I}_N = \dot{I}_A + \dot{I}_B + \dot{I}_C \quad (4-9)$$

由于各线电流等于各相电流,所以线电流也是对称的,由相量图可证明 $\dot{I}_N = \dot{I}_A + \dot{I}_B +$

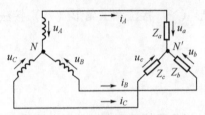

图4-7 对称负载星形联结的三相三线制电路

$\dot{I}_C = 0$。既然中线电流为零就可以去掉中线,三相对称负载作星形联结时,实际上采用了三相三线制供电,如图4-7所示。常用的三相电动机就只需要三根线供电。计算三相对称负载电路,只要先计算一相,其他两相将相位改变120°就可以了。

例4.1 一组星形接法的对称三相负载,每相电阻$R = 6\ \Omega$,感抗$X_L = 8\ \Omega$,接于线电压为380 V的三相电源上,求负载的相电压、相电流和线电流。

解 每相负载两端的电压等于电源的相电压,即

$$U_p = \frac{U_l}{\sqrt{3}} = \frac{380}{\sqrt{3}} = 220\ (\text{V})$$

相电流

$$I_a = I_b = I_c = I_p = I_l = \frac{U_p}{|Z|} = \frac{220}{\sqrt{6^2 + 8^2}} = 22\ (\text{A})$$

例4.2 上例中若三相电源各相电压$u_A = 220\sqrt{2}\sin 314t$ V,$u_B = 220\sqrt{2}\sin(314t - 120°)$ V,$u_C = 220\sqrt{2}\sin(314t + 120°)$ V,求解各相电流瞬时值的表示式。

解 各相电流与所对应相电压之间的相位差为

$$\varphi = \arctan\frac{X}{R} = \arctan\frac{X_L}{R} = \arctan\frac{8}{6} = 53.1°$$

因各相负载电流有效值已求出为22 A,负载为感性,于是可得各相电流瞬时值表示式

$$i_a = 22\sqrt{2}\sin(314t - 53.1°)\ \text{A}$$
$$i_b = 22\sqrt{2}\sin(314t - 120° - 53.1°)$$
$$= 22\sqrt{2}\sin(314t - 173.1°)\ \text{A}$$
$$i_c = 22\sqrt{2}\sin(314t + 120° - 53.1°)$$
$$= 22\sqrt{2}\sin(314t + 66.9°)\ \text{A}$$

二、对称负载三角形联结的三相电路

1. 联结方法

无论是对称负载还是不对称负载,只要每相负载的额定电压等于电源的线电压,三相负载均应作三角形(△)联结。负载的三角形联结如图4-8所示。

2. 三角形负载的电压与电流的计算

负载以三角形联结时,各相负载两端的电压等于电源的线电压,而相电流和线电流是不相等的。各相电流和线电流的参考方向如图4-8所示。

在对称负载的情况下,各相负载的相电流是对称的,其有效值为

$$I_{ab} = I_{bc} = I_{ca} = I_p = \frac{U_P}{|Z|} \qquad (4-10)$$

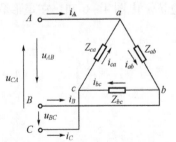

图4-8 负载三角形联结的三相电路

各相负载的相电流与其两端电压之间的相位差为

$$\varphi_{ab} = \varphi_{bc} = \varphi_{ca} = \varphi = \arctan\frac{X}{R} \tag{4-11}$$

根据基尔霍夫电流定律及图 4-8 所示电流的参考方向可得出各线电流为

$$\left.\begin{array}{l} i_A = i_{ab} - i_{ca} \\ i_B = i_{bc} - i_{ab} \\ i_C = i_{ca} - i_{bc} \end{array}\right\} \tag{4-12}$$

用相量表示为

$$\left.\begin{array}{l} \dot{I}_A = \dot{I}_{ab} - \dot{I}_{ca} \\ \dot{I}_B = \dot{I}_{bc} - \dot{I}_{ab} \\ \dot{I}_C = \dot{I}_{ca} - \dot{I}_{bc} \end{array}\right\} \tag{4-13}$$

其相量如图 4-9 所示，显然线电流也是对称的，由相量图得

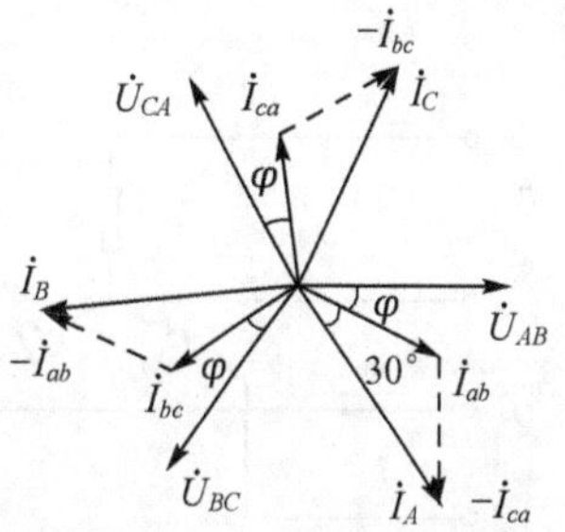

$$\frac{1}{2}I_A = I_{ab}\cos 30°$$

即

$$I_A = \sqrt{3}I_{ab}$$
$$I_B = \sqrt{3}I_{bc}$$
$$I_C = \sqrt{3}I_{ca}$$

或一般地表示为

$$I_l = \sqrt{3}I_p \tag{4-14}$$

图 4-9 对称负载三角形联结时电压与电流的相量图

即三相对称负载三角形接法时，线电流的有效值等于相电流有效值的 $\sqrt{3}$ 倍，在相位上各线电流滞后相应的相电流 30°。

例 4.3 某三相对称负载，各相负载的额定电压为 380 V，每相电阻 $R = 3\ \Omega$，感抗 $X_L = 4\ \Omega$，三相电源的线电压为 380 V，问三相负载应采用哪一种接法，并求出负载的相电流与线电流。

解 由于负载的额定电压等于电源线电压，故三相负载应采用三角形接法，各相电流为

$$I_{ab} = I_{bc} = I_{ca} = I_p = \frac{U_p}{|Z|}$$
$$= \frac{380}{\sqrt{3^2 + 4^2}} = \frac{380}{5} = 76\ (\text{A})$$

各线电流为

$$I_A = I_B = I_C = I_l = \sqrt{3}I_p = \sqrt{3} \times 76 = 131.6\ (\text{A})$$

第三节　不对称负载的三相交流电路

从上一节的讨论中我们知道，对称三相电路的计算是比较简单的，只要先计算出一相的

电流，其余两相就可根据对称关系求得。当三相负载不对称时，若是三相四线制电源，即有中线的情况，可按三个单相交流电路来分析。若是无中线，情况就比较复杂了，这里只讨论不对称负载星形联结有中线的情况。

一、负载的电压与电流的计算

虽然负载是不对称的，但由于有中线，所以各相负载两端的电压仍等于电源的相电压，各线电流仍等于各自的相电流，即

$$I_A = I_a = \frac{U_a}{|Z_a|} \qquad I_B = I_b = \frac{U_b}{|Z_b|} \qquad I_C = I_c = \frac{U_c}{|Z_c|}$$

各相电流与相电压的相位差为

$$\varphi_a = \arctan\frac{X_a}{R_a} \qquad \varphi_b = \arctan\frac{X_b}{R_b} \qquad \varphi_c = \arctan\frac{X_c}{R_c}$$

式中，R_a 和 X_a、R_b 和 X_b、R_c 和 X_c 为各相阻抗的电阻和电抗。由式（4-9）得中线电流为

$$\dot{I}_N = \dot{I}_A + \dot{I}_B + \dot{I}_C$$

由于三相负载不对称，所以中线电流不为零。

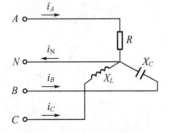

图 4-10　例 4.4 的图

例 4.4　在图 4-10 中，电源线电压 $U_l = 380$ V，各相负载的阻抗都等于 10 Ω，试求中线电流 $\dot{I}_N$。

解　虽然各相负载的阻抗模相等，但由于各相负载的性质不同，也就是阻抗角不相等，所以此例是三相不对称负载。但由于有中线，所以各相负载两端的电压等于电源的相电压。即

$$U_p = \frac{U_l}{\sqrt{3}} = \frac{380}{\sqrt{3}} = 220 \text{（V）}$$

各线电流与其对应的各相电流相等，即

$$\dot{I}_A = \dot{I}_a = \frac{\dot{U}_a}{R} = \frac{220 \angle 0°}{10} = 22 \angle 0° \text{（A）}$$

$$\dot{I}_B = \dot{I}_b = \frac{\dot{U}_b}{-jX_C} = \frac{220 \angle -120°}{10 \angle -90°} = 22 \angle -30° \text{（A）}$$

$$\dot{I}_C = \dot{I}_c = \frac{\dot{U}_c}{jX_L} = \frac{220 \angle 120°}{10 \angle 90°} = 22 \angle 30° \text{（A）}$$

中线电流为

$$\dot{I}_N = \dot{I}_A + \dot{I}_B + \dot{I}_C = 22 \angle 0° + 22 \angle -30° + 22 \angle 30°$$
$$= 22 + 19.1 - j11 + 19.1 + j11 = 60.2 \text{（A）}$$

二、中线的作用

由前面的分析我们看到虽然负载不对称，但由于有中线，所以构成了三个互不影响的单相交流电路，若是没有中线会怎么样呢？为了说明问题，我们举一个特殊的例子，此例中忽略了灯丝的非线性影响，即认为灯泡的电阻是常量。

例 4.5 有一组额定电压为 220 V 的白炽灯照明负载，如图 4-11 所示，其各相的阻值分别为 $R_a = 10\ \Omega$，$R_b = 10\ \Omega$，$R_c = 30\ \Omega$，电源的线电压 $U_l = 380$ V，求当 A 相断开、中线因故也断开时，各相负载两端的电压。

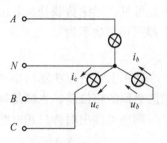

图 4-11 例 4.5 的图

解 正常情况下，由于有中线，所以各相灯泡两端电压等于电源的相电压，其有效值为 220 V，灯泡工作正常。但是当 A 相断开、中线也断开时，A 相灯泡两端电压为零，B 相和 C 相灯泡串联起来接于线电压 U_{BC} 上，这时 B 相灯泡承受的电压为

$$U_b = \frac{R_b}{R_b + R_c} \times U_{BC} = \frac{10}{10+30} \times 380 = 95\ (\text{V})$$

C 相灯泡承受的电压为

$$U_c = \frac{R_c}{R_b + R_c} \times U_{BC} = \frac{30}{10+30} \times 380 = 285\ (\text{V})$$

显然 C 相灯泡两端的电压已大大超过其额定电压，这是不允许的。由此我们看到不对称负载作星形联结时必须要有中线，**中线的作用在于能保证三相负载的相电压对称，使负载能正常工作**，为此规定在中线上（指干线）不准装闸刀开关，也不准装熔断器。

第四节　三相交流电路的功率

在三相交流电路中，无论负载是星形联结还是三角形联结，三相负载所消耗的功率 P 均为各相负载所消耗的有功功率之和，即

$$P = P_a + P_b + P_c \tag{4-15}$$

三相负载星形联结时，三相电路的总功率为

$$P = P_a + P_b + P_c$$
$$= U_a I_a \cos\varphi_a + U_b I_b \cos\varphi_b + U_c I_c \cos\varphi_c$$

当三相负载对称时，$U_a = U_b = U_c = U_p$，$I_a = I_b = I_c = I_p$，$\varphi_a = \varphi_b = \varphi_c = \varphi$，此时三相电路的总功率为

$$P = P_a + P_b + P_c = 3U_p I_p \cos\varphi \tag{4-16}$$

通常，在电路上测量线电流及线电压比较方便，根据 $I_l = I_p$，$U_l = \sqrt{3} U_p$，代入式（4-16）可得

$$P = 3U_p I_p \cos\varphi = 3\frac{U_l}{\sqrt{3}} I_l \cos\varphi = \sqrt{3} U_l I_l \cos\varphi \tag{4-17}$$

当三相对称负载为三角形接法时，各相负载两端的电压 $U_{ab} = U_{bc} = U_{ca} = U_p$，相电流 $I_{ab} = I_{bc} = I_{ca} = I_p$，每相负载的功率因数角 $\varphi_{ab} = \varphi_{bc} = \varphi_{ca} = \varphi_p$，则三相电路总功率 $P = 3U_p I_p \cos\varphi$，因为 $I_l = \sqrt{3} I_p$，$U_l = U_p$，代入上式有

$$P = 3U_l \frac{I_l}{\sqrt{3}} \cos\varphi = \sqrt{3} U_l I_l \cos\varphi$$

由此可见，无论负载是星形接法还是三角形接法，只要三相负载对称，则三相电路的有功功率即三相总功率为

$$P = \sqrt{3} U_l I_l \cos \varphi$$

使用上式时应注意功率因数 $\cos \varphi$ 是指每相的功率因数，即**功率因数角 φ 是相电压和相电流之间的相位差，也就是每相负载的阻抗角。**

同理可推出对称三相电路的无功功率，即

$$Q = \sqrt{3} U_l I_l \sin \varphi \tag{4-18}$$

由式（4-17）和式（4-18）可得三相对称电路的视在功率

$$S = \sqrt{P^2 + Q^2} = \sqrt{3} U_l I_l \tag{4-19}$$

例4.6 有一个三相对称负载。每相负载 $R = 6 \, \Omega$，$X_L = 8 \, \Omega$，电源电压 $U_l = 380 \, V$，问：

（1）采用星形接法时，该负载的有功功率是多少？

（2）采用三角形接法接于同一电源上时，该负载的有功功率又是多少？

解（1）星形接法时：

$$U_p = \frac{U_l}{\sqrt{3}} = \frac{380}{\sqrt{3}} = 220 \; (V)$$

$$I_p = \frac{U_p}{|Z|} = \frac{220}{\sqrt{6^2 + 8^2}} = 22 \; (A)$$

$$\cos \varphi = \frac{R}{|Z|} = \frac{6}{\sqrt{6^2 + 8^2}} = 0.6$$

$$P_Y = \sqrt{3} U_l I_l \cos \varphi = \sqrt{3} \times 380 \times 22 \times 0.6 = 8\,688 \; (W)$$

（2）三角形接法时：

由于同一负载接在同一个电源上，所以负载的相电压等于电源的线电压，即

$$U_p = U_l = 380 \; (V)$$

$$I_p = \frac{U_p}{|Z|} = \frac{380}{\sqrt{6^2 + 8^2}} = 38 \; (A)$$

$$I_l = \sqrt{3} I_p = \sqrt{3} \times 38 = 66 \; (A)$$

$$P_\triangle = \sqrt{3} U_l I_l \cos \varphi = \sqrt{3} \times 380 \times 66 \times 0.6 = 26\,064 \; (W)$$

比较（1）和（2）的结果：

$$\frac{P_\triangle}{P_Y} = \frac{26\,064}{8\,688} = 3$$

由此可见，在相同的线电压下，负载作三角形联结时的三相有功功率是同一负载作星形联结时的3倍。若上述负载的额定电压是220 V，接在线电压 $U_l = 380$ V 的电源上工作时，该负载应接成星形，若错误地接成了三角形，则由于功率增大了3倍，该负载上的电压和电流都将超过额定值，负载将会损坏。若上述负载的额定电压为380 V，接在线电压 $U_l = 380$ V的电源上时，该负载应接成三角形，若错误地接成星形，则负载不能正常工作。

习 题 四

一、填空题

4.1 三相电动势的_____相等，_____相同，_____互差120°，就称为对称三相电动势。

4.2 对称三相正弦量（包括对称三相电动势、对称三相电压、对称三相电流）的瞬时值之和等于_____。

4.3 三相电压到达振幅值（或零值）的先后次序称为_____。

4.4 对称三相电源，设 B 相的相电压 $\dot{U}_B = 220 \angle 90°$ V，则 A 相电压 $\dot{U}_A =$ _____，C 相电压 $\dot{U}_C =$ _____。

4.5 三相电路中，对称三相电源一般联结成星形或_____两种特定的方式。

4.6 三相四线制供电系统中可以获得两种电压，即_____和_____。

4.7 对称三相电源为星形联结，端线与中性线之间的电压叫_____。

4.8 对称三相电源为星形联结，线电压 $\dot{U}_{AB}$ 与相电压 $\dot{U}_A$ 之间的关系表达式为_____。

4.9 对称三相电源为三角形联结，线电流 $\dot{I}_A$ 与相电流 $\dot{I}_{ab}$ 之间的关系表达式为_____。

4.10 三相电路中，每相负载两端的电压为负载的_____，每相负载的电流称为_____。

4.11 三相电路中负载为星形联结时，负载相电压的参考方向常规定为自_____线指向负载中性点 N'，负载的相电流等于线电流，相电流的参考方向常规定为与相电压的参考方向_____。

4.12 如果三相负载的每相负载的复阻抗都相同，则称为_____。

4.13 三相电路中若电源对称，负载也对称，则称为_____电路。

4.14 对称三相负载为星形联结，当线电压为 220 V 时，相电压等于_____；线电压为 380 V 时，相电压等于_____。

4.15 三角形联结的对称三相电路中，负载线电压有效值和相电压有效值的关系是_____，线电流有效值和相电流有效值的关系是_____，线电流在相位上滞后相电流_____度。

4.16 三相电动机接在三相电源中，若其额定电压等于电源的线电压，应作_____联结；若其额定电压等于电源线电压的 $\frac{1}{\sqrt{3}}$，应作_____联结。

4.17 如图4-12所示对称三相电路，安培表 A_1 的读数为 50 A，则安培表 A_2 的读数为_____。

4.18 电路如图4-13所示，已知 $R = 20\ \Omega$，电源电压 $U_{AB} = 220$ V，求各表的读数分别为 $V_1 =$ _____，$V_2 =$ _____，$I_A =$ _____。

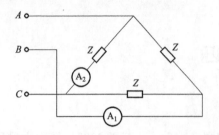

图 4-12 填空题 4.17 的电路图

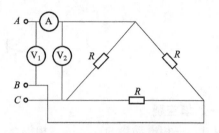

图 4-13 填空题 4.18 的电路图

二、选择题

4.1 一台三相电动机，每组绕组的额定电压为 220 V，对称三相电源的线电压 U_l = 380 V，则三相绕组应采用_____。

A. 星形联结，不接中性线　　　　　　B. 星形联结，并接中性线
C. A 与 B 均可　　　　　　　　　　　D. 三角形联结

4.2 一台三相电动机绕组星形联结，接到 U_l = 380 V 的三相电源上，测得线电流 I_l = 10 A，则电动机每组绕组的阻抗为_____ Ω。

A. 38　　　　　　B. 22　　　　　　C. 66　　　　　　D. 11

4.3 三相电源线电压为 380 V，对称负载为星形联结，未接中性线。如果某相突然断掉，其余两相负载的电压均为_____ V。

A. 380　　　　　B. 220　　　　　C. 190　　　　　D. 无法确定

4.4 下列陈述_____是正确的。

A. 发电机绕组作星形联结时的线电压等于作三角形联结时的线电压的 $\frac{1}{\sqrt{3}}$。

B. 对称三相电路负载作星形联结时，中性线里的电流为零。
C. 负载作三角形联结时可以有中性线。
D. 凡负载作三角形联结时，其线电流都等于相电流的 $\sqrt{3}$ 倍。

4.5 对称三相负载三角形联结，电源线电压 $\dot{U}_{AB} = 220 \angle 0°$ V，如不考虑输电线上的阻抗，则负载相电压 $\dot{U}_{AB} =$ _____ V。

A. $220 \angle -120°$　　B. $220 \angle 0°$　　C. $220 \angle 120°$　　D. $220 \angle 150°$

4.6 对称三相电路负载三角形联结，电源线电压为 380 V，负载复阻抗为 $Z = 8 - j6$ Ω。则线电流为_____ A。

A. 38　　　　　B. 22　　　　　C. 0　　　　　D. 65.82

4.7 对称三相电源接对称三相负载，负载三角形联结，A 线电流 $\dot{I}_A = 38.1 \angle -66.9°$ A，则 B 线电流 $\dot{I}_B =$ _____ A。

A. $22 \angle -36.9°$　　B. $38.1 \angle -186.9°$　　C. $38.1 \angle 53.1°$　　D. $22 \angle 83.1°$

4.8 上题中，若 A 线断开，则 $I_B =$ _____ A。

A. 38.1　　　　B. 22　　　　　C. 14.7　　　　D. 33

4.9 图 4-14 为用相序仪测定电源相序，若电容所接相为 W 相，并且甲灯比乙灯亮，

则乙灯所接的是_____。
  A. U 相   B. V 相
  C. U 与 V 相均可   D. 无法确定

4.10 三相对称电路是指（   ）
  A. 三相电源对称的电路
  B. 三相负载对称的电路
  C. 三相电源和三相负载均对称的电路
  D. 以上答案均不正确

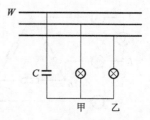

图 4-14 选择题 4.9 的电路图

4.11 三相四线制供电线路，已知作星形联结的三相负载中 A 相为纯电阻，B 相为纯电感，C 相为纯电容，通过三相负载的电流均为 10 A，则中线电流为（   ）
  A. 30 A   B. 10 A   C. 7.32 A   D. 8 A

三、分析计算题

4.1 若已知星形联结三相电源相电压 $u_A = U_m \sin(\omega t + \varphi)$，试写出 $\dot{U}_B$、$\dot{U}_C$、$\dot{U}_{AB}$、$\dot{U}_{BC}$、$\dot{U}_{CA}$ 各电压相量。

4.2 一台三相电动机有三个绕组，每个绕组的额定电压是 220 V。现有两种电源，一种是线电压为 380 V，另一种是线电压为 220 V。问在这两种电源下，三相电动机的绕组应如何联结。

4.3 在以下三相负载的联结形式电路中，若其中一相负载改变后，对其他两相有无影响？
  （1）星形负载有中线；
  （2）星形负载无中线；
  （3）三角形负载。

4.4 指出下列各结论中哪个正确？哪个错误？
  （1）当负载作星形联结时，必须有中线。
  （2）凡负载作三角形联结时，线电流必为相电流的 $\sqrt{3}$ 倍。
  （3）当三相负载越接近对称时，中线电流就越小。
  （4）负载作星形联结时，线电流必等于相电流。
  （5）三相对称负载作星形或三角形联结时，其总有功功率为 $P = \sqrt{3} U_l I_l \cos \varphi$。所以说在同一电源下，其总有功功率是相等的。

4.5 有一三相对称负载，其每相负载的电阻 $R = 8\ \Omega$，感抗 $X_L = 6\ \Omega$，如果将负载联结成星形接于线电压 $U_l = 380$ V 的三相电源上，试求相电压、相电流及线电流。

4.6 有一星形联结的三相对称负载，接在对称的三相电源上，已知 $u_A = 220\sqrt{2} \sin(314t + 30°)$ V，各相负载阻抗为 $Z = 40 + j30\ \Omega$，求相电流 $\dot{I}_a$、$\dot{I}_b$、$\dot{I}_c$ 和 i_a、i_b、i_c。

4.7 有一电源为星形接法，而负载为三角形接法的对称三相电路，已知电源频率为 50 Hz，相电压为 220 V，负载的电阻为 6 Ω，电感为 25.5 mH，试求电路的相电流和线电流。

4.8 在图 4-15 中，三相对称负载作三角形联结。电路中的各安培计在正常情况下读数为 26 A，伏特计的读数为 380 V，分别求下列情况下的负载电流和线电流。
  （1）ab 间负载开路；

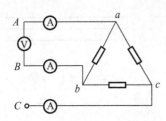

图 4-15 分析计算题 4.8 的图

(2) 相线 A 开路。

4.9 有一三相四线制照明电路,相电压为 220 V,已知 A、B、C 三相电灯分别为 34 盏、45 盏、56 盏白炽灯并联组成。每盏灯的功率都是 200 W,求各端线上的电流及中线电流。

4.10 星形接法的对称三相负载,接在 U_l = 380 V 的三相电源上,已知负载消耗的总功率为 8.68 kW,每相负载的功率因数为 0.6(电流滞后),试求:

(1) 每相负载的相电流和线电流;

(2) 负载的电阻和感抗。

4.11 如上题已知条件,负载为三角形联结,试求:

(1) 负载的额定电压;

(2) 每相负载的相电流和线电流;

(3) 负载的电阻和感抗。

4.12 有一三相对称负载,试比较下列两种情况下负载中的电流、线路上的电流及负载所消耗的功率。

(1) 联结成星形后接于 380 V 的对称电源上。

(2) 联结成三角形后接于 220 V 的对称电源上。

4.13 有一三相异步电动机,其绕组连成三角形接于线电压 U_l = 380 V 的电源上,从电源所取用的功率 P = 11.43 kW,功率因数 $\cos \varphi$ = 0.87,试求电动机的相电流和电路的线电流。

4.14 有一三相异步电动机,其绕组联结成星形,接于线电压 U_l = 380 V 的电源上,从电源取用的功率 P = 2.2 kW,线电流为 4.8 A,求电动机每相绕组的功率因数及其所承受的电压。

4.15 某三相对称负载取用的功率为 5.5 kW,今按三角形接法接在 U_l = 380 V 的线路上,设此时该负载取用的线电流为 19.5 A,求此负载的相电流、功率因数和每相的阻抗值。

4.16 某三相对称负载,R = 24 Ω,X_L = 18 Ω,接于电源电压为 380 V 的电源上,试求负载接成星形与三角形时的线电流、相电流和有功功率。

4.17 已知 380V/220V 三相四线制电网上接有一个三相电炉为三角形联结,其每相电阻 R_1 = 38 Ω。同时还在电网上接有若干白炽灯,电灯为星形联结,工作时每相总电阻 R_2 = 10 Ω,如图 4-16 所示。求总的线电流和总的有功功率。

4.18 电路如图 4-17 所示为对称三相四线制电路,已知三相电源线电压为 380 V,供

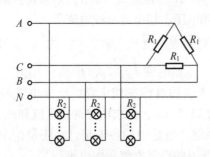

图 4-16 三相负载的星形和三角形联结

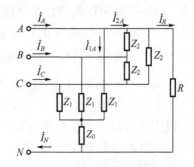

图 4-17 对称三相四线制电路

给两组对称的三相负载和一组单相负载。第一组三相负载为星形联结，每相阻抗 $Z_1 = 22$ Ω，经过阻抗 $Z_0 = 2$ Ω 接到中线。第二组三相负载为三角形联结，每相阻抗为 $Z_2 = -\text{j}10\sqrt{3}$ Ω。单相负载 $R = 11$ Ω，接在 A 相和中线之间，求各线电流 $\dot{I}_A$、$\dot{I}_B$、$\dot{I}_C$ 和中线电流 $\dot{I}_N$。

4.19 星形联结的三相异步电动机，接入电源线电压为 380 V 的电网中，当电动机满载运行时，额定输出功率 $P_o = 10$ kW，效率 $\eta = 0.9$，线电流 $I_l = 20$ A。但该电动机轻载运行时，输出功率 $P'_o = 2$ kW，效率 $\eta' = 0.6$，线电流 $I'_l = 10.5$ A。试求在满载和轻载两种情况下的功率因数。

4.20 有一星形联结的电感性对称负载，额定线电压 $U_l = 380$ V，额定功率因数 $\cos\varphi = 0.6$，$f = 50$ Hz，负载消耗的有功功率 $P = 6$ kW。

（1）若利用一组星形联结的电容器与三相负载并联，使得每相电路的功率因数提高到 0.9，试求每相的电容值及其耐压值。

（2）若改用三角形联结的电容器，试求每相的电容值及其耐压值。

第五章 半导体器件

△ 汽车电工电子基础（第3版）

常用的半导体器件有半导体二极管、三极管、场效应晶体管及集成电路等。半导体器件是构成各种电子电路最基本的元器件。学习电子技术，必须首先了解和掌握半导体器件的基本结构、工作原理、特性和参数。本章主要介绍半导体二极管、稳压管和半导体三极管的特性及使用方法。

第一节 半导体基本知识

半导体是导电能力介于导体和绝缘体之间的物质，如硅、锗、硒、砷化镓和一些氧化物、硫化物等。

一、本征半导体

常用的半导体材料是硅和锗，它们都是具有共价键结构的四价元素。因此，纯净的半导体具有晶体结构，我们把具有晶体结构的纯净半导体称作本征半导体。

在本征半导体中，当价电子获得一定的能量（温度升高或受光照）后，即可挣脱原子核的束缚而成为自由电子。价电子成为自由电子的同时，共价键中就留下一个空位，称为空穴。由于中性原子失去一个电子而带正电，因此，可以认为空穴是带正电的。自由电子和空穴总是成对出现的，称为电子空穴对。半导体中产生电子空穴对的过程叫本征激发。

自由电子带负电，空穴带正电，统称载流子。在外电场作用下，自由电子逆着电场方向运动而形成电子电流；空穴顺着电场方向运动而形成空穴电流。这两个电流的实际方向是相同的。所以通过半导体的电流是自由电子和空穴两种载流子的运动形成的。这是半导体导电与金属导体导电机理上的本质区别。

环境条件的变化会影响半导体材料的导电能力，主要体现在以下几个方面。

1. 热敏性

环境温度对半导体的导电能力影响很大，温度升高，本征激发增强，产生的电子空穴对就增多，导电能力就增强。根据半导体材料的热敏特性，可制成热敏电阻和其他温度敏感元件。

2. 光敏性

一些半导体材料受到光照时，本征激发增强，载流子数量增加，导电能力亦随之增强。利用半导体的光敏性，可制成光敏电阻、光敏二极管、光敏三极管等光敏器件。

3. 掺入杂质可改变半导体的导电性能

在半导体中掺入微量其他元素称作掺入杂质，简称掺杂。掺杂后的半导体导电能力有很大的提高。

二、P型半导体和N型半导体

1. P型半导体

在纯净的半导体中掺入微量的三价元素，例如硼元素，硼原子取代硅（或锗）原子的位置并与邻近硅（或锗）原子形成共价键时，因缺少一个电子而形成一个空穴，如图 5-1 所示。

因此掺入三价元素的半导体，空穴的总数远大于自由电子，空穴成为多数载流子，自由电子成为少数载流子。这种半导体主要靠空穴导电，称为空穴型半导体，简称 P 型半导体。

2. N型半导体

在纯净的半导体中掺入微量五价元素，如磷元素，在构成共价键结构中，由于存在多余的价电子而产生大量的自由电子，如图 5-2 所示。因此，掺入五价元素的半导体，自由电子的总数远大于空穴，自由电子成为多数载流子，空穴成为少数载流子。这种半导体主要靠自由电子导电，称为电子型半导体，简称 N 型半导体。

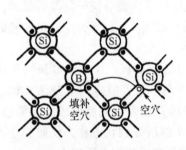

图 5-1 硅晶体中掺硼出现空穴

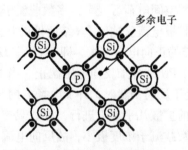

图 5-2 硅晶体中掺磷出现自由电子

在掺杂半导体中，虽然两种载流子的数目不等，但整块半导体中的正、负电荷仍相等，保持电中性。

三、PN结及其单向导电性

1. PN结的形成

采用适当的工艺把 P 型半导体和 N 型半导体做在同一基片上，两种半导体之间便形成了一个交界面。由于交界面两侧存在着电子和空穴浓度的差异，N 型半导体中的自由电子要向 P 型半导体中扩散，同样，P 型半导体中的空穴也向 N 型半导体中扩散，如图 5-3（a）所示。多数载流子扩散到对方区域后被复合而消失，但在交界面两侧分别留下了不能移动的正、负离子，呈现出一个空间电荷区，如图 5-3（b）所示。这个空间电荷区就称作 PN 结。由于 PN 结内的载流子因扩散和复合消耗殆尽，故又称为耗尽层。

PN 结内在 N 区一侧是正电荷，在 P 区一侧是负电荷，由此而产生一个方向由 N 区指向 P 区的内电场，如图 5-3（b）所示。内电场对多数载流子的扩散运动起着阻碍作用，但对少数载流子运动起着推动作用。少数载流子在内电场作用下的运动称为漂移运动。在无外电场作用的情况下，扩散运动和漂移运动达到动态平衡，PN 结的宽度保持一定，而处于稳定状态。

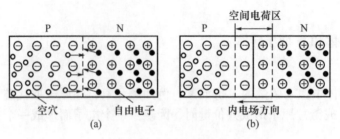

图 5-3 PN 结的形成
(a) 多数载流子的扩散；(b) 空间电荷区

2. PN 结的单向导电性

在 PN 结两端加上不同极性的电压，PN 结便会呈现不同的导电性能。PN 结上外加电压的方式称为偏置方式，所加电压称为偏置电压。

（1）PN 结外加正向电压导通。将 PN 结的 P 区接电源正极，N 区接电源负极，即 PN 结处于正向偏置时，外加电场方向和内电场方向相反，削弱了内电场的作用，从而破坏了原来的平衡，空间电荷区变窄，多数载流子的扩散运动大大超过了少数载流子的漂移运动，形成较大的扩散电流。这时 PN 结所处的状态称为正向导通，如图 5-4 所示。正向导通时，通过 PN 结的正向电流较大，即 PN 结呈现的正向电阻很小。

（2）PN 结外加反向电压截止。当 PN 结的 P 区接电源的负极，N 区接电源的正极，即 PN 结处于反向偏置时，外加电场方向与 PN 结内电场方向一致，使空间电荷区变宽，多数载流子的扩散几乎难以进行，少数载流子的漂移运动则得到加强，从而形成反向漂移电流。由于少数载流子浓度极小，故反向电流很微弱。这时 PN 结所处的状态称为反向截止，如图 5-5 所示。反向截止时，通过 PN 结的电流很小，PN 结呈现的反向电阻很大。

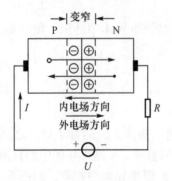

图 5-4 PN 结加正向电压

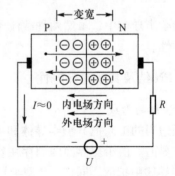

图 5-5 PN 结加反向电压

单向导电性是 PN 结的重要特性，也是晶体二极管、三极管等半导体器件导电特性的基础。

第二节 半导体二极管

一、基本结构

在 PN 结两端各接上一条电极引出线,再将 PN 结封装在管壳里就构成半导体二极管,亦称晶体二极管。P 区一侧引出的电极称为阳极,N 区一侧引出的电极称为阴极。图 5-6 画出了常用半导体二极管结构示意图。

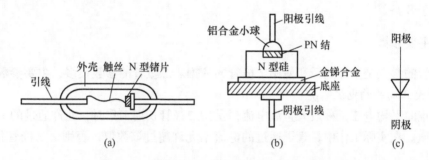

图 5-6 半导体二极管
(a) 点接触型;(b) 面接触型;(c) 符号

二极管按其结构不同可分为点接触型和面接触型两类。点接触型的二极管,PN 结结面积小,结电容小,只能通过较小的电流,一般适用于高频或小功率电路。面接触型二极管,PN 结结面积大,允许通过的电流大,但结电容大,可用于低频电路或大电流整流电路。

按材料的不同,二极管可分为硅管和锗管。

按用途不同,二极管又可分为普通管、整流管、稳压管和开关管等。

二、伏安特性

图 5-7 是二极管的伏安特性,即二极管两端的电压和流过二极管电流的关系曲线。由图可见,它有正向特性和反向特性两部分。

(1) 正向特性。当二极管承受的正向电压很低时,外电场不足以克服内电场对多数载流子扩散运动的阻力,故正向电流 I_F 很小,几乎为零。这一段所对应的电压称为死区电压或阈值电压。通常,硅二极管的死区电压约为 0.5 V,锗二极管的死区电压约为 0.2 V。当正向电压大于死区电压后,PN 结的内电场被大大削弱,正向电流迅速增大,而正向电阻变得很小。二极管充分导通后,其特性曲线很陡,二极管两端电压几乎恒定,该电压称为二极管的正向导通电压 U_F。硅二极管的 U_F 约为 0.7 V,锗二极管的 U_F 约为 0.3 V。

(2) 反向特性。二极管两端加反向电压时,外电场方向和

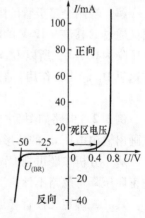

图 5-7 二极管的伏安特性

内电场方向一致,只有少数载流子的漂移运动,形成很小的反向漏电流。由于少数载流子数目很少,在相当大的反向电压范围内,反向电流几乎恒定,故称为反向饱和电流 I_R。正常情况下,硅二极管的 I_R 在几微安以下,锗二极管的 I_R 较大,一般在几十至几百微安。

(3) 反向击穿特性。当反向电压增大到一定值时,反向电流急剧增大,这一现象称为反向击穿,所对应的电压称为反向击穿电压。二极管发生反向击穿时,反向电流突然增大,如不加以限制,将会造成二极管永久性的损坏,失去单向导电的特性。因此,二极管工作时,所加反向电压的绝对值应小于其反向击穿电压。

在实际工作中,为使问题简化,在电源电压远远大于二极管导通时的正向电压降时,可将二极管看成理想元件,即加正向电压时,二极管导通,正向电压降和正向电阻等于零,二极管相当于短路。加反向电压时,二极管截止,反向电流等于零,反向电阻等于无穷大,二极管相当于开路。

三、主要参数

二极管的参数是正确选择和使用二极管的依据。二极管的参数很多,主要参数如下。

1. 最大正向平均电流 I_{FM}

最大正向平均电流又称最大整流电流,是指二极管长期工作时,允许通过的最大正向电流的平均值。在实际工作中,管子通过的电流不允许超过该数值,否则,二极管将因 PN 结过热而损坏。

2. 最高反向工作电压 U_{DRM}

U_{DRM} 是指二极管不被击穿所允许施加的最大反向电压。一般规定为反向击穿电压的 1/2 或 2/3。

3. 最大反向电流 I_{RM}

I_{RM} 是指在室温下,二极管承受最高反向工作电压时的反向漏电流。其值越小,二极管的单向导电性越好。当温度升高时,反向电流会显著增加。

二极管的应用范围很广,利用它的单向导电性可组成整流、检波、限幅、钳位等电路。在脉冲和数字电路中,常用作开关元件。

例 5.1 已知电路如图 5-8 所示,D_A 和 D_B 为硅二极管,若 $U_A = 3$ V,$U_B = 0$ V 时,求输出端 F 的电压值 U_F。

解 当两个二极管的阳极连在一起时,阴极电位低的二极管先导通。图中 D_A 和 D_B 的阳极通过 R 接在 +12 V 的电源上,输入端电压 $U_A > U_B$,所以 D_B 优先导通,由于硅管的正向压降为 0.7 V,所以 $U_F = U_B + 0.7 = 0.7$ V。D_B 导通后,使得 D_A 承受反向电压而截止。在这里 D_B 起钳位作用,把输出端的电位钳制在 0.7 V。D_A 起隔离作用,隔断了 U_A 对 U_F 的影响。

例 5.2 电路如图 5-9 (a) 所示,已知电源电压 $U_S = 5$ V,输入信号 $u_i = 10\sin\omega t$ V,试画出输出电压 u_o 的波形。

解 分析该题可把握两点:其一,二极管可视为理想元件,正向电阻为零,正向导通时的正向压降可忽略不计;反向电阻为无穷大,反向截止时相当于开路,反向漏电流可忽略不计。其二,确定二极管导通、截止的时刻。该题中,直流电源 U_S 对二极管施加反向电压,只有 $u_i > U_S$ 时二极管导通,相当于短路,输出电压 $u_o = U_S = 5$ V;而 $u_i < U_S$ 时,二极管截

止,相当于开路,输出电压 $u_o = u_i$,即与输入波形相同。输出电压 u_o 的波形如图 5-9(b) 所示。

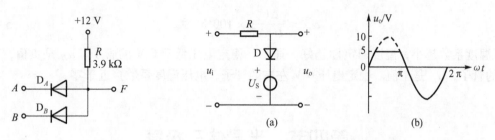

图 5-8 例 5.1 的电路

图 5-9 例 5.2 的图
(a) 电路图;(b) 波形图

第三节 稳 压 管

稳压管是一种特殊的面接触型半导体硅二极管,其特性曲线和符号如图 5-10 所示。

稳压管的伏安特性与普通二极管相似。但反向击穿电压小,反向击穿区的伏安特性十分陡峭。在反向击穿状态下,反向电流在很大范围变化时,稳压管两端电压变化很小,让稳压管工作在反向击穿状态,就能起稳压作用,这时稳压管两端的电压 U_Z 称为稳定电压。与稳压管稳压范围所对应的电流为 $I_{Z\min} \sim I_{Z\max}$,如果工作电流小于 $I_{Z\min}$,则电压不能稳定,若工作电流大于 $I_{Z\max}$,稳压管将因过热而损坏。

稳压二极管的主要参数:

1. 稳定电压 U_Z

稳定电压是指稳压管反向击穿后的稳定工作电压值。

2. 稳定电流 I_Z

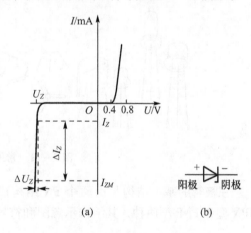

图 5-10 稳压二极管
(a) 伏安特性曲线;(b) 符号

稳定电流 I_Z 是指稳压管正常稳压时的一个参考电流值。稳压管的工作电流 $\geq I_Z$,才能保证稳压管有较好的稳压性能。

3. 动态电阻 r_Z

在稳压范围内,稳压管两端电压的变化量 ΔU_Z 与对应的电流变化量 ΔI_Z 之比称为动态电阻,即

$$r_Z = \frac{\Delta U_Z}{\Delta I_Z} \tag{5-1}$$

稳压管的动态电阻越小,其稳压性能越好。

4. 电压温度系数 α_U

环境温度每变化 1 ℃，稳定电压 U_Z 的相对变化量称为电压温度系数，即

$$\alpha_U = \frac{\Delta U_Z}{U_Z \Delta T} \times 100\% \ /℃ \tag{5-2}$$

电压温度系数越小，温度稳定性越好。通常，稳定电压低于 6 V 的管子，α_U 是负值，高于 6 V 的管子，α_U 是正值。稳定电压 6 V 左右的管子，电压温度系数接近于零。

第四节　半导体三极管

半导体三极管亦称晶体三极管，通常简称为晶体管或三极管。

一、基本结构

晶体三极管是放大电路的核心元件。晶体管的出现，给电子技术的应用开辟了更宽广的道路。常见的几种晶体管的外形如图 5-11 所示。

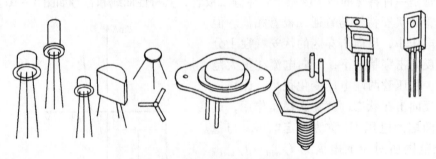

图 5-11　常见晶体三极管的外形

三极管的基本结构是由两个 PN 结构成的。按 PN 结组合方式的不同，三极管可分为 NPN 型和 PNP 型两种，其结构示意图和符号如图 5-12 所示。

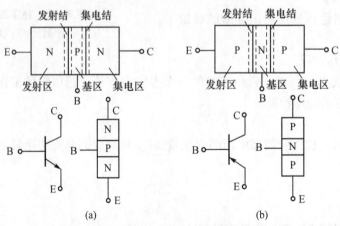

图 5-12　三极管的结构示意图及图形符号
(a) NPN 型；(b) PNP 型

三极管有三个导电区,即发射区、集电区和基区。发射区掺杂浓度较高,其作用是发射载流子;集电区掺杂浓度低于发射区,其作用是收集载流子;基区掺杂浓度很低,且比发射区、集电区薄得多,起控制载流子的作用。发射区与基区之间形成的 PN 结称为发射结,集电区与基区之间形成的 PN 结称为集电结。从相应的三个区引出的电极分别称为发射极 E、集电极 C 和基极 B。

根据半导体材料不同,三极管有硅管和锗管之分。目前我国生产的硅管大多为 NPN 型,锗管大多为 PNP 型。由于硅三极管的温度特性较好,应用也较多,因此,下面以 NPN 型三极管为例进行原理分析。对于 PNP 型三极管,其工作原理与 NPN 型三极管相似,不同之处仅在于,使用时工作电源的极性相反而已。

二、电流放大作用

三极管的主要特点是具有电流放大功能。

如图 5-13 所示的实验电路中,电源 U_{BB} 使发射结承受正向偏置电压,电源 U_{CC} 大于 U_{BB},使集电结承受反向偏置电压。当改变基极电阻 R_B 时,不仅基极电流 I_B 发生变化,集电极电流 I_C 和发射极电流 I_E 也随着有较大的变化。实验测得的数据如表 5-1 所示。

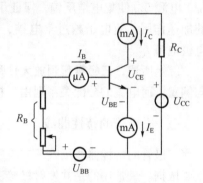

图 5-13 三极管电流放大实验电路

表 5-1 三极管电流分配表

I_B/mA	0	0.02	0.04	0.06	0.08	0.10
I_C/mA	<0.001	1.18	2.35	3.54	4.72	5.90
I_E/mA	<0.001	1.20	2.39	3.60	4.80	6.00

由表中数据可得知 I_B、I_C、I_E 有如下关系:

(1) 三个极的电流始终符合基尔霍夫定律,即

$$I_E = I_C + I_B \tag{5-3}$$

且 I_B 与 I_E、I_C 相比小得多,因而 $I_E \approx I_C$。

(2) I_B 增大时,I_C 按比例相应增大。从表 5-1 中第三列和第四列的数据可以得到证明:

$$\frac{I_{C3}}{I_{B3}} = \frac{2.35}{0.04} = 58.5$$

$$\frac{I_{C4}}{I_{B4}} = \frac{3.54}{0.06} = 59$$

(3) 基极电流较小的变化量 ΔI_B,可以引起集电极电流较大的变化量 ΔI_C,两者变化量在一定范围内保持比例关系,即

$$\beta = \frac{\Delta I_C}{\Delta I_B} \tag{5-4}$$

β 称为三极管的电流放大系数,它反映了 I_B 对 I_C 的控制能力,我们把这种控制能力称作三极管的电流放大作用。

三极管各极电流的分配和它的电流放大作用，是由内部载流子的运动规律决定的。由图5-14可知，电源U_{BB}使发射结正偏，发射区内的多数载流子不断越过发射结注入到基区，从而形成电子电流，外电路就是发射极电流I_E。由于基区很薄，空穴浓度又很低，注入基区的电子大部分扩散到集电结附近，只有少数电子与基区的空穴复合。电源U_{BB}从基区抽走电子来补充空穴，从而形成了基极电流I_B。电源U_{CC}使集电结反偏，保证了结电场对注入基区电子的加速作用，使电子越过集电结，被集电极收集而形成集电极电流I_C。

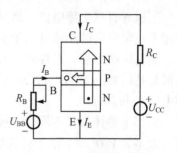

图5-14 三极管内部载流子运动规律

综上所述，**三极管起到放大作用所必须具备的外部条件是：发射结正向偏置，集电结反向偏置**。而电流的分配关系则由三极管内部结构所决定。

三、三极管的特性曲线

三极管的特性曲线反映了三极管各极电压与电流之间的关系，是分析三极管有关电路的重要依据。最常用的是共发射极接法时的输入特性曲线和输出特性曲线。特性曲线可用晶体管图示仪直观地显示出来，也可用实验电路进行测绘。

1. 输入特性曲线

输入特性曲线是当集电极与发射极之间的电压U_{CE}保持不变时，基极电流与基、射极间电压之间的关系，即

$$I_B = f(U_{BE}) \Big|_{U_{CE}=常数}$$

其特性曲线如图5-15所示。

当$U_{CE} \geq 1\text{V}$时，三极管处于放大状态，基极电流的变化主要受U_{BE}的控制，而U_{CE}对I_B的影响则很小，所以，$U_{CE} \geq 1\text{V}$以后的输入特性基本上是重合的。

三极管的输入特性和二极管的伏安特性相似，也有一段死区，硅管的死区电压约为0.5 V，锗管的死区电压约为0.2 V。当发射结外加电压大于死区电压时，三极管才完全进入放大状态。在正常工作情况下，硅管发射结的正向压降约为0.7 V，锗管发射结的正向压降约为0.3 V。

2. 输出特性曲线

输出特性是指当基极电流I_B为常数时，集电极电流I_C与集、射极电压U_{CE}的关系曲线，即

$$I_C = f(U_{CE}) \Big|_{I_B=常数}$$

I_B的取值不同，可得出不同的特性曲线，所以，三极管的输出特性是一簇曲线，如图5-16所示。对应于三极管的三种工作状态，可将输出特性分为三个区，即截止区、放大区和饱和区。

(1) 截止区。$I_B = 0$的曲线下面的区域为截止区。在此区域内，$I_C = I_{CEO} \approx 0$，集电极与发射极间呈现高阻状态，相当于一个断开的开关。为了使三极管可靠截止，通常给发射结加上反向偏置电压，所以，**三极管处于截止状态的工作条件是发射结、集电结均处于反向偏置**。

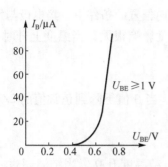
图 5-15 三极管的输入特性曲线

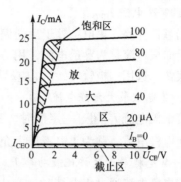
图 5-16 三极管的输出特性曲线

(2) 放大区。输出特性曲线近于水平且间距较均匀的部分称为放大区。在放大区，I_C 的变化仅取决于 I_B 的变化，而与 U_{CE} 的变化几乎无关，呈现恒流特性，即 $I_C = \beta I_B$。**三极管处于放大状态时，发射结处于正向偏置，集电结处于反向偏置。**

(3) 饱和区。特性曲线上升段拐点连接线左侧区域称为饱和区。这一区域包括了所有各个 I_B 值下的输出特性曲线的起始部分。由图 5-13 所示的实验电路可知，三极管集、射极电压 $U_{CE} = U_{CC} - I_C R_C$，或 $I_C = \dfrac{U_{CC} - U_{CE}}{R_C}$。当 U_{CE} 很小时，$I_C \approx \dfrac{U_{CC}}{R_C}$，此后即使 I_B 再增大，I_C 也不再增大，即 I_C 不再受 I_B 的控制，三极管进入饱和状态。

三极管处于饱和时的集电极电流称为饱和电流，用 I_{CS} 表示；饱和时集射极电压称为饱和压降，用 U_{CES} 表示。U_{CES} 很小，硅管约为 0.3 V，锗管约为 0.1 V，一般认为 $U_{CES} \approx 0$，集、射极间相当于一个接通的开关。

三极管饱和的条件是发射结、集电结均正向偏置。

放大区、截止区和饱和区都是三极管的正常工作区。三极管作放大使用时，工作在放大区。三极管作开关使用时，工作在饱和区和截止区。

四、主要参数

1. 电流放大系数 β

三极管的电流放大系数有静态电流放大系数和动态电流放大系数。

三极管接成共发射极电路，当输入信号为零时，集电极电流 I_C 与基极电流 I_B 的比值，称为静态（直流）电流放大系数，即

$$\bar{\beta} = \frac{I_C}{I_B} \tag{5-5}$$

当输入信号不为零时，在保持 U_{CE} 不变的情况下，集电极电流的变化量 ΔI_C 与基极电流的变化量 ΔI_B 的比值，称为动态（交流）电流放大系数，即

$$\beta = \frac{\Delta I_C}{\Delta I_B} \bigg|_{U_{CE} = 常数} \tag{5-6}$$

$\bar{\beta}$ 与 β 具有不同的含义，但在输出特性的线性区，两者数值较为接近，一般不作严格区分。常用的小功率三极管，β 值在 30～200 内，大功率管的 β 值较小。β 值太小时，三极管的放大能力差，β 值太大时，三极管的热稳定性能差。通常以 100 左右为宜。

2. 穿透电流 I_{CEO}

当基极开路，集电结处于反向偏置，发射结处于正向偏置的条件下，集电极与发射极之间的反向漏电流称为穿透电流，用 I_{CEO} 表示。I_{CEO} 受温度影响很大，当温度上升时，I_{CEO} 增加得很快。选用三极管时，I_{CEO} 应尽可能小些。

3. 集电极最大允许电流 I_{CM}

集电极电流 I_C 超过一定值时，三极管的 β 值下降。当 β 值下降到正常值的 2/3 时所对应的集电极电流，称为集电极最大允许电流 I_{CM}。

4. 集电极最大允许耗散功率 P_{CM}

集电极电流通过集电结时，产生的功率损耗使集电结温度升高，当结温超过一定数值后，将导致三极管性能变坏，甚至烧毁。为使三极管的结温不超过允许值，规定了集电极最大允许耗散功率 P_{CM}。P_{CM} 与 I_C 和 U_{CE} 的关系为

$$P_{CM} = I_C \cdot U_{CE} \quad (5-7)$$

根据式（5-7），可在输出特性曲线上做出一条 P_{CM} 曲线，如图 5-17 所示。曲线右侧区域为过损耗区，曲线左侧的区域为安全工作区。

5. 反向击穿电压 $U_{(BR)CEO}$

基极开路时，集电极与发射极之间的最大允许电压称为反向击穿电压 $U_{(BR)CEO}$。实际值超过此值将会导致三极管的击穿而损坏。

三极管还有其他参数，使用时，可根据需要查阅器件手册。

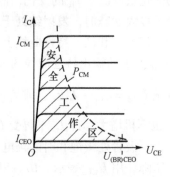

图 5-17 功率曲线

五、复合三极管

复合三极管是把两个三极管的管脚适当地连起来使之等效为一个三极管，典型结构如图 5-18（a）、(b) 所示。

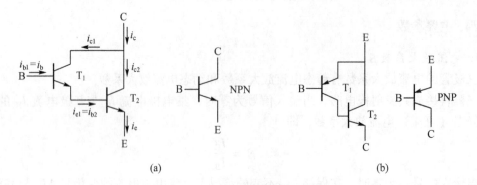

图 5-18 复合三极管典型结构图

从图 5-18 中可以看出，复合管的导电类型取决于前一个三极管 T_1 的导电类型。另外，复合管的电流放大系数 β 近似地等于两个管子电流放大系数的乘积。即

$$\beta = \frac{i_c}{i_b} = \frac{i_c}{i_{b1}} \approx \beta_1 \cdot \beta_2$$

复合晶体管亦称达林顿管（Darlington Transistor）。达林顿管具有很高的放大系数，β 值

可达几千倍，甚至几十万倍。利用它不仅能构成高增益放大器，还能提高驱动能力，获得大电流输出，构成达林顿功率开关管。在光电耦合器中，也有用达林顿管做接收管的。

达林顿管大致分两类，一类是普通型，内部无保护电路，中、小功率（2 W 以下）的达林顿管大多属于此类；另一类带保护电路，大功率达林顿管均属此类。

习 题 五

一、填空题

5.1 材料根据导电性能可分为_____、_____和_____。

5.2 PN 结正偏是指 P 区接电源_____极，N 区接电源_____极。

5.3 制作半导体时使用最多的材料是_____和_____。

5.4 二极管两端电压与通过它的电流之间的关系称为二极管的_____特性，它反映了二极管最基本的特性，即_____。

5.5 半导体二极管是由一个_____结构成的，它具有_____特性。

5.6 一个二极管正反向电阻均接近于零，表明该二极管已_____，又有一个二极管正反向电阻接近于无穷大，表明该二极管已_____。

5.7 半导体二极管导通的条件是加在二极管两端的正向电压比二极管的死区电压_____。

5.8 硅二极管正向导通电压为_____伏，锗二极管正向导通电压为_____伏。

5.9 正常情况下，稳压二极管工作在_____区。

5.10 晶体三极管有两个 PN 结，即_____结和_____结。

5.11 晶体三极管有_____型和_____型。

5.12 三极管的输出特性曲线分为_____、_____和_____三个区域。

5.13 三极管工作在放大状态时，其_____正偏，其_____反偏。

5.14 三极管工作在饱和状态时，其发射结_____，其集电结_____。

5.15 三极管工作在截止状态时，其发射结_____，集电结_____。

5.16 三极管处于放大时，其电流分配关系是_____。

5.17 三极管处于放大时，集电极电流 I_C 与基极电流 I_B 之间的关系是_____。

5.18 在工程应用中，对半导体三极管电路进行直流分析时，一般采用_____分析方法。作交流分析时，输入信号足够小时，采用_____分析法。

5.19 晶体三极管可以作为开关使用，当三极管集电极－发射极间相当于开关断开或闭合时，则晶体三极管应工作在_____状态或_____状态。

二、选择题

5.1 半导体导电能力（   ）导体。
  A. 大于   B. 小于   C. 等于   D. 不确定

5.2 在杂质半导体中，多数载流子的浓度主要取决于（   ）。
  A. 温度   B. 掺杂工艺   C. 杂质浓度   D. 晶体缺陷

5.3 半导体中传导电流的载流子是（　　）。
A. 电子　　　　　B. 空穴　　　　　C. 电子和空穴　　　　　D. 不确定

5.4 N型半导体中，多数载流子是（　　）。
A. 空穴　　　　　B. 自由电子　　　　　C. 原子核　　　　　D. 不确定

5.5 P型半导体中，多数载流子是（　　）。
A. 空穴　　　　　B. 自由电子　　　　　C. 原子核　　　　　D. 不确定

5.6 PN结具有（　　）导电性。
A. 双向　　　　　B. 单向　　　　　C. 不导电　　　　　D. 不确定

5.7 在如图5-19所示电路中，二极管为理想元件，电阻$R=3\ \text{k}\Omega$，电压u_o为（　　）。
A. -12 V　　　　　B. -9 V　　　　　C. -3 V　　　　　D. 3 V

5.8 在如图5-20所示电路中，所有二极管均为理想元件，则D_1、D_2、D_3的工作状态为（　　）。
A. D_1导通，D_2、D_3截止　　　　　B. D_1、D_2截止，D_3导通
C. D_1、D_3截止，D_2导通　　　　　D. D_1、D_2、D_3都导通

5.9 在如图5-21所示电路中，所有二极管均为理想元件，则D_1、D_2的工作状态为（　　）。

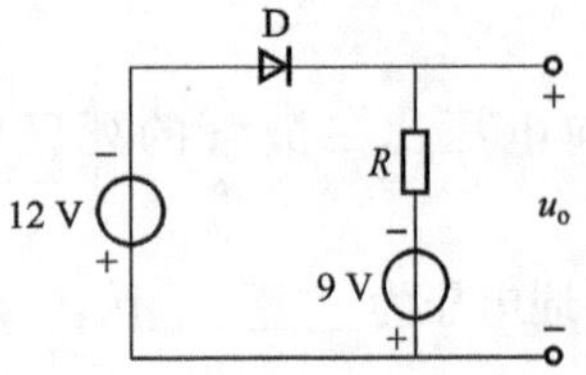

图5-19 选择题5.7的电路图 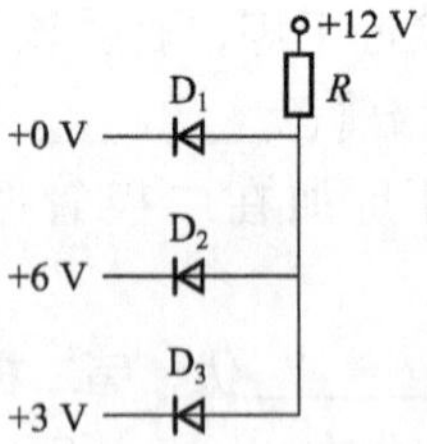　　图5-20 选择题5.8的电路图 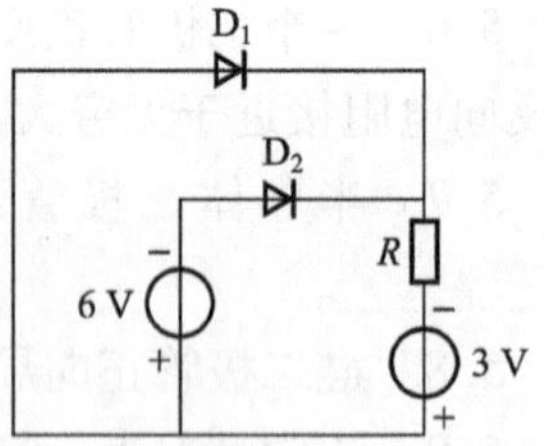　　图5-21 选择题5.9的电路图

A. D_1导通，D_2截止　　　　　B. D_1、D_2都导通
C. D_1截止，D_2导通　　　　　D. D_1、D_2均截止

5.10 半导体三极管是一种（　　）。
A. 电压控制电压的器件　　　　　B. 电压控制电流的器件
C. 电流控制电流的器件　　　　　D. 电流控制电压的器件

5.11 三极管具有（　　）放大作用。
A. 电压　　　　　B. 电流　　　　　C. 功率　　　　　D. 不确定

5.12 三极管的伏安特性是指它的（　　）。
A. 输入特性　　　　　B. 输出特性
C. 输入特性和输出特性　　　　　D. 不确定

5.13 在三极管的输出特性曲线中，每一条曲线与（　　）对应。
A. 输入电压　　　　　B. 基极电压　　　　　C. 基极电流　　　　　D. 输出电流

5.14 在饱和区，三极管（　　）电流放大作用。
A. 有　　　　　B. 无　　　　　C. 不一定有

5.15 在截止区三极管（　　）电流放大作用。
A. 有　　　　　B. 无　　　　　C. 不一定有

5.16 一只三极管的 $\beta=50$，当 $I_B=10\ \mu A$ 时，集电极电流是（   ）。
A. 0.51 mA   B. 0.5 mA   C. 1 mA   D. 10 μA

5.17 一只三极管的 $\beta=50$，当 $I_B=10\ \mu A$ 时，发射极电流是（   ）。
A. 0.51 mA   B. 0.5 mA   C. 1 mA   D. 10 μA

5.18 如图 5-22 所示，三极管的工作状态为（   ）。
A. 放大   B. 饱和   C. 截止   D. 不确定

5.19 如图 5-23 所示，三极管的工作状态为（   ）。
A. 放大   B. 饱和   C. 截止   D. 不确定

5.20 如图 5-24 所示，三极管的工作状态为（   ）。
A. 放大   B. 饱和   C. 截止   D. 不确定

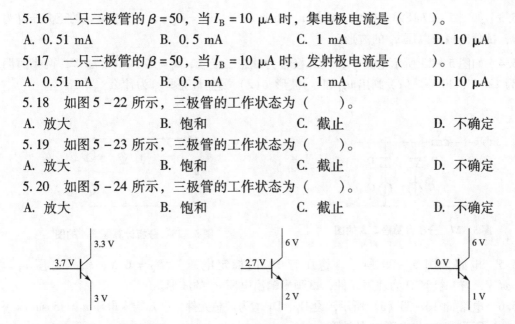

图 5-22 选择题 5.18 的电路图   图 5-23 选择题 5.19 的电路图   图 5-24 选择题 5.20 的电路图

5.21 当环境温度升高时，二极管的反向电流将（   ）。
A. 减少   B. 增大   C. 不变   D. 缓慢减少

三、分析计算题

5.1 在图 5-25 的各电路中，$u_i=10\sin\omega t$ V，$U_S=6$ V，二极管的正向压降可忽略不计，试分别画出输出电压 u_o 的波形。

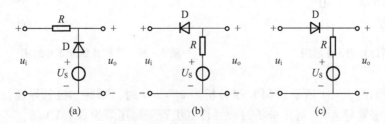

图 5-25 分析计算题 5.1 的图

5.2 图 5-26（a）中的 R 和 C 构成一微分电路，当输入电压如图（b）所示时，试画出输出电压 u_o 的波形。

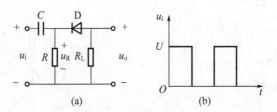

图 5-26 分析计算题 5.2 的图

5.3 如图 5-27 所示电路中,已知 $u_i = 6\sin \omega t$ V,$U_1 = U_2 = 3$ V,二极管的正向压降为 0.7 V,试画出输出电压 u_o 的波形。

5.4 如图 5-28 所示电路中,设二极管为理想二极管,$u_i = 220\sqrt{2}\sin \omega t$ V,两个照明灯均为 220 V、40 W。(1)画出 u_{o1} 和 u_{o2} 波形;(2)哪盏灯亮些?为什么?

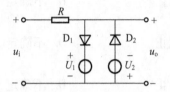

图 5-27 分析计算题 5.3 的图

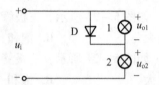

图 5-28 分析计算题 5.4 的图

5.5 电路如图 5-29 所示,稳压管 D_Z 的稳定电压为 $U_Z = 6$ V,输入电压 $u_i = 12\sin \omega t$ V,若二极管 D 为理想元件,试画出输出电压 u_o 的波形。

5.6 电路如图 5-30(a)所示,设 D_1、D_2 均为理想元件,已知输入电压 $u_i = 150\sin \omega t$ V 如图(b)所示,试画出电压 u_o 的波形。

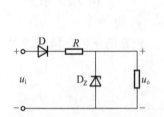

图 5-29 分析计算题 5.5 的图

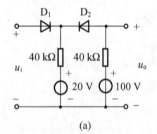

(a)

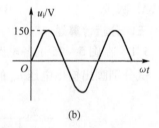

(b)

图 5-30 分析计算题 5.6 的图

5.7 电路如图 5-31 所示,(1)试分析当 $u_i = 3$ V 时,哪些二极管导通?(2)当 $u_i = 0$ V 时,哪些二极管导通?(写出分析过程并设二极管正向压降为 0.7 V)。

5.8 电路如图 5-32 所示,设二极管 D_1、D_2 为理想元件,试计算电路中电流 I_1、I_2 的值。

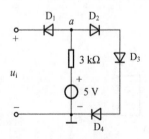

图 5-31 分析计算题 5.7 的图

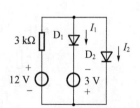

图 5-32 分析计算题 5.8 的图

5.9 有一 NPN 型三极管，测得集电极和发射极电流分别为 2.26 mA 和 2.29 mA，试求基极电流 I_B 和三极管的静态电流放大系数。

5.10 有一三极管，测得三个管脚的电位分别为 6 V、2.8 V 和 2.15 V，试判别管型和电极。

5.11 如图 5-33 所示电路，已知 $V_{CC}=5$ V，$R_C=2$ kΩ，$R_B=100$ kΩ，$β=30$，试分析下列两种情况下，三极管为何种工作状态？F 点的电位是多少？

(1) $u_i=0$ V；

(2) $u_i=5$ V。

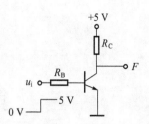

图 5-33 分析计算题 5.11 的图

第六章 基本放大电路

△ 汽车电工电子基础（第3版）

基本放大电路是模拟电路部分最基本的内容，任何一个放大系统，都是由基本的单元电路所组成的。本章首先介绍了单管放大电路的电路结构、工作原理、性能指标和分析计算方法，其次对常用的、典型的单元电路的特点逐一进行分析，为学习后面的内容奠定基础。

第一节 三极管放大电路的组成及工作原理

一、单管放大电路的组成

由三极管构成的共发射极放大电路如图6-1（a）所示。输入信号由基极和发射极间输入，输出信号由集电极和发射极之间输出，发射极是电路的公共端，故称为共发射极放大电路。电路中各个元件的作用如下。

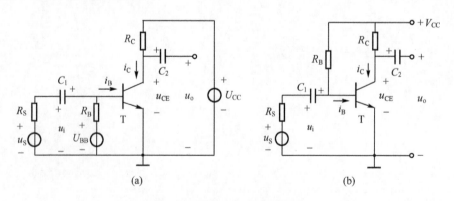

图6-1 单管共发射极放大电路
(a) 双电源电路；(b) 单电源电路

1. 三极管 T

电流放大元件，是放大电路的核心。

2. 集电极电源 U_{CC}

U_{CC} 为集电结提供反向偏置电压，保证三极管工作在放大状态。同时，U_{CC} 又是放大电路的能量来源，以便放大电路将直流电能转换为输出信号的交流电能。U_{CC} 一般为几伏到十几伏。

3. 集电极负载电阻 R_C

R_C 的主要作用是将集电极电流的变化转换为电压的变化输出，实现放大电路的电压放大作用。如果不接 R_C，三极管集电极的电位恒等于直流电源的电压 U_{CC}，因此，输出端就不会有变化的电压信号输出。

4. 电源 U_{BB} 和偏置电阻 R_B

它们的作用是使发射结正向偏置，并提供大小适当的基极电流 I_B，使三极管有一个合适的工作点。R_B 的数值一般为几十千欧到几百千欧。

5. 耦合电容 C_1 和 C_2

C_1、C_2 的作用在于传输交流信号而隔断直流信号。当 C_1、C_2 的电容量足够大时，对交流信号呈现的容抗很小，在电容上的交流压降可忽略不计，对交流信号可视作短路。C_1、C_2 的电容值一般为几微法到几十微法，通常采用极性电容。耦合电容的另一作用是隔断放大电路与信号源及负载之间的直流通路，避免信号源、负载受到直流电源的影响。

图 6-1（a）采用两个电源供电，既不经济，又不方便。实用电路中，用电源 U_{CC} 代替 U_{BB}，只要 R_B 选取合适的数值，仍可保证三极管有合适的静态工作点。另外，电路中的 U_{CC} 通常用电位 V_{CC} 表示，电路可改画成图 6-1（b）的形式。在此电路中，当 R_B 一经确定，电流 I_B 就是一个固定值，所以将这种电路称为固定偏置电路。

二、放大电路的工作原理

我们用如图 6-2 所示的电路来说明放大电路的工作原理。当输入端信号 $u_i = 0$ 时，放大电路的工作状态称为静态。在直流电源电压的作用下，形成静态基极电流 I_B、集电极电流 I_C、发射极电流 I_E 以及基、射极间电压 U_{BE} 和集、射极间电压 U_{CE}。其波形如图 6-2 中各波形的虚线所示。

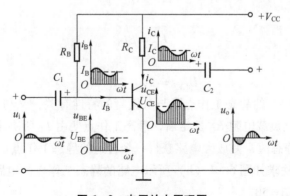

图 6-2　电压放大原理图

当输入端加上输入信号时，放大电路的工作状态称为动态。u_i 通过 C_1 加到三极管的基极，使基、射极间电压在静态值 U_{BE} 的基础上按 u_i 的规律变化。这时的基、射极电压包含两个分量,一个是直流分量 U_{BE},一个是交流分量 u_{be}。若忽略耦合电容上的电压损失,则 $u_{be} = u_i$。此时 $u_{BE} = U_{BE} + u_{be}$。u_{BE} 的变化,引起基极电流 i_B 作相应变化,i_C 亦随 i_B 变化。i_C 的变化量在集电极负载电阻 R_C 上产生压降,集、射极间电压 $u_{CE} = V_{CC} - i_C R_C$,当 i_C 增加时,则 u_{CE} 减小,u_{CE} 的变化与 i_C 的变化相反。需要指出的是,i_B、i_C、u_{CE} 也都是由直流分量和交流分量叠加而成的。当 u_{CE} 的直流分量被 C_2 隔离,交流分量通过 C_2 输出时,在放大电路的输出端便产生了交流输出电压 u_o。若忽略 C_2 上的交流电压降,则 $u_o = u_{ce} = -i_c R_C$,即 u_o 与 u_i 在相位上相差 180°。只要 R_C 足够大,u_o 的幅值比 u_i 的幅值大得多,从而实现了电压放大的目的。各电流、电压的波形如图 6-2 所示。

第二节 放大电路的静态分析

静态分析就是确定电路中三极管各电极的直流电压和直流电流,这些数值在三极管的输入特性和输出特性上所对应的工作点,称为静态工作点。因此,静态分析就是确定放大电路的静态工作点。静态分析的主要方法是估算法和图解法。

一、估算法

估算法是利用放大电路的直流通路计算各静态值。在图 6-1 (b) 中,由于电容 C_1、C_2 具有隔直流的作用,所以,放大电路的直流通路如图 6-3 所示。根据直流通路,可求出各静态值。

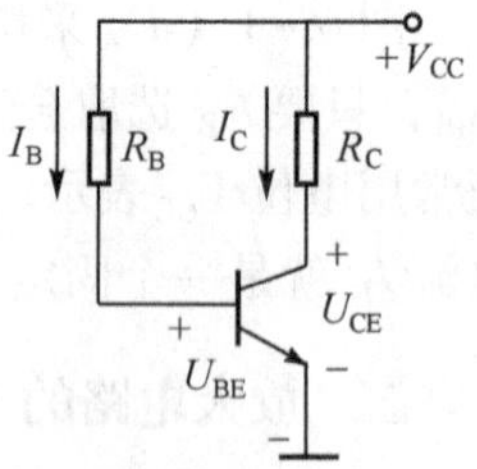

基极电流

$$I_B = \frac{V_{CC} - U_{BE}}{R_B} \qquad (6-1)$$

图 6-3 放大电路的直流通路

式中,U_{BE} 是三极管基、射极间电压,硅管约为 0.7 V。

当 $V_{CC} \gg U_{BE}$ 时,式 (6-1) 可近似为

$$I_B = V_{CC}/R_B \qquad (6-2)$$

集电极电流

$$I_C = \beta I_B \qquad (6-3)$$

集、射极间电压

$$U_{CE} = V_{CC} - I_C R_C \qquad (6-4)$$

由上可见,放大电路的静态工作点既与三极管的特性有关,又与放大电路的结构有关。当电源电压 V_{CC} 和直流负载电阻 R_C 选定后,静态工作点便由 I_B 所决定。通常用调节偏置电阻 R_B 的办法调节各静态值,使放大电路获得一个合适的静态工作点。

例 6.1 用估算法求如图 6-1 (b) 所示电路的静态工作点,电路中 $V_{CC} = 12$ V,$R_C = 3$ kΩ,$R_B = 300$ kΩ,$\beta = 50$。

解 由式 (6-1)~式 (6-4) 可求得各静态值如下

$$I_B = \frac{V_{CC}}{R_B} = \frac{12}{300 \times 10^3} \text{(A)} = 40 \text{ (μA)}$$

$$I_C = \beta I_B = 50 \times 40 \times 10^{-6}(\text{A}) = 2\,(\text{mA})$$
$$U_{CE} = V_{CC} - R_C I_C = 12 - 3 \times 10^3 \times 2 \times 10^{-3} = 6\,(\text{V})$$

*二、图解法

图解法就是在三极管的输出特性上，通过作图的方法求解静态工作点。在如图 6-1（b）所示电路中，三极管的输出特性曲线如图 6-4 所示，其他参数同例 6.1，图解步骤如下：

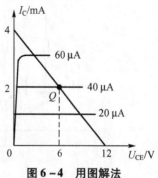

图 6-4　用图解法确定静态工作点

（1）用估算法求出基极电流 I_B，$I_B = 40\,\mu\text{A}$；
（2）在输出特性曲线上找到 I_B 的对应曲线；
（3）作出直流负载线：

由式（6-4）可得出，$I_C = \dfrac{V_{CC}}{R_C} - \dfrac{U_{CE}}{R_C}$，它是过（$V_{CC}/R_C$，$V_{CC}$）两点的直线方程。根据电路参数可知 $V_{CC} = 12$ V，$V_{CC}/R_C = 4$ mA。过两点所作直线如图 6-4 所示。由于该直线的斜率为 $-\dfrac{1}{R_C}$，只与集电极负载电阻 R_C 有关，故称为直流负载线。

（4）确定静态工作点 Q：

由上述分析可以看出，三极管的 I_C 和 U_{CE} 既要满足 $I_B = 40\,\mu\text{A}$ 的输出特性，又要满足直流负载线，因此，三极管必然工作在它们的交点 Q，Q 点的各静态值可由坐标查出，由图可知：$I_C = 2$ mA，$U_{CE} = 6$ V，与例 6.1 所求解的数值一致。

第三节　放大电路的动态分析

动态分析就是分析在输入信号不为零时，电路中各种变化量的变动情况和相互关系。分析方法主要有图解分析法和小信号模型分析法。

*一、图解分析法

动态工作的放大电路，有输出端带负载和不带负载两种情况。下面我们以如图 6-5（a）所示带负载的放大电路为例，说明图解法的分析步骤。

（1）根据静态图解分析方法，求出静态工作点 Q（I_B、I_C、U_{CE}），如图 6-6（a）所示。
（2）根据 u_i 的变化，在输入特性曲线上确定 i_B 的变化范围。

设输入信号 u_i 为一正弦电压，它叠加在输入端直流偏置电压 U_{BE} 上，即

$$u_{BE} = U_{BE} + u_i \tag{6-5}$$

当 u_i 按正弦规律变化时，基极电流 i_B 也作相应的变化，其变化范围是，工作点 Q 在输入特性曲线的线性段 Q' 和 Q'' 之间移动，如图 6-6（b）所示。基极电流 i_B 也是由直流分量 I_B 和交流分量 i_b 叠加而成，即

$$i_B = I_B + i_b \tag{6-6}$$

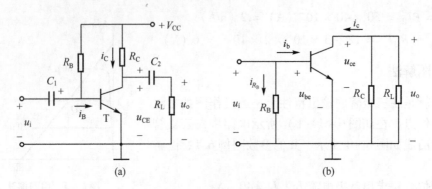

图 6-5 带负载的放大电路
(a) 电路图；(b) 交流通路

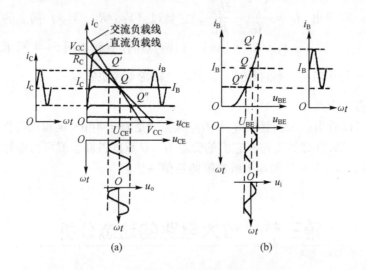

图 6-6 放大电路的动态图解法
(a) i_C、u_{CE} 的变化范围；(b) u_i、i_B 的变化范围

(3) 作交流负载线。在如图 6-5 (a) 所示的电路中，如果对耦合电容 C_1、C_2 的容量取得足够大，则交流容抗可以忽略不计。直流电源 V_{CC} 的内阻很小，在其内阻上的交流压降也可以忽略不计。也就是说，电容 C_1、C_2 和直流电源 V_{CC} 对交流分量都相当于短路。所以电路的交流通路如图 6-5 (b) 所示。

由交流通路可以看出，对交流信号的负载，不再是电阻 R_C，而是负载电阻 R_L 与 R_C 的并联，其等效电阻 R_L' 为

$$R_L' = R_C /\!/ R_L = \frac{R_C R_L}{R_C + R_L} \tag{6-7}$$

由交流负载电阻 R_L' 所决定的负载线称为交流负载线。

当输入信号 u_i 过零点的瞬间，电路相当于工作在静态，所以交流负载线必然过静态工作点。因此，过静态工作点作斜率为 $-\dfrac{1}{R_L'}$ 的直线即为交流负载线。由于 $R_L' < R_C$，交流负载线要比直流负载线更陡一些，如图 6-6 (a) 所示。

(4) 根据输出特性和交流负载线,确定 i_C、u_{CE} 的变化范围。

由图 6-6(a) 可以看出,工作点随 i_B 的变化在交流负载线 Q' 和 Q'' 之间移动,则

$$i_C = I_C + i_c \quad (6-8)$$

式中,i_c 是按正弦规律变化的交流分量。

i_c 的变化必然使 u_{CE} 随之变化,即

$$u_{CE} = U_{CE} + u_{ce} \quad (6-9)$$

式中,u_{ce} 是按正弦规律变化的交流分量,其相位与输入信号 u_i 相反。

(5) 计算电路的电压放大倍数:

$$|A_u| = \frac{U_{om}}{U_{im}} = \frac{U_{cem}}{U_{im}} \quad (6-10)$$

式中,U_{cem} 和 U_{im} 是 u_{CE} 和 u_i 波形的幅值。

由图解法可知,当负载电阻 R_L 减小时,R'_L 也减小,交流负载线则越陡,u_{CE} 的变化范围减小,即 U_{cem} 减小,电压放大倍数则下降。

放大电路不带负载电阻 R_L 时,交流负载线与直流负载线重合,其分析步骤与上述相同,这里不再重述,读者可自行分析。

图解分析方法除直观、形象地表示了输出信号与输入信号的对应关系外,还使我们清楚地看到,各信号的交流分量都是以静态工作点为基点发生变化的。如果静态工作点 Q 设置的不合适,则信号的变化范围可能超越三极管特性曲线的线性区,使输出信号的波形发生畸变,即产生了失真。

静态工作点选择过低的情况如图 6-7(a) 所示。当 u_i 为负半周时,三极管工作在截止区,集电极电流几乎为零,使输出波形产生截止失真。消除这种失真的方法是减小偏置电阻 R_B,将 I_B 增大,使静态工作点上移。

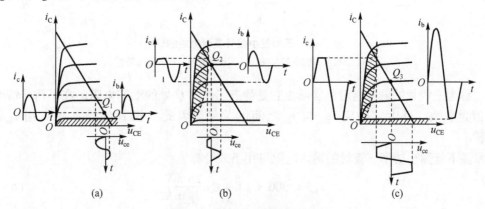

图 6-7 非线性失真图解分析
(a) 截止失真;(b) 饱和失真;(c) 饱和与截止失真

静态工作点选择过高的情况如图 6-7(b) 所示。当 u_i 为正半周时,放大电路进入饱和区工作,使输出波形产生饱和失真。消除饱和失真的方法是适当增大偏置电阻 R_B,将 I_B 减小,使静态工作点 Q 下移。

放大电路的静态工作点确定后,若输入信号的幅值过大,输出信号将相继产生饱和与截止失真,如图 6-7(c) 所示。因此,限制输入信号 u_i 的大小,也是避免非线性失真的一

个途径。

为防止失真,当输入信号电压较大时,应将静态工作点设在交流负载线的中部;对于小信号放大电路,静态工作点可适当选低一些,以减小功耗。

二、小信号模型分析法

由图解分析法已知,当放大电路的静态工作点选择合适,输入信号幅值较小时,三极管静态工作点附近的特性曲线非常接近线性。因此,可以把非线性器件三极管用线性的小信号模型电路替代,从而把三极管放大电路当作线性电路分析,这就是小信号模型分析法。该方法是分析小信号放大电路的主要方法。

1. 三极管的小信号模型电路

三极管作共发射极连接时,基极与发射极为输入端,集电极与发射极为输出端,如图 6-8（a）所示。当输入信号很小时,三极管输入特性在静态工作点 Q 附近的一段可认为是线性的,如图 6-8（b）所示。若 U_{CE} 为常数,则 ΔU_{BE} 与 ΔI_B 之比为

$$r_{be} = \frac{\Delta U_{BE}}{\Delta I_B}\bigg|_{U_{CE}=常数} = \frac{u_{be}}{i_b}\bigg|_{U_{CE}=常数} \tag{6-11}$$

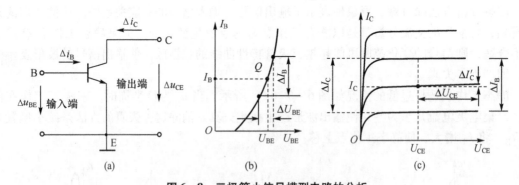

图 6-8　三极管小信号模型电路的分析
(a) 三极管共发射极接法；(b) 输入特性；(c) 输出特性

r_{be} 称为三极管的输入电阻,实际上它是静态工作点 Q 处的动态电阻。在小信号情况下,r_{be} 近似为常数。可由它确定 u_{be} 与 i_b 之间的关系。因此三极管的输入端可用 r_{be} 来等效代替。

常温下低频小功率三极管的输入电阻可用下式计算

$$r_{be} = 300 + (1+\beta)\frac{26\ \text{mV}}{I_E\ \text{mA}} \tag{6-12}$$

式中,I_E 为静态工作点的发射极电流。r_{be} 的数值一般在几百欧到几千欧。

三极管工作在放大区时,其输出特性是一簇近似平行于横轴的直线,如图 6-8（c）所示。可以认为集电极电流的变化 ΔI_C 只取决于基极电流的变化 ΔI_B,而与集、射极间电压 u_{CE} 几乎无关,即 $\Delta I_C = \beta \Delta I_B$。因此三极管的输出端可用一个等效的受控电流源 $\beta \Delta I_B$ 来表示。

综上所述,工作在交流小信号条件下的三极管,其动态特性可用图 6-9 所示的小信号模型电路来表示。当输入信号为正弦量时,电路中的所有电流、电压均可用相量表示。

2. 放大电路动态指标的分析

将图 6-5 所示放大电路交流通路中的三极管用小信号模型电路代替，便得到放大电路的小信号模型电路，如图 6-10 所示。然后可用线性电路的分析方法分析其动态指标。

(1) 电压放大倍数 A_u。

电压放大倍数是衡量放大电路对输入信号放大能力的主要指标，用 A_u 表示。

$$A_u = \frac{\dot{U}_o}{\dot{U}_i} \tag{6-13}$$

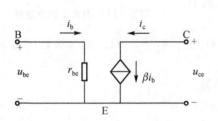 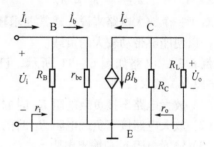

图 6-9　三极管的小信号模型电路　　　　图 6-10　放大电路的小信号模型电路

由图 6-10 可知，输入电压

$$\dot{U}_i = \dot{I}_b r_{be}$$

输出电压

$$\dot{U}_o = -\dot{I}_c(R_C /\!/ R_L) = -\dot{I}_c R'_L = -\beta \dot{I}_b R'_L$$

电压放大倍数则为

$$A_u = \frac{\dot{U}_o}{\dot{U}_i} = \frac{-\beta \dot{I}_b R'_L}{\dot{I}_b r_{be}} = -\beta \frac{R'_L}{r_{be}} \tag{6-14}$$

式中，负号表示输出电压 $\dot{U}_o$ 与输入电压 $\dot{U}_i$ 相位相反。

若放大电路输出端开路（未接 R_L）时，则

$$A_u = -\beta \frac{R_C}{r_{be}} \tag{6-15}$$

可见输出端开路时的电压放大倍数，大于输出端接有负载时的电压放大倍数。

(2) 输入电阻 r_i。

放大电路对信号源而言，可等效为一个负载电阻，这个等效电阻称为放大电路的输入电阻。它等于输入电压与输入电流之比。由图 6-10 可知

$$r_i = \frac{\dot{U}_i}{\dot{I}_i} = R_B /\!/ r_{be} \tag{6-16}$$

一般情况下，$R_B \gg r_{be}$，所以

$$r_i \approx r_{be} \tag{6-17}$$

即 r_i 在数值上接近 r_{be}，但 r_i、r_{be} 的概念是有区别的，r_{be} 是三极管的输入电阻，r_i 则为放大电路的输入电阻。通常要求放大电路的输入电阻要足够大，以减小放大电路对信号电压

的衰减。

(3) 输出电阻 r_o。

放大电路对负载而言，相当于一个电压源，其内阻定义为放大电路的输出电阻。在已知电路结构的条件下，可用求有源二端网络等效电阻的办法计算放大电路的输出电阻。也可用实验测量的方法求出。

图 6-10 所示电路，其输出电阻为

$$r_o = R_C \quad (6-18)$$

对于一个放大电路来说，通常要求输出电阻 r_o 越小越好，以便能够带动较大的负载。

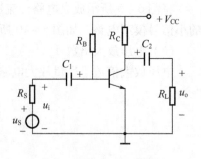

图 6-11 例 6.2 的电路图

例 6.2 电路如图 6-11 所示，已知 $R_B = 300 \text{ k}\Omega$，$R_C = 2 \text{ k}\Omega$，$R_L = 6 \text{ k}\Omega$，$\beta = 50$，$V_{CC} = 12 \text{ V}$，试求：

(1) 放大电路不接负载电阻 R_L 时的电压放大倍数；
(2) 放大电路接有负载电阻 R_L 时的电压放大倍数；
(3) 输入电阻 r_i 和输出电阻 r_o。

解 为求电压放大倍数，首先求出 r_{be}。

$$I_B = \frac{V_{CC} - U_{BE}}{R_B} \approx \frac{V_{CC}}{R_B} = \frac{12}{300 \times 10^3} \text{ (A)} = 40 \text{ (μA)}$$

$$I_E = (1+\beta)I_B = (1+50) \times 40 \times 10^{-6} = 2.04 \text{ (mA)}$$

$$r_{be} = 300 + (1+\beta)26/I_E$$
$$= 300 + (1+50)26/2.04 = 0.95 \text{ (k}\Omega\text{)}$$

(1) 不接 R_L 时

$$A_u = -\beta \frac{R_C}{r_{be}} = -50 \times \frac{2}{0.95} = -105.26$$

(2) 接有负载 R_L 时

$$A_u = -\beta \frac{R'_L}{r_{be}} = -50 \times \frac{2//6}{0.95} = -78.95$$

(3) 输入电阻

$$r_i = R_B // r_{be} \approx r_{be} = 0.95 \text{ (k}\Omega\text{)}$$

输出电阻

$$r_o \approx R_C = 2 \text{ (k}\Omega\text{)}$$

例 6.3 在例 6.2 的电路中，信号源内阻 $R_S = 0.5 \text{ k}\Omega$，求接有 R_L 时输出电压对电压 $\dot{U}_S$ 的电压放大倍数 A_{uS}。

解 在信号源内阻的影响下，放大电路实际有效输入电压 $\dot{U}_i$ 为

$$\dot{U}_i = \frac{r_i}{R_S + r_i} \dot{U}_S$$

所以

$$A_{uS} = \frac{\dot{U}_o}{\dot{U}_S} = \frac{\dot{U}_o}{\dot{U}_i} \cdot \frac{\dot{U}_i}{\dot{U}_S} = A_u \cdot \frac{r_i}{R_S + r_i} = -\beta \frac{R'_L}{r_{be}} \cdot \frac{r_i}{R_S + r_i}$$

$$= -78.95 \times \frac{0.95}{0.5 + 0.95} = -51.73$$

第四节 静态工作点的稳定

放大电路的静态工作点对其放大性能有着重大影响。工作点不合适,容易产生非线性失真。选择合适的静态工作点并使之保持稳定,是保证放大电路正常工作的重要条件。

一、温度对静态工作点的影响

引起静态工作点不稳定的因素很多,其中最主要的因素是三极管的参数随温度变化而使静态工作点产生漂移。例如,温度升高,三极管的穿透电流 I_{CEO} 增大,电流放大系数 β 增大,发射结正向压降 U_{BE} 减小等。所有这些影响都导致集电极电流 I_C 随温度升高而增大。但基极电流 I_B 受温度影响较小,可以认为基本不变。因此,使输出特性曲线上移,静态工作点由 Q 点移到 Q' 点,如图 6-12 所示。当工作点变动较大时,便引起非线性失真。

二、工作点稳定的放大电路

为稳定静态工作点,须对偏置电路加以改进。图 6-13 (a) 是常用的、能使工作点稳定的放大电路。其工作原理如下:

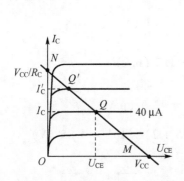

图 6-12 温度对静态工作点的影响

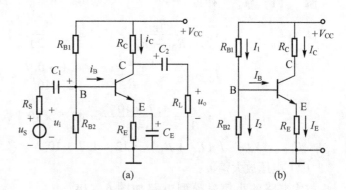

图 6-13 工作点稳定的放大电路
(a) 原理图;(b) 直流通路

图 6-13 (b) 是放大电路的直流通路。R_{B1}、R_{B2} 构成偏置电路,若 R_{B1}、R_{B2} 取值适当,使得 $I_2 \gg I_B$,则 $I_1 \approx I_2$,基极电位

$$V_B = \frac{R_{B2}}{R_{B1} + R_{B2}} \cdot V_{CC} \tag{6-19}$$

V_B 仅由 R_{B1}、R_{B2} 对 V_{CC} 的分压所决定,而与三极管的参数无关,不受温度影响。

接入射极电阻 R_E 后,三极管基射极间电压

$$U_{BE} = V_B - V_E = V_B - I_E R_E \tag{6-20}$$

当 V_B、R_E 一定,且 $V_B \gg U_{BE}$ 时,则

$$I_C \approx I_E = \frac{V_B - U_{BE}}{R_E} \approx \frac{V_B}{R_E} \tag{6-21}$$

也可认为 I_C 不受温度影响。

当温度发生变化,假如温度升高时,I_C 和 I_E 将会增大,射极电位 V_E 随之升高,因基极电位不变,所以 U_{BE} 减小,基极电流 I_B 减小,被 I_B 所控制的 I_C 亦减小。从而抑制了温度变化对 I_C 的影响,达到了稳定静态工作点的目的。其物理过程为

$$温度升高 \to I_C\uparrow \to I_E\uparrow \to V_E\uparrow \to U_{BE}\downarrow$$
$$I_C\downarrow \leftarrow I_B\downarrow \leftarrow$$

在上述过程中,R_E 越大,对 I_C 的抑制能力越强,效果越好。但是,发射极电流的交流分量流过 R_E 时,也会产生交流压降,使 u_{be} 减小,导致放大电路的电压放大倍数减小。为此在 R_E 两端并联电容 C_E,只要 C_E 的容量足够大,对交流分量的影响可视为短路,消除 R_E 对交流信号的影响。C_E 被称为交流旁路电容,其容量一般为几十微法到几百微法。

在上述分析中,为使静态工作点稳定,必须满足 $I_2 \gg I_B$ 如 $V_B \gg U_{BE}$ 的条件。但是 I_2 不能太大,否则 R_{B1}、R_{B2} 就要取得较小,这不仅会使电路静态损耗增大,而且会造成放大电路的输入电阻 r_i 下降。同样 V_B 亦不能太高,否则会减小放大电路输出电压的变化范围。一般可选取 $I_2 = (5 \sim 10)I_B$,$V_B = (5 \sim 10)U_{BE}$。

例 6.4 已知图 6-13(a)所示电路中,$R_{B1} = 39 \text{ k}\Omega$,$R_{B2} = 20 \text{ k}\Omega$,$R_C = 2.5 \text{ k}\Omega$,$R_E = 2 \text{ k}\Omega$,$R_L = 5.1 \text{ k}\Omega$,$V_{CC} = 12 \text{ V}$;三极管的 $\beta = 40$,$r_{be} = 0.9 \text{ k}\Omega$。估算静态工作点;计算电压放大倍数 A_u、输入电阻 r_i 和输出电阻 r_o。

解 (1)静态工作点:

$$V_B = \frac{R_{B2}}{R_{B1} + R_{B2}} \cdot V_{CC} = \frac{20}{39 + 20} \times 12 = 4.1 \text{ (V)}$$

$$I_C \approx I_E = \frac{V_B - U_{BE}}{R_E} = \frac{4.1 - 0.7}{2 \times 10^3} \text{ A} = 1.7 \text{ (mA)}$$

$$I_B = \frac{I_C}{\beta} = \frac{1.7 \times 10^{-3}}{40} = 42.5 \times 10^{-6} \text{ A} = 42.5 \text{ (μA)}$$

$$U_{CE} = V_{CC} - I_C(R_C + R_E) = 12 - 1.7 \times 10^{-3} \times (2.5 + 2) \times 10^3 = 4.35 \text{ (V)}$$

(2)电压放大倍数:

放大电路的小信号模型电路如图 6-14 所示。

$$A_u = -\beta \frac{R_L'}{r_{be}} = -40 \times \frac{2.5 // 5.1}{0.9} = -74.6$$

(3)输入电阻 r_i 和输出电阻 r_o:

$$r_i = R_{B1} // R_{B2} // r_{be} \approx r_{be} = 0.9 \text{ (k}\Omega)$$

$$r_o = R_C = 2.5 \text{ (k}\Omega)$$

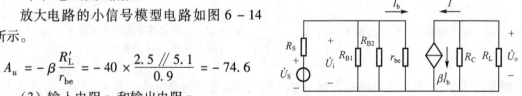

图 6-14 图 6-13(a)的小信号模型电路

例 6.5 把图 6-13(a)中的 R_E 分为 R_F 和 R_E 两部分,电路如图 6-15(a)所示。其中 $R_F = 0.5 \text{ k}\Omega$,$R_E = 1.5 \text{ k}\Omega$,其他参数与例 6.4 相同。试计算电压放大倍数,输入电阻和输出电阻。

解 由图 6-15(a)可看出,R_E 被电容 C_E 旁路,R_F 对直流、交流都有影响。所以小

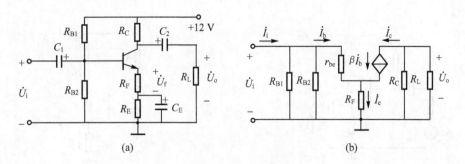

图 6-15 例 6.5 的电路图
(a) 电路图；(b) 小信号模型电路

信号模型电路如图 6-15 (b) 所示。

（1）电压放大倍数：

$$\dot{U}_i = \dot{I}_b r_{be} + \dot{I}_e R_F = \dot{I}_b r_{be} + (1+\beta)\dot{I}_b R_F$$

$$= \dot{I}_b [r_{be} + (1+\beta)R_F]$$

$$\dot{U}_o = -\dot{I}_c (R_C // R_L) = -\beta \dot{I}_b R'_L$$

$$A_u = \frac{\dot{U}_o}{\dot{U}_i} = \frac{-\beta \dot{I}_b R'_L}{\dot{I}_b [r_{be} + (1+\beta)R_F]} = \frac{-\beta R'_L}{r_{be} + (1+\beta)R_F}$$

$$= -40 \times \frac{2.5 // 5.1}{0.9 + 41 \times 0.5} = -3.1$$

（2）输入电阻和输出电阻：

设

$$r'_i = \frac{\dot{U}_i}{\dot{I}_b} = r_{be} + (1+\beta)R_F$$

则

$$r_i = R_{B1} // R_{B2} // r'_i = R_{B1} // R_{B2} // [r_{be} + (1+\beta)R_F]$$

$$= 39 // 20 // [0.9 + 41 \times 0.5] = 8.2 \text{ (k}\Omega)$$

$$r_o = R_C = 2.5 \text{ (k}\Omega)$$

同上例比较，R_F 的存在，电压放大倍数有所降低，但输入电阻有较大的提高，这在实际应用中是非常有益的。

第五节 射极输出器

射极输出器的电路如图 6-16 所示。三极管的集电极接在电源 V_{CC} 上，发射极接有负载电阻 R_L，输出电压 u_o 由发射极取出，故称为射极输出器。

一、静态分析

射极输出器的直流通路如图 6-17 所示。由图可得静态分析的三个重要指标：I_B、

I_C 和 U_{CE}。

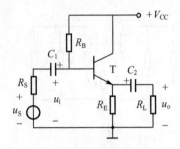

图 6-16 射极输出器

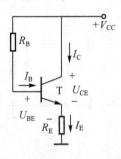

图 6-17 射极输出器的直流通路

$$V_{CC} = I_B R_B + U_{BE} + I_E R_E$$
$$= I_B R_B + U_{BE} + (1+\beta) I_B R_E$$

$$I_B = \frac{V_{CC} - U_{BE}}{R_B + (1+\beta)R_E} \approx \frac{V_{CC}}{R_B + (1+\beta)R_E} \quad (6-22)$$

$$I_C = \beta I_B \quad (6-23)$$

$$U_{CE} = V_{CC} - I_E R_E = V_{CC} - (1+\beta) I_B R_E \quad (6-24)$$

二、动态分析

图 6-18 是射极输出器的小信号模型电路。

该电路输入、输出回路的公共端点是集电极,因此,又称作共集电极电路。

1. 电压放大倍数

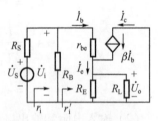

图 6-18 小信号模型电路

$$\dot{U}_o = \dot{I}_e \cdot (R_E // R_L) = (1+\beta) \dot{I}_b R'_L$$

$$\dot{U}_i = \dot{I}_b r_{be} + \dot{I}_e R'_L = \dot{I}_b r_{be} + (1+\beta) \dot{I}_b R'_L$$
$$= \dot{I}_b [r_{be} + (1+\beta) R'_L]$$

电压放大倍数

$$A_u = \frac{\dot{U}_o}{\dot{U}_i} = \frac{(1+\beta)\dot{I}_b R'_L}{\dot{I}_b [r_{be} + (1+\beta) R'_L]} = \frac{(1+\beta) R'_L}{r_{be} + (1+\beta) R'_L} \quad (6-25)$$

一般情况下 $r_{be} \ll (1+\beta) R'_L$,因此 A_u 近似等于 1,但恒小于 1,即

$$\dot{U}_o = A_u \dot{U}_i \approx \dot{U}_i \quad (6-26)$$

上式说明,射极输出器的输出电压与输入电压的大小近似相等,且相位相同,输出电压跟随输入电压的变化而变化,故又称作射极跟随器。

2. 输入电阻

设

$$r'_i = \frac{\dot{U}_i}{\dot{I}_b} = \frac{\dot{I}_b [r_{be} + (1+\beta) R'_L]}{\dot{I}_b} = r_{be} + (1+\beta) R'_L$$

则

$$r_i = R_B // r'_i = R_B // [r_{be} + (1+\beta) R'_L] \quad (6-27)$$

通常 R'_L 为几千欧,β 为几十,r_i 可达几十甚至几百千欧,比共发射极电路的输入电阻

$r_i \approx r_{be}$ 要大得多。

3. 输出电阻

输出电阻的计算方法是，将图 6–18 电路中的信号源 $\dot{U}_S$ 短接，断开负载电阻 R_L，在输出端外加电压 $\dot{U}$，流入电流 $\dot{I}$，如图 6–19 所示。

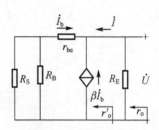

图 6–19 计算输出电阻的电路

设

$$r'_o = \frac{\dot{U}}{\dot{I}} = \frac{-\dot{I}_b(r_{be} + R'_S)}{-(\dot{I}_b + \beta\dot{I}_b)} = \frac{r_{be} + R'_S}{1 + \beta} \quad (6-28)$$

式中，$R'_S = R_S // R_B$。

则

$$r_o = r'_o // R_E = \frac{r_{be} + R'_S}{1 + \beta} // R_E \quad (6-29)$$

通常情况下，$(r_{be} + R'_S)$ 较小且 $\beta \gg 1$，故 $\frac{r_{be} + R'_S}{1 + \beta} \ll R_E$，则

$$r_o \approx \frac{r_{be} + R'_S}{1 + \beta} \quad (6-30)$$

射极输出器的输出电阻远远小于共射极电路的输出电阻，一般为几十到几百欧姆。

射极输出器的输入电阻高，可用作多级放大器的输入级，以减轻信号源的负担，提高放大器的输入电压。射极输出器的输出电阻低，可用作多级放大器的输出级，以减小负载变化对输出电压的影响。射极输出器也常用作中间隔离级。

例 6.6 在图 6–16 的电路中，$V_{CC} = 12$ V，$R_B = 200$ kΩ，$R_E = 2$ kΩ，$R_L = 2$ kΩ，$R_S = 1$ kΩ，三极管的 $\beta = 50$。求静态工作点、电压放大倍数、输入电阻和输出电阻。

解 （1）静态工作点：

$$I_B = \frac{V_{CC} - U_{BE}}{R_B + (1 + \beta)R_E} = \frac{12 - 0.7}{[200 + (1 + 50) \times 2] \times 10^3}(A) = 37.4 \; (\mu A)$$

$$I_C = \beta I_B = 50 \times 37.4 \times 10^{-6}(A) = 1.87 \; (mA)$$

$$U_{CE} = V_{CC} - I_E R_E = V_{CC} - (1 + \beta)I_B R_E$$

$$= [12 - (1 + 50) \times 37.4 \times 10^{-6} \times 2 \times 10^3] = 8.2 \; (V)$$

（2）电压放大倍数：

$$r_{be} = 300 + (1 + \beta)26/I_E$$

$$= 300 + (1 + 50)\frac{26}{(1 + 50) \times 37.4 \times 10^{-3}} = 995 \; (\Omega)$$

$$R'_L = R_E // R_L = 2 // 2 = 1 \; (k\Omega)$$

$$A_u = \frac{(1 + \beta)R'_L}{r_{be} + (1 + \beta)R'_L} = \frac{(1 + 50) \times 1}{0.995 + (1 + 50) \times 1} = 0.98$$

（3）输入电阻和输出电阻：

$$r_i = R_B // [r_{be} + (1 + \beta)R'_L] = 200 // [0.995 + (1 + 50) \times 1] = 41.27 \; (k\Omega)$$

$$r_o = \frac{r_{be} + R'_S}{1 + \beta} = \frac{995 + (200 /\!/ 1) \times 10^3}{1 + 50} = 39 \ (\Omega)$$

第六节　多级放大电路

在工程实际中，被放大的信号往往是非常微弱的，单级放大电路一般不能得到所需要的放大倍数，须将多个单级放大电路逐级连接，组成多级放大电路。

一、多级放大电路的耦合方式

在多级放大电路中，前一级的输出信号通过一定的连接方式有效地传递到后一级，这里的连接方式称为级间耦合。对多级放大器的级间耦合有下列要求：

（1）尽量不影响前后级原有的工作状态，尽量减小前后级放大器之间的相互影响。
（2）尽量减小信号在耦合电路上的损失。
（3）不能引起信号失真。

常用的耦合方式有阻容耦合、直接耦合和变压器耦合三种。

1. 阻容耦合

图 6-20 所示的电路，是典型的两级阻容耦合放大电路。级间通过耦合电容 C_2 和偏置电阻 R_{B21}、R_{B22} 实现连接。

阻容耦合方式的优点：各级静态工作点互不影响；在传输过程中，交流信号损失小，放大倍数高；体积小、成本低等。因此，在多级放大电路中得到了广泛的应用。但阻容耦合方式也存在以下的缺点，它不能用来放大变化缓慢的信号或直流信号；阻容耦合放大电路无法集成，因为在集成电路的制造工艺中，制造大电容是非常困难的。

2. 直接耦合

把前一级放大电路的输出端直接接到后一级的输入端，就是直接耦合方式，如图 6-21 所示。

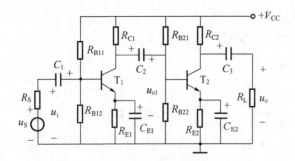

图 6-20　阻容耦合放大电路

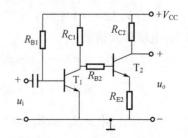

图 6-21　直接耦合放大电路

直接耦合放大电路的优点：既能放大交流信号，又能放大变化缓慢的信号或直流信号；因为没有耦合电容，有利于电路的集成。直接耦合的缺点是，静态工作点相互影响，存在着零点漂移等，有关问题将在后续章节中讨论。

变压器耦合方式，目前在小功率放大电路中使用较少，这里不再介绍。

二、阻容耦合放大电路的分析

图 6-20 所示的放大电路，由于耦合电容的存在，两级放大电路的静态工作点互不影响，静态分析的方法前面已详细讨论，这里不再重复。

图 6-22 是图 6-20 所示电路的小信号模型电路，由电路可以看出：

（1）前级放大电路的输出电压是后一级放大电路的输入电压，即 $\dot{U}_{o1} = \dot{U}_{i2}$。

（2）后一级放大电路的输入电阻是前一级放大电路的外接负载，即 $r_{i2} = R_{L1}$。

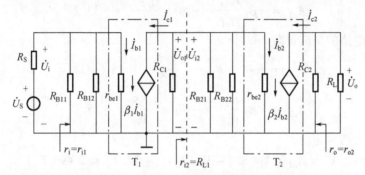

图 6-22 图 6-20 的小信号模型电路

放大电路的动态参数分析如下：

1. 电压放大倍数

放大电路总的电压放大倍数为

$$A_u = \frac{\dot{U}_o}{\dot{U}_i}$$

由于 $\dot{U}_{o1} = \dot{U}_{i2}$，则

$$A_u = \frac{\dot{U}_o}{\dot{U}_i} = \frac{\dot{U}_{o1}}{\dot{U}_i} \cdot \frac{\dot{U}_o}{\dot{U}_{o1}} = A_{u1} \cdot A_{u2} \qquad (6-31)$$

式中

$$A_{u1} = -\beta_1 \frac{R'_{L1}}{r_{be1}} = -\beta_1 \frac{R_{C1} // r_{i2}}{r_{be1}}$$

$$A_{u2} = -\beta_2 \frac{R'_{L2}}{r_{be2}} = -\beta_2 \frac{R_{C2} // R_L}{r_{be2}}$$

同理，n 级放大电路的电压放大倍数为

$$A_u = A_{u1} \cdot A_{u2} \cdot \cdots \cdot A_{un} \qquad (6-32)$$

2. 输入电阻

放大电路的输入电阻就等于第一级放大电路的输入电阻，即

$$r_i = r_{i1} = R_{B11} // R_{B12} // r_{be1} \qquad (6-33)$$

3. 输出电阻

第二级放大电路的输出电阻，也就是放大电路的输出电阻，即

$$r_o = r_{o2} = R_{C2} \qquad (6-34)$$

例 6.7 在图 6-20 两级阻容耦合放大电路中，$R_{B11} = 30 \text{ k}\Omega$，$R_{B12} = 15 \text{ k}\Omega$，$R_{B21} = 20 \text{ k}\Omega$，$R_{B22} = 10 \text{ k}\Omega$，$R_{C1} = 5 \text{ k}\Omega$，$R_{C2} = 3 \text{ k}\Omega$，$R_{E1} = 3 \text{ k}\Omega$，$R_{E2} = 2 \text{ k}\Omega$，$R_L = 5 \text{ k}\Omega$，$V_{CC} = 12 \text{ V}$，$\beta_1 = \beta_2 = 40$，$r_{be1} = r_{be2} = 1 \text{ k}\Omega$。求电路的电压放大倍数。

解 第一级放大电路的负载为
$$R_{L1} = r_{i2} = R_{B21} // R_{B22} // r_{be2} \approx r_{be2} = 1 \text{ (k}\Omega)$$

则
$$R'_{L1} = R_{C1} // R_{L1} = \frac{5 \times 1}{5 + 1} = 0.83 \text{ (k}\Omega)$$

所以
$$A_{u1} = -\beta_1 \frac{R'_{L1}}{r_{be1}} = -40 \times \frac{0.83}{1} = -33.2$$

第二级放大电路的交流负载为
$$R'_{L2} = R_{C2} // R_L = \frac{3 \times 5}{3 + 5} = 1.88 \text{ (k}\Omega)$$

则
$$A_{u2} = -\beta_2 \frac{R'_{L2}}{r_{be2}} = -40 \times \frac{1.88}{1} = -75.2$$

总的电压放大倍数为
$$A_u = A_{u1} \cdot A_{u2} = (-33.2) \times (-75.2) = 2\,496.6$$

三、放大电路的频率特性

前面我们分析放大电路的性能指标时，认为输入信号是单一频率的正弦信号；在输入信号频率下，电容器的容抗近似为零；三极管的电流放大系数 β 为常量等。由此所求出的动态指标均与频率无关，如电压放大倍数为一常数，输出电压与输入电压的相位差恒定等。实际上，放大电路的工作条件并非如此。输入信号往往是包含着多种频率谐波的非正弦波，如人们的语言或音乐由话筒转换成的电信号中，就包含了从几十赫兹到上万赫兹的谐波；电路中的耦合电容、旁路电容、三极管的极间电容等对不同频率的信号形成了不等的容抗，它不仅影响了放大倍数的大小，而且也影响了输出电压与输入电压之间的相位差；三极管的电流放大系数 β 随信号频率的升高而减小等。所以在放大电路工作的整个频率范围内，电压放大倍数和相位移都是频率的函数，电压放大倍数与频率的关系称为幅频特性，相位移与频率的关系称为相频特性，二者统称为频率特性。

图 6-23 为低频电压放大电路的幅频特性。将信号按频率分段，在中间段广阔的频率范围内，电压放大倍数保持最大值 A_{um}，大小几乎与频率无关。随着频率的升高或降低，电压放大倍数下降。通常规定，当电压放大倍数下降到 $\frac{1}{\sqrt{2}}A_{um}$ 时所对应的两个频率分别称为上限频率 f_H 和下限频率 f_L，两者之间的频率范围称为放大电路的通频带，用 BW 表示，即 $BW = f_H - f_L$。

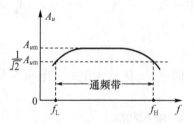

图 6-23 放大电路的频率特性

电压放大倍数在高、低频段有所减小，其原因是：在低频段，放大电路的耦合电容、旁路电容的容抗增大，信号传递过程中损失增加，放大倍数减小。在高频段，三极管的极间电容、导线的分布电容对高频信号的旁路作用，使信号受到削弱，电压放大倍数明显下降。

多级放大电路的通频带，要比组成它的单级放大电路的通频带窄。

*第七节　功率放大电路

功率放大电路与电压放大电路在工作原理上并无本质区别，只是任务各有侧重。电压放大电路的目的是放大信号的电压，而功率放大电路的任务是向负载提供足够大的功率，驱动执行机构动作。因此，功率放大电路不仅要有较高的输出电压，而且要有较大的输出电流，三极管通常工作在接近于极限状态。同时要求功率放大电路非线性失真尽可能小，效率要高。

功率放大电路根据工作状态的不同，分为甲类、乙类和甲乙类三种工作状态，其工作波形如图6-24所示。三极管工作在甲类工作状态时，静态工作点设置在交流负载线的中点，在正弦输入信号的整个周期内管子都导通，波形如图6-24（a）所示。三极管工作在甲乙类状态时，静态工作点设置得较低，管子导通的时间大于正弦信号的半个周期而小于一个周期，如图6-24（b）所示。三极管工作在乙类状态时，静态工作点设置在交流负载线的截止点，管子只在正弦输入信号的半个周期内导通，如图6-24（c）所示。单管甲类功率放大电路结构简单，失真小，但管耗大，输出功率小，效率低，只适用于小功率放大电路。单管乙类、甲乙类工作状态，管耗低，效率高，输出功率大，但失真大。目前多采用互补对称功率放大电路，这种电路由工作在甲乙类状态的两只不同类型三极管组成，既能增大输出功率，提高效率，同时也减小了非线性失真。

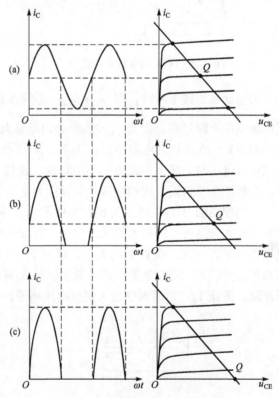

图6-24　三极管工作状态波形图
（a）甲类工作状态；（b）甲乙类工作状态；（c）乙类工作状态

互补对称电路通过容量较大的电容器与负载耦合时，称为无输出变压器电路，简称OTL电路。如果互补对称电路直接与负载相连，就成为无输出电容电路，简称OCL电路。两种电路的基本原理相同，这里只对OTL电路作简要分析。图6-25是OTL电路的原理图，它由两只特性相近的三极管T_1（NPN型）、T_2（PNP型）组成。静态时，A点的电位为$\frac{1}{2}V_{CC}$，耦合电容C_L上的电压也等于$\frac{1}{2}V_{CC}$。由于两管的基极无偏置电压，T_1、T_2均处于截止状态。

动态工作时,电路的交流通路如图 6-26 所示。在输入信号的正半周,T_1 管的发射结正偏而导通,T_2 管的发射结反偏而截止。电源 V_{CC} 经 T_1 管、R_{E1} 和负载 R_L 对耦合电容 C_L 充电,形成充电电流 i_{C1},其方向和波形如图 6-26 中实线所示。在 u_i 的负半周,情况刚好相反,T_1 截止,T_2 导通。此时,已充电的电容 C_L 代替电源向 T_2 供电,形成放电电流 i_{C2},其方向和波形如图 6-26 中虚线所示。在输入信号 u_i 的一个周期内,输出电流 i_{C1}、i_{C2} 以相反的方向交替流过负载电阻 R_L,在负载上合成而得出按正弦规律变化的输出电压 u_o。

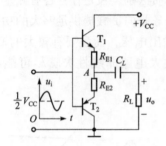

图 6-25 OTL 功率放大电路

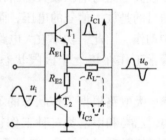

图 6-26 OTL 电路的交流通路

为保证输出波形对称,即 $i_{C1} = i_{C2}$,必须保持 C_L 上的电压为 $\frac{1}{2}V_{CC}$,当电容 C_L 放电时,其电压不能下降过多,因此 C_L 的容量必须足够大。

如图 6-25 所示的电路中,由于 T_1、T_2 工作在乙类状态,当输入信号小于三极管的发射结死区电压时,两个三极管仍不能导通,这样使输出电压 u_o 在过零点的一小段时间内为零。波形产生了失真。我们把这种失真称为交越失真,如图 6-27 所示。

实际使用的 OTL 电路如图 6-28 所示。与原理电路相比较,增加了 T_3 组成的推动级,使功率放大电路有尽可能大的输出功率。T_3 集电极电流 I_{C3} 在 R_2 上的压降为 T_1、T_2 的发射结提供正向偏置电压,调节 R_2 的大小,可为 T_1、T_2 设置一个合适的静态工作点,使 T_1、T_2 工作在甲乙类状态,将交越失真减到最小。与 R_2 并联的电容 C_2 起旁路作用,使 R_2 上无交流信号压降,保证 T_1、T_2 得到的输入信号电压相等,使输出电压 u_o 的波形正负半波对称。

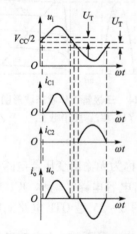

图 6-27 交越失真波形

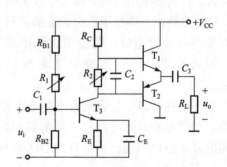

图 6-28 带有推动级的 OTL 电路

功率放大器与电压放大器的主要区别见表 6-1。

表6-1 功率放大器与电压放大器的比较

项 目	电压放大器	功率放大器
电路形式	阻容耦合、直接耦合	变压器耦合、直接耦合
主要任务	提供给负载一定的信号电压	提供给负载尽可能大的信号功率
工作信号范围	小信号	大信号
晶体管工作状态	甲类小范围	甲类、乙类、甲乙类
主要研究对象	A_u、r_i、r_o及频率特性	P_o（输出功率）、P_E（电源功率）、P_T（损耗）、η（效率）
输出波形质量	非线性失真小	非线性失真大

第八节 集成运算放大器

集成运算放大器简称集成运放。它是一种具有很高的电压放大倍数、性能优越、集成化的多级放大器。目前在电子技术领域已得到广泛的应用。

一、集成运算放大器的组成

集成运算放大器的类型很多，电路各不相同，但在电路结构上通常分为输入级、中间放大级、输出级三个部分。

输入级是决定集成运放性能的关键部分，通常采用双端输入的差分放大电路。目的在于有效地减小零点漂移，抑制干扰信号，提高输入电阻。

中间放大级由多级电压放大电路组成，使集成运放获得很高的电压放大倍数。

输出级通常采用互补对称的共集电极电路，减小输出电阻，提高电路的带负载能力。

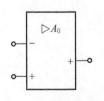

图6-29 运算放大器的图形符号

集成运算放大器的图形符号如图6-29所示。图中"▷"表示放大器。A_0表示电压放大倍数，如果是理想运算放大器，用∞取代。左侧有两个输入端，标"-"号的一端为反相输入端，当信号由此端与地之间输入时，输出信号与输入信号相位相反。该输入方式称为反相输入。标"+"号的一端为同相输入端，当信号由此端与地之间输入时，输出信号与输入信号相位相同。该输入方式称为同相输入。若信号从两输入端之间输入或两输入端都有信号输入，则为差分输入。图中电源、公共端等未画出。

实际使用的集成运算放大器，产品型号不同，管脚编号不同，外部接线也有所区别，使用时可查阅有关手册。

二、集成运算放大器的主要参数

为合理选择、正确使用集成运算放大器，必须了解其主要参数的意义。

1. 开环差模电压放大倍数 A_{do}

A_{do} 是指集成运放的输出端与输入端之间无外接回路时的差模电压放大倍数，也称开环电压增益。通常用分贝（dB）表示，即

$$A_{do}(dB) = 20\lg\frac{u_o}{u_i}(dB)$$

常用的集成运放，A_{do} 一般在 80～140 dB。

2. 最大输出电压 U_{omax}

最大输出电压指集成运放在额定电源电压和额定负载下，不出现明显非线性失真的最大输出电压峰值。它与集成运放的电源电压有关。

3. 最大输出电流 I_{omax}

最大输出电流指集成运放在额定电源电压下达到最大输出电压时所能输出的最大电流。通用型集成运放 I_{omax} 一般为几毫安至几十毫安。

4. 输入失调电压 U_{io}

输入失调电压为使集成运放输出电压为零而在输入端所加的补偿电压称为输入失调电压，它反映了输入级差分电路的不对称程度，一般为几毫伏。U_{io} 越小越好。

5. 输入失调电流 I_{io}

输入失调电流指输出电压为零时，流入集成运放两输入端静态基极电流之差。I_{io} 越小越好。

6. 共模抑制比 K_{CMR}

共模抑制比主要取决于输入级差分电路的共模抑制比，通常用分贝表示。一般为 80 dB 以上，理想运放的 K_{CMR} 为 ∞。

7. 差模输入电阻 r_{id}

集成运放的输入电阻一般为 $10^5 \sim 10^{11}$ Ω，当输入级采用场效应管时，可达 10^{11} Ω 以上。

8. 转换速率 S_R

S_R 反映集成运放对高速变化输入信号的响应情况，只有输入信号的变化速率小于 S_R 时，输出才能跟上输入的变化。否则，输出波形会产生失真。

9. 输入偏置电流 I_{iB}

I_{iB} 是指集成运放两输入端静态电流的平均值，其值越小越好。

集成运放还有其他参数。使用时可查阅有关手册。

三、集成运算放大器的电压传输特性

电压传输特性是表示输出电压与输入电压之间关系的曲线。在图 6-30（a）中，输入电压 $u_i = u_+ - u_-$。由于集成运放的电压放大倍数很大，只有 u_i 极小时，输出电压与输入电压间存在线性关系。当 u_i 稍大一点，输出电压便进入非线性工作区。若 $u_+ > u_-$，即 $u_i > 0$ 时，输出电压为正的最大值 $+U_{oM}$；若 $u_+ < u_-$，即 $u_i < 0$ 时，输出电压为负的最大值 $-U_{oM}$。其特性曲线如图

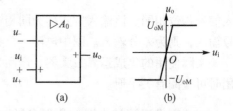

图 6-30 运算放大器的电压传输特性
（a）集成运放；（b）电压传输特性

6-30（b）所示。

集成运放作线性运用时，往往把它看作理想元件。理想运算放大器应具有如下的技术指标：

开环电压放大倍数 $A_o \to \infty$

差模输入电阻 $r_{id} \to \infty$

开环输出电阻 $r_o \to 0$

共模抑制比 $K_{CMR} \to \infty$

利用上述理想参数，可以得出两条结论：

（1）由于 $r_{id} \to \infty$，可认为两输入端的输入电流为零（此即所谓"虚断"），即

$$i_+ = i_- = 0 \qquad (6-35)$$

（2）由于 $A_o \to \infty$，输出电压为有限值，则

$$u_i = u_+ - u_- = \frac{u_o}{A_o} = 0$$

即（所谓"虚短"）
$$u_+ = u_- \qquad (6-36)$$

两条结论是分析理想运放线性运用时的重要依据。

理想运放的电压传输特性如图6-31所示。它与实际运放的传输特性虽然有一定差别，但两者非常相近。因此，分析运算放大电路时，可用理想运放代替实际运放，其结果误差很小，在工程上是允许的。

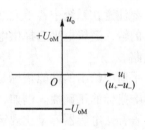

图6-31 理想运放的传输特性

四、集成运算放大器的分类

集成运算放大器按其性能指标分为通用型和专用型两类。

1. 通用型

通用型依其性能的高低划分为Ⅰ、Ⅱ、Ⅲ型。其特点和用途如下：

（1）Ⅰ型集成运算放大器具有电压增益较低、共模范围小、频带较宽等特点，可用作高频放大器、窄带放大器、微分器、积分器、加法器、减法器等。

（2）Ⅱ型集成运算放大器具有电压增益较高、输入阻抗中等、输出幅度较大等特点，可用作交流放大器、直流放大器、电压比较器、滤波器等。

（3）Ⅲ型集成运算放大器具有电压增益高、共模和差模电压范围宽、无阻塞、工作稳定等特点，可用作测量放大器、伺服放大器、变换电路、各种模拟运算电路等。

2. 专用型

专用型是指某项性能指标较为突出，而其他指标仍为一般的运算放大器，专用型有低功耗型、高精度型、高速型、宽带型、高阻型、高压型等多种。其特点和用途如下：

（1）低功耗型集成运算放大器具有功耗低、电压增益高、工作稳定、共模范围宽、无阻塞等特点。可用在要求功耗低、耗电量小的仪器仪表中。

（2）高精度型集成运算放大器具有电压增益高、共模抑制能力强、温漂小、噪声低等特点，可用作测量放大器、传感器、交流放大器、直流放大器和仪表中的积分器等。

（3）高速型集成运算放大器具有转换速率高、频带较宽、建立时间快、输出负载能力强等特点，可用作脉冲放大器、高频放大器、A/D与D/A转换器等。

(4) 宽带型集成运算放大器具有电压增益高、频带宽、转换速度快等特点，可用作直流放大器、中频放大器、高频放大器、方波发生器、高频有源滤波器等。

(5) 高阻型集成运算放大器具有输入阻抗高、偏置电流小、转换速率高等特点，可用作采样-保持电路、A/D 与 D/A 转换器、长时间积分器、微小电流放大器、阻抗变换器等。

(6) 高压型集成运算放大器具有高工作电压、高输出电压、高共模电压等特点，可用作宽负载恒流源、高压音频放大器、随动供电装置、高压稳压电源等。

五、集成运放的选用

若没有特殊的要求，应尽量选用通用型，既可降低设备费用，又易保证货源。当一个系统中有多个运放时，应选多运放的型号，例如 CF324 和 CF14573 都是将四个运放封装在一起的集成电路。

当工作环境常有冲击电压和电流出现时，或在实验调试阶段，应尽量选用带有过压、过流、过热保护的型号，以避免由于意外事故造成器件的损坏。

不要盲目追求指标先进。尽善尽美的运放是不存在的。例如，低功耗的运放，其转换速率必然低；场效应管做输入级的运放，其输入电阻虽然高，但失调电压也较大。

要注意在系统中各单元之间的电压配合问题。例如，若运放的输出接数字电路，则应按后者的输入逻辑电平选择供电电压及能适应供电电压的运放型号，否则它们之间应加电平转换电路。

手册中给出的性能指标是在某一特定条件下测出的，若使用条件与所规定的不一致，则将影响指标的正确性。例如，当共模输入电压较高时，失调电压和失调电流的指标将显著恶化。若补偿电容器容量比规定的大时，将要影响运放的频宽和转换速率。

*第九节　负反馈放大器

放大电路中的反馈，就是将电路输出信号（电压或电流）的一部分或全部，通过一定的电路送回到放大电路输入端，与输入信号相叠加，以改善放大电路的某些性能。若引入的反馈信号削弱了输入信号，使电路的放大倍数降低，称为负反馈；反之，若引入的反馈信号增强了输入信号，使电路的放大倍数增大，则称为正反馈。正反馈一般用在振荡电路中，而负反馈则广泛应用于实际的放大电路中。

一、负反馈的基本概念

图 6-32 是负反馈放大电路的方框图，图中 A 代表不带反馈网络的基本放大电路，F 代表反馈电路，基本放大电路和反馈电路构成闭合环路，通常称为闭环，它们均按箭头所指单方向传递信号。符号 ⊗ 表示比较环节，它将反馈信号 $\dot{X}_f$ 和输入信号 $\dot{X}_i$ 进行比较（叠加）后决定放大电

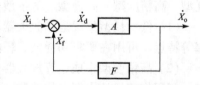

图 6-32　负反馈放大电路方框图

路的净输入信号 $\dot{X}_d$。$\dot{X}_d$ 减小是负反馈，$\dot{X}_d$ 增大是正反馈。设备信号均为正弦量，故可用相量表示。

由图 6-32 所标极性可知，$\dot{X}_f$ 与 $\dot{X}_i$ 极性相反，基本放大电路的净输入信号为

$$\dot{X}_d = \dot{X}_i - \dot{X}_f \tag{6-37}$$

基本放大电路的输出信号 $\dot{X}_o$ 与净输入信号 $\dot{X}_d$ 之比称为开环放大倍数或开环增益，用 A 表示

$$A = \frac{\dot{X}_o}{\dot{X}_d} \tag{6-38}$$

反馈电路的输出信号 $\dot{X}_f$ 与基本放大电路输出信号 $\dot{X}_o$ 之比称为反馈系数，用 F 表示

$$F = \frac{\dot{X}_f}{\dot{X}_o} \tag{6-39}$$

放大电路的输出信号 $\dot{X}_o$ 与输入信号 $\dot{X}_i$ 之比，就是放大电路的闭环放大倍数，用 A_f 表示

$$A_f = \frac{\dot{X}_o}{\dot{X}_i} \tag{6-40}$$

将式 (6-37)、式 (6-38)、式 (6-39) 代入，得

$$A_f = \frac{A}{1 + AF} \tag{6-41}$$

通常定义 $|1+AF|$ 为反馈深度，用 S 表示

$$S = |1 + AF| \tag{6-42}$$

若 $S>1$，则 $|A_f|<|A|$，为负反馈，S 越大，表明负反馈越强烈，称为深度负反馈；若 $0 \leqslant S<1$，则 $|A_f|>|A|$，即为正反馈。

二、负反馈的类型及判别

在负反馈放大电路中，根据反馈信号对输出信号的采样方式，可分为电压反馈和电流反馈；根据反馈信号与输入信号的连接方式，可分为串联反馈和并联反馈。因此，负反馈有电压串联、电压并联、电流串联、电流并联四种类型。

放大电路中的反馈形式，必须通过严格的判别才能确定。只有认清反馈的性质，才能知道其在电路中所起的作用。

判别反馈的正或负，通常用瞬时极性法，其方法是，先任意设定输入信号的瞬时极性为正（或为负），在电路图上用"+"号（或"-"号）标记。然后，沿反馈环路逐步确定反馈信号的瞬时极性，在电路图上用⊕或⊖标记，最后根据反馈信号对输入信号的作用，即可确定正、负反馈。如图 6-33 所示的电路中，R_F 跨接在输出与反相输入端之间，将输出电压送回输入端而引入反馈。设输入信号瞬时极性为正，则同相输入端为正，根据集成运放同相输入的概念，输出电压也为正，u_o 通过 R_F 和 R 分压后得到的反馈电压 u_f 的瞬时极性亦为正。由于 u_f 加在反相输入端，则集成运放的净输入电压 $u_d = u_+ - u_- = u_i - u_f$。因为 u_f 与 u_i 同相位，反馈信号使净输入信号减小，所以是负反馈。

电压反馈和电流反馈的判别。如果反馈信号取自输出电压，与输出电压成比例，为电压

反馈。若反馈信号取自输出电流，与输出电流成比例，则为电流反馈。比较简单的判别方法是，将负载电阻短接，令输出电压 $u_o=0$，若反馈信号消失，则为电压反馈，否则为电流反馈。将图 6-33 放大器的输出端交流短路时，反馈信号即消失，所以是电压反馈。如图 6-34 所示的电路中，若将 R_L 短接，虽然输出电压 $u_o=0$，但放大器输出电流 i_o 经分流后在 R_1 上形成反馈信号，所以该电路属于电流反馈。

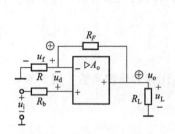

图 6-33　正、负反馈的判别

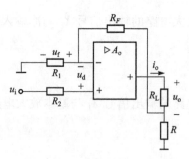

图 6-34　电流串联负反馈电路

并联反馈与串联反馈的判别。如果反馈信号与输入信号以并联的形式作用于净输入端，为并联反馈。若反馈信号与输入信号以串联的形式作用于净输入端，为串联反馈。简单的方法是，当反馈信号和输入信号接在放大器的同一点（另一点往往接地）时，一般可判定为并联反馈；而接在放大器的不同点时，一般判定为串联反馈。

综上可知，图 6-33 电路中为电压串联负反馈，图 6-34 电路中为电流串联负反馈，图 6-35 电路中为电压并联负反馈，图 6-36 电路中为电流并联负反馈。

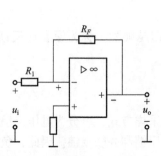

图 6-35　电压并联负反馈

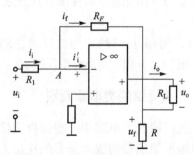

图 6-36　电流并联负反馈

反馈类型的判别方法，对分立元件的放大电路同样适用。第四节图 6-15 电路中 R_F 起到了电流串联负反馈的作用。第五节中如图 6-16 所示的射极输出器就是电压串联负反馈电路，读者可自行分析。

三、负反馈对放大电路性能的影响

放大电路引入负反馈后，使净输入信号减小，放大倍数降低，降为无负反馈时放大倍数 $\left|\dfrac{1}{1+AF}\right|$ 倍。然而负反馈使放大电路的多种性能得到了改善。

1. 提高放大倍数的稳定性

放大倍数的稳定性，通常用它的相对变化率来表示。由式（6-41）可知，电路引入负

反馈后，其放大倍数 $A_f = \dfrac{A}{1+AF}$。将 A_f 对 A 求导得

$$\frac{dA_f}{dA} = \frac{(1+AF)-AF}{(1+AF)^2} = \frac{1}{(1+AF)^2} = \frac{1}{1+AF} \cdot \frac{A_f}{A}$$

或

$$\frac{dA_f}{A_f} = \frac{1}{1+AF} \cdot \frac{dA}{A} \tag{6-43}$$

上式表明，引入负反馈后，闭环放大倍数的相对变化率，是开环放大倍数相对变化率的 $\dfrac{1}{1+AF}$ 倍。由于 $(1+AF)>1$，所以 A_f 的稳定性要大大高于 A 的稳定性。

在深度负反馈的条件下，由于 $(1+AF)\gg 1$，则

$$A_f = \frac{A}{1+AF} \approx \frac{1}{F}$$

可见，在深度负反馈条件下，闭环放大倍数仅由反馈电路的参数所决定，而与基本放大电路的参数无关。环境温度的变化、电源电压波动对闭环放大倍数均无影响。例如，在射极输出器中具有深度的负反馈，其电压放大倍数近似等于1。

2. 减小非线性失真

放大电路中，由于三极管是非线性元件，若工作点选择不合适、输入信号过大或其他因素影响，都会使输出信号产生非线性失真。当输入信号为正弦波时，输出信号的波形则发生畸变，在图6-37（a）中，输出波形的正半周要大于负半周。

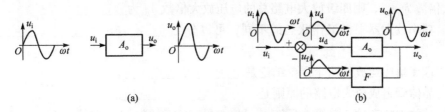

图6-37 负反馈减小非线性失真
(a) 无反馈时的波形；(b) 有反馈时的波形

引入负反馈后，将失真的输出信号反馈到输入端，由于反馈网络是线性的，则反馈信号的波形与输出波形相似，经与输入信号叠加，使净输入信号 u_d 的正半周小于负半周（u_f 与 u_i 极性相反），放大后使输出信号的波形趋于对称，减小了非线性失真，如图6-37（b）所示。

3. 展宽通频带

放大电路引入负反馈后，由于负反馈的强度随输出信号幅度变化，输出信号幅度大时负反馈强，反之则负反馈弱。在阻容耦合放大电路中频段时，开环电压放大倍数高，反馈强，使闭环电压放大倍数 A_f 降低幅度大；在低频段和高频段时，A 较低，反馈弱，A_f 降低幅度小。从而使幅频特性趋于平缓，放大倍数在比较宽的频段上趋于稳定，即展宽了通频带，如图6-38所示。

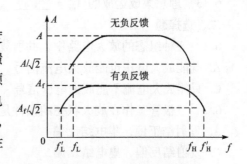

图6-38 负反馈展宽通频带

4. 对输入电阻和输出电阻有影响

负反馈对放大电路输入、输出电阻的影响与其反馈类型有关。

反馈信号在输入端的连接方式对输入电阻有影响。引入串联负反馈,在保持 u_i 一定时,由于 u_f 与 u_i 反极性叠加,使输入电流减小,导致输入电阻增大;引入并联负反馈,在保持 u_i 一定时,由于反馈电流与净输入电流叠加,使输入电流增大,致使输入电阻减小。

反馈电路与输出端的连接方式对输出电阻有影响。电压负反馈具有稳定电压的作用,故输出电阻减小;电流负反馈具有稳定输出电流的作用,故输出电阻增大。

习 题 六

一、填空题

6.1 放大电路进行放大的实质是_____。

6.2 共发射极放大电路之所以被称为共发射极放大电路,是因为_____。

6.3 在多级放大电路中,前后级之间耦合通常有_____、_____两种耦合方式。

6.4 在阻容耦合的四级放大电路中,第一级放大电路的电压放大倍数为 A_{u1}、第二级放大电路的电压放大倍数为 A_{u2}、第三级放大电路的电压放大倍数为 A_{u3}、第四级放大电路的电压放大倍数为 A_{u4},则四级放大电路总的电压放大倍数 A_u 为_____。

6.5 功率放大器根据工作状态的不同,可以分为_____、_____、_____三种类型。

6.6 理想集成运放的两个重要结论是_____、_____。

6.7 晶体管组成放大电路的原则是:_____、_____。

6.8 某放大状态的三极管,已知 $I_B = 40$ μA,$I_E = 2.04$ mA,则其 β 为_____。

6.9 半导体三极管处在饱和状态时,发射结和集电结的偏置情况是_____。

6.10 根据反馈采样方式的不同,可以分为_____反馈和_____反馈。

6.11 反馈是指从放大器的输出端把_____信号的一部分或全部通过一定的方式送到放大器_____的过程。

6.12 放大电路中引入负反馈后,则非线性失真_____,通频带_____。

6.13 理想集成运放的 $A_{uo} = $_____,$r_i = $_____,$r_o = $_____,$K_{CMR} = $_____。

二、选择题

6.1 三种组态的放大电路中,共射放大电路的特点是( )。
A. 既能放大电压也能放大电流信号 B. 只能放大电压不能放大电流信号
C. 只能放大电流不能放大电压信号 D. 只能放大功率不能放大电压信号

6.2 三极管工作在放大状态的条件是( )
A. 发射结正偏,集电结反偏 B. 发射结正偏,集电结正偏
C. 发射结反偏,集电结反偏 D. 发射结反偏,集电结正偏

6.3 画三极管放大电路的交流微变等效电路时,直流电压源 V_{CC} 应当( )。
A. 保留不变 B. 开路 C. 短路 D. 任意处理

6.4 多级放大电路的级数越多,则其( )。
A. 放大倍数越大,且通频带越窄　　　B. 放大倍数越大,且通频带越宽
C. 放大倍数越小,且通频带越宽　　　D. 放大倍数越小,且通频带越窄

6.5 在放大器中引入不同反馈可以改变放大器的不同性能。当我们希望达到稳定输出电流时应该引入( )。
A. 电压正反馈　　　B. 电压负反馈　　　C. 电流正反馈　　　D. 电流负反馈

6.6 在放大器中引入不同的反馈可以改变放大器的性能,当我们希望增加输出电阻时应该引入( )。
A. 电压正反馈　　　B. 电压负反馈　　　C. 电流正反馈　　　D. 电流负反馈

6.7 理想运放的开环放大倍数 A_{uo} 为( ),输入电阻为( ),输出电阻为( )。
A. ∞　　　B. 0　　　C. 不定。

三、分析计算题

6.1 放大电路和三极管的输出特性如图 6-39 所示,试分别用估算法和图解法求放大电路的静态工作点。

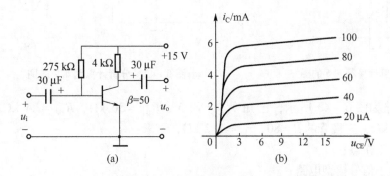

图 6-39　分析计算题 6.1 的图

6.2 在上题中,若已知放大电路的输入信号 $u_i = 20\sqrt{2}\sin\omega t$ mV。
(1) 用图解法求输出电压 U_o 和电压放大倍数 A_u。
(2) 若在输出端接一负载电阻 $R_L = 3.9$ kΩ,试用图解法求输出电压 U_o 和电压放大倍数 A_u。

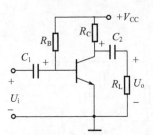

图 6-40　分析计算题 6.3 的图

6.3 电路如图 6-40 所示,已知 $V_{CC} = 15$ V,$R_C = 3.3$ kΩ,$R_B = 470$ kΩ,$R_L = 3.6$ kΩ,三极管的 $\beta = 50$。试求:
(1) 静态工作点;
(2) 电压放大倍数;
(3) 若 $U_i = 10$ mV,输出电压 U_o 为多少伏?

6.4 在题 6.3 的电路中,若将 R_B 调整为 330 kΩ,三极管的 U_{CE} 为多少?若要求集电极电流为 2.5 mA,应将 R_B 调整为多大?

6.5 在题 6.3 的电路中,若 $V_{CC} = 12$ V,$R_C = 3$ kΩ,$R_B = 300$ kΩ,及 $R_L = 2$ kΩ,三极管的 $\beta = 40$,试求:
(1) 静态工作点;

(2) 画出小信号模型电路；

(3) 电压放大倍数、输入电阻、输出电阻；

(4) 若在输入端接一信号源，内阻及 $R_S = 0.5\ \text{k}\Omega$，求对信号源电压 u_S 的电压放大倍数 A_{uS}。

6.6 电路如图 6-41 所示，已知晶体管的 $\beta = 50$，$U_{BE} = 0.7\ \text{V}$，测得该电路静态时的 $U_{CE} = 5\ \text{V}$，$I_C = 1\ \text{mA}$，试求 R_B、R_C 的数值。

6.7 放大电路如图 6-42（a）所示，已知晶体管的 $r_{be} = 1\ \text{k}\Omega$，$\beta = 50$，要求：（1）试求放大电路的电压放大倍数，输入电阻，输出电阻；（2）画出微变等效电路；（3）设输出电压 u_o 的波形出现如图 6-42（b）所示的失真情况，试问改变偏流电阻 R_B 的大小能否消除失真？为什么？若负载电阻和输入信号均不变，怎样才能消除上述失真。

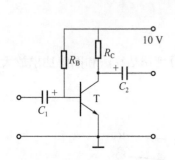

图 6-41 分析计算题 6.6 的图

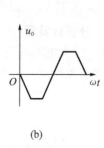

图 6-42 分析计算题 6.7 的图

6.8 电路如图 6-43 所示，已知 $V_{CC} = 12\ \text{V}$，$R_{B1} = 36\ \text{k}\Omega$，$R_{B2} = 24\ \text{k}\Omega$，$R_C = R_E = 2\ \text{k}\Omega$，$R_L = 6\ \text{k}\Omega$，三极管的 $\beta = 80$，$r_{be} = 1.2\ \text{k}\Omega$，试求：

(1) 静态工作点；

(2) 画出小信号模型电路；

(3) 输入电阻和输出电阻；

(4) 电压放大倍数。

6.9 电路如图 6-44 所示，已知 $V_{CC} = 12\ \text{V}$，$R_{B1} = 47\ \text{k}\Omega$，$R_{B2} = 30\ \text{k}\Omega$，$R_C = 3\ \text{k}\Omega$，$R_L = 3\ \text{k}\Omega$，$R_E = 1.5\ \text{k}\Omega$，$R_S = 0.6\ \text{k}\Omega$，三极管的 $\beta = 60$，$r_{be} = 0.9\ \text{k}\Omega$。试求：

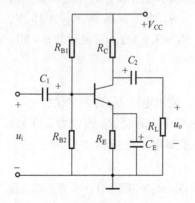

图 6-43 分析计算题 6.8 的图

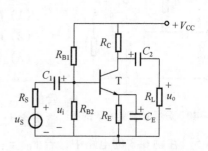

图 6-44 分析计算题 6.9 的图

(1) 输入电阻和输出电阻；
(2) 对信号源电压的电压放大倍数。

6.10 电路如图 6-45 所示，已知 $V_{CC}=12$ V，$R_{B1}=91$ kΩ，$R_{B2}=39$ kΩ，$R_F=100$ Ω，$R_E=2$ kΩ，$R_C=3.9$ kΩ，$R_L=3.9$ kΩ，$R_S=1$ kΩ，三极管的 $\beta=50$。试求放大电路的 r_i、r_o、A_u 及 A_{uS}。

6.11 放大电路如图 6-46 所示，已知晶体管的 $\beta=100$，$R_E=1.5$ kΩ，$V_{CC}=12$ V，$R_C=2.4$ kΩ，忽略 U_{BE}。若要使 U_{CE} 的静态值达到 4.2 V，估算 R_{B1}、R_{B2} 的阻值。

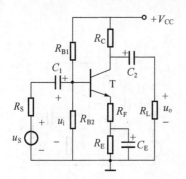

图 6-45 分析计算题 6.10 的图

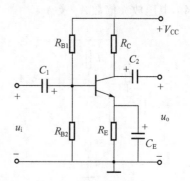

图 6-46 分析计算题 6.11 的图

6.12 图示 6-47 放大电路中，三极管的 $\beta=50$，$U_{BE}=0.6$ V，输入电压 $u_i=3\sin\omega t$ mV。试问：
(1) 当 $\pi<\omega t<2\pi$ 时，三极管的发射结是否处于反向偏置？为什么？
(2) 若电阻 R_B 开路，i_b 和 u_o 各是多少？

6.13 放大电路如图 6-48 所示，晶体管的电流放大系数 $\beta=50$，$V_{CC}=12$ V，$U_{BE}=0.6$ V，$R_{B1}=110$ kΩ，$R_{B2}=10$ kΩ，$R_C=6$ kΩ，$R_E=400$ Ω，$R_L=6$ kΩ，要求：
(1) 计算静态工作点；
(2) 画出微变等效电路；
(3) 计算电压放大倍数。

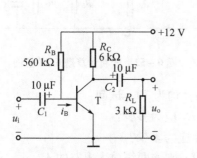

图 6-47 分析计算题 6.12 的图

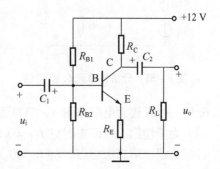

图 6-48 分析计算题 6.13 的图

6.14 电路如图 6-49 所示，已知 $V_{CC}=12$ V，$R_B=270$ kΩ，及 $R_C=R_E=2$ kΩ，$r_{be}=1.3$ kΩ，$\beta=80$。试求：

(1) A 端输出的电压放大倍数 A_{u1};

(2) B 端输出的电压放大倍数 A_{u2}。

6.15 如图 6-50 所示电路中，已知 $V_{CC} = 12$ V，$R_B = 75$ kΩ，$R_E = 1$ kΩ，$R_L = 3$ kΩ，$R_S = 0.5$ kΩ，三极管的 $\beta = 40$。试求：

(1) 静态工作点；

(2) 画出小信号模型电路；

(3) 输入电阻及输出电阻；

(4) 电压放大倍数 A_u 及 A_{uS}。

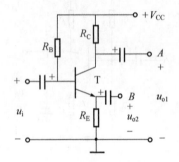

图 6-49 分析计算题 6.14 的图

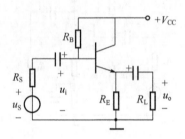

图 6-50 分析计算题 6.15 的图

6.16 如图 6-51 所示电路中，已知 $V_{CC} = 12$ V，$R_S = 50$ Ω，$R_B = 100$ kΩ，$R_E = 1$ kΩ，$r_{be} = 1$ kΩ，$\beta = 50$。试求电路的电压放大倍数、输入电阻和输出电阻。

6.17 电路如图 6-52 所示，已知三极管的 $\beta_1 = 40$，$\beta_2 = 50$，$r_{be1} = 1.7$ kΩ，$r_{be2} = 1.1$ kΩ，$R_{B1} = 56$ kΩ，$R_{B2} = 20$ kΩ，$R_{B3} = 10$ kΩ，$R_C = 3$ kΩ，$R_{E1} = 5.6$ kΩ，$R_{E2} = 1.5$ kΩ，$V_{CC} = 12$ V。求放大电路的电压放大倍数、输入电阻和输出电阻。

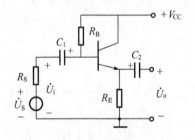

图 6-51 分析计算题 6.16 的图

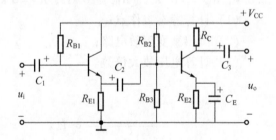

图 6-52 分析计算题 6.17 的图

6.18 两级放大电路如图 6-53 所示，三极管的 β 均为 70，试问：

(1) 为了使第一级静态时的 $I_{C1} = 0.5$ mA，电阻 R_1 应为多少？

(2) 为了使第二极静态时的 $I_{C2} = 1$ mA，电阻 R_3 应为多少？

(3) 若三极管 T_1 的 $r_{be1} = 3$ kΩ，T_2 的 $r_{be2} = 2$ kΩ，则该两级放大电路的 A_u、r_i、r_o 各等于多少？

6.19 放大电路如图 6-54 所示，晶体管 T_1 的 $r_{be1} = 6$ kΩ，T_2 的 $r_{be2} = 1.2$ kΩ，两管的 $\beta_1 = \beta_2 = 100$，试求：

(1) 计算该多级放大电路的输入电阻 r_i 和输出电阻 r_o；

(2) 计算 $R_S = 0$ 和 $R_S = 20 \text{ k}\Omega$ 时的 A_{uS} 各是多少?

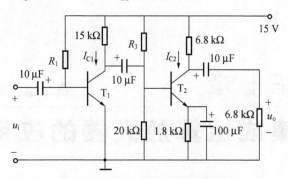

图 6-53 分析计算题 6.18 的图

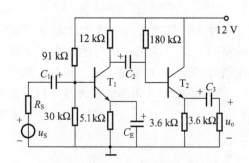

图 6-54 分析计算题 6.19 的图

*6.20 简述负反馈的类型。

*6.21 简述负反馈对放大电路的影响。

*6.22 试分析如图 6-55 所示各电路的反馈网络,并判别其反馈类型。

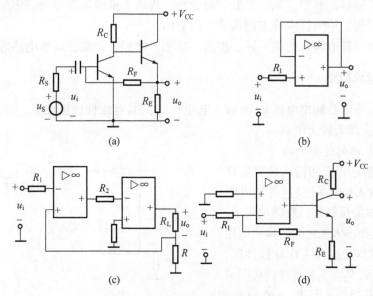

图 6-55 分析计算题 6.22 的图

第七章 集成运算放大器的应用

集成运算放大器具有可靠性高、使用方便、放大性能好（如极高的放大倍数、较宽的通频带、很低的零漂等）的特点，广泛应用在信号的放大、运算、处理等各个方面。本章重点介绍集成运算放大器在信号的运算（如加、减、积分、微分等）、信号的处理（如滤波、比较、调制、保持等）、信号的放大（如测量放大器）以及波形产生（如正弦波）等方面的应用。

第一节 基本运算电路

集成运算放大器引入适当的反馈，可以使输出和输入之间具有某种特定的函数关系，即实现特定的模拟运算，如加、减、积分、微分等，构成了模拟运算电路或称运算放大器。运算电路在自动控制、检测技术等方面得到广泛应用。

常见的基本运算电路有比例运算、加法、减法、微积分和乘法运算电路等。

一、比例运算电路

所谓比例运算就是输出电压 u_o 与输入电压 u_i 之间具有线性比例关系，即 $u_o = ku_i$。当比例系数 $k > 1$ 时，即为放大电路。

1. 反相输入比例运算电路

如图 7-1 所示为反相输入比例运算电路。图中，输入信号 u_i 经过外接电阻 R_1 接到集成运放的反相端，反馈电阻 R_F 接在输出端和反相输入端之间，构成电压并联负反馈，使集成运放工作在线性区。同相端接平衡电阻 R_2，主要是使同相端与反相端外接电阻相等，即 $R_2 = R_1 // R_F$，以保证运放处于平衡对称的工作状态，从而消除输入偏置电流及温漂的影响。

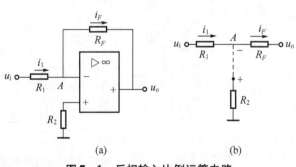

图 7-1 反相输入比例运算电路
（a）电路图；（b）等效电路图

图 7 – 1（a）可等效为图 7 – 1（b），根据 $i_+ = i_- \approx 0$，得出：

$$i_1 = i_F$$

又因为

$$i_1 = \frac{u_i}{R_1}, \quad i_F = \frac{u_- - u_o}{R_F} = \frac{0 - u_o}{R_F} = -\frac{u_o}{R_F}$$

（式中 $u_- = u_+ = 0$，常称为"虚地"）

所以

$$\frac{u_i}{R_1} = -\frac{u_o}{R_F}$$

即

$$A_{uf} = \frac{u_o}{u_i} = -\frac{R_F}{R_1} \tag{7-1}$$

或

$$u_o = -\frac{R_F}{R_1} u_i$$

输出电压与输入电压成比例关系，且相位相反。此外，由于反相端和同相端的对地电压都接近于零，所以集成运放输入端的共模输入电压极小，这是反相输入电路的特点。

当 $R_1 = R_F = R$ 时

$$u_o = -\frac{R_F}{R_1} u_i = -u_i \quad 即 \quad A_{uf} = -1 \tag{7-2}$$

输入电压与输出电压大小相等，相位相反，称为反相器。

反相输入比例运算电路由于是电压负反馈，因而工作稳定，输出电阻小，有较强的带负载能力。

2. 同相输入比例运算电路

在图 7 – 2（a）中，输入信号 u_i 经过外接电阻 R_2 接到集成运放的同相端，反馈电阻接到反相端，构成电压串联负反馈。

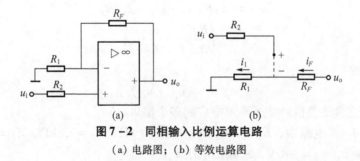

图 7 – 2 同相输入比例运算电路
(a) 电路图；(b) 等效电路图

根据 $u_+ \approx u_-$，$i_+ \approx i_- \approx 0$，则同相输入比例运算电路可等效为图 7 – 2（b）所示。

由图 7 – 2 可得

$$u_+ = u_i, \quad u_i \approx u_- = u_o \frac{R_1}{R_1 + R_F}$$

所以

$$A_{uf} = \frac{u_o}{u_i} = 1 + \frac{R_F}{R_1} \tag{7-3}$$

或

$$u_o = \left(1 + \frac{R_F}{R_1}\right) u_i \tag{7-4}$$

即 u_o 与 u_i 为同相比例运算关系。其特点是集成运放的两输入端电位等于输入电压，存在较高的共模输入电压。

当 $R_F=0$ 或 $R_1\to\infty$ 时，$u_o=\left(1+\dfrac{R_F}{R_1}\right)u_i=u_i$，即输出电压与输入电压大小相等，相位相同，该电路称为电压跟随器。

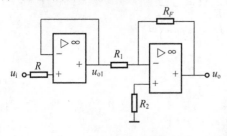

图 7-3 例 7.1 的图

同相输入比例运算电路属于串联电压负反馈，具有工作稳定、输入电阻高、输出电阻低、带负载能力强等特点。基于这点，电压跟随器得到广泛的应用。

例 7.1 在图 7-3 电路中，$R_1=50\text{ k}\Omega$，$R_F=100\text{ k}\Omega$，已知 $u_i=1\text{ V}$，求输出电压 u_o，并说明输入级的作用。

解 输入级为电压跟随器，由于是串联电压负反馈，因而具有极高的输入电阻，起到减轻信号源负担的作用。且 $u_{o1}=u_i=1\text{ V}$，作为第二级的输入。第二级为反相输入比例运算电路。

$$u_o=-\dfrac{R_F}{R_1}u_{o1}=-\dfrac{100}{50}\times 1=-2\text{ (V)}$$

二、加法运算电路

如果在反相输入端增加若干输入电路，则构成反相加法运算电路，如图 7-4 所示。

图中 A 点为虚地，即 $u_A=u_-=u_+=0$，则

$$i_1=\dfrac{u_{i1}}{R_1},\quad i_2=\dfrac{u_{i2}}{R_2}$$

即
$$i_F=i_1+i_2$$

则
$$u_o=-i_F R_F=-(i_1+i_2)R_F$$
$$=-\left(\dfrac{R_F}{R_1}u_{i1}+\dfrac{R_F}{R_2}u_{i2}\right) \tag{7-5}$$

当 $R_1=R_2=R_F$ 时

$$u_o=-(u_{i1}+u_{i2}) \tag{7-6}$$

为两个输入信号之和的负值。此运算可推广到多个信号。

例 7.2 图 7-5 电路中，$R_F=100\text{ k}\Omega$，$R_1=50\text{ k}\Omega$，$R_2=25\text{ k}\Omega$，$R_3=200\text{ k}\Omega$，已知 $u_{i1}=2\text{ V}$，$u_{i2}=1\text{ V}$，$u_{i3}=-4\text{ V}$，求输出电压 u_o。

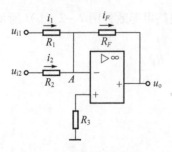

图 7-4 加法运算电路

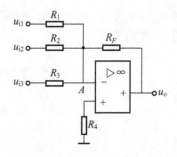

图 7-5 例 7.2 的图

解 根据式（7-5）可写出

$$u_o = -\left(\frac{R_F}{R_1}u_{i1} + \frac{R_F}{R_2}u_{i2} + \frac{R_F}{R_3}u_{i3}\right)$$

$$= -\left[\frac{100}{50} \times 2 + \frac{100}{25} \times 1 + \frac{100}{200} \times (-4)\right] = -6 \text{ (V)}$$

三、减法运算电路

如果在两个输入端都有信号输入，则为差动输入。差动输入在测量和控制系统中应用很多。其运算电路如图7-6所示。

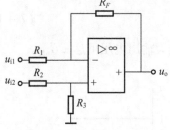

图7-6 减法运算电路

由叠加原理可以得到输出电压与输入电压的关系如下：

u_{i1}单独作用时，为反相输入比例运算

$$u_{o1} = -\frac{R_F}{R_1}u_{i1}$$

u_{i2}单独作用时，为同相输入比例运算

$$u_{o2} = \left(1 + \frac{R_F}{R_1}\right) \cdot \frac{R_3}{R_2 + R_3}u_{i2}$$

u_{i1}、u_{i2}共同作用时

$$u_o = u_{o1} + u_{o2}$$
$$= -\left(\frac{R_F}{R_1}u_{i1} - \frac{R_1 + R_F}{R_1} \cdot \frac{R_3}{R_2 + R_3}u_{i2}\right) \quad (7-7)$$

当$R_3 = \infty$（断开）时

$$u_o = -\frac{R_F}{R_1}u_{i1} + \left(1 + \frac{R_F}{R_1}\right)u_{i2} \quad (7-8)$$

当$R_1 = R_2 = R_3 = R_F$时

$$u_o = -(u_{i1} - u_{i2}) \quad (7-9)$$

输出等于两个输入信号之差。

例7.3 在图7-7电路中，已知$u_{i1} = 2$ V，$u_{i2} = 1$ V，求输出电压u_o。

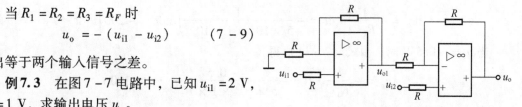

图7-7 例7.3的图

解 根据式（7-4）和式（7-8）可写出

$$u_{o1} = \left(1 + \frac{R}{R}\right)u_{i1} = 2u_{i1}$$

$$u_o = -\frac{R}{R}u_{o1} + \left(1 + \frac{R}{R}\right)u_{i2} = -2u_{i1} + 2u_{i2} = -2(u_{i1} - u_{i2}) = -2 \text{ (V)}$$

*四、积分运算电路

与反相比例运算电路比较，用电容C代替R_F作为反馈元件，就成为积分运算电路，如图7-8所示。

图中 A 点为虚地，所以

$$i_1 = \frac{u_i}{R_1}, \quad i_F = -C\frac{du_o}{dt}$$

因

$$i_1 = i_F, \quad 即 \frac{u_i}{R_1} = -C\frac{du_o}{dt}$$

则

$$u_o = -\frac{1}{R_1 C}\int u_i dt \qquad (7-10)$$

输出电压与输入电压对时间的积分成正比。

若 u_i 为恒定电压 U，则输出电压

$$u_o = -\frac{U}{R_1 C} \cdot t \qquad (7-11)$$

与时间 t 成正比，波形如图 7-9 所示（设 $u_o(0)=0$ V），最大输出电压可达 $\pm U_{oM}$。

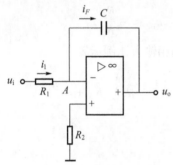

图 7-8 积分运算电路

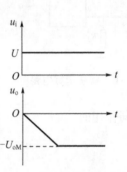

图 7-9 积分电路的阶跃响应

例 7.4 在图 7-8 积分电路中，如果 $R_1 = 5$ kΩ，$C = 1$ μF，写出此时输出电压 u_o 与 u_i 的关系式。当 $u_i = -0.5$ V 时，求 u_o 由起始值 0 到达 +5 V 所需要的时间。

解 由式 (7-10) 可得

$$u_o = -\frac{1}{R_1 C}\int u_i dt = -\frac{1}{5\times 10^3 \times 1\times 10^{-6}}\int u_i dt = -200\int u_i dt$$

当 $u_i = -0.5$ V 时，由式 (7-11) 得

$$u_o = -\frac{U}{R_1 C}\cdot t = -\frac{-0.5}{5\times 10^3 \times 1\times 10^{-6}}\cdot t = 100\,t$$

当 $u_o = 0$ 时，$t_1 = 0$。

当 $u_o = +5$ V 时，$t_2 = 0.05$ (s)。

所以 u_o 从 0 到达 +5 V 所需要的时间为

$$t = t_2 - t_1 = 0.05 - 0 = 0.05 \text{ (s)}$$

*五、微分运算电路

微分运算是积分运算的逆运算，只需将反相输入端的电阻和反馈电容调换位置，就成为微分运算电路，如图 7-10 所示。

图中 A 点为虚地，即 $V_A = 0$

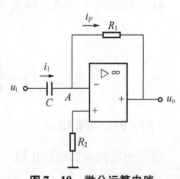

图 7-10 微分运算电路

则

$$i_1 = C\frac{du_i}{dt}, \quad i_F = -\frac{u_o}{R_1}$$

则

$$u_o = -R_1 C \frac{du_i}{dt} \tag{7-12}$$

输出电压与输入电压对时间的微分成正比。

第二节 测量放大器

在许多工业应用中,经常要对一些物理量如温度、压力、流量等进行测量和控制。在这些情况下,通常先利用传感器将它们转换为电信号(电压或电流),这些电信号一般是很微弱的,需要进行放大和处理。另外由于传感器所处的工作环境一般比较恶劣,经常受到强大干扰源的干扰,因而在传感器上会产生干扰信号,并和转换得到的电信号叠加在一起。此外,转换得到的电信号往往需要通过屏蔽电缆进行远距离传输,在屏蔽电缆的外层屏蔽上也不可避免地会接收到一些干扰信号如图 7-11 所示。这些干扰信号对后面连接的放大器系统,一般构成共模信号输入。由于它们相对于有用的电信号往往比较强大,一般的放大器对它们不足以进行有效地抑制,只有采用专用的测量放大器(或称仪用放大器)才能有效地消除这些干扰信号的影响。

典型的测量放大器由三个集成运算放大器构成,电路如图 7-12 所示。输入级是两个完全对称的同相放大器,因而具有很高的输入电阻,输出级为差分放大器,由于通常选取 $R_3 = R_4$,故具有跟随特性,且输出电阻很小。u_i 为有效的输入信号,u_C 为共模信号,即前述干扰信号。

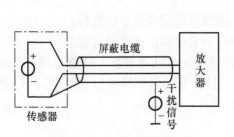

图 7-11 测量信号的传输

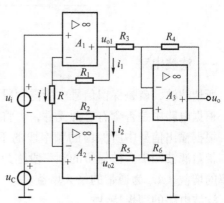

图 7-12 测量放大器

A_1、A_2、A_3 可视为理想运算放大器,故

$$u_{1-} = u_{1+} = u_i + u_C$$
$$u_{2-} = u_{2+} = u_C$$
$$i = \frac{u_{1-} - u_{2-}}{R} = \frac{u_i}{R}$$

$$i_1 = i_2 = i$$

$$u_{o1} = i_1 R_1 + u_{1-} = \frac{R_1}{R} u_i + u_i + u_C$$

$$u_{o2} = -i_2 R_2 + u_{2-} = -\frac{R_2}{R} u_i + u_C$$

由差分放大器得到测量放大器的输出电压

$$u_o = -\frac{R_4}{R_3} u_{o1} + \frac{R_3 + R_4}{R_3} \cdot \frac{R_6}{R_5 + R_6} \cdot u_{o2} \qquad (7-13)$$

严格匹配电阻使

$$R_3 = R_4 = R_5 = R_6$$

则

$$u_o = -u_{o1} + u_{o2}$$

将 u_{o1}、u_{o2} 代入整理得

$$u_o = -\left(1 + \frac{R_1 + R_2}{R}\right) u_i \qquad (7-14)$$

与共模信号 u_C 无关,这表明图 7-12 测量放大器具有很强的共模抑制能力。

通常选取 $R_1 = R_2$ 为定值,改变电阻 R 即可方便地调整测量放大器的放大倍数。

集成运算放大器的选取,尤其是电阻 R_3、R_4、R_5、R_6 的匹配情况会直接影响测量放大器的共模抑制能力。在实际应用中,往往由于运放及电阻的选配不能满足要求,从而导致测量放大器的性能明显降低。集成测量放大器因易于实现集成运算放大器及电阻的良好匹配,故具有优异的性能。常用的集成测量放大器有 AD522、AD624 等。

*第三节　信号处理电路

一、滤波电路

所谓滤波,就是保留信号中所需频段的成分,抑制其他频段信号的过程。

根据电路中是否含有有源元件,可将滤波电路分为有源滤波和无源滤波。

根据输出信号中所保留的频率段的不同,可将滤波分为低通滤波、高通滤波、带通滤波、带阻滤波四类。被保留的频率段称为"通带",被抑制的频率段称为"阻带"。A_u 为各频率的增益,A_{um} 为通带的最大增益。

滤波电路的理想特性:

(1) 通带范围内信号无衰减地通过,阻带范围内无信号输出;

(2) 通带与阻带之间的过渡带为零。

1. 无源滤波电路

无源滤波电路如图 7-13 所示。

图 7-13 (a) 电路中,电容 C 上的电

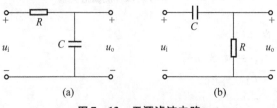

图 7-13　无源滤波电路
(a) 低通滤波电路;(b) 高通滤波电路

压为输出电压，对输入信号中的高频信号，电容的容抗 X_C 很小，则输出电压中的高频信号幅值很小，受到抑制，为低通滤波电路。在图 7-13（b）中，电阻 R 上的电压为输出电压，由于高频时容抗很小，则高频信号能顺利通过，而低频信号被抑制，为高通滤波电路。

无源滤波电路结构简单，但有以下缺点：

（1）由于电阻 R 及电容 C 上有信号压降，使输出信号幅值下降；

（2）带负载能力差，当负载变化时，输出信号的幅值将随之改变，滤波特性也随之变化；

（3）过渡带较宽，幅频特性不理想。

2. 有源滤波电路

为了克服无源滤波电路的缺点，可将 RC 无源滤波电路接到集成运放的同相输入端。因为集成运放为有源元件，所以称这种电路为有源滤波电路。

（1）有源低通滤波电路。图 7-14（a）为同相输入一阶有源低通滤波电路，由无源一阶低通滤波电路和同相输入比例运算电路组成，因同相比例运算电路输入电阻极高，输入电流为零，所以频率特性

$$A_u(j\omega) = \frac{\dot{U}_o}{\dot{U}_i} = \frac{\dot{U}_o}{\dot{U}_+} \cdot \frac{\dot{U}_+}{\dot{U}_i}$$

式中，$\dfrac{\dot{U}_o}{\dot{U}_+} = 1 + \dfrac{R_F}{R_1} = A_{um}$ 为通频带放大倍数。

$$\frac{\dot{U}_+}{\dot{U}_i} = \frac{\dfrac{1}{j\omega C}}{R + \dfrac{1}{j\omega C}} = \frac{1}{1 + j\omega RC}$$

设 $\omega_c = \dfrac{1}{RC}$ 称为截止角频率，则

$$\frac{\dot{U}_+}{\dot{U}_i} = \frac{1}{1 + j\dfrac{\omega}{\omega_c}}$$

幅频特性

$$|A_u(j\omega)| = \frac{A_{um}}{\sqrt{1 + \left(\dfrac{\omega}{\omega_c}\right)^2}} \qquad (7-15)$$

为一低通特性，如图 7-14（b）所示，表明 $0 \sim \omega_c$ 段频率的信号 $u_+ \approx u_i$，而频率大于 ω_c 的信号被阻止，其 $u_o \approx 0$。

一阶有源低通滤波电路的幅频特性与理想特性相差较大，衰减速度为 $-20\ \text{dB}/10$ 倍频，滤波效果不够理想，采用二阶或高阶有源滤波电路可明显改善滤波效果，如图 7-15（b）所示。二阶有源滤波电路可以用两个一阶有源滤波电路级联实现，也可以用二级 RC 低通电路串联后接入集成运算放大器，如图 7-15（a）所示。

（2）有源高通滤波电路。将图 7-14（a）中的电阻 R 和电容 C 对调，就成为一阶有源

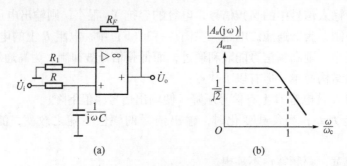

图 7 – 14　一阶有源低通滤波电路
(a) 电路；(b) 幅频特性

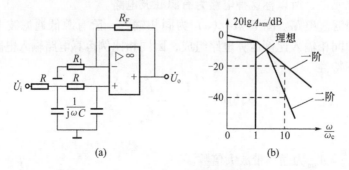

图 7 – 15　二阶有源低通滤波电路
(a) 电路；(b) 幅频特性

高通滤波电路，如图 7 – 16（a）所示。

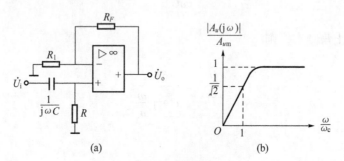

图 7 – 16　有源高通滤波电路
(a) 电路；(b) 幅频特性

幅频特性

$$A_u(j\omega) = \frac{\dot{U}_o}{\dot{U}_i} = A_{um} \frac{1}{1 - j\dfrac{1}{\left(\dfrac{\omega}{\omega_c}\right)}} \tag{7-16}$$

式中，通频带增益 $A_{um} = 1 + \dfrac{R_F}{R_1}$，截止频率 $\omega_c = \dfrac{1}{RC}$。

设 $\omega_c = \dfrac{1}{RC}$ 称为截止角频率，则幅频特性为

$$|A_u(j\omega)| = A_{um} \dfrac{1}{\sqrt{1 + \left[\dfrac{1}{\dfrac{\omega}{\omega_c}}\right]^2}} \qquad (7-17)$$

为一高通特性，如图 7-16（b）所示，频率大于 ω_c 的信号可以通过，而在 $0 \sim \omega_c$ 段频率的信号被阻止。

（3）带通滤波电路。将低通滤波电路和高通滤波电路串联，并使低通滤波电路的截止频率大于高通滤波电路的截止频率，则构成有源带通滤波电路。其结构图和幅频特性如图 7-17 所示。图中 ω_H 为上限频率，ω_L 为下限频率，通频带 $BW = \omega_H - \omega_L$，频率在通频带范围内的信号可以通过，通频带以外的信号被阻止。

（4）带阻滤波电路。将低通滤波电路和高通滤波电路并联，并使高通滤波电路的截止频率大于低通滤波电路的截止频率，则构成有源带阻滤波电路。其结构图和幅频特性如图 7-18 所示。频率位于 ω_L 和 ω_H 之间的信号被阻止而不能通过，其他频率的信号可以通过。

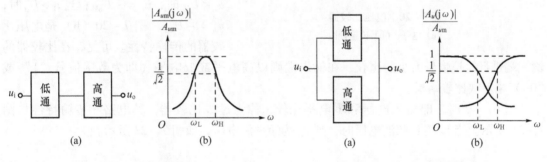

图 7-17　带通滤波电路
（a）结构图；（b）幅频特性

图 7-18　带阻滤波电路
（a）结构图；（b）幅频特性

二、采样保持电路

当输入信号变化较快时，要求输出信号能快速而准确地跟随输入信号的变化进行间隔采样。在两次采样之间保持上一次采样结束时的状态。图 7-19 是它的简单电路和输入输出信号波形。

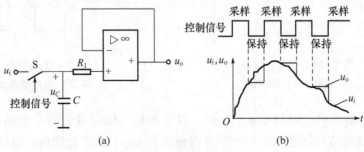

图 7-19　采样保持电路
（a）电路；（b）输入输出信号波形

图中 S 是一模拟开关，一般由场效应管构成。当控制信号为高电平时，开关闭合（即场效应管导通），电路处于采样周期。这时 u_i 对存储电容 C 充电，$u_o = u_C = u_i$，即输出电压跟随输入电压的变化（运算放大器接成跟随器）。当控制电压变为低电平时，开关断开（即场效应管截止），电路处于保持周期。因为电容无放电电路，故 $u_o = u_C$。将采样到的数值保持一定时间，在数字电路、计算机及程序控制等装置中都得到应用。

三、电压比较器

电压比较器的作用是用来比较输入电压和参考电压，图 7-20（a）是其中的一种。U_R 是参考电压，加在同相输入端，输入电压 u_i 加在反相输入端。运算放大器工作于开环状态，由于开环电压放大倍数很高，即使输入端有一个非常微小的差值信号，也会使输出电压饱和。因此，用做比较器时，运算放大器工作在饱和区，即非线性区。当 $u_i < U_R$ 时，$u_o = +U_{oM}$；当 $u_i > U_R$ 时，$u_o = -U_{oM}$，图 7-20（b）是电压比较器的传输特性。可见，在比较器的

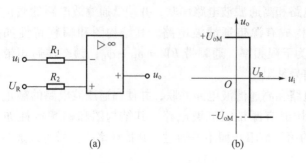

图 7-20　电压比较器
(a) 电路；(b) 传输特性

输入端进行模拟信号大小的比较，在输出端则以高电平或低电平（即为数字信号"1"或"0"）来反映比较结果。

当 $U_R = 0$ 时，即输入电压和零电平比较，称为过零比较器，其电路和传输特性如图 7-21 所示。当 u_i 为正弦波电压时，则 u_o 为矩形波电压，如图 7-22 所示。

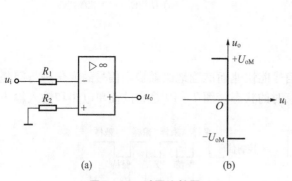

图 7-21　过零比较器
(a) 电路；(b) 传输特性

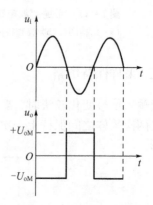

图 7-22　过零比较器将正弦波电压变换为矩形波

有时为了将输出电压限制在某一定值，以便和接在输出端的数字电路的电平相匹配，可在比较器的输出端与地之间跨接一个双向稳压管 D_Z（稳压管的稳定电压为 U_Z），作双向限幅用，电路和传输特性如图 7-23 所示。输入电压 u_i 与零电平比较，输出电压 u_o 被限制在 $+U_Z$ 或 $-U_Z$。

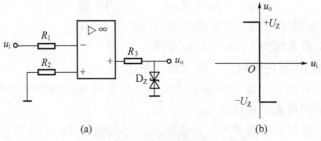

(a)　　　　　　　　　　　　(b)

图 7 - 23　加限幅器的过零比较器
(a) 电路；(b) 传输特性

第四节　正弦波振荡器

振荡器是一种将直流电能转变为交流电能的能量转换器，它无需外界输入信号就能自行产生各种频率的交流电压，所以称为自激振荡器。正弦波振荡器是产生正弦交流电的自激振荡器。

振荡器有非常广泛的应用，尤其是正弦波振荡器，在测量仪器、自控系统、广播通信设备及工业生产（如高频热加工）等方面都有广泛的应用，是一种基本的电子电路。

一、反馈放大器自激振荡的条件

为了使反馈放大器转化为振荡器，电路必须满足一定的条件。

反馈放大器产生自激振荡的条件，可以用图 7 - 24 反馈放大器的框图来说明：在无输入信号（$x_i = 0$）时，电路中的噪扰电压（如元件的热噪声、电路参数波动引起的电压、电流的变化、电源接通时引起的瞬变过程等）使放大器产生瞬间输出 x'_o，经反馈网络反馈到输入端，得到瞬间输入 x'_i，再经基本放大器放大，又在输出

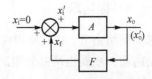

图 7 - 24　产生自激振荡的条件

端产生新的输出信号 x'_o。如此反复，一般在负反馈情况下，输出 x'_o 会逐渐减小，直到消失，但在正反馈（如图 7 - 24 极性所示）情况下，x'_o 会很快增大，最后由于饱和等原因输出稳定在 x_o，并靠反馈永久保持下去。

由以上分析可知，产生自激振荡必须满足：

$$x'_f = F x'_o \tag{7 - 18}$$
$$x'_o = A x'_i$$

而
$$x'_f = x'_i \tag{7 - 19}$$

代入上式，得
$$AF = 1 \tag{7 - 20}$$

上式可分别写为
$$|AF| = 1 \tag{7 - 21}$$

$$\varphi_A + \varphi_F = 2n\pi \quad (n \text{ 为整数}) \tag{7-22}$$

式（7-20）表明了反馈放大器产生自激振荡的两个基本条件：

(1) 环路放大倍数的模为1，称为幅值条件。

(2) 环路总相移为2π的整数倍，称为相位条件。

相位条件中的"环路总相移"为基本放大器和反馈网络中的相移之和，当等于2π的整数倍时形成正反馈，因而满足相位条件。

幅值条件表明：反馈放大器要产生自激振荡，还必须有足够的反馈量。事实上，由于电路中的噪扰电压通常都很弱小，只有使环路放大倍数的模$|FA|$大于1，才能经过反复的反馈放大，使幅值迅速增大而建立起稳定的振荡。随着振幅的逐渐增大，放大器进入非线性区，使放大器的放大倍数A逐渐减小，最后满足$|FA|=1$，振幅趋于稳定。

二、正弦波振荡器的构成

一个振荡器要建立振荡，必须满足自激振荡的两个基本条件。当振荡幅度逐渐增大，最后达到稳态，电路需要有稳幅环节使放大器的放大倍数下降，满足$|FA|=1$的幅值条件。所以，根据上述条件，正弦振荡器由四部分组成：

(1) 放大器——对交流信号起放大作用。

(2) 选频网络——选择出某一频率的信号产生谐振，并有最大幅度的输出。

(3) 反馈网络——引入正反馈，并与放大器共同满足振荡条件。

(4) 稳幅环节——利用电路元件的非线性特性和负反馈网络，限制输出幅度增大，达到稳幅的目的。

根据选频网络组成元件的不同，正弦振荡器通常分为RC振荡器、LC振荡器和石英晶体振荡器。

三、RC振荡器

选频网络由R、C元件构成的正弦波振荡器称为RC振荡器。图7-25所示电路为文氏电桥振荡器，主要由两部分组成，其一为带有串联电压负反馈的放大器，闭环电压放大倍数$A_{uf}=1+\dfrac{R_F}{R}$；其二为具有选频作用的RC反馈网络。

图7-26示出反馈网络的频率特性，当频率

$$\omega_0 = \frac{1}{RC} \tag{7-23}$$

时，反馈网络的反馈系数

$$F(j\omega) = \frac{\dot{U}_f}{\dot{U}_o} = \frac{1}{3} \angle 0° \tag{7-24}$$

即相位移$\varphi_F=0°$，因放大器的相位移$\varphi_A=0°$（同相输入），所以环路总相移$\varphi_F+\varphi_A=0°$，满足相位条件。反馈系数的模$|F(j\omega)|=1/3$，所以，只要放大器的闭环电压放大倍数$A_{uf}=3$，即可满足$|FA|=1$的幅值条件。从而在频率ω_0下建立起正弦振荡。

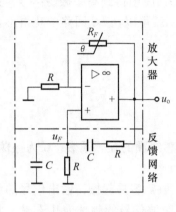

图 7-25 文氏电桥振荡器

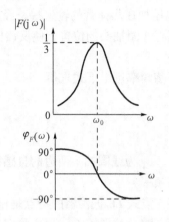

图 7-26 反馈网络的频率特性

为了顺利起振,应使 $|FA|>1$,即 $A_{uf}>3$。在图 7-25 中接入一个非线性元件——具有负温度系数的热敏电阻 R_F,且 $R_F>2R$,以便顺利起振。当振荡器的输出幅值增大时,流过 R_F 的电流增加,产生较多的热量,使其阻值减小,负反馈作用增强,使放大器的放大倍数 A_{uf} 减小,从而限制了振幅的增长。直至 $|FA|=1$,使振荡器的输出幅值趋于稳定。这种振荡器,由于放大器始终工作在线性区,输出波形的非线性失真较小。

利用双联同轴可变电容器,同时调节选频网络的两个电容,或者用双联同轴电位器,同时调节选频网络的两个电阻,都可方便地调节振荡频率。

文氏电桥振荡器频率调节方便,波形失真小,是应用最广泛的 RC 振荡器。

四、变压器反馈式 LC 振荡器

反馈网络采用变压器,利用变压器的一次绕组与电容并联组成振荡回路作选频网络,代替晶体管集电极电阻 R_C,从变压器的二次绕组引回反馈电压并将其加到放大电路的输入端,电路如图 7-27 所示。

变压器反馈式 LC 振荡电路的特点是振荡频率调节方便,容易实现阻抗匹配和达到起振要求,输出波形一般,频率稳定度不高,产生正弦波信号的频率为几千赫至几十兆赫,一般适用于要求不高的设备。

五、电感三点式振荡器

电感三点式振荡器的典型电路如图 7-28 所示。在 LC 振荡回路中,电感有一个抽头使线圈分成两部分即线圈 L_1 和线圈 L_2,线圈 L_1 的 3 端接到晶体管的基极 B,线圈 L_2 的 1 端接到晶体管的集电极 C,中间抽头 2 接发射极 E。也就是说电感线圈的三端分别接晶体管的三极,所以叫电感三点式振荡器,又称哈特莱振荡器。

在该电路中 L_1 兼作反馈网络,通过耦合电容 C_1 将

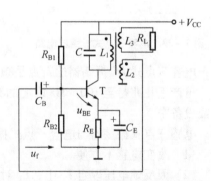

图 7-27 变压器反馈式 LC 振荡器

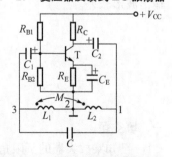

图 7-28 电感三点式振荡器电路

L_1 反馈电压加在晶体管的输入端,经放大后,在 LC 振荡回路中得到高频振荡信号,只要适当选择电感线圈抽头的位置,使反馈信号大于输入信号,就可以在 LC 回路中获得不衰减的等幅振荡。

其振荡频率可由下式求得

$$f_0 = \frac{1}{2\pi\sqrt{L_{eq}C}}$$

其中

$$L_{eq} = L_1 + L_2 + 2M$$

式中,L_1、L_2 为线圈抽头两边的自感系数;M 为两段电感线圈的互感系数;C 为振荡电容;f_0 为振荡频率。

电感三点式 LC 振荡器的特点是振荡频率调节方便,电路容易起振,输出信号的波形中含有高次谐波,波形较差,频率稳定度不高,可产生正弦波信号的频率为几千赫至几十兆赫。一般用于要求不高的场合或设备中。

六、电容三点式振荡器

图 7-29 是电容三点式振荡器的典型电路图。其结构与电感三点式振荡器相似,只是将 L、C 互换了位置。LC 振荡回路中采用两个电容串联成电容支路,两电容中间有一引出端,通过引出端从 LC 振荡回路的电容支路上取一部分电压反馈到放大电路的输入端,由于电容支路三个端点分别接于晶体管的三极上,所以把这种电路称为电容三点式 LC 振荡器。

该电路的振荡频率可由下式求得:

$$f_0 = \frac{1}{2\pi\sqrt{L\dfrac{C_1C_2}{C_1+C_2}}} = \frac{1}{2\pi\sqrt{LC_{eq}}}$$

式中,C_{eq} 为 LC 并联回路的等效电容。

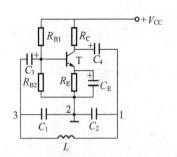

图 7-29 电容三点式振荡器电路

电容三点式 LC 振荡器的特点是频率调节不方便,输出信号的波形好,频率的稳定度较高,可产生几兆赫至 100 MHz 以上的频率。一般用于频率固定或在小范围内频率调节的场合或设备中。

电感三点式振荡器与电容三点式振荡器相比有两个缺点:
(1) 改变电感不方便。
(2) 因反馈电压取自 L_1 上,L_1 对高次谐波阻抗大,从而引起振荡回路输出谐波分量增大,输出波形较差。

习 题 七

一、填空题

7.1 已知某放大器的下限角频率 ω_L,上限角频率 ω_H,则带宽为_____Hz。

7.2 反相比例运算电路组成_____负反馈电路,而同相比例运算电路组成_____

负反馈电路。

7.3 放大电路中引入负反馈后，则非线性失真_____，通频带_____。

7.4 电压比较器中集成运放工作在非线性区，输出电压 U_o 只有_____或_____两种状态。

7.5 集成运放是_____增益的多级和_____耦合放大电路。

7.6 理想集成运放工作在线性区的两个基本特点是_____和_____。

7.7 对理想运算放大器组成的基本运算电路，它的反相输入和同相输入端之间的电压为_____，这称为"_____"。运放的两个输入端电流为_____，这称为"_____"。

7.8 电压比较器在反相端输入 U_- 大于同相端输入 U_+ 时，其输出 U_o 极性为_____。

7.9 _____运算电路可实现 $A_u>1$ 的放大器，_____运算电路可实现 $A_u<0$ 的放大器。

二、选择题

7.1 集成运放电路的实质是一个（　　）的多级放大电路。
A. 阻容耦合式　　　B. 直接耦合式　　　C. 变压器耦合式　　　D. 三者都有

7.2 当我们想要放大频率为 10 kHz 以上的信号时，应采用（　　）滤波器。
A. 低通　　　B. 高通　　　C. 带阻　　　D. 带通

7.3 当信号频率等于放大电路的 f_L 和 f_H 时，放大倍数的数值将下降到中频时的（　　）倍。
A. 0.5 倍　　　B. 0.7 倍　　　C. 0.9 倍　　　D. 1.2 倍

7.4 集成运放线性应用的条件是：集成运放必须引入深度_____。（　　）
A. 正反馈　　　B. 负反馈　　　C. 开环　　　D. 以上均可

7.5 集成运放其内部电路的耦合方式是_____。（　　）
A. 直接耦合　　　B. 变压器耦合　　　C. 阻容耦合　　　D. 任意耦合

7.6 如图 7-30 所示由理想运算放大器组成的运算电路中，若运算放大器所接电源为 ±12 V，且 $R_1=10$ kΩ，$R_F=100$ kΩ，则当输入电压 $U_i=2$ V 时，输出电压 U_o 最接近于（　　）。
A. 20 V　　　B. -12 V　　　C. -20 V

7.7 电路如图 7-31 所示，若 u_i 一定，当可变电阻 R_P 的电阻值由大适当减小时，输出电压的变化情况为（　　）。
A. 由小变大　　　B. 由大变小　　　C. 基本不变

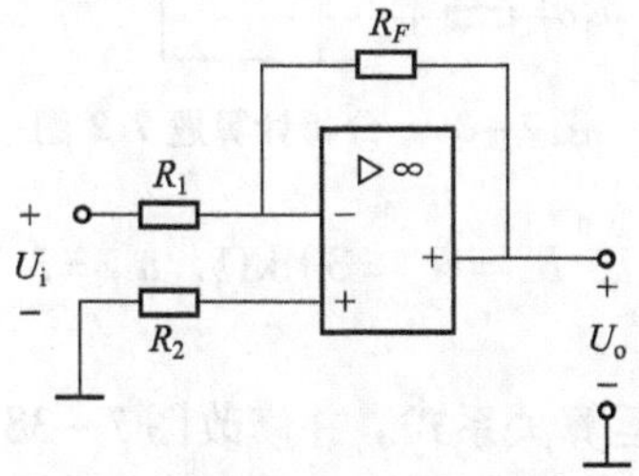

图 7-30　选择题 7.6 的电路图 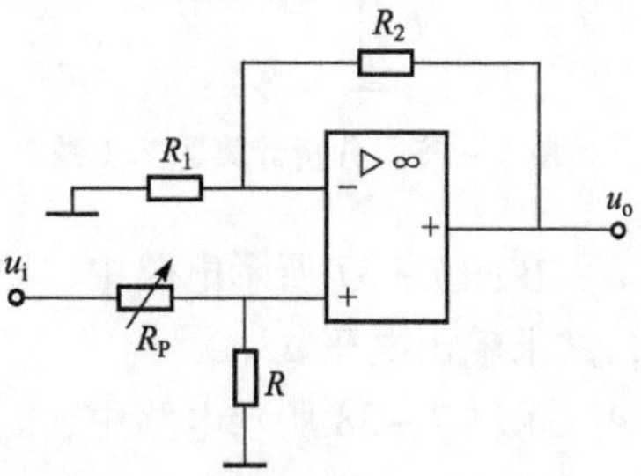　　　　图 7-31　选择题 7.7 的电路图

7.8 如图 7-32 所示电路的输出电压 u_o 为（   ）。

A. $-2u_i$ B. $-u_i$

C. u_i

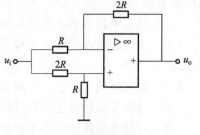

7.9 电路如图 7-33 所示，若输入电压 $u_i = -0.5$ V，则输出端电流 i 为（   ）。

A. 10 mA   B. -5 mA

C. 5 mA

图 7-32 选择题 7.8 的电路图

7.10 电路如图 7-34 所示，已知：$R_1 = 10$ kΩ，$R_2 = 100$ kΩ，若 $u_o = 6$ V，则 $u_i = $（   ）。

A. 6 V   B. 3 V   C. 6/11 V

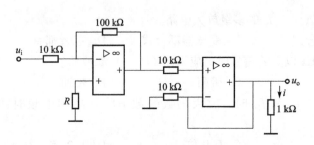

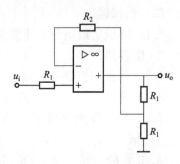

图 7-33 选择题 7.9 的电路图

图 7-34 选择题 7.10 的电路图

三、分析计算题

7.1 在图 7-35 所示电路中，$R_1 = 10$ kΩ，$R_F = 30$ kΩ，试计算电压放大倍数，并估算 R_2 的取值。

7.2 在图 7-36 所示电路中，$R_1 = 3$ kΩ，如果要使它的电压放大倍数等于 5，试估算 R_F 和 R_2 的值各应取多大？

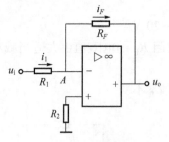

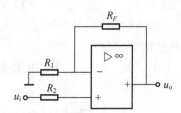

图 7-35 分析计算题 7.1 图

图 7-36 分析计算题 7.2 图

7.3 在图 7-37 所示电路中，已知 $R_1 = R_2 = 10$ kΩ，$R_3 = R_F = 30$ kΩ，$u_{i1} = 3$ V，$u_{i2} = 0.5$ V，试求输出电压 u_o。

7.4 求图 7-38 所示电路中，u_o 与各输入电压的运算关系式。并修改图 7-38 的阻值，以使 $u_o = -(u_{i1} + 2u_{i2} + 3u_{i3})$。

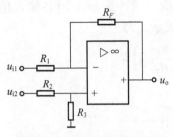

图7-37 分析计算题7.3图

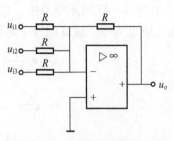

图7-38 分析计算题7.4图

7.5 在图7-39所示电路中,已知 $R_F = 2R_1$,$u_i = -0.5$ V,试求输出电压 u_o。

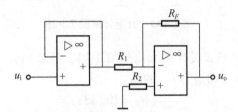

图7-39 分析计算题7.5图

7.6 求图7-40的电路中,当开关S打开及闭合时的 u_o 与 u_i 的关系式。

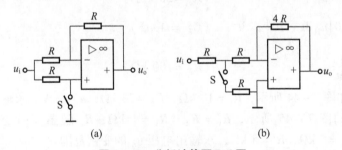

图7-40 分析计算题7.6图

7.7 在图7-41所示电路中,已知输入电压 $u_{i1} = 30$ mV,$u_{i2} = 100$ mV,求输出电压 u_o。

7.8 电路如图7-42所示,$R = R_F = 100$ kΩ,$C = 10$ μF,试写出输出电压 u_o 与输入电压 u_i 的关系式。

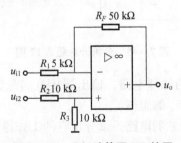

图7-41 分析计算题7.7的图

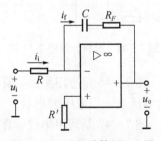

图7-42 分析计算题7.8图

7.9 在图7-43所示电路中，电阻 $R_1 /\!/ R_2 /\!/ R_F = R_3 /\!/ R$，且 $t \leq 0$ 时各输入信号都为零，输出电压也为零。试证明这个电路 u_o 与 u_i 的函数关系式为

$$u_o = \frac{1}{RC} \int_0^t \left(\frac{R_F}{R_1} u_{i1} + \frac{R_F}{R_2} u_{i2} - \frac{R_F}{R_3} u_{i3} \right) dt$$

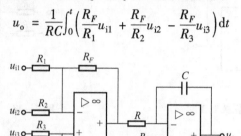

图7-43 分析计算题7.9图

7.10 按下列各运算关系式设计并画出运算电路，计算出各电阻的阻值及电容的大小。括号中已给出了反馈电阻 R_F 和电容 C_F 的值。

(1) $u_o = -5u_i$ ($R_F = 100$ kΩ)

(2) $u_o = -(u_{i1} + 0.3u_{i2})$ ($R_F = 50$ kΩ)

(3) $u_o = 6u_i$ ($R_F = 50$ kΩ)

(4) $u_o = 2u_{i2} - u_{i1}$ ($R_F = 30$ kΩ)

(5) $u_o = -20\int u_{i1} dt - 10\int u_{i2} dt$ ($C_F = 1$ μF)

(6) $u_o = -\dfrac{du_i}{dt}$ ($R_F = 100$ kΩ)

7.11 电路如图7-44所示，$R_1 = 10$ kΩ，$R_F = 20$ kΩ，$u_i = 3$ V，求输出电压 u_o。

7.12 电路如图7-45所示，$R_1 = R_2 = R_3 = 1$ kΩ，R_4 随温度而变，其变化范围为 $0.9 \sim 1.1$ kΩ，$R_F = 5$ kΩ，$R' = 5$ kΩ，求输出电压 u_o 的变化范围。

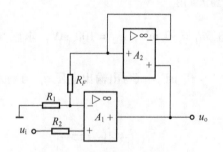

图7-44 分析计算题7.11图

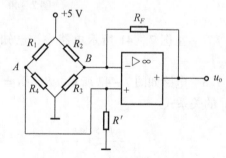

图7-45 分析计算题7.12图

7.13 图7-46是应用集成运算放大器测量电阻的原理电路，输出端接有满量程5 V、500 μA 的电压表。当电压表指示5 V时，试计算电阻 R_x 的阻值。

7.14 图7-47是利用集成运算放大器测量三极管 β 的电路，试分析它的工作原理。设 $U_o = 200$ mV，求 β 值。

7.15 在图7-48所示的测量电路中，电桥电阻 R_x 从2 kΩ 变化到2.1 kΩ 时，输出电

压 u_o 变化多少?

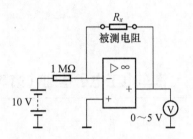

图 7-46　分析计算题 7.13 图

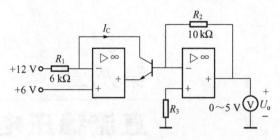

图 7-47　分析计算题 7.14 图

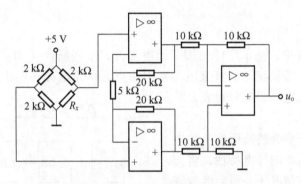

图 7-48　分析计算题 7.15 图

7.16　反馈放大器产生自激振荡的条件?

7.17　一个正弦波振荡器的反馈系数 $F = \dfrac{1}{5} \angle 180°$，若该振荡器能够维持稳定振荡，求开环电压放大倍数 A_u。

7.18　一个振荡器要能够产生正弦波振荡，电路的组成必须包含哪几部分电路?

7.19　在图 7-49 所示的正弦波振荡器中，已知 $C = 0.1\ \text{F}$，$R_2 = 100\ \Omega$，双连电阻可调节范围为 $0 \sim 20\ \text{k}\Omega$，试求输出电压 u_o 频率的变化范围。

7.20　振荡电路如图 7-50 所示，请指出是由哪个电感和电容组成的选频网络?

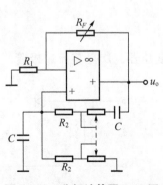

图 7-49　分析计算题 7.19 图

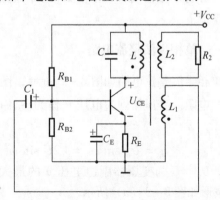

图 7-50　分析计算题 7.20 图

第八章 直流稳压电源

在生产和科学实验中，除了广泛使用交流电之外，某些场合（如蓄电池的充电、直流电动机、电子仪器等）需要稳定的直流电。常用的直流稳压电源一般由电源变压器、整流电路、滤波电路和稳压电路四部分组成，结构框图如图8-1所示。

变压器把交流电压变为整流所需要的电压，再利用整流元件的单向导电特性，将交流电压变成单向脉动直流电压，最后经过滤波和稳压，把脉动直流电压变为平滑且稳定的直流电压。

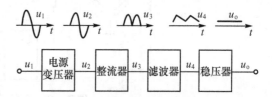

图 8-1 直流稳压电源结构框图

第一节 整流电路

将交流电转换成单向脉动直流电的电路称为整流电路。根据所用交流电源的相数，整流电路可分为单相整流、三相整流与多相整流。从整流所得电压波形看，又可分为半波整流与全波整流。

一、单相半波整流电路

单相半波整流电路如图8-2所示，图中T_r是整流变压器，D是整流二极管，R_L是直流负载电阻。变压器副边电压u作为整流电路的交流输入电压，设

$$u = U_m \sin \omega t = \sqrt{2} U \sin \omega t \qquad (8-1)$$

式中，U_m、U为变压器副边电压u的最大值和有效值，u的波形如图8-3（a）所示。

当u为正半周时，即$0 \leqslant \omega t \leqslant \pi$，在图8-2中电源$a$端电位高于$b$端，二极管D承受正向电压而导通。电流

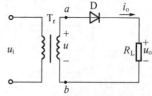

图 8-2 单相半波整流电路

i_o 自电源 a 端经二极管 D、负载 R_L 回到电源 b 端,从而在 R_L 上形成电压降 u_o,如图 8-3(b)所示。

当 u 为负半周时,即 $\pi \leqslant \omega t \leqslant 2\pi$,电源 b 端电位高于 a 端,二极管承受反向电压而截止,电路电流 $i_o = 0$,R_L 两端电压也为零。如图 8-3(b)所示。这时变压器副边电压 u 全部加在二极管 D 上,二极管承受反向电压 u_D,其波形如图 8-3(c)所示。

当电压 u 第二个周期到来时,电路将重复上述过程,这样就把交流电压转变成了负载上的单向脉动电压。由于输出电压仅为输入正弦交流电压的半个波,故称为半波整流。半波整流输出电压,常用一个周期的平均值 U_o 表示。其值为

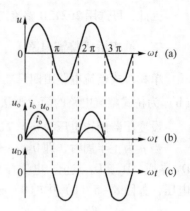

图 8-3 单相半波整流电路的电压与电流波形

(a)变压器副边电压;(b)输出电压和电流;(c)二极管承受反向电压

$$U_o = \frac{1}{2\pi}\int_0^\pi u\,\mathrm{d}(\omega t)$$
$$= \frac{1}{2\pi}\int_0^\pi \sqrt{2}U\sin\omega t\,\mathrm{d}(\omega t)$$
$$= \frac{\sqrt{2}}{\pi}U = 0.45U \qquad (8-2)$$

整流电流的平均值为

$$I_o = \frac{U_o}{R_L} = 0.45\frac{U}{R_L} \qquad (8-3)$$

通过二极管的正向电流平均值,等于通过负载的电流,即

$$I_D = I_o \qquad (8-4)$$

二极管截止时所承受的最大反向电压 U_{RM} 就是变压器副边电压的最大值,即

$$U_{RM} = \sqrt{2}U = 3.14U_o \qquad (8-5)$$

在选择整流电路的整流二极管时,为了工作可靠,应使二极管的最大整流电流 $I_{FM} \geqslant I_D$,二极管的最高反向工作电压 $U_{DRM} \geqslant U_{RM}$。采用单相半波整流电路时,所选用的二极管必须满足:

$$\left.\begin{array}{r}I_{FM} \geqslant I_D = 0.45\dfrac{U}{R_L} \\ U_{DRM} \geqslant U_{RM} = \sqrt{2}U\end{array}\right\} \qquad (8-6)$$

考虑到交流电压的波动,对其最大的反向电压和最大的正向电流应留有一定的余量,以保证二极管的安全。

单相半波整流电路结构简单,但设备利用率低,输出电压脉动大,一般仅适用于整流电流较小或脉动要求不严格的直流设备。

例 8.1 试设计一台输出电压为 24 V,输出电流为 1 A 的单相半波整流直流电源,试确定变压器副边绕组的电压有效值,并选定相应的整流二极管。

解 变压器副边绕组电压有效值为 $U = U_o/0.45 = 24/0.45 = 53.3$ (V)

整流二极管承受的最高反向电压为 $U_{RM} = \sqrt{2}U = 1.41 \times 53.3 = 75.15$ (V)

流过整流二极管的平均电流为 $I_D = I_o = 1$ (A)

因此，可选用2CZ12B整流二极管，其最大整流电流为3 A，最高反向工作电压为200 V。

二、单相桥式整流电路

单相桥式整流电路由四只二极管 $D_1 \sim D_4$ 接成桥式电路，如图 8-4（a）所示，图 8-4（b）为桥式整流电路的简化画法。

设变压器副边电压为 $u = \sqrt{2} U \sin \omega t$。

当 u 为正半周时，即 $0 \leq \omega t \leq \pi$，在图 8-4（a）中电源 a 端电位高于 b 端，二极管 D_1、D_3 导通，D_2、D_4 截止，电流 i_1 的通路是 $a \to D_1 \to R_L \to D_3 \to b$。这时负载 R_L 上得到一个半波电压，如图 8-5（b）中的 $0 \sim \pi$ 段所示。

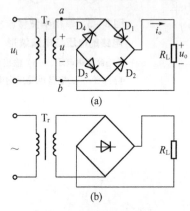
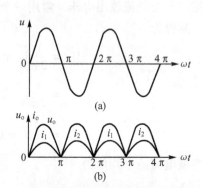

图 8-4 单相桥式整流电路
（a）整流电路；（b）简化画法

图 8-5 单相桥式整流电路电压与电流的波形
（a）变压器副边电压；（b）输出电压和电流

当 u 为负半周时，即 $\pi \leq \omega t \leq 2\pi$，电源 b 端电位高于 a 端，二极管 D_1、D_3 截止，D_2、D_4 导通，电流 i_2 的通路是 $b \to D_2 \to R_L \to D_4 \to a$。同样在负载 R_L 上得到一个半波电压，如图 8-5（b）中的 $\pi \sim 2\pi$ 段所示。

显然，全波整流电路的整流电压的平均值 U_o 比半波整流时增加了1倍，即

$$U_o = 2 \times 0.45 U = 0.9 U \tag{8-7}$$

流经负载的直流电流也是半波整流的2倍，即

$$I_o = \frac{U_o}{R_L} = 0.9 \frac{U}{R_L} \tag{8-8}$$

流经二极管的平均电流仅为负载电流的一半，即

$$I_D = \frac{1}{2} I_o = 0.45 \frac{U}{R_L} \tag{8-9}$$

每个二极管截止时所承受的最大反向电压为

$$U_{RM} = \sqrt{2} U = \sqrt{2} \frac{U_o}{0.9} = 1.57 U_o \tag{8-10}$$

应用时，可根据式（8-9）和（8-10）选择整流元件。

例 8.2 在例 8.1 中设计的电源如果采用单相桥式整流，试确定变压器副边绕组的电压

有效值,并选定相应的整流二极管。

解 变压器副边绕组电压有效值为 $U = U_o/0.9 = 24/0.9 = 26.7$(V)

整流二极管承受的最高反向电压为 $U_{RM} = \sqrt{2}U = 1.41 \times 26.7 = 37.6$(V)

流过整流二极管的平均电流为 $I_D = (1/2)I_o = 0.5$(A)

因此,可选用 2CZ12A 整流二极管,其最大整流电流为 1 A,最高反向工作电压为 100 V。

*三、三相桥式整流电路

单相桥式整流一般用于小功率场合,而在大功率的整流设备中,为避免造成三相电网负载不平衡,影响供电质量,广泛采用三相桥式整流电路,如图 8-6 所示。

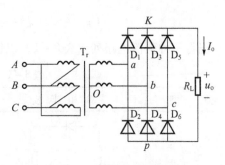

图 8-6 三相桥式整流电路

整流电路由三相整流变压器 T_r、二极管 $D_1 \sim D_6$、负载电阻 R_L 组成。变压器作 △/Y 连接。其副边绕组的三相电压 u_a、u_b、u_c 的波形如图 8-7(a)所示。六只二极管接成桥式,D_1、D_3、D_5 接成共阴极组,工作时其中阳极电位最高者导通;D_2、D_4、D_6 接成共阳极组,工作时其中阴极电位最低者导通。同一时间,每组中各有一只二极管导通。

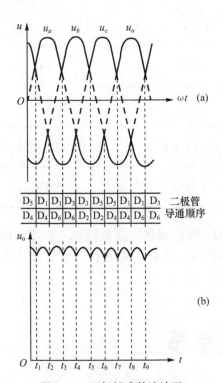

图 8-7 三相桥式整流波形
(a) 变压器副边绕组的三相电压;
(b) 负载 R_L 两端的电压

在图 8-7(a)中的 $0 \sim t_1$ 期间,c 相电压为正且最高,D_5 导通,D_1、D_3 则被反偏而截止。同时,b 相电压为负且最低,D_4 导通,D_2、D_6 则被反偏而截止;此时,电流通路为 $c \rightarrow D_5 \rightarrow R_L \rightarrow D_4 \rightarrow b$。负载电压为线电压 u_{cb}。

在 $t_1 \sim t_2$ 期间,a 相电压为正且最高,D_1 导通,D_3、D_5 则被反偏而截止。同时 b 相电压为负且最低,D_4 导通,D_2、D_6 则被反偏而截止。此时,电流通路为 $a \rightarrow D_1 \rightarrow R_L \rightarrow D_4 \rightarrow b$。负载电压为线电压 u_{ab}。

同理,在 $t_2 \sim t_3$ 期间,a 相电压最高,c 相电压最低,D_1、D_6 导通,电流通路为 $a \rightarrow D_1 \rightarrow R_L \rightarrow D_6 \rightarrow c$。负载电压为线电压 u_{ac}。

以此类推,就可以列出图 8-7 中所示二极管导通次序,各组二极管导通情况是每隔 1/6 周期交换一次,每个二极管导通 1/3 周期。负载 R_L 两端的电压波形如图 8-7(b)所示。输出电压脉动较小,其平均值为

$$U_o = 2.34U \qquad (8-11)$$

式中,U 为变压器副边相电压的有效值。

负载电流 i_o 平均值为

$$I_o = \frac{U_o}{R_L} = 2.34 \frac{U}{R_L} \tag{8-12}$$

流过每个管子的平均电流为

$$I_D = \frac{1}{3}I_o = 0.78 \frac{U}{R_L} \tag{8-13}$$

每个二极管所承受的最大反向电压为变压器副边线电压的幅值。

$$U_{RM} = \sqrt{3}U_m = \sqrt{3} \times \sqrt{2}U = 2.45U = 1.05U_o \tag{8-14}$$

现将三种整流电路列成表 8-1，以便比较。

表 8-1 常用的三种整流电路

类型	单相半波	单相桥式	三相桥式
电路	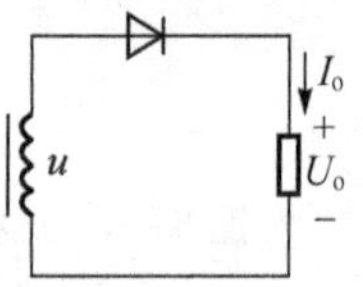	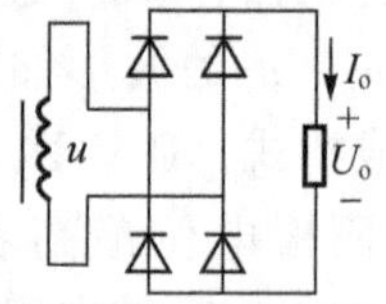	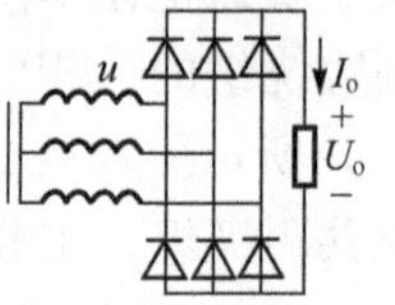
整流电压 u_o 的波形	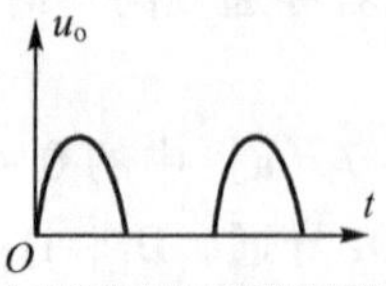	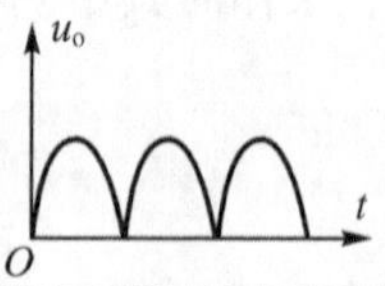	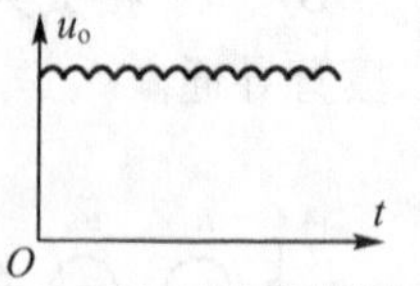
整流电压平均值 U_o	$0.45U$	$0.9U$	$2.34U$
流过每管的电流平均值 I_D	I_o	$\frac{1}{2}I_o$	$\frac{1}{3}I_o$
每管承受的最高反向电压 U_{RM}	$\sqrt{2}U = 1.41U$	$\sqrt{2}U = 1.41U$	$\sqrt{3}\cdot\sqrt{2}U = 2.45U$
变压器副边电流有效值 I	$1.57I_o$	$1.11I_o$	$0.82I_o$

现在，半导体器件厂已将整流二极管封装在一起，制造成单相整流桥和三相整流桥模块，这些模块只有输入交流和输出直流引脚，减少接线，提高了可靠性，使用起来非常方便。

第二节 滤波电路

利用整流电路，可以把交流电压转换成脉动直流电压，但这种电压除含有直流成分外，还含有较大的交流成分。为了滤除脉动直流电压中的交流成分，保留直流成分，需要在整流电路中接滤波电路（也称滤波器）。下面介绍几种常用的滤波电路。

一、电容滤波电路

单相半波整流电容滤波电路如图 8-8 所示。在负载电阻 R_L 两端并联滤波电容 C，利用电容 C 的充放电作用，使输出电压趋于平滑。负载电阻 R_L 两端的电压等于电容 C 两端的电压，即 $u_o = u_C$。其输出电压的波形如图 8-9 所示。

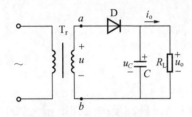
图 8-8　电容滤波电路

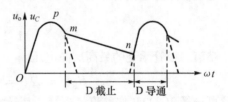
图 8-9　电容滤波电路的输出特性

在分析电容滤波电路时，要特别注意电容器两端电压 u_C 对整流元件导电的影响，整流元件只有受正向电压作用时才导通，否则便截止。

设起始时电容器两端电压为零。当电源电压正半周由零按正弦曲线上升时，二极管导通，电源在向负载提供电流的同时，还对电容 C 充电，使 u_C 随 u 的上升而逐渐增大，直至达到 u 的最大值，如图 8-9 中 Op 段波形。

当 u 从最大值开始下降时，由于电容器两端电压不会突变，将出现 $u < u_C$ 的情况，这时二极管则因反向偏置而截止，电容器通过 R_L 放电为负载提供电流，放电电流与二极管导通时的电流方向相同。在 R_L 和 C 足够大的情况下，放电过程持续时间较长，即使在 u 处于负半周时，仍有放电电流流过负载，输出电压仍为正值。如图 8-9 中 mn 段波形。

当交流电压 u 的下一个正半周出现，且 $u > u_C$ 时，二极管重新导通，电容器又被充电，重复上述过程。

由于二极管的正向导通电阻很小，所以电容充电很快，u_C 紧随 u 升高。当 R_L 较大时，电容放电较慢，负载两端的电压缓慢下降。因此，输出电压不仅脉动程度减小，其平均值也可得到提高，其波形如图 8-9 所示。

滤波电容一般在几百微法以上，电容越大，滤波效果越好。为了获得比较平滑的直流电压，可按

$$R_L C \geqslant (3 \sim 5) \frac{T}{2} \qquad (8-15)$$

来选择滤波电容，式中 T 为交流电的周期。

半波整流电容滤波电路输出电压的大小与负载有关。空载时，电容没有放电回路，其输出电压可达 $\sqrt{2} U$，接入负载后，输出电压约等于 U，即

$$U_o \approx U$$

若负载电阻 R_L 减小，则电容器放电加快，输出电压降低。所以电容滤波只适用于负载电流较小并且负载基本不变的场合。

桥式整流电容滤波电路的工作原理同半波整流电容滤波电路。当满足条件 $R_L C \geqslant (3 \sim 5) \frac{T}{2}$ 时，其输出电压约为

$$U_o = (1.1 \sim 1.2)U$$

例 8.3 设计一桥式整流、电容滤波电路。要求输出电压 $U_o = 48$ V，已知负载电阻 $R_L = 100\ \Omega$，交流电源频率为 50 Hz，试选择整流二极管和滤波电容器。

解 流过整流二极管的平均电流为

$$I_D = \frac{1}{2}I_o = \frac{1}{2} \cdot \frac{U_o}{R_L} = \frac{1}{2} \times \frac{48}{100} = 0.24\ (A) = 240\ (mA)$$

变压器副边电压有效值

$$U = \frac{U_o}{1.2} = \frac{48}{1.2} = 40\ (V)$$

整流二极管承受的最高反向电压

$$U_{RM} = \sqrt{2}U = 1.41 \times 40 = 56.4\ (V)$$

因此可选择 2CZ11B 作整流二极管，其最大整流电流为 1 A，最高反向工作电压为 200 V。

根据式（8-15），取 $R_L C = 5\dfrac{T}{2} = 5 \times \dfrac{0.02}{2} = 0.05$（s）

$$C = \frac{0.05}{R_L} = \frac{0.05}{100} = 500 \times 10^{-6}\ (F) = 500\ (\mu F)$$

二、电感滤波电路

电感滤波电路如图 8-10 所示，电感 L 与负载电阻 R_L 串联，利用通过电感的电流不能突变的特性来实现滤波。当电感电路电流增大时，电感产生的自感电动势阻止电流增加，同时将部分电能转变为磁场的能量储存起来；而电流减小时，自感电动势则阻止电流的减小，并释放出储存的能量来补偿流过负载的电流。从而使负载电流和负载电压的脉动大为减小。当忽略电感 L 的直流电阻时，负载上输出的平均电压和纯电阻负载相同，即 $U_o = 0.9U$。

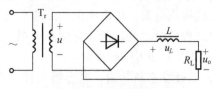

图 8-10 电感滤波电路

电感滤波的特点是峰值电流小，输出电压比较平坦。缺点是由于铁芯的存在，笨重、体积大，易引起电磁干扰。一般只适用低电压大电流的场合。

三、复合滤波电路

单独使用电容或电感构成的滤波电路，滤波效果不够理想，为了提高滤波效果，常用电容和电感组成的复合滤波电路。常见的复合滤波电路有 LC、CLC（π型）、CRC（π型）三种，如图 8-11 所示。

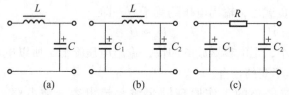

图 8-11 复合滤波电路

(a) LC 滤波电路；(b) CLC（π型）滤波电路；(c) CRC（π型）滤波电路

LC 滤波电路如图 8-11（a）所示，同时利用电感阻止交流分量和电容旁路交流分量的特性，所以滤波效果较好。

CLC（π型）滤波电路如图 8-11（b）所示，由于再并联一个电容器，所以滤波效果更好。因此在许多电子设备中得到广泛应用。考虑到冲击电流，C_1 的容量应比 C_2 小些。

对于负载电流较小（几十毫安以下）和负载比较稳定的场合，为了简单经济，可用适当的电阻 R 代替电感 L 组成 CRC（π型）滤波器，如图 8-11（c）所示。虽然电阻本身并无滤波作用，但因 R、C 元件对交直流呈现不同的阻抗，若适当选择 R、C 参数，使交流分量主要降在电阻 R 上，而直流分量主要降落在电容 C 上，也可取得一定的滤波效果。RC_2 值越大，滤波效果越好，但 R 增大时，功率损耗也增加。所以这种滤波电路多用于负载电流较小的情况。

第三节　稳压管稳压电路

交流电压经过整流滤波后，所得到的直流电压虽然脉动程度已经很小，但当电网电压波动或负载变化时，其直流电压的大小也将随之发生变化，从而影响电子设备和测量仪器的正常工作。因此，常在整流、滤波电路之后加一级直流稳压电路。

最简单的硅稳压管并联型稳压电路如图 8-12 所示，R_L 为负载电阻，稳压管 D_Z 与 R_L 并联，限流电阻 R 与 D_Z 配合起稳压作用。稳压电路的输入电压 U_i 是由整流、滤波电路提供的直流电压，输出电压 U_o 等于稳压管的稳定电压 U_Z。

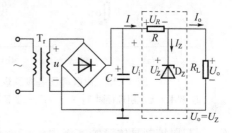

图 8-12　硅稳压管并联型稳压电路

当交流输入电压增加而使输入电压 U_i 增加时，负载电压 U_o 也增加，即 U_Z 增加。但 U_Z 稍有增加时，稳压管的电流 I_Z 就显著增加。因此 R 上的压降增加，以抵偿 U_i 的增加，使负载电压 $U_o = U_i - U_R$ 保持近似不变。反之，当电网电压降低时，通过稳压管与电阻 R 的调节作用，将使电阻 R 上的压降减小，仍然保持负载电压 U_o 近似不变。

当输入电压 U_i 保持不变而负载电流变化引起负载电压 U_o 改变时，上述稳压电路仍能起到稳压的作用。例如，当负载电流增大时，电阻 R 上的压降增大，负载电压 U_o 因而下降，只要 U_o 下降一点，稳压管电流就显著减小，使通过电阻 R 的电流和电阻上的压降保持近似不变。因此负载电压 U_o 也就近似稳定不变，当负载电流减小时，稳压过程相反。

选择稳压管时，一般取

$$U_Z = U_o$$
$$I_{ZM} = (1.5 \sim 3) I_{oM} \qquad (8-16)$$
$$U_i = (2 \sim 3) U_o$$

例 8.4　稳压管稳压电路如图 8-12 所示，交流电源电压经整流、滤波后得 $U_i = 25$ V，负载电阻 R_L 由开路变到 5 kΩ，若要求输出直流电压 $U_o = 15$ V，试选择稳压管。

解　因为输出电压 $U_o = 15$ V，所以负载电流的最大值为

$$I_{oM} = \frac{U_o}{R_L} = \frac{15}{5} = 3 \text{ (mA)}$$

由 $U_Z = U_o = 15$ V，$I_{ZM} = 3I_{oM} = 3 \times 3 = 9$ mA，查半导体器件参数表，选择稳压管 2CW20，其稳定电压 $U_Z = (13.5 \sim 17)$ V，稳定电流 $I_Z = 5$ mA，最大稳定电流 $I_{ZM} = 15$ mA，所以满足要求。

第四节 串联型晶体管稳压电路

硅稳压管稳压电路的稳压效果不够理想，并且只能用于负载电流较小的场合。因此提出串联型晶体管稳压电路。

如果我们将一个可变电阻 R 和负载电阻 R_L 相串联，当输入电压 U_i 或负载 R_L 变动时，均可通过调整 R 使输出电压 U_o 维持不变，如图 8-13（a）所示，输出电压 $U_o = U_i - U_R$。当输入电压 U_i 增加时，把可变电阻 R 调大，使它承受输入电压 U_i 的全部增量，这样，输出电压 U_o 就可维持不变。当 U_i 不变，而负载电流增大时，只要调小 R 的阻值，使其电压不变，输出电压也将维持不变。实际电路中，是用一工作在线性区的晶体管 T 来代替可变电阻 R，以实现自动调节，如图 8-13（b）所示。由图可见，负载的端电压就是稳压电路的输出电压 U_o，它等于输入电压 U_i 与晶体管 T 的管压降 U_{CE} 之差，即 $U_o = U_i - U_{CE}$。只要控制晶体管的基极电流，就可调整 U_{CE} 的大小，从而维持输出电压 U_o 稳定。这样，晶体管就起着调整电压的作用，所以称为调整管。

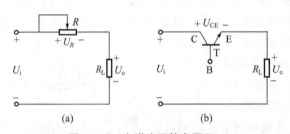

图 8-13 串联稳压基本原理

(a) 利用可变电阻进行调节；(b) 利用三极管进行自动调节

串联型晶体管稳压电路如图 8-14 所示。电阻 R_1、R_2 和电位器 R_P 构成采样环节，电阻 R_3 和稳压管 D_Z 为比较放大环节提供基准电压 U_Z，晶体管 T_1 是调整元件，晶体管 T_2 用作比较放大环节。

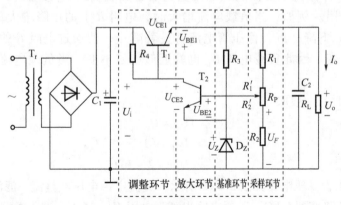

图 8-14 串联型晶体管稳压电路

在图 8 – 14 中，晶体管 T_1 实际上是接成射极输出器的形式，负载电阻 R_L 是它的射极电阻，整流滤波后的电压 U_i 是它的电源。由图可见，这种稳压电路实质上就是一个电压串联负反馈电路。因此，它的稳压原理就是利用电压串联负反馈稳定输出电压的过程。

例如，当 U_i 上升或输出电流 I_o 减小使 U_o 升高时，有

$$U_i\uparrow(或 I_o\downarrow)\rightarrow U_o\uparrow\rightarrow U_F\uparrow\xrightarrow{U_Z 一定} U_{B1}\downarrow\rightarrow I_{B1}\downarrow\rightarrow U_{CE1}\uparrow\rightarrow U_o\downarrow$$

同理，当 U_i 下降或输出电流 I_o 增大使 U_o 降低时，经过闭环系统的调节，可使输出电压基本不变。

第五节　集成稳压电源

集成稳压电源具有体积小、可靠性高、使用灵活及价格低廉等优点，近年来发展很快，得到广泛应用。

图 8 – 15 是 W78×× 和 W79×× 系列稳压器的外形、管脚排列图。这种稳压器只有输入端、输出端和公共端三个引出端，所以也称为三端集成稳压器。使用时只需在其输入端和输出端与公共端之间各并联一个电容即可。C_1 用以抵消输入端较长接线的电感效应，防止产生自激振荡，接线不长时也可不用。C_2 是为了瞬时增减负载电流时不致引起输出电压有较大的波动。C_1 一般为 $0.1\sim1\ \mu F$，如 $0.33\ \mu F$；C_2 可用 $1\ \mu F$。

W78×× 系列输出的正电压有 5 V、6 V、8 V、9 V、10 V、12 V、15 V、18 V 和 24 V 等多种。其后两位数字表示该稳压器的输出电压。如 W7806 表示输出电压为 6 V 的集成稳压器。W79×× 系列输出固定的负电压，如 W7912 表示输出电压为 –12 V，其参数与 W78×× 系列基本相同。这类三端稳压器在加装散热器的情况下，输出电流可达 $1.5\sim2.2$ A，最高输入电压为 35 V，最小输入、输出电压差为 $2\sim3$ V，输出电压变化率为 $0.1\%\sim0.2\%$。

图 8 – 16 是 78×× 系列稳压器的电原理图。不难看出，它与分立元件组成的串联调整式稳压电源十分相似。所不同的是增加了启动电路、恒流源以及保护电路。为了使稳压器能在比较大的电压变化范围内正常工作，在基准电压形成和误差放大部分设置了恒流电路。启动电路

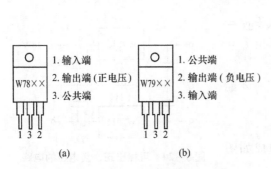

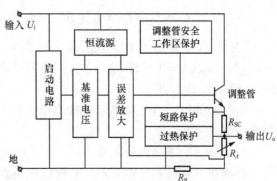

图 8 – 15　三端集成稳压器
(a) W78×× 系列；(b) W79×× 系列

图 8 – 16　78×× 系列集成稳压器电原理图

的作用就是为恒流源建立工作点。R_{SC} 是过流保护取样电阻；R_A、R_B 组成电压取样电路。实际电路是由一个电阻网络组成，在输出电压不同的稳压器中，采用不同的串连接法，形成不同的分压比。通过误差放大后去控制调整管的工作状态，以形成和稳定一系列预定的输出电压，因此 R_A 为一只可变电阻。

79×× 系列稳压器也是一种串联调整式稳压电源，但它的调整管处于共射工作状态，属集电极输出型稳压电路，其工作原理与 78×× 系列类似。

1. 基本电路

图 8-17 为 W78×× 系列和 W79×× 系列三端稳压器基本接线图。

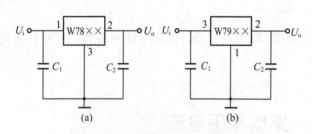

图 8-17 三端稳压器基本接线图
(a) W78×× 系列；(b) W79×× 系列

2. 提高输出电压的电路

图 8-18 所示电路的输出电压 U_o 高于 W78×× 的固定输出电压 U_{xx}，显然，$U_o = U_{xx} + U_Z$。

3. 扩大输出电流的电路

当稳压电路所需输出电流大于 2 A 时，可通过外接三极管的方法来扩大输出电流，如图 8-19 所示。

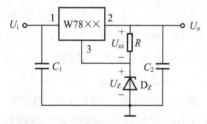

图 8-18 可提高输出电压的电路

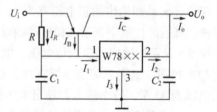

图 8-19 可扩大输出电流的电路

图中 I_3 为稳压器公共端电流，其值很小，可以忽略不计，所以 $I_1 \approx I_2$，则可得

$$I_o = I_C + I_2 = I_2 + \beta I_B = I_1 + \beta(I_1 - I_R) = (1+\beta)I_2 + \beta \frac{U_{BE}}{R} \quad (8-17)$$

例如功率管 $\beta = 10$，$U_{BE} = -0.3$ V（$U_{BE} = -U_{EB}$），电阻 $R = 0.5\ \Omega$，$I_2 = 1$ A，则可计算出 $I_o = 5$ A，可见 I_o 比 I_2 扩大了。

电阻 R 的作用是使功率管在输出电流较大时才能导通。

4. 输出正、负电压的电路

将 W78×× 系列、W79×× 系列稳压器组成如图 8-20 所示的电路，可输出正、负电压。

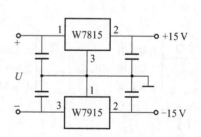

图 8-20 可输出正、负电压的电路

习 题 八

一、填空题

8.1 整流是利用二极管的_____特性。

8.2 当稳压管稳压电路的输入电压不变，而负载电流减小时，则流过稳压管的电流将_____。

8.3 单相桥式整流电路，负载电阻为 100 Ω，输出电压平均值为 10 V，则流过每个整流二极管的平均电流为_____ A。

8.4 不加滤波器的由理想二极管组成的单相桥式整流电路的输出电压平均值为 9 V，则输入正弦电压有效值应为_____。

8.5 集成稳压器 W7815，其输出端与接"地"端的输出电压为_____。

8.6 单相桥式整流电路中，流过负载的平均电流为 5 A，则流过每个二极管的平均电流为_____ A。

二、选择题

8.1 将交流电变为直流电的电路称为（　　）。
A. 稳压电路　　　　B. 滤波电路　　　　C. 整流电路　　　　D. 放大电路

8.2 欲测单相桥式整流电路的输入电压 U_i 及输出电压 U_o，应采用的方法是（　　）。
A. 用直流电压表分别测 U_i 及 U_o
B. 用交流电压表分别测 U_i 及 U_o
C. 用直流电压表测 U_i，用交流电压表测 U_o
D. 用交流电压表测 U_i，用直流电压表测 U_o

8.3 如图 8-21 所示为含有理想二极管组成的电路，当输入电压 u 的有效值为 10 V 时，输出电压 u_o 平均值为（　　）。
A. 12 V　　　　B. 9 V　　　　C. 4.5 V　　　　D. 0 V

8.4 电路如图 8-22 所示，输出电压平均值 U_o 与变压器副边电压有效值 U_2 满足（　　）关系。
A. $U_o = 0.45 U_2$　　B. $U_o = 1.1 U_2$　　C. $U_o = 0.9 U_2$　　D. $U_o = 1.2 U_2$

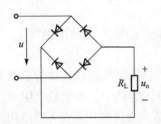

图 8-21　选择题 8.3 的电路图

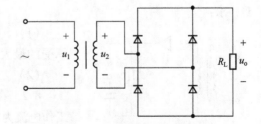

图 8-22　选择题 8.4 的电路图

8.5 单相桥式整流电路输入的正弦电压有效值为 U，其输出电压平均值为（　　）

A. $\sqrt{2}U$ B. $0.9U$

C. $\dfrac{\sqrt{2}}{2}U$ D. $0.45U$

8.6 电路如图8-23所示单相桥式整流电路中，二极管D承受的最高反向电压是（　　）。

A. 10 V B. 14.14 V
C. 20 V D. 28.28 V

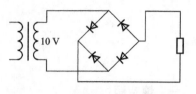

图8-23 选择题8.6的电路图

8.7 单相桥式整流电路，已知负载电阻为80 Ω，负载电压为110 V，交流电压及流过每个二极管的电流为（　　）

A. 246 V、1.4 A B. 123 V、1.4 A C. 123 V、0.7 A D. 246 V、0.7 A

8.8 稳压管的稳压性能是利用PN结的（　　）。

A. 单向导电特性 B. 正向导电特性 C. 反向截止特性 D. 反向击穿特性

8.9 电路如图8-24所示稳压电路，稳压管 D_{Z1} 与 D_{Z2} 相同，其稳压值 $U_Z = 5.3$ V、正向压降 0.7 V，输出电压 U_o 为（　　）。

A. 1.4 V B. 4.6 V C. 5.3 V D. 6 V

8.10 电路如图8-25所示电路中，稳压管 D_{Z1} 的稳压值为8 V、D_{Z2} 的稳压值为6 V，则输出电压 U 为（　　）

A. 6 V B. 8 V C. 10 V D. 2 V

8.11 稳压电路如图8-26所示，已知稳压管的稳定电压为12 V，稳定电流为5 mA，最大稳定电流为30 mA，则稳压电路输出电压 $U_o = $（　　）。

A. 0 V B. 30 V C. 10 V D. 12 V

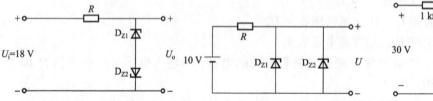

图8-24 选择题8.9的电路图　　图8-25 选择题8.10的电路图　　图8-26 选择题8.11的电路图

三、分析计算题

8.1 在图8-27所示电路中，已知变压器副边绕组电压有效值为36 V，负载电阻 $R_L = 10$ Ω，求：

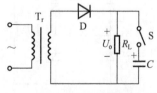

图8-27 分析计算题8.1图

（1）S断开时，输出电压 U_o，输出电流 I_o 及二极管承受的最大反向电压；

（2）若S闭合时，二极管被烧毁，试分析其原因。

8.2 在单相半波整流电路中，若负载电阻 $R_L = 12$ Ω，工作电流为2 A，问需要的交流电压多大？并选用二极管。

*8.3 有一电阻性负载，直流额定电压为12 V，额定电流为600 mA，由单相220 V交流电源供电，当电路形式采用单相半波或单相桥式整流电路，试确定两种电路形式的整流变压器的变比，并选用相应的整流二极管。

8.4 在图 8-28 所示电路中，若变压器副边绕组两段的电压有效值各为 U，试分析：

（1）标出负载电阻 R_L 上电压 u_o 和滤波电容器 C 的极性；

（2）分别画出无滤波电容器和有滤波电容器两种情况下负载电阻上电压 u_o 的波形；

（3）如无滤波电容器，负载整流电压的平均值 U_o 和变压器副边绕组每段的有效值 U 之间的数值关系如何？

（4）分别说明有滤波电容和无滤波电容两种情况下，截止二极管上所承受的最大反向电压 U_{RM} 是多大？

（5）如果把图中的 D_1、D_2 都反接，是否仍有整流作用？若有整流作用请说明输出电压有何不同？

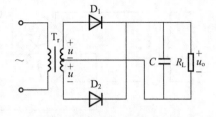

图 8-28　分析计算题 8.4 图

8.5　有一整流电路如图 8-29 所示，求：

（1）负载电阻 R_{L1} 和 R_{L2} 上整流电压的平均值 U_{o1} 和 U_{o2}，并标出极性；

（2）二极管 D_1、D_2、D_3 中的平均电流 I_{D1}、I_{D2}、I_{D3}，以及各管所承受的最大反向电压。

8.6　电路如图 8-30 所示，已知变压器副边电压 $u_2 = 40\sqrt{2}\sin 314t$ V，电容 C 足够大，设电压表内阻为无穷大，二极管为理想元件，试求：

（1）开关 S_1 闭合、S_2 断开，直流电压表 Ⓥ 的读数；

（2）开关 S_1 断开、S_2 闭合，直流电压表 Ⓥ 的读数；

（3）开关 S_1、S_2 均闭合，直流电压表 Ⓥ 的读数。并定性画出 u_o 的波形图。

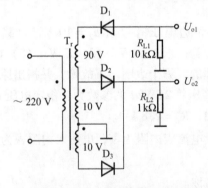

图 8-29　分析计算题 8.5 图

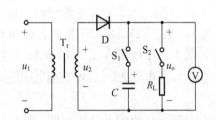

图 8-30　分析计算题 8.6 图

8.7　整流滤波电路如图 8-31 所示，二极管为理想元件，已知负载电阻 $R_L = 400\ \Omega$，负载两端直流电压 $U_o = 60$ V，交流电源频率 $f = 50$ Hz。要求：

型号	最大整流电流平均值/mA	最高反向峰值电压/V
2CP11	100	50
2CP12	100	100
2CP13	100	150

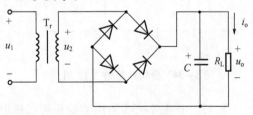

图 8-31　分析计算题 8.7 图

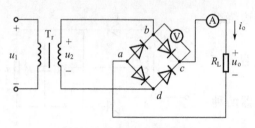

图 8-32 分析计算题 8.9 图

(1) 在下表中选出合适型号的二极管；
(2) 计算出滤波电容器的电容。

8.8 在单相桥式整流电路中，若有一个二极管断路，电路会出现什么现象？若有一个二极管短路，电路又会出现什么现象？若有一个二极管反接，情况又将如何？

8.9 整流电路如图 8-32 所示，二极管为理想元件，已知直流电压表 Ⓥ 的读数为 45 V，负载电阻 $R_L = 5\ \text{k}\Omega$，整流变压器的变比 $k = 10$，要求：

(1) 说明电压表 Ⓥ 的极性；

*(2) 计算变压器原边电压有效值 $U_1 = ?$

(3) 计算直流电流表 Ⓐ 的读数。（设电流表的内阻视为零，电压表的内阻视为无穷大）

8.10 试说明图 8-33 所示各电路中，R、L、C 是否在起滤波作用？

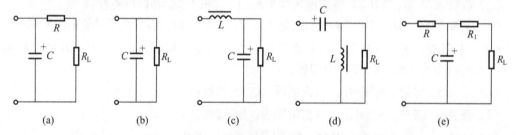

图 8-33 分析计算题 8.10 图

8.11 整流滤波电路如图 8-34 所示，变压器副边电压有效值 $u_2 = 10\ \text{V}$，负载电阻 $R_L = 500\ \Omega$，电容 $C = 1\,000\ \mu\text{F}$，当输出电压平均值 u_o 为：(1) 14 V；(2) 12 V；(3) 10 V；(4) 9 V；(5) 17.5 V 五种数据时，分析哪个是合理的？哪个表明出了故障。并指出原因。

8.12 电路如图 8-35 所示，已知 $U_1 = 30\ \text{V}$，稳压管 2CW20 的参数为：稳定电压 $U_Z = 14\ \text{V}$，最大稳定电流 $I_{Z\,\text{max}} = 15\ \text{mA}$，电阻 $R = 1.6\ \text{k}\Omega$，$R_L = 2.8\ \text{k}\Omega$。

(1) 试求电压表 Ⓥ、电流表 Ⓐ₁ 和 Ⓐ₂ 的读数。（设电流表内阻为零，电压表内阻视为无穷大）；

(2) 写出点线框 Ⅰ、Ⅱ、Ⅲ、Ⅳ 各部分电路的名称。

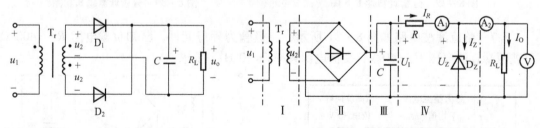

图 8-34 分析计算题 8.11 图　　图 8-35 分析计算题 8.12 图

8.13 在图 8-36 所示的稳压管稳压电路中，若限流电阻 $R = 0$ 时有否稳压作用？会出现什么结果？若稳压管接反了，又会出现什么结果？

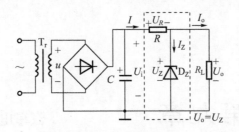

图 8-36　分析计算题 8.13 图

8.14　图 8-37 是 W78×× 稳压器组成的稳压电路，为一高输入电压画法，试分析其工作原理。

8.15　图 8-38 是 W78×× 稳压器外接功率管扩大输出电流的稳压电路，且具有外接过流保护环节，用于保护功率管 T_1，试分析其工作原理。

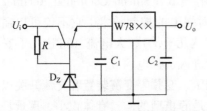

图 8-37　分析计算题 8.14 图

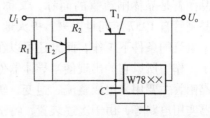

图 8-38　分析计算题 8.15 图

第九章 晶闸管及可控整流电路

△ 汽车电工电子基础（第3版）

晶闸管是晶体闸流管的简称，又称可控硅，常用 SCR（Silicon Controlled Rectifier）表示。晶闸管自1957年问世以来，极大地发展了弱电对强电的控制技术，它不仅可以在低电压、小电流的条件下工作，而且还可以在高电压（可达几千伏）、大电流（可达几千安）的条件下工作，所以它的出现使半导体器件从弱电领域进入了强电领域。

晶闸管主要用来组成整流、逆变、斩波、交流调压、变频等变流装置和交流开关以及家用电器实用电路等，由于上述装置，特别是变流装置是静止型的，具有体积小、重量轻、效率高、动作迅速、寿命长等优点，并且无毒、无噪声、造价低、维修方便等优点，因此在各个工业部门和民用领域都得到广泛的应用。本章主要介绍普通型晶闸管的结构、工作原理以及由晶闸管构成的可控整流电路。

第一节 晶闸管

一、基本结构

晶闸管的种类很多，有普通型、双向型、可关断型和快速型等。普通型晶闸管的外形有螺栓式和平板式，如图9-1所示。它们都有3个电极：阳极 A、阴极 K、控制极 G。螺栓式晶闸管有螺栓的一端是阳极，使用时可将螺栓固定在散热器上，另一端的粗引线是阴极，细引线是控制极。平板式晶闸管中间金属环的引出线是控制极，离控制极较远的端面是阳极，离控制极较近的端面是阴极，使用时可把晶闸管夹在两个散热器中间，散热效果好。

晶闸管的内部结构如图9-2（a）所示，它由4层半导体 P_1、N_1、P_2、N_2 重叠构成，从而形成 J_1、J_2、J_3 三个 PN 结。由端面 P_1 层半导体引出阳极 A，由端面 N_2 层半导体引出阴极 K，由中间 P_2 层半导体引出控制极 G。图9-2（b）为晶闸管的图形符号。

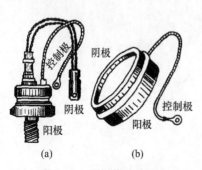

图9-1　晶闸管的外形
（a）螺栓式；(b) 平板式

二、工作原理

为便于理解,下面以实验电路来说明晶闸管的工作原理。

1. 晶闸管的反向阻断

将晶闸管的阴极接电源的正极,阳极接电源的负极,使晶闸管承受反向电压,如图 9-3(a)所示,这时不管开关 S 闭合与否,灯泡都不会发光。这说明晶闸管加反向电压时不导通,处于反向阻断状态。其原因是:在反向电压作用下,PN 结 J_1、J_3 均处于反向偏置,故晶闸管不导通。

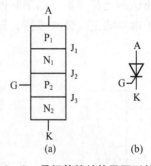

图 9-2 晶闸管的结构及图形符号
(a)结构图;(b)图形符号

2. 晶闸管的正向阻断

在晶闸管的阳极和阴极之间加正向电压,开关 S 不闭合,如图 9-3(b)所示,灯泡也不亮,晶闸管处于正向阻断状态。形成正向阻断的原因是:当晶闸管只加正向电压而控制极未加电压时,PN 结 J_2 处于反向偏置,故晶闸管也不会导通。

3. 晶闸管的导通

在晶闸管阳极加正向电压的同时,将开关 S 闭合,使控制极也加正向电压,如图 9-3(c)所示,此时灯泡发出亮光,说明晶闸管处于导通状态。可见,**晶闸管导通的条件是:阳极与阴极之间加正向电压,控制极与阴极间也加正向电压**。

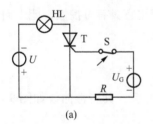 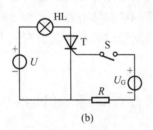 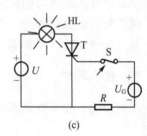

图 9-3 晶闸管工作原理实验电路
(a)反向阻断;(b)正向阻断;(c)正向导通

晶闸管导通后,如果把开关 S 断开,灯泡仍然发光,即晶闸管仍处于导通状态。这说明晶闸管一旦导通后,控制极便失去了控制作用。因此,在实际应用中,控制极只需施加一定的正脉冲电压便可触发晶闸管导通。

为了说明晶闸管导通的原理,我们可以把晶闸管看成是由 PNP 型和 NPN 型两个三极管连接而成,如图 9-4 所示。其中 N_1、P_2 为两管共有,即一个三极管的基极与另一个三极管的集电极相连。阳极 A 相当 PNP 型管 T_1 的发射极,阴极 K 相当于 NPN 型管 T_2 的发射极。

如果晶闸管阳极加正向电压,控制极也加正向电压,两个等效三极管的各个 PN 结的偏置均符合放大工作的条件,其电路如图 9-5 所示。在控制极正向电压 U_G 的作用下,产生的控制极电流 I_G 就是 T_2 管的基极电流 I_{B2},T_2 的集电极电流 $I_{C2}=\beta_2 I_{B2}=\beta_2 I_G$ 又是 T_1 管的基极电流,T_1 管的集电极电流 $I_{C1}=\beta_1 I_{C2}=\beta_1\beta_2 I_G$,其中 β_1、β_2 分别是 T_1、T_2 的电流放大系数。I_{C1} 又流入 T_2 的基极再一次放大。反复放大在电路中形成强烈的正反馈,使两个三极管迅速达到饱和导通，晶闸管便进入了完全导通的状态。晶闸管导通后的工作状态可完全依靠管子本身的正反馈来维持，即使控制电流消失，晶闸管仍处于导通状态。

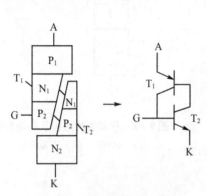

图9-4 晶闸管的等效电路

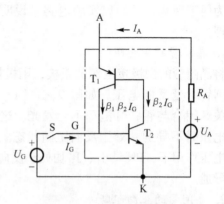

图9-5 晶闸管导通原理图

晶闸管导通后，其正向压降很小，大约为1 V，电源电压几乎全部加在负载上。所以，晶闸管导通后电流的大小取决于外电路参数。

4. 晶闸管导通后的关断

晶闸管导通后，若将外电路的负载电阻加大，使晶闸管的阳极电流降低到不能维持正反馈的数值，则晶闸管便自行关断，恢复到阻断状态。对应于关断瞬间的阳极电流称为维持电流，用 I_H 表示，它是维持晶闸管导通的最小电流。如果将晶闸管的阳极电压降低到零或断开阳极电源或在阳极与阴极间加反向电压，导通的晶闸管都能自行关断。

综上所述，晶闸管是一个可控的单向导电开关。与二极管相比它具有可控性，能正向阻断；与三极管相比，其差别在于晶闸管对控制电流没有放大作用。

三、伏安特性

晶闸管的伏安特性是阳极电流 I_A 与阳、阴极间电压 U_{AK} 的关系，其特性曲线如图9-6所示。

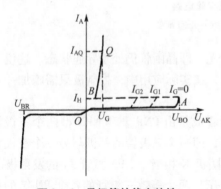

图9-6 晶闸管的伏安特性

当 $U_{AK} > 0$、控制极未加电压、即 $I_G = 0$ 时，晶闸管处于正向阻断状态。由于管内 PN 结 J_2 处于反向偏置，所以只有很小的漏电流，对应于特性曲线的 OA 段。当 U_{AK} 增大到 A 点电压 U_{BO} 时，漏电流突然增大，晶闸管迅速由阻断变为导通状态。A 点电压 U_{BO} 称为正向转折电压。晶闸管导通后，其正向管压降约1 V，但阳极电流很大，因此特性曲线靠近纵轴且很陡直，与二极管的正向特性相似。需要说明一点，$I_G = 0$、$U_{AK} > U_{BO}$ 使晶闸管导通，是管内 PN 结 J_2 被击穿形成的，这种情况很容易造成晶闸管不可恢复性损坏。正常使用时应在控制极加正向电压 U_G。$U_G > 0$ 则 $I_G > 0$，晶闸管的正向转折电压降低。I_G 越大，转折电压越小，即晶闸管越容易导通。

当晶闸管加反向电压时，其伏安特性与二极管相似，只有很小的反向漏电流，晶闸管处于反向阻断状态。当反向电压增大到反向击穿电压 U_{BR} 时，反向漏电流急剧增大，晶闸管反向击穿。U_{BR} 又称为反向转折电压。

四、主要参数

晶闸管的主要参数如下。

1. **正向重复峰值电压 U_{FRM}**

在控制极开路和正向阻断的条件下，允许重复加在晶闸管两端的正向峰值电压，称为正向重复峰值电压 U_{FRM}。通常规定此电压为正向转折电压 U_{BO} 的 80%。

2. **反向重复峰值电压 U_{RRM}**

在控制极开路时，允许重复加在晶闸管上的反向峰值电压，称为反向重复峰值电压。通常规定此电压为反向转折电压的 80%。

U_{FRM} 和 U_{RRM} 在数值上一般较接近，统称为晶闸管的重复峰值电压。通常把其中较小的那个数值作为该型号器件的额定电压，用 U_N 表示。

3. **额定正向平均电流 I_F**

在规定的标准散热条件和环境温度（40 ℃）下，晶闸管处于全导通时允许连续通过的工频正弦半波电流的平均值。

由于晶闸管的过载能力小，在选用晶闸管时，其额定正向平均电流 I_F 应为正常工作平均电流的 1.5~2 倍。

4. **维持电流 I_H**

在室温下，控制极断开后，维持晶闸管继续导通所必需的最小电流称为维持电流 I_H。当正向电流小于维持电流时，晶闸管就自行关断。I_H 的值一般为几十毫安至一百多毫安。

目前我国生产的晶闸管的型号及其含义如下：

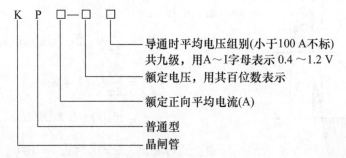

例如 KP300—10F 型晶闸管是普通型晶闸管，额定电流为 300 A，额定电压为 1 000 V，通态平均电压降为 0.9 V。

第二节　可控整流电路

利用晶闸管作整流元件的整流电路，其输出直流电压的大小是可以调节的，称为可控整流电路。可控整流电路有单相半波、单相桥式、三相半波和三相桥式等，本节仅介绍单相可控整流电路。

一、单相半波可控整流电路

单相半波可控整流电路是最基本的可控整流电路。同一整流电路，当负载性质不同时，电路的工作情况也不同。

1. 电阻性负载

接有电阻性负载的单相半波可控整流电路如图9-7所示。它由变压器、晶闸管和负载电阻 R_L 组成。变压器副边电压 $u_2 = \sqrt{2}U_2\sin\omega t$ V。

当 u_2 为正半周时，设 a 点电位高于 b 点电位，晶闸管承受正向电压而处于正向阻断状态。如果 $\omega t = \alpha$ 时，在控制极加触发电压 u_g，晶闸管立即导通，若忽略1 V左右的管压降，则电源电压全部加在负载电阻 R_L 上，即 $u_o = u_2$。当交流电压 u_2 过零点时，晶闸管的正向电流小于维持电流而自行关断。u_2 为负半周时，晶闸管承受反向电压不能导通，负载上电压为零。在以后的各个周期均重复上述过程。

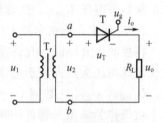

图9-7 接电阻性负载的单相半波可控整流电路

单相半波可控整流电路接电阻负载时，各电压及电流的波形如图9-8所示。

晶闸管承受正向电压不导通的范围称为控制角，用 α 表示；导通的范围称为导通角，用 θ 表示。显然 $\theta = \pi - \alpha$。改变控制极触发脉冲的输入时刻，就可以改变控制角 α 的大小，对此称之为移相，α 又称作移相角。α 越大，θ 越小，输出电压越低，反之则输出电压越高。由图9-8可知，输出电压 u_o 的平均值为

$$U_o = \frac{1}{2\pi}\int_\alpha^\pi \sqrt{2}U_2\sin\omega t\,d(\omega t)$$

$$= \frac{\sqrt{2}}{2\pi}U_2(1+\cos\alpha)$$

$$= 0.45U_2\frac{1+\cos\alpha}{2} \tag{9-1}$$

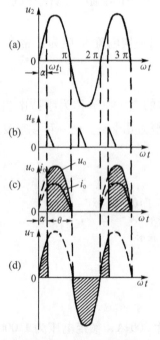

图9-8 电阻负载单相半波可控整流电路电压、电流波形

由上式可看出，$\alpha = 0°$ 时，$\theta = 180°$，晶闸管在正半周全导通，$U_o = 0.45U_2$，输出电压最高。若 $\alpha = 180°$，则 $\theta = 0°$，晶闸管在正半周全关断，输出电压为零。

输出电流的平均值为

$$I_o = \frac{U_o}{R_L} = 0.45\frac{U_2}{R_L}\cdot\frac{1+\cos\alpha}{2} \tag{9-2}$$

通过晶闸管的电流平均值为

$$I_T = I_o \tag{9-3}$$

晶闸管承受的最大反向电压和可能承受的最大正向电压均为

$$U_{TM} = \sqrt{2}U_2 \tag{9-4}$$

例 9.1 在单相半波可控整流电路中,已知电源电压 $u_2 = 220\sqrt{2}\sin\omega t$ V,负载电阻为 12 Ω,要求直流工作电压为 30 ~ 90 V 可调,求晶闸管导通角的变化范围。

解 由式(9-1)可得

$$\cos\alpha = \frac{2U_o}{0.45U_2} - 1$$

当输出电压为 30 V 时

$$\cos\alpha_1 = \frac{2 \times 30}{0.45 \times 220} - 1 = -0.39$$

$$\alpha_1 = 113.2°$$

$$\theta_1 = 180° - 113.2° = 66.8°$$

当输出电压为 90 V 时

$$\cos\alpha_2 = \frac{2 \times 90}{0.45 \times 220} - 1 = 0.82$$

$$\alpha_2 = 35.1°$$

$$\theta_2 = 180° - 35.1° = 144.9°$$

导通角 θ 的变化范围为 66.8° ~ 144.9°。

当输出电压为 30 V 时,晶闸管的控制角大于 90°,晶闸管不仅承受最大反向电压,也要承受最大正向电压。

2. 电感性负载

在实际应用中,可控整流电路的负载往往是电感性负载,如直流电磁铁的励磁线圈、各种电机的励磁绕组等。带有电感性负载的单相半波可控整流电路如图 9-9 所示。为便于分析,图中将负载等效为电感 L 和电阻 R 相串联的电路。

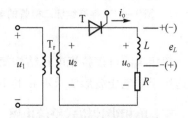

图 9-9 带有电感性负载的单相半波可控整流电路

带有电感性负载的整流电路,工作情况与电阻性负载大不相同。当 u_2 为正半周时,晶闸管在控制角为 α 的情况下加入触发电压而导通,由于电感中产生阻碍电流变化的感应电动势 e_L,极性为上"+"下"-",电路中电流不能突变,由零逐渐上升。当电流达到最大值时,感应电动势为零,尔后,电流减小,电动势 e_L 的极性改变为上"-"下"+",方向与电流方向一致,阻碍电流的减小。在 u_2 经过零点变为负值的一段时间内,自感电动势 e_L 与 u_2 极性相反,只要 e_L 大于 u_2,晶闸管则继续承受正向电压,只要电流大于维持电流 I_H,晶闸管就不会自行关断。因此,在这段时间内,负载的端电压 u_o 为负值。当电流下降到维持电流 I_H 以下时,晶闸管自行关断,负载的端电压为零,其波形如图 9-10(a)所示。

由上述可知,单相半波可控整流电路接电感性负载时,晶闸管的导通角 θ 将大于 (π-α),负载电感

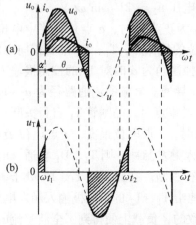

图 9-10 带电感性负载的单相半波可控整流电路的电压、电流波形图

越大,导通角越大,在 u_2 负半周维持导电的时间越长,在一周期内,负载上负电压所占比重越大,输出电压的平均值越小。为此必须采取适当的措施,使晶闸管在 u_2 过零点时,能立即自行关断,避免负载上出现负电压。

图9-11中,在感性负载两端并联了一个续流二极管D,当 u_2 过零变负时,二极管导通,使晶闸管承受反向电压及时关断,负载两端的电压就是续流二极管的管压降,其大小接近于零。另外,二极管D又为自感电动势 e_L 产生的电流提供了一条通路,使电感释放出的能量消耗在电阻 R 上。

电感性负载并联续流二极管后,输出电压 u_o 的波形和电阻性负载的相同,输出电压平均值与控制角 α 的关系也可用式(9-1)来表示。然而通过负载的电流波形却与电阻性负载的不同,当负载的感抗比电阻大得多时,电流的波形接近于一条水平线,如图9-12所示。

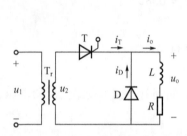

图9-11 接有续流二极管的电路

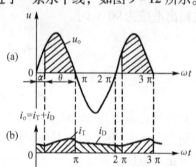

图9-12 电感性负载并接续流二极管时的电压、电流波形图

单相半波可控整流电路结构简单,调整方便,缺点是直流输出电压低,脉动大。这种电路适用于对电压波形要求不高的小功率设备。

二、单相半控桥式整流电路

单相桥式可控整流电路有多种形式,图9-13所示单相半控桥式整流电路是常用的一种。下面仅对电阻性负载的工作情况加以讨论。

设变压器副边电压 $u_2 = \sqrt{2}U_2 \sin \omega t$ V。

当交流电压 u_2 为正半周时,a 点是电路中电位的最高点,b 点为电位的最低点,T_1、D_2 承受正向电压,在预定时刻,即在控制角为 α 时对 T_1 的控制极输入触发脉冲,则 T_1、D_2 导通。电流的流通路径为 $a \rightarrow T_1 \rightarrow R_L \rightarrow D_2 \rightarrow b$,当 u_2 过零点时,晶闸管 T_1 自行关断。在

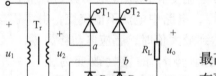

图9-13 单相半控桥式整流电路

此期间 T_2、D_1 因承受反向电压而截止。当 u_2 为负半周时,b 点电位最高,a 点电位最低,T_2、D_1 承受正向电压,在 $(\pi+\alpha)$ 处对 T_2 的控制极输入触发脉冲,则 T_2、D_1 导通,电流流通路径为 $b \rightarrow T_2 \rightarrow R_L \rightarrow D_1 \rightarrow a$,当 u_2 过零点时,T_2 自行关断。在此期间 T_1、D_2 处于截止状态。由上述可知,在相隔半个周期的相应时刻,交替地给 T_1、T_2 的控制极输入触发电压,则 T_1、T_2 轮流导通,而流过负载 R_L 的电流方向却是一致的,负载上便得到了全波整流的电压,波形如图9-14所示。改变控制角 α 的大小,就可以达到可控整流的目的。

单相半控桥式整流电路输出直流电压的平均值为

$$U_o = \frac{1}{\pi}\int_\alpha^\pi \sqrt{2}U_2 \sin \omega t\, d(\omega t)$$

$$= 0.9 U_2 \frac{1+\cos\alpha}{2} \quad (9-5)$$

输出电流的平均值为

$$I_o = \frac{U_o}{R_L} = 0.9 \frac{U_2}{R_L} \cdot \frac{1+\cos\alpha}{2} \quad (9-6)$$

流过每个晶闸管的平均电流是输出电流的一半,即

$$I_T = \frac{1}{2} I_o \quad (9-7)$$

晶闸管和二极管承受的最大反向电压等于交流电压 u_2 的最大值,均为 $\sqrt{2}U_2$。

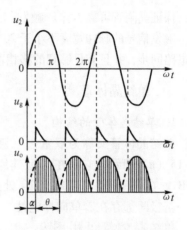

图 9-14 单相半控桥式整流电路电压波形图

例 9.2 有一纯电阻负载,需要可调直流电压为 0~120 V,电流为 0~30 A,若采用单相半控桥式整流电路,试求:

(1) 电源变压器副边电压的有效值;

(2) 选择晶闸管。

解 (1) 设晶闸管 $\alpha = 0°$ 时,$U_o = 120$ V,由式(9-5)可得

$$U_2 = \frac{2U_o}{0.9(1+\cos 0°)} = \frac{2\times 120}{0.9\times 2} = 133 \text{ (V)}$$

考虑到电源电压的波动,整流元件的管压降以及导通角往往达不到 180° 等因素,应将计算值加大 10%,即取

$$U_2 = 133 \times (1+10\%) = 146 \text{ (V)}$$

(2) 通过晶闸管的最大平均电流

$$I_T = \frac{1}{2} I_o = \frac{1}{2} \times 30 = 15 \text{ (A)}$$

晶闸管承受的最大反向电压为

$$U_{TM} = \sqrt{2}U_2 = \sqrt{2}\times 146 = 206 \text{ (V)}$$

考虑到晶闸管的过电压、过电流能力较差,应按下式选择晶闸管的参数

$$I_F > (2\sim 3)I_T = (30\sim 45) \text{ (A)}$$

$$U_{FRM} = U_{RRM} = (2\sim 3)U_{TM} = (292\sim 438) \text{ (V)}$$

根据计算数值查阅手册可知,应选用 KP50-5 型晶闸管。其正向平均电流为 50 A,正反向重复峰值电压为 500 V。

第三节 单结晶体管触发电路

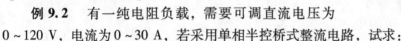

触发电路的形式多种多样,常用的触发电路主要有阻容移相触发电路、单结晶体管移相触发电路、同步信号为正弦波的触发电路、同步信号为锯齿波的触发电路和 KC 系列的集成触发电路。

触发电路是可控整流电路的主要组成部分,其作用是适时地向晶闸管的控制极输入触发信

号,保证晶闸管可靠工作。触发信号应有足够的电压幅度(4~10 V)和功率(0.5~2 W)值;触发信号的脉冲宽度不小于20 μs,前沿陡度不大于10 μs。从控制角度讲,触发信号应与主电路同步,并且有足够宽的移相范围。以下我们仅介绍最简单的单结晶体管触发电路。

一、单结晶体管

1. 单结晶体管的结构

单结晶体管又称为双基极二极管,其外部有三个电极,内部结构是一个PN结,如图9-15(a)所示。它是在N型硅片一侧的两端各引出一个电极,称为第一基极 B_1 和第二基极 B_2。在硅片的另一侧靠近 B_2 处形成一个PN结,引出发射极E。单结晶体管的发射极与任一基极间都存在着单向导电性。两基极间有一定的电阻 R_{BB},一般为2~15 kΩ。

单结晶体管可用图9-15(b)所示的等效电路来表示。R_{B1} 为第一基极与发射极间的电阻,其值随发射极电流 I_E 的大小而改变,R_{B2} 为第二基极与发射极间的电阻。$R_{B1} + R_{B2} = R_{BB}$。PN结被看作是二极管D。

图9-15(c)是单结晶体管的图形符号。

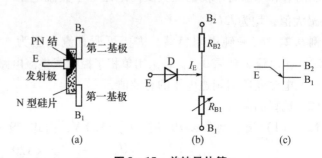

图9-15 单结晶体管
(a)结构;(b)等效电路;(c)图形符号

2. 单结晶体管的伏安特性

单结晶体管的伏安特性是指在基极 B_1、B_2 间加一恒定电压 U_{BB} 时,发射极电流 I_E 与电压 U_E 间的关系曲线。

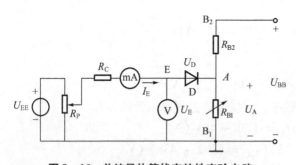

图9-16 单结晶体管伏安特性实验电路

图9-16是测试单结晶体管特性的实验电路。当发射极开路时,A点与 B_1 间的电压为

$$U_A = \frac{R_{B1}}{R_{B1} + R_{B2}} U_{BB} = \eta U_{BB} \quad (9-8)$$

式中,$\eta = \dfrac{R_{B1}}{R_{B1} + R_{B2}}$ 称为分压比,其值与管子结构有关,一般为0.5~0.9。

分压比是单结晶体管的一个重要参数。

调节 R_P,使 U_E 从零值开始逐渐增大。当 $U_E < U_A$ 时,PN结因反向偏置而截止,E与 B_1 间呈现很大的电阻,故只有很小的反向漏电流。对应这一段特性称为截止区,如图9-17中的AP段所示。当 U_E 增加到 $U_E = U_A + U_D$(U_D 为PN结的正向压降,约0.7 V)时,PN结导通,发射极电流突然增大。我们把这个突变点称为峰点P,与P点对应的电压和电流分别称为峰点电压 U_P 和峰点电流 I_P,显然

$$U_P = \eta U_{BB} + U_D \quad (9-9)$$

PN结导通后,有大量空穴从P区进入N型硅片,I_E 增长很快,R_{B1} 急剧减小,E和 B_1 间变

成低电阻导通状态，U_E 也随之下降，一直到达图 9 – 17 中电压的最低点 V。PV 段的特性与一般情况不同，电流增加，电压反而下降，单结晶体管呈负阻特性，对应该段特性的区域称为负阻区。图 9 – 17 中的 V 点称为谷点，与 V 点对应的电压和电流，分别称为谷点电压 U_V 和谷点电流 I_V。此后，发射极电流 I_E 继续增大时，电压 U_E 变化不明显，这个区域称为饱和区，如图 9 – 17 中的 VB 段。

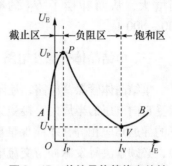

图 9 – 17　单结晶体管伏安特性

综上所述，单结晶体管具有以下特点：

（1）单结晶体管导通的条件是，发射极电压 U_E 等于峰点电压 U_P；导通后，使单结晶体管恢复截止的条件是，发射极电压 U_E 小于谷点电压 U_V。

（2）单结晶体管的峰点电压 U_P 与外加电压 U_{BB} 和管子的分压比 η 有关。外加电压相同而分压比不同的管子或对同一管子外加电压 U_{BB} 不同时，峰值电压 U_P 都不相同。

（3）不同单结晶体管的谷点电压 U_V 和谷点电流 I_V 不相同，而同一单结晶体管外加电压 U_{BB} 不同时，U_V、I_V 也不相同。一般 U_V 为 2 ~ 5 V。

二、单结晶体管振荡电路

利用单结晶体管的负阻特性和 RC 电路的充、放电原理，可组成频率可调的振荡电路，如图 9 – 18（a）所示。其输出电压 u_g 可为晶闸管提供触发脉冲。

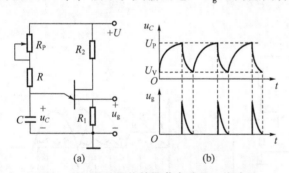

图 9 – 18　单结晶体管振荡电路及工作波形
（a）振荡电路；（b）波形图

电源接通后，直流电源经 R_1、R_2 为单结晶体管两基极提供工作电压 U_{BB}，同时电压 U 通过电阻 R 向电容 C 充电，使其端电压 u_C 按指数规律上升。当 u_C 升高到等于峰点电压 U_P 时，单结晶体管导通，电容 C 通过 R_1 放电。因 R_1 取值很小，导通时 R_{B1} 又急剧下降，故放电很快，放电电流在 R_1 上形成一个尖脉冲电压 u_g。由于电阻 R 取值较大，当 u_C 下降到谷点电压 U_V 时，电源经 R 供给发射极的电流小于谷点电流 I_V，单结晶体管截止，电源再次经 R 向电容 C 充电，重复上述过程。电容 C 不断地充电、放电，单结晶体管不断地导通、截止，形成张弛振荡。其结果在电容 C 两端形成锯齿状电压，在 R_1 上则获得一系列尖脉冲，如图 9 – 18（b）所示。

输出脉冲电压的周期可通过电阻 R_P 来调节，R_P 越小，周期越小。R 不能取得太小，否则在单结晶体管导通后，电源经 R 供出的电流较大，单结晶体管的发射极电流不能降到谷点电流以下，单结晶体管就不能截止，从而造成直通现象。R 也不能取得太大，否则充电太慢，晶闸管的导通角将变小，导致移相范围减小。一般 R 的取值为几千欧到几十千欧。

电路中 R_2 的作用是补偿温度对峰值电压 U_P 的影响。因为 $U_P = \eta U_{BB} + U_D$，其中 U_D 会随温度的升高而有所下降，U_P 也会受温度影响而变化。电路中接入电阻 R_2 后，由于单结晶体管两基极间电阻 R_{BB} 随温度升高而有所增大，则 R_{BB} 上的分压 U_{BB} 也会随温度上升而增大，从而补偿了 U_D 的减小，使峰值电压 U_P 基本保持不变。R_2 的取值一般为 300~500 Ω。

三、单结晶体管触发电路

单结晶体管振荡电路，还不能直接作为触发电路。因为可控整流电路中的晶闸管在每次承受正向电压的半周内，接受第一个触发脉冲的时刻应该相同，也就是每半个周期内，晶闸管的导通角应相等，才能保证整流后输出电压波形相同并被控制。因此，在可控整流电路中，必须解决触发脉冲与交流电源电压同步的问题。

由单结晶体管触发的单相半控桥式整流电路如图 9-19 所示。变压器将晶闸管主电路和触发电路接在同一交流电源上。变压器原边电压 u_1 是主电路的输入电压，变压器副边电压 u_2 经整流、稳压二极管 D_Z 削波转换为梯形波电压 u_Z 后作为触发电路的电源。每当主电路的交流电源电压过零值时，单结晶体管上的电压 u_Z 也过零值，两者达到同步，如图 9-20 (a) 所示。变压器被称作同步变压器。

当梯形波电压 u_Z 过零值时，加在单结晶体管两基极间的电压 U_{BB} 等于零，则峰点电压 $U_P \approx \eta U_{BB} = 0$，如果这时电容上的电压 u_C 不为零值，就会通过单结晶体管及电阻 R_1 很快放完所存电荷，保证电容 C 在电源每次过零点后都从零开始充电，只要充电电阻 R 不变，触发电路在每个正半周内，由零点到产生第一个触发脉冲的时间不变，从而保证了晶闸管每次都能在相同的控制角下触发导通，实现了触发脉冲与主电路电源的同步。电路中各电压波形如图 9-20 所示。

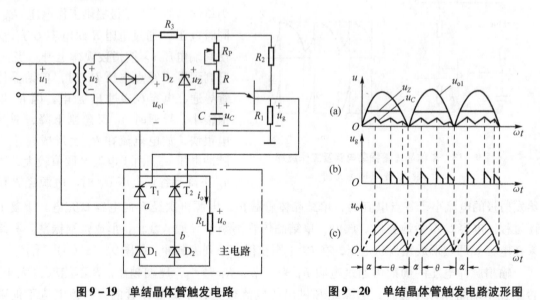

图 9-19 单结晶体管触发电路　　图 9-20 单结晶体管触发电路波形图

稳压二极管 D_Z 与 R_3 组成的削波电路，其作用是保证单结晶体管输出脉冲的幅值和每半个周期内产生第一个触发脉冲的时间不受交流电源电压波动的影响，并可增大移相范围。

习 题 九

一、填空题

9.1 当晶闸管阳极加上正向_____后,控制极加上适当的正向_____,使晶闸管导通的过程,称为触发。

9.2 晶闸管的内部结构是由 4 层半导体_____、_____、_____、_____重叠构成,从而形成 J_1、J_2、J_3 三个_____结。

9.3 晶闸管导通的条件是:阳极与阴极之间加_____电压,控制极与阴极间也加_____电压。

9.4 晶闸管导通后,其正向压降很小,大约_____左右,电源电压几乎全部加在负载上。所以,晶闸管导通后电流的大小取决于_____参数。

9.5 从控制角度讲,触发信号应与主电路_____,并且有足够宽的_____范围。

9.6 单结晶体管导通的条件是,发射极电压 U_E 等于_____;导通后,使单结晶体管恢复截止的条件是,发射极电压 U_E 小于_____。

9.7 稳压二极管 D_Z 与 R_3 组成的削波电路,其作用是保证单结晶体管输出脉冲的幅值和每半个周期内产生第一个触发脉冲的时间不受交流_____波动的影响,并可增大_____范围。

二、选择题

9.1 晶闸管由( )个 PN 结组成。
A. 1　　　　B. 2　　　　C. 3

9.2 单相半控桥整流电路的两只晶闸管的触发脉冲依次应相差( )。
A. 180°　　　B. 60°　　　C. 360°　　　D. 120°

9.3 若晶闸管的控制电流由小变大,则正向转折电压( )。
A. 由大变小　　　B. 由小变大　　　C. 保持不变

9.4 晶闸管的伏安特性是指( )。
A. 阳极电压与控制极电流的关系　　　B. 控制极电压与控制极电流的关系
C. 阳极电压与阳极电流的关系　　　　D. 控制极电压与阳极电流的关系

9.5 不同单结晶体管的谷点电压 U_V 和谷点电流 I_V 不相同,而同一单结晶体管外加电压 U_{BB} 不同时,U_V、I_V 也不相同。一般 U_V 在( )之间。
A. 1~4 V　　　B. 2~5 V　　　C. 3~6 V　　　D. 1~6 V

三、分析计算题

9.1 晶闸管导通及关断的条件是什么?

9.2 晶闸管导通后,流过晶闸管的电流大小取决于什么?负载上的电压等于什么?

9.3 晶闸管维持电流的意义是什么?

9.4 在可控整流电路中,为什么要在感性负载两端并联一续流二极管?怎样接入?

9.5 有一电阻性负载,其阻值为 20 Ω,需要直流电压 0~60 V 可调,现采用单相半波可控整流电路，直接由 220 V 交流电源供电。试求晶闸管的最大导通角，负载上的最大电流，估选晶闸管。

9.6 有一单相半波可控整流电路，负载电阻 $R_L = 16\ \Omega$，直接由 220 V 交流电源供电，若导通角为 53°，试计算输出电压的平均值，输出电流的平均值和电流的有效值，选用晶闸管。

9.7 有电阻性负载，其阻值为 12 Ω，需直流电压在 0～90 V 范围内可调，如采用单相半控桥式整流电路，由变压器供电，试绘出电路图，计算变压器副边电压的有效值；直流电压为 45 V 时的导通角和通过晶闸管的电流。

9.8 单相半控桥式整流电路，在控制角 $\alpha = 0°$ 时，输出电压 $U_o = 150$ V，$I_o = 10$ A。负载为纯电阻性质。试计算变压器副边电压的有效值，选用晶闸管；输出电压 $U_o = 100$ V 时晶闸管的导通角。

9.9 在图 9-21 所示电路中，如果晶闸管的导通角分别为 90° 和 135°，试画出负载电压的波形，并说明当导通角从 0° 连续增加到 180° 时晶闸管起交流调压作用的原理。

9.10 试分析图 9-22 所示可控整流电路的工作原理。若 $u_2 = \sqrt{2}U_2 \sin \omega t$ V，求负载电阻 R_L 两端电压的平均值 U_o 和电流平均值 I_o。

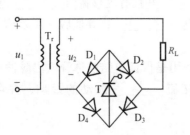

图 9-21 分析计算题 9.9 图

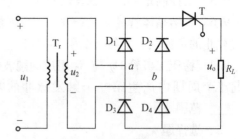

图 9-22 分析计算题 9.10 图

9.11 单相半波可控整流电路，电阻性负载，交流电源电压 $u = \sqrt{2}U \sin \omega t$，当控制角 $\alpha_1 = 90°$ 时，输出电压平均值 $U_{o1} = 49.5$ V，问控制角 $\alpha_2 = 60°$ 时，输出电压平均值 U_{o2} 为多少伏？并定性画出 $\alpha_2 = 60°$ 时，输出电压 u_o 的波形（两个周期）。

9.12 某电阻性负载采用单相半波可控整流电路，交流电源电压 $u = \sqrt{2}U \sin \omega t$，当控制角 $\alpha = 0°$ 时，输出电压平均值 $U_o = 120$ V，若要得到 $U_o = 80$ V，则导通角是多少？并画出单相半波可控整流电路。

9.13 晶闸管正向额定平均电流为 5 A，维持电流为 25 mA，若把它接到电压有效值 $U = 220$ V 的交流电源上，如图 9-23 所示，负载电阻 R_L 在 15 Ω～5 kΩ 范围内变化时，试问晶闸管工作是否可靠？

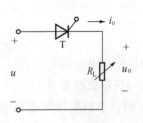

图 9-23 分析计算题 9.13 图

9.14 图示 9-24 可控整流电路，已知 $R_L = 20\ \Omega$，$U_o = 148.5$ V，交流电压有效值 $U = 220$ V，求：

（1）通过晶闸管的平均电流；

（2）晶闸管的导通角；

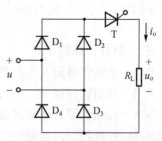

图 9-24 分析计算题 9.14 图

（3）晶闸管承受的最高正向电压。

9.15 单相半控桥式整流电路如图 9-25 所示，交流电源电压 $u_2 = \sqrt{2}U_2\sin\omega t$，当控制角 $\alpha_1 = 60°$ 时，输出电压平均值 $U_o = 100$ V，问控制角 $\alpha_2 = 30°$ 时，输出电压平均值 U_{o2} 应为多少？并定性画出 $\alpha_2 = 30°$ 时输出电压 u_o 的波形（一个半周期）。

9.16 试分析图 9-26 所示电路的工作原理，并说明两个晶闸管各起什么作用？

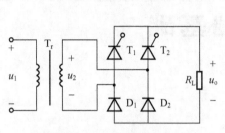

图 9-25 分析计算题 9.15 图

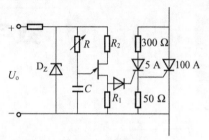

图 9-26 分析计算题 9.16 图

9.17 图 9-27 所示电路为一延时照明开关电路，它能在电源被接通、电灯点亮之后延时一段时间，自动切断电源使电灯熄灭。试分析电路的工作原理。

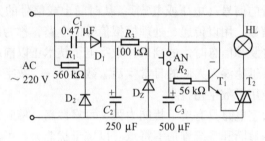

图 9-27 分析计算题 9.17 图

第十章 数字电路基础

△ 汽车电工电子基础（第3版）

第一节 概 述

前面几章，我们分析的信号（电压或电流），从时间上或信号的大小上看都是连续变化的，这类信号称为模拟信号。用以传递、处理模拟信号的电路，称为模拟电路。

随着电子计算机的普及和信息时代的到来，数字电子技术正以前所未有的速度在各个领域取代模拟电子技术，并迅速渗入人们的日常生活。数字手表、数字相机、数字电视、数字影碟机、数字通信等都应用了数字化技术。

与模拟电路相比，数字电路具有抗干扰能力强、可靠性高、精确性和稳定性好、通用性广、便于集成、便于故障诊断和系统维护等特点。以抗干扰能力和可靠性为例，数字电路不仅可以通过整形去除叠加于传输信号上的噪声和干扰，还可以进一步利用差错控制技术对传输信号进行检错和纠错。

不仅如此，数字集成电路正向着大规模、低功耗、高速度、可编程、可测试和多值化方向发展，这就越来越显示出数字电路的优势。

(1) 大规模。如今一块半导体硅片上可集成上百万个数字逻辑门，集成规模的提高将极大地提高数字系统的可靠性，减小系统的体积，降低系统的功耗与成本。

(2) 低功耗。即使是包含上百万个逻辑门的超大规模数字集成电路，其功耗也可低达毫瓦（mW）级。

(3) 高速度。随着社会的发展，需要处理的信息越来越多，这就要求所使用的集成电路速度越来越高，目前每秒运算速度为上亿次的超级计算机已不是新鲜事。虽然计算机的这种高速度在很大程度上依赖于并行处理技术，但集成电路本身的高速度也不容置疑。

(4) 可编程。早期数字集成电路的功能是由生产厂家根据用户的一般需求而在生产时决定的，而现在许多数字集成电路具有"可编程"的特性，即厂家只生产"半定制"的产品，模块的具体功能由用户根据实际需要进行现场"编程"，这不仅为用户研究开发产品带来了极大的方便和灵活性，也大大地提高了产品的可靠性和保密性。

在数字电路中一般都采用二进制，凡具有两个稳定状态的元件都可用来表示二进制的两个数码，故其基本单元电路简单。由于数字电路传递和处理的是二值信息，不易受外界的干扰，因而抗干扰能力强。另外，数字电路还具有精度高、信号便于长期存储、保密性好、通用性强等特点。随着半导体集成电路的迅速发展，数字电路的集成度高、成本低、使用方便。因此，数字电路在计算机技术、测量技术、自动控制、数字通信、家用电器等各个技术领域得到广泛应用。

数字电路所处理的信号多是矩形脉冲或尖脉冲。不同的脉冲信号，表示其特征的参数不同。图10-1是应用最广泛的矩形电压脉冲波形，其主要参数如下。

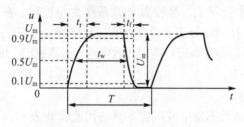

图10-1 矩形电压波形的参数

1. 脉冲幅度 U_m

脉冲电压信号变化的最大值。

2. 脉冲前沿 t_r

波形从 $0.1U_m$ 上升到 $0.9U_m$ 所需要的时间。

3. 脉冲后沿 t_f

波形从 $0.9U_m$ 下降到 $0.1U_m$ 所需要的时间。

4. 脉冲宽度 t_w

从波形上升沿的 $0.5U_m$ 到下降沿的 $0.5U_m$ 所需要的时间，又称脉冲持续时间。

5. 脉冲周期 T

在周期性的脉冲信号中，任意两个相邻脉冲的上升沿（或下降沿）之间的时间间隔。

6. 脉冲频率 f

在周期性的脉冲信号中，每秒出现脉冲波形的个数，$f=\dfrac{1}{T}$。

脉冲信号有正、负之分。如果脉冲跃变后的值比初始值高，则为正脉冲，反之为负脉冲，如图10-2所示。

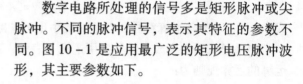

图10-2 正、负脉冲
(a) 正脉冲；(b) 负脉冲

第二节 逻辑代数的基本运算

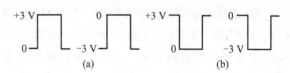

逻辑代数又称布尔代数，是研究数字电路的基本数学工具。在数字电路中，输入信号是"条件"，输出信号是"结果"，输出与输入的因果关系可用逻辑函数来描述。逻辑代数研究的内容，就是逻辑函数与逻辑变量之间的关系。

逻辑代数中的逻辑变量和普通代数的变量一样，可用字母 A，B，C，…，X，Y，Z 来表示，但逻辑变量的取值只有逻辑0和逻辑1两个值。这里的0和1不表示具体数值大小，只表示相互对立的逻辑状态，如电平的高与低，开关的通与断，信号的有和无等。

基本的逻辑关系只有"与""或""非"3种。实现这三种逻辑关系的电路分别叫"与"门、"或"门、"非"门。因此，在逻辑代数中有3种基本的逻辑运算相适应，即"与"运算、"或"运算、"非"运算。

一、与逻辑和与运算

当决定某种结果的所有条件都具备时,结果才会发生,这种因果关系称为与逻辑。在图 10-3 所示电路中,开关 A 和 B 串联,只有当 A 与 B 同时接通,电灯才亮。只要有一个开关断开,灯就灭。灯亮与开关 A、B 的接通是与逻辑关系。与逻辑可用逻辑代数中的与运算表示,即

$$F = A \cdot B \tag{10-1}$$

式中,"·"为与运算符号,在逻辑式中也可省略。

如果把结果发生或条件具备用逻辑 1 表示,结果不发生或条件不具备用逻辑 0 表示,与运算的运算规则为:

$$0 \cdot 0 = 0 \quad 0 \cdot 1 = 0 \quad 1 \cdot 0 = 0 \quad 1 \cdot 1 = 1$$

由于运算规则与普通代数的乘法相似,与运算又称逻辑乘。

图 10-4 为与逻辑的逻辑符号,也是与门的逻辑符号。

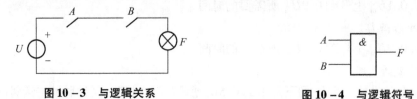

图 10-3　与逻辑关系　　　　图 10-4　与逻辑符号

二、或逻辑和或运算

当决定某一结果的各个条件中,只要具备一个条件,结果就发生,这种逻辑关系称为或逻辑。在图 10-5 所示电路中,开关 A、B 并联,只要 A 或 B 有一个闭合,电灯就亮。灯亮与 A、B 接通是或逻辑关系。或逻辑可用逻辑代数中的或运算表示,即

$$F = A + B \tag{10-2}$$

式中,"+"为或运算符号。

同样,用 1 和 0 表示或逻辑中的结果和条件,则或运算的运算规则为

$$0 + 0 = 0 \quad 0 + 1 = 1 \quad 1 + 0 = 1 \quad 1 + 1 = 1$$

或运算又称为逻辑加。图 10-6 为或逻辑的逻辑符号,也是或门的逻辑符号。

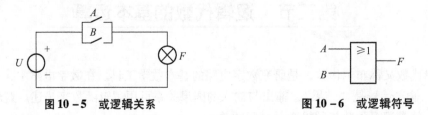

图 10-5　或逻辑关系　　　　图 10-6　或逻辑符号

三、非逻辑和非运算

结果和条件处于相反状态的因果关系称为非逻辑。实现非逻辑的电路称为非门电路。在图 10-7 所示电路中,灯亮与开关接通是非逻辑关系。非逻辑可用逻辑代数中的非运算表示,其表达式为

$$F = \overline{A} \tag{10-3}$$

式中,"‾"为非运算符号,读作"A 非"。非运算规则为

$$\overline{0} = 1 \qquad \overline{1} = 0$$

图 10-8 是非逻辑的逻辑符号,也是非门的逻辑符号。

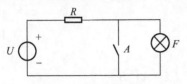

图 10-7　非逻辑关系

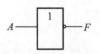

图 10-8　非逻辑符号

*第三节　逻辑代数的基本运算规则和定律

一、基本运算规则

1. 逻辑乘(与运算)

$$F = A \cdot B$$

$$A \cdot 0 = 0 \qquad A \cdot 1 = A \qquad A \cdot A = A \qquad A \cdot \overline{A} = 0$$

2. 逻辑加(或运算)

$$F = A + B$$

$$0 + A = A \qquad 1 + A = 1 \qquad A + A = A \qquad A + \overline{A} = 1$$

3. 逻辑非(非运算)

$$F = \overline{A}$$

$$\overline{0} = 1 \qquad \overline{1} = 0 \qquad \overline{\overline{A}} = A$$

二、交换律

$$A\,B = B\,A \tag{10-4}$$

$$A + B = B + A \tag{10-5}$$

三、结合律

$$ABC = (A\,B)C = A(B\,C) \tag{10-6}$$

$$A + B + C = A + (B + C)$$
$$= (A + B) + C \tag{10-7}$$

四、分配律

$$A(B + C) = AB + AC \tag{10-8}$$

$$A + (BC) = (A + B)(A + C) \tag{10-9}$$

证:
$$(A + B)(A + C) = AA + AB + AC + BC$$
$$= A(1 + B + C) + BC$$
$$= A + BC$$

五、吸收律

$$A(A+B) = A \quad (10-10)$$
$$A(\overline{A}+B) = AB \quad (10-11)$$
$$A + AB = A \quad (10-12)$$
$$A + \overline{A}B = A + B \quad (10-13)$$

证：$A + \overline{A}B = A + AB + \overline{A}B = A + (A+\overline{A})B$
$= A + B$

$$(A+B)(A+\overline{B}) = A \quad (10-14)$$

证：$(A+B)(A+\overline{B}) = AA + A\overline{B} + AB + B\overline{B}$
$= A + A(B+\overline{B})$
$= A + A = A$

六、反演律（摩根定律）

$$\overline{AB} = \overline{A} + \overline{B} \quad (10-15)$$
$$\overline{A+B} = \overline{A} \cdot \overline{B} \quad (10-16)$$

证明：见表 10-1 所示。

表 10-1 证明反演律的逻辑状态表

A	B	$\overline{A}$	$\overline{B}$	$\overline{AB}$	$\overline{A}+\overline{B}$	$\overline{A+B}$	$\overline{A}\,\overline{B}$
0	0	1	1	1	1	1	1
0	1	1	0	1	1	0	0
1	0	0	1	1	1	0	0
1	1	0	0	0	0	0	0

逻辑运算的优先级别决定了逻辑运算的先后顺序。在求解逻辑函数时，应首先进行级别高的逻辑运算。各种逻辑运算的优先级别，由高到低的排序如下：

［长非号或括号］→［乘］→［异或及同或］→［加］

长非号是指非号下有多个变量的非号。

第四节 逻辑函数的表示方法

逻辑函数可以用真值表、逻辑表达式、逻辑图、卡诺图等方法来表示。

一、真值表

将 n 个输入变量的 2^n 个状态及其对应的输出函数值列成的表格，叫作真值表，或称作逻辑状态表。

设有一 3 个输入变量的奇数判别电路，输入变量用 A、B、C 表示，输出变量用 F 表示。当输入变量中有奇数个 1 时，$F=1$；输入变量中有偶数个 1 时，$F=0$。因为 3 个输入变量共有 $2^3 = $

8个组合状态，将8个状态及其对应的输出状态列成表格，就得到真值表，如表10-2所示。

表 10-2 奇数判别电路的真值表

A	B	C	F
0	0	0	0
0	0	1	1
0	1	0	1
0	1	1	0
1	0	0	1
1	0	1	0
1	1	0	0
1	1	1	1

二、逻辑表达式

逻辑表达式是用各变量的与、或、非逻辑运算的组合表达式来表示逻辑函数。通常采用的是与或表达式，可根据真值表写出来，即将真值表中输出等于1的各状态，表示成全部输入变量（原变量或反变量）的与项；总的输出表示成所有与项的或函数。表10-2中有4项 $F=1$，逻辑表达式为

$$F = \bar{A}\bar{B}C + \bar{A}B\bar{C} + A\bar{B}\bar{C} + ABC \quad (10-17)$$

三、逻辑图

用规定的逻辑符号连接构成的图，称为逻辑图，也称为逻辑电路图。逻辑图通常是根据逻辑表达式画出的。如式（10-17）所对应的逻辑图如图10-9所示。

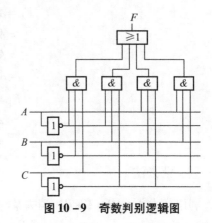

图 10-9 奇数判别逻辑图

四、卡诺图

卡诺图也是表示逻辑函数的一种方法。利用卡诺图还能化简逻辑函数。具体内容可参见第六节逻辑函数的卡诺图化简法。

*第五节 逻辑函数的代数化简法

一个逻辑函数可以有多种表达式。例如：

$$\begin{aligned} F &= AC + \bar{A}B \\ &= \overline{\overline{AC} \cdot \overline{\bar{A}B}} \\ &= \overline{(\bar{A}+C)(A+B)} \\ &= \overline{(\bar{A}+C)} + \overline{(A+B)} \\ &\cdots \end{aligned}$$

只有将函数化简到最简形式，才能方便、直观地分析其逻辑关系；而且在设计具体电路时，所用的元件数最少，电路最简单。与或表达式是逻辑函数最常用的表达式，化简逻辑函数时，要使逻辑函数的与或表达式中所含的或项数最少，每个与项的变量数也最少。

化简逻辑函数的方法有代数化简法和卡诺图化简法。代数化简法是利用逻辑代数的运算规则和定律来化简逻辑函数。

一、并项法

利用公式 $A + \bar{A} = 1$，可消去一个变量，化简逻辑函数。如：

$$F_1 = AB\bar{C} + \bar{A}B\bar{C} = B\bar{C}(A+\bar{A}) = B\bar{C}$$

$$F_2 = ABC + A\bar{B} + A\bar{C} = A(BC + \bar{B} + \bar{C})$$
$$= A(BC + \overline{BC}) = A$$

二、吸收法

利用 $A + AB = A$ 的公式消去多余的乘积项，如：

$$F_1 = A\bar{B} + A\bar{B}CD(E+F)$$
$$= A\bar{B} + A\bar{B}CDE + A\bar{B}CDF$$
$$= A\bar{B}(1 + CDE + CDF)$$
$$= A\bar{B}$$

$$F_2 = ABC + \overline{\bar{A} + \bar{B} + C}$$
$$= ABC + AB\bar{C}$$
$$= AB(C + \bar{C}) = AB$$

三、消去法

利用公式 $A + \bar{A}B = A + B$，消去某与项中的多余因子。如：

$$F = BC + \bar{A}BC + \bar{C} = C(B+\bar{A}B) + \bar{C}$$
$$= C(B+A) + \bar{C} = A + B + \bar{C}$$

四、配项法

利用公式 $A + A = A$、$A + \bar{A} = 1$、$A \cdot A = A$ 等，给逻辑函数表达式增加适当的项，然后再用有关公式化简逻辑函数。如：

$$F = AB + \bar{B}C + \bar{A}C$$
$$= AB(C+\bar{C}) + (A+\bar{A})\bar{B}C + \bar{A}(B+\bar{B})C$$
$$= ABC + AB\bar{C} + A\bar{B}C + \bar{A}\bar{B}C + \bar{A}BC$$
$$= (ABC + \bar{A}BC) + (A\bar{B}C + \bar{A}\bar{B}C) + AB\bar{C}$$
$$= BC + \bar{B}C + AB\bar{C}$$
$$= C + AB\bar{C} = AB + C$$

由于逻辑函数有简有繁，化简的方法也并非单一，因此，必须熟练掌握、运用逻辑代数的运算规则和定律，综合运用上述化简方法，才能达到化简逻辑函数的目的。

例 10.1 化简逻辑函数 $F = A\bar{C}\bar{D} + BC + \bar{B}C + A\bar{B} + \bar{A}C + \bar{B}\bar{C}$

解 $F = A\bar{C}\bar{D} + BC + \bar{B}C + A\bar{B} + \bar{A}C + \bar{B}\bar{C} + BC$ （配项）

$$= A\,\overline{C}\,\overline{D} + C\,(B+\overline{B}) + A\,\overline{B} + \overline{A}C + \overline{B}(C+\overline{C}) \quad \text{(并项)}$$
$$= A\,\overline{C}\,\overline{D} + C + A\,\overline{B} + \overline{A}C + \overline{B}$$
$$= A\,\overline{C}\,\overline{D} + C\,(1+\overline{A}) + \overline{B}(1+A) \quad \text{(吸收)}$$
$$= A\,\overline{C}\,\overline{D} + C + \overline{B}$$
$$= A\,\overline{D} + C + \overline{B} \quad \text{(消去)}$$

*第六节　逻辑函数的卡诺图化简法

用逻辑代数化简较复杂的逻辑函数时，往往难以确认化简结果是否是最简形式。利用卡诺图化简逻辑函数，不仅方法简单，而且很容易确认逻辑函数化简后的最简表达式。

一、逻辑函数的最小项

1. 最小项的定义

在有 n 个变量的逻辑函数中，若每个乘积项都包含 n 个变量因子，而且每个变量都以原变量或反变量的形式在乘积项中只出现一次，则这样的乘积项称为最小项。对 n 个变量的逻辑函数，有 2^n 个最小项。例如三个变量的逻辑函数 $F(A、B、C)$，共有 8 个最小项，依次是 $\overline{A}\,\overline{B}\,\overline{C}$、$\overline{A}\,\overline{B}C$、$\overline{A}B\,\overline{C}$、$\overline{A}BC$、$A\,\overline{B}\,\overline{C}$、$A\,\overline{B}C$、$AB\,\overline{C}$、$ABC$。而 AB、$B\,\overline{C}$、C 等都不是最小项。

2. 最小项的性质

（1）对于任意一个最小项，只有一组变量取值使它为 1。在变量取其他值时，这个最小项都为 0。例如，三变量逻辑函数中，对最小项 $AB\,\overline{C}$，只有变量 ABC 为 110 时，该最小项为 1，对其他取值，该最小项都是 0。

（2）若两个最小项中只有一个变量互为反变量，其余各变量均相同，则称这两个最小项为相邻项。两个相邻项合并，可消去互为反变量的变量。如 $AB\,\overline{C}$ 和 ABC 为相邻项，两个最小项相加，$AB\,\overline{C} + ABC = AB\,(\overline{C}+C) = AB$，消去了变量 C。

（3）对于变量的任何一组取值，全体最小项之和为 1。

（4）任意两个最小项的乘积为 0。

（5）具有 n 个变量的逻辑函数，每个最小项有 n 个相邻项。

二、逻辑函数最小项的卡诺图

卡诺图是由许多方格组成的阵列图，方格又称为单元，每个单元代表了逻辑函数的一个最小项。卡诺图的结构特点是，两个位置相邻单元中的最小项必须是相邻项。因此，卡诺图中不仅上下、左右之间的最小项都是相邻项，而且同一行里最左和最右端的单元、同一列里最上和最下端单元中的最小项也符合相邻性的原则。

1. 二变量逻辑函数的卡诺图

二变量逻辑函数 $F(A、B)$，共有 4 个最小项，其卡诺图如图 10-10 所示。图中，两变量 A、B 作为卡诺图的纵、横坐标，0 和 1 为变量的两种可能取值，其中 0 对应于反变量，1 对应于原变量。

为方便起见，可以用十进制数对各单元编号，并将编号填写在各自的方格中。编号的方法是：最小项中的原变量用1、反变量用0表示，构成二进制数；将此二进制数转换成相应的十进制数，就是该最小项的编号。例如 $A\bar{B}$ 的二进制数为10，对应的十进制数为2，即 $A\bar{B}$ 的编号为2或 m_2。

2. 三变量逻辑函数的卡诺图

三变量逻辑函数共有8个最小项，其卡诺图如图10-11所示。

同理可画出四变量的卡诺图，如图10-12所示。

图10-10 二变量卡诺图

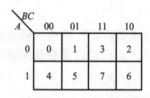

图10-11 三变量卡诺图

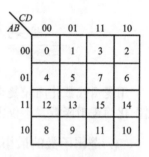

图10-12 四变量卡诺图

三、用卡诺图化简逻辑函数

1. 逻辑函数的卡诺图

任何一个逻辑函数都可以表达成若干个最小项之和的形式，这样的逻辑表达式称为最小项表达式。根据逻辑函数的最小项表达式，就可以得到相应的卡诺图，其方法是将最小项表达式中的各项，在卡诺图相应的单元中填入1，其余单元填入0。

例10.2 试用卡诺图表示逻辑函数 $F(A、B、C) = AB + B\bar{C}$

解 首先将逻辑函数写成最小项表达式

$$F(A、B、C) = AB(C+\bar{C}) + (A+\bar{A})B\bar{C}$$
$$= ABC + AB\bar{C} + AB\bar{C} + \bar{A}B\bar{C}$$
$$= ABC + AB\bar{C} + \bar{A}B\bar{C}$$

根据最小项表达式画出卡诺图，如图10-13所示。

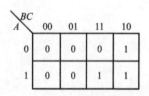

图10-13 例10.2的卡诺图

例10.3 试用卡诺图表示逻辑函数 $F = A\bar{B} + C\bar{D} + \bar{B}CD + \bar{A}\bar{C}D + ABCD$

解 这是一个四变量的逻辑函数，按例10.2的方法应先将函数写成最小项表达式，然后才能表示在卡诺图上，这种做法比较麻烦。实际上，以与或表达式给出的逻辑函数，可以直接填入卡诺图中。以式中第一项 $A\bar{B}$ 为例，该项应是4个相邻最小项合并的结果，因此，它包含了所有含有 $A\bar{B}$ 因子的最小项，而不管另外两个因子 $C、D$ 取何值。由此可直接在卡诺图上对应所有 $A=1$ 同时 $B=0$ 的单元里填入1，即在第8、9、10、11号单元中填1。

同理，对 $C\bar{D}$ 项，在 $C=1$、$D=0$ 所对应的第2、6、10、14号单元中填1；$\bar{B}CD$ 项，应在 $B=0$、$C=D=1$ 所对应的第3、11号单元中填1；$\bar{A}\bar{C}D$ 项，应在 $A=C=0$、$D=1$ 所对应的第1、5号单元中填1；$ABCD$ 项应在第15号单元中填1。其余单元填0。则该函数的卡诺图如图10-14所示。

2. 用卡诺图化简逻辑函数

用卡诺图化简逻辑函数的过程，就是利用公式 $A+\bar{A}=1$ 将相邻的最小项合并，消去互为反变量的因子。若卡诺图中两个相邻单元均为 1，则这两个相邻最小项的和将消去一个变量；若 4 个相邻单元均为 1，则 4 个相邻最小项的和将消去两个变量；……；2^n 个相邻最小项的和将消去 n 个变量。因此，在化简逻辑函数时，可把卡诺图中有关相邻的最小项画成若干个包围圈，逐一进行合并。其步骤为：

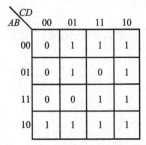

图 10 – 14 例 10.3 的卡诺图

(1) 将卡诺图中 2^n 个（$n=1,2,3,\cdots$）相邻为 1 的单元圈成一组，形成一个包围圈，对应每个包围圈写成一个新的乘积项。

(2) 包围圈内的单元数要尽可能多，单元数越多，消去的变量数越多。

(3) 包围圈的数目应尽可能少，必要时可重复使用某些单元，但新增包围圈中一定要有新的单元。包围圈越少，化简后的函数项越少。

(4) 孤立的单元单独画包围圈。

(5) 写出化简结果，其结果为各乘积项之和。

例 10.4 试用卡诺图化简逻辑函数 $F=\bar{A}\bar{B}\bar{C}+\bar{A}BC+\bar{A}B\bar{C}+\bar{A}BC+A\bar{B}C$

解 作三变量卡诺图，把逻辑函数 F 直接填入卡诺图中，如图 10 – 15 所示。按合并最小项的规律，可画出两个包围圈（见图示），化简后的结果为

$$F=\bar{A}+\bar{B}C$$

图 10 – 15 例 10.4 的卡诺图

例 10.5 用卡诺图化简逻辑函数 $F=\bar{A}B\bar{D}+B\bar{C}D+BC+C\bar{D}+\bar{B}\bar{C}\bar{D}$

解 作四变量卡诺图，将逻辑函数 F 填入卡诺图中，如图 10 – 16 所示，根据画包围圈的原则画出包围圈如图 10 – 16（a）、图 10 – 16（b）所示。

按图 10 – 16（a）可得出化简结果为

$$F=BD+BC+\bar{B}\bar{D}$$

按图 10 – 16（b）可得出化简结果为

$$F=BD+C\bar{D}+\bar{B}\bar{D}$$

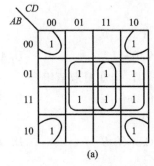
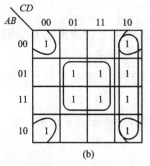

图 10 – 16 例 10.5 的卡诺图

该例说明，逻辑函数的卡诺图是唯一的，但其最简表达式不是唯一的。或者说，任一逻辑函数经化简后其结果不一定是唯一的，但用卡诺图化简逻辑函数，得到的结果肯定是最简

表达式。

通过以上分析，我们掌握了逻辑函数化简的两种基本方法，但逻辑函数化简并没有一个严格的原则，通常遵循以下几条原则：

（1）逻辑电路所用的门最少；
（2）各个门的输入端要少；
（3）逻辑电路所用的级数要少；
（4）逻辑电路能可靠地工作。

第（1）、（2）条主要从成本上来考虑，第（3）条是从速度上来考虑的，第（4）条是针对可靠性方面来考虑的。它们之间常常是矛盾的，如门数少，往往性能可靠性就要降低。因此，实际中要兼顾各项指标。为了便于比较，确定化简的标准，我们以门数最少和输入端数最少作为化简的标准。

习 题 十

一、填空题

10.1 数字信号的特点是在_____上和_____上都是断续变化的，其高电平和低电平常用_____和_____来表示。

10.2 数字电路中，常用的计数制除十进制外，还有_____、_____、_____等。

10.3 逻辑代数又称为_____代数。最基本的逻辑关系有_____、_____、_____三种。

10.4 逻辑函数的常用表示方法有_____、_____、_____。

10.5 逻辑代数中与普通代数相似的定律有_____、_____、_____。摩根定律又称为_____。

10.6 逻辑函数 $F = \overline{\overline{A}\ \overline{B}\ \overline{C}\ \overline{D}} + A + B + C + D = $ _____。

10.7 逻辑函数 $F = A\overline{B} + AB + \overline{A}\ \overline{B} + AB = $ _____。

二、选择题

10.1 以下表达式中符合逻辑运算法则的是（　　）。
A. $C \cdot C = C^2$　　　B. $1 + 1 = 10$　　　C. $0 < 1$　　　D. $A + 1 = 1$

10.2 当逻辑函数有 n 个变量时，共有（　　）个变量取值组合？
A. n　　　B. $2n$　　　C. n^2　　　D. 2^n

10.3 逻辑函数 $F = A \oplus (A \oplus B) = $（　　）。
A. B　　　B. A　　　C. $A \oplus B$　　　D. $\overline{\overline{A \oplus B}}$

10.4 $A + BC = $（　　）。
A. $A + B$
B. $A + C$
C. $(A + B)(A + C)$
D. $B + C$

10.5 在（　　）种输入情况下，"与非"运算的结果是逻辑0。

A. 全部输入是 0　　B. 任意一输入是 0　　C. 仅一个输入是 0　　D. 全部输入是 1

10.6　下列逻辑式中，正确的逻辑公式是（　　）。
A. $A\bar{A}=0$　　B. $A\bar{A}=1$　　C. $A\bar{A}=\bar{A}$　　D. $A\bar{A}=A$

10.7　下列逻辑式中，正确的"或"逻辑公式是（　　）。
A. $A+\bar{A}=1$　　B. $A+\bar{A}=0$　　C. $A+\bar{A}=A$　　D. $A+\bar{A}=\bar{A}$

10.8　下列逻辑式中，正确的逻辑公式是（　　）。
A. $\overline{A+B}=\bar{A}\bar{B}$　　B. $\overline{A+B}=A+B$　　C. $\overline{A+B}=\overline{AB}$　　D. $A+0=0$

10.9　下列逻辑式中，正确的"或"逻辑式是（　　）。
A. $1+1=1$　　B. $1+1=2$　　C. $1+1=10$　　D. $A+0=1$

10.10　逻辑式 $F=\overline{ABC}$ 可变换为（　　）。
A. $F=A+B+C$　　B. $F=\bar{A}+\bar{B}+\bar{C}$　　C. $F=\bar{A}\bar{B}\bar{C}$　　D. $F=\bar{A}+\bar{B}+C$

三、分析计算题

10.1　逻辑函数有哪几种表示方法？试举例说明之。

10.2　一个电路有 3 个输入端 A、B、C，当输入信号中有偶数个 1 时，输出端 F 为 1，否则输出为 0。试列出此电路的真值表，写出逻辑函数 F 的逻辑表达式，画出该逻辑函数的卡诺图。

10.3　用逻辑代数的运算规则和基本定律证明下列恒等式：
（1）$ABC+\bar{A}+\bar{B}+\bar{C}=1$
（2）$AB\bar{D}+\bar{A}\bar{B}D+\bar{A}=\bar{A}+\bar{D}$
（3）$A+A\bar{B}\bar{C}+\bar{A}CD+(\bar{C}+\bar{D})E=A+CD+E$
（4）$\overline{(A\bar{B}+A\bar{B}\cdot\bar{B})}+\overline{(AC+A\bar{C}\cdot C)}=\bar{A}B+A\bar{C}$
（5）$\overline{(A\bar{B})(\overline{AB})}+\overline{(\bar{A}+B)}+\overline{(A+\bar{B})}=1$

10.4　用代数法将下列逻辑函数化简为最简与或表达式：
（1）$F=A(\bar{A}+B)+B(B+C)+B$
（2）$F=(AB+\bar{A}\bar{B})(\bar{A}+\bar{B})A\bar{B}$
（3）$F=(AB+A\bar{B}+\bar{A}B)(A+B+D+\bar{A}\bar{B}D)$
（4）$F=A\bar{B}\bar{C}+A\bar{B}C+AB\bar{C}+ABC+\overline{ABC}+A\bar{C}$
（5）$F=\overline{A\bar{B}}+ABC+A(B+A\bar{B})$

10.5　将下列函数展开为最小项表达式：
（1）$F=A\bar{B}+B\bar{C}+A\bar{C}+AB$
（2）$F=\bar{B}\bar{C}+ABC+AB\bar{D}+BCD$

10.6　用卡诺图化简下列逻辑函数：
（1）$F=A\bar{BC}+AC+\bar{A}BC+\bar{B}C\bar{D}$
（2）$F=AB+\bar{A}BC+\bar{A}B\bar{C}+AC$
（3）$F=A\bar{B}+B\bar{C}D+ABD+\bar{A}B\bar{C}D$
（4）$F=A\bar{B}C+(\bar{B}+\bar{C})(\bar{B}+D)+\overline{A+C+D}$
（5）$F=(\bar{A}\bar{B}+BD)\bar{C}+BD\overline{AC}+\bar{D}\overline{\bar{A}+\bar{B}}$

10.7　试用逻辑状态表证明下式：$ABC+\bar{A}\bar{B}\bar{C}=\overline{A\bar{B}+B\bar{C}+C\bar{A}}$

第十一章 逻辑门电路与组合逻辑电路

△ 汽车电工电子基础（第3版）

逻辑门电路是构成数字电路的基本单元。最基本的门电路有"与"门、"或"门、"非"门。利用与、或、非门还可以构成各种常用的逻辑门。

在数字电路中，输入、输出量一般用高、低电平来表示，而电平的高、低则用数字"1"或数字"0"来代表。如果用数字1代表高电平，数字0代表低电平，则称为正逻辑。反之，用数字0代表高电平，数字1代表低电平，则称为负逻辑。若无特殊说明，本书一律采用正逻辑。

第一节 分立元件门电路

门电路，实际上就是一种开关电路。在一定的条件下它能允许信号通过，条件不满足时，信号就不能通过，门电路的输入信号和输出信号之间存在着一定的逻辑关系，故称为逻辑门电路。

一、二极管与门电路

图11-1（a）是由二极管组成的与门电路，A、B 是它的两个输入端，F 是输出端。图11-1（b）是它的逻辑符号。

设输入信号电压为3 V（高电平1）或0 V（低电平0），二极管为理想元件，则电路的工作原理如下：

当输入端 A、B 都为高电平1时，二极管 D_A、D_B 均处于正向导通状态，输出端 F 为高电平（3 V）。

当输入端 A、B 都为低电平0时，二极管 D_A、D_B 亦处于正向导通状态，输出端 F 为低电平（0 V）。

当输入端一端为高电平、另一端为低电平时，例如 A 端为3 V，B 端为0 V，则 D_B 优先导通，输出端 F 被钳制在0 V，输出为低电平。在

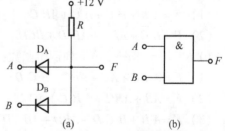

图11-1 二极管与门电路及其逻辑符号
（a）与门电路；（b）逻辑符号

D_B 的钳位作用下，D_A 处于截止状态。

由上述可知，与门电路的输入端中只要有一个为低电平，输出端就是低电平，只有输入端全为高电平时，输出端才是高电平。其真值表见表 11-1。

由真值表可得出与门电路的逻辑表达式

$$F = A \cdot B \tag{11-1}$$

图 11-2 是与门电路的波形图。

表 11-1 与门电路真值表

输	入	输 出
A	B	F
0	0	0
0	1	0
1	0	0
1	1	1

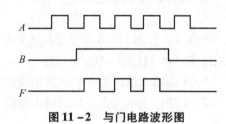

图 11-2 与门电路波形图

二、二极管或门电路

图 11-3（a）是由二极管组成的或门电路，A、B 为输入端，F 是输出端。图 11-3（b）是或门的逻辑符号。工作原理分析如下：

当输入端 A、B 都处于高电平 1（3 V）时，则 D_A、D_B 都处于正向导通状态，输出端 F 为高电平 1（3 V）。

当输入端 A、B 都处于低电平 0（0 V）时，则 D_A、D_B 亦都正向导通，输出端 F 为低电平 0（0 V）。

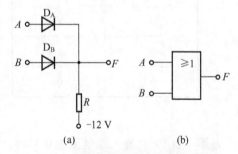

图 11-3 二极管或门电路及其逻辑符号
(a) 或门电路；(b) 逻辑符号

当输入端一端为高电平，而另一端为低电平时，例如 A 端为 3 V，B 端为 0 V。此时 D_A 管优先导通，输出端 F 被钳制在 3 V，使输出端 F 为高电平。同时 D_B 管受反向偏置而截止。

由上述可知，在或门电路的输入端中，只要有一端为高电平，输出端 F 就是高电平，只有输入端全为低电平时，输出端 F 才为低电平，即具有或逻辑关系。其真值表如表 11-2 所示。

由真值表可得出其逻辑表达式

$$F = A + B \tag{11-2}$$

图 11-4 是或门电路的波形图。

表 11-2 或门电路真值表

输	入	输 出
A	B	F
0	0	0
0	1	1
1	0	1
1	1	1

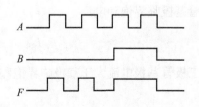

图 11-4 或门电路波形图

三、三极管非门电路

图 11-5 是由三极管组成的非门电路，A 为输入端，F 为输出端。图 11-5（b）是它的逻辑符号。

当 A 端为高电平时，三极管工作在饱和状态，输出端 F 为低电平。当 A 端为低电平时，三极管工作在截止状态，输出端 F 为高电平。因此三极管输出与输入的关系满足非逻辑关系。非门电路也称为反相器。其真值表如表 11-3 所示。

非门电路的逻辑表达式为

$$F = \bar{A} \tag{11-3}$$

例 11.1 在图 11-5 所示非门电路中，若 $V_{CC} = 10\ \text{V}$，$V_{BB} = -10\ \text{V}$，$R_K = 1\ \text{k}\Omega$，$R_B = 10\ \text{k}\Omega$，$R_C = 1\ \text{k}\Omega$，$\beta = 50$。试求：

（1）A 端输入电压为 0 V 时输出端的电压；

（2）A 端输入电压为 5 V 时输出端的电压。

表 11-3 非门电路真值表

输 入	输 出
A	F
0	1
1	0

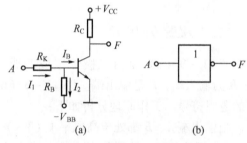

图 11-5 三极管非门电路及其逻辑符号

（a）非门电路；（b）逻辑符号

解 （1）当输入端电压为 0 V 时，在 $-V_{BB}$ 电压作用下，三极管基极为负偏置电压，三极管处于截止状态，输出端电压 $U_F \approx V_{CC} = 10\ \text{V}$。

（2）当输入端电压为 5 V 时，设三极管已导通，$U_{BE} = 0.7\ \text{V}$，则

$$I_1 = \frac{5 - 0.7}{1} = 4.3\ (\text{mA})$$

$$I_2 = \frac{0.7 - (-10)}{10} = 1.07\ (\text{mA})$$

$$I_B = I_1 - I_2 = 4.3 - 1.07 = 3.23\ (\text{mA})$$

若忽略三极管的饱和压降，则集电极饱和电流

$$I_{CS} = \frac{V_{CC}}{R_C} = \frac{10}{1} = 10\ (\text{mA})$$

三极管基极临界饱和电流

$$I_{BS} = \frac{I_{CS}}{\beta} = \frac{10}{50} = 0.2\ (\text{mA})$$

由于三极管基极电流大于基极临界饱和电流，所以三极管工作在饱和状态，输出端电压

$$U_F \approx 0\ (\text{V})$$

*第二节　集成门电路

TTL 电路是晶体管-晶体管集成逻辑门电路的简称。它是以双极型晶体管和电阻为基本元件，集成在一块硅片上，并能完成一定逻辑功能的电路。

一、TTL 与非门电路

1. 电路组成

图 11-6 是集成 TTL 与非门电路及其逻辑符号。T_1 为多发射极晶体管，它和 R_1 构成电路的输入级，实现与逻辑功能。T_2 和 R_2、R_3 组成中间级，其作用是从 T_2 的集电极和发射极同时输出两个相位相反的信号，分别驱动 T_3 和 T_5 管。T_3、T_4、T_5 和 R_4、R_5 组成输出级，直接驱动负载，以提高电路带负载的能力。

图 11-7 是常用的 2 输入 4 与非门 74LS00 的管脚排列图，其内部各与非门相互独立，可以单独使用。

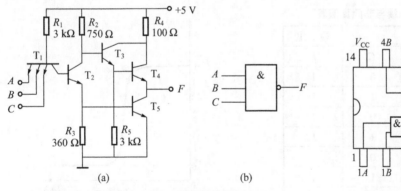
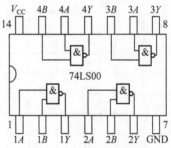

图 11-6　TTL 与非门电路及其逻辑符号
(a) TTL 与非门电路；(b) 逻辑符号

图 11-7　74LS00 管脚图

2. 工作原理

当输入端有一个（或几个）为低电平（约 0.3 V）时，T_1 管的基极与接低电平的发射极间处于正向偏置，电源通过 R_1 为 T_1 管提供基极电流。T_1 的基极电位约为 $0.3 + 0.7 = 1 \,(\text{V})$，其集电极电位为 0.3 V，$T_2$ 和 T_5 管均截止。由于 T_2 截止，其集电极电位接近于电源电压（+5 V），T_3、T_4 管导通，输出端 F 的电位为

$$V_F = V_{CC} - I_{B3}R_2 - U_{BE3} - U_{BE4}$$

因为 I_{B3} 很小，可忽略不计，则

$$V_F = 5 - 0.7 - 0.7 = 3.6 \,(\text{V})$$

即输出端为高电平。

当输入端全为高电平（3.6 V）时，T_1 管的基极电位足以使 T_1 的集电结、T_2 和 T_5 的发射结均处于导通状态，所以 T_1 的基极电位

$$V_{B1} = U_{BC1} + U_{BE2} + U_{BE5} = 2.1 \text{ (V)}$$

使 T_1 的几个发射结均处于反向偏置,电源通过 R_1 和 T_1 管的集电结向 T_2 提供足够的基极电流,使 T_2 饱和,T_2 的发射极电流在 R_3 上产生的压降,又为 T_5 提供足够的基极电流,使 T_5 饱和,输出端的电位

$$V_F = 0.3 \text{ (V)}$$

即输出为低电平。

上述逻辑关系的真值表如表 11-4 所示。

由真值表可得其逻辑表达式

$$F = \overline{A \cdot B \cdot C} \tag{11-4}$$

即输出端 F 与输入端 A、B、C 之间符合与非逻辑关系。

3. 电压传输特性

TTL 与非门的输出电压 U_o 随输入电压 U_i 变化而变化的关系曲线,称作电压传输特性,如图 11-8 所示。它是通过实验得出的,实验时将某一输入端的电压 U_i 由零逐渐增大,将其他输入端接高电平不变。当 U_i 从零开始增加时,在一定范围内输出高电平基本不变,$U_o \approx 3.6$ V。当 U_i 上升到一定数值后,输出电压很快下降到低电平,$U_o \approx 0.3$ V。如 U_i 继续增大,输出低电平基本不变。

表 11-4　3 输入端与非门真值表

输	入		输 出
A	B	C	F
0	0	0	1
0	0	1	1
0	1	0	1
0	1	1	1
1	0	0	1
1	0	1	1
1	1	0	1
1	1	1	0

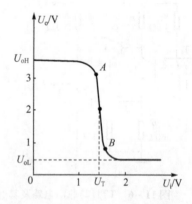

图 11-8　TTL 与非门电压传输特性

4. 主要参数

1) 输出高电平 U_{oH} 和输出低电平 U_{oL}

U_{oH} 是指输入端有一个或几个是低电平时的输出电压值。U_{oL} 是指输入端全为高电平且输出端接有额定负载时的输出电压值。TTL 与非门产品规定,当 $V_{CC} = 5$ V 时,$U_{oH} \geq 2.4$ V,$U_{oL} \leq 0.4$ V,便认为产品合格。

2) 开门电平 U_{ON} 和关门电平 U_{OFF}

U_{ON} 是指保持输出低电平所允许的输入高电平的下限值,即图 11-8 中 B 点所对应的输入电压值。TTL 产品规定 $U_{ON} \leq 2.0$ V。

U_{OFF} 是指保持输出高电平所允许的输入低电平的上限值,即图 11-8 中 A 点所对应的输入电压值。TTL 产品规定 $U_{OFF} \geq 0.8$ V。

传输特性曲线上 A、B 两点之间曲线的中点所对应的输入电压值,称为阈值电压,用 U_T

表示。对于理想的电压传输特性，A 点到 B 点的变化是陡直的，即 $U_{ON} = U_{OFF} = U_T$。当 $U_i < U_T$ 时，U_o 为高电平，当 $U_i > U_T$ 时，U_o 为低电平。

3）输入低电平噪声容限 U_{NL} 和输入高电平噪声容限 U_{NH}

在数字系统中，门电路的输入通常是同类门的输出。但有时会有噪声电压叠加在输入信号上。当噪声电压超过一定限度时，就会破坏与非门的正常逻辑关系。我们把不致影响输出逻辑状态所允许的噪声电压幅度的界限，叫作 TTL 与非门输入端的噪声容限。

当输入低电平（$U_{iL} = U_{oL}$）时，只要噪声电压与输入低电平叠加后的数值小于 U_{OFF}，输出仍为高电平。该噪声电压的极限值即为输入低电平噪声容限 U_{NL}。则

$$U_{NL} = U_{OFF} - U_{oL} \tag{11-5}$$

U_{NL} 越大，表明输入低电平时抗正向干扰能力越强。

当输入高电平（$U_{iH} = U_{oH}$）时，只要噪声电压（负向）与输入高电平叠加后的数值大于 U_{ON}，输出仍为低电平。该噪声电压的极限值即为输入高电平噪声容限 U_{NH}。则

$$U_{NH} = U_{oH} - U_{ON} \tag{11-6}$$

U_{NH} 越大，表明输入高电平时抗负向干扰能力越强。

设一 TTL 与非门的数据为 $U_{oH} = 2.4\ V$，$U_{oL} = 0.4\ V$，$U_{OFF} = 0.9\ V$，$U_{ON} = 1.5\ V$，则

$$U_{NL} = 0.9 - 0.4 = 0.5\ (V)$$
$$U_{NH} = 2.4 - 1.5 = 0.9\ (V)$$

4）扇出系数 N_O

扇出系数是指一个与非门能够带同类与非门的最大数目，它表示与非门带负载的能力。TTL 与非门产品规定值为 $N_O \geq 8$。

5）平均传输延迟时间 t_{pd}

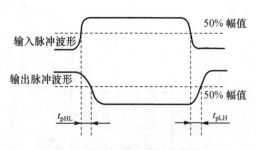

图 11-9 与非门的延迟时间

TTL 与非门工作时，由于晶体管工作状态的变化，如由导通到截止或由截止到导通，均需要一定的时间，因此，输出脉冲波形相对输入脉冲波形存在一定的时间延迟，如图 11-9 所示。从输入脉冲上升沿的 50% 处到输出脉冲下降沿的 50% 处的时间间隔，称为输出从高电平跃变为低电平的传输延迟时间 t_{pHL}。从输入脉冲下降沿的 50% 处到输出脉冲上升沿的 50% 处的时间间隔，称为输出从低电平跃变为高电平的传输延迟时间 t_{pLH}。t_{pHL} 和 t_{pLH} 的平均值称为平均传输延迟时间 t_{pd}，即

$$t_{pd} = (t_{pHL} + t_{pLH})/2 \tag{11-7}$$

t_{pd} 是表示门电路开关速度的参数。TTL 与非门的 t_{pd} 一般为几纳秒至几十纳秒。

二、CMOS 门电路

由 MOS 器件构成的门电路，称为 MOS 集成逻辑门，也称为单极型逻辑门。根据所用 MOS 管类型不同，MOS 门电路可分为 NMOS 门电路、PMOS 门电路、由 PMOS 和 NMOS 构成的互补型 CMOS 门电路。

1. CMOS 非门电路

CMOS 非门电路（亦称 CMOS 反相器）如图 11-10 所示。驱动管 T_1 为 N 沟道增强型 MOS 管（NMOS），负载管 T_2 为 P 沟道增强型 MOS 管（PMOS），两者连成互补对称型结构。

当输入端 A 为低电平 0 时，T_1 截止，T_2 导通，输出端 F 为高电平 1。当输入端 A 为高电平 1 时，T_1 导通，T_2 截止，输出端 F 为低电平 0。该电路实现了非逻辑功能。

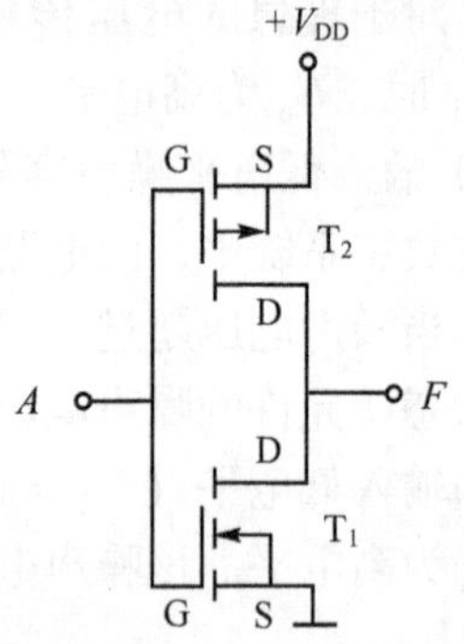

2. CMOS 与非门电路

CMOS 与非门电路如图 11-11 所示。驱动管 T_1、T_2 为 N 沟道增强型 MOS 管，两者串联。负载管 T_3 和 T_4 为 P 沟道增强型 MOS 管，两者并联。A、B 为输入端，F 为输出端。

当 A、B 两个输入端全为高电平 1 时，驱动管 T_1、T_2 都导通，负载管 T_3 和 T_4 都截止，输出端 F 为低电平 0。当 A、B 输入端有一个（或两个）为低电平 0 时，则 T_1、T_2 管有一个（或两个）截止，T_3、T_4 管有一个（或两个）导通，输出端 F 为高电平 1。实现了与非逻辑关系。

图 11-10 CMOS 非门电路

3. CMOS 或非门电路

CMOS 或非门电路如图 11-12 所示。T_1、T_2 是 N 沟道增强型 MOS 管，T_3、T_4 是 P 沟道增强型 MOS 管。

当 A、B 均为低电平 0 时，T_3、T_4 导通，T_1、T_2 截止，输出端 F 为高电平 1。当 A、B 至少有一个为高电平 1 时，T_3、T_4 至少有一个截止，T_1、T_2 至少有一个导通，输出端 F 为低电平 0。该电路具有或非逻辑功能，其逻辑表达式为

$$F = \overline{A + B} \tag{11-8}$$

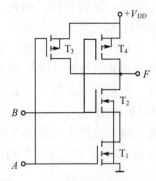

图 11-11 CMOS 与非门电路

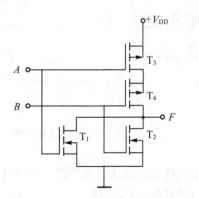

图 11-12 CMOS 或非门电路

第三节 组合逻辑电路的分析和设计方法

组合逻辑电路是由门电路按一定的逻辑功能组合成的电路，其输出状态只与当前的输入

状态有关,而与电路原来所处的状态无关。从电路结构上看,电路中无记忆元件,输入与输出之间无反馈。

一、组合逻辑电路的分析方法

组合逻辑电路的分析,就是对给定的逻辑电路,通过分析确定其逻辑功能;或者检查电路设计是否合理,验证其逻辑功能是否正确。

组合逻辑电路分析的一般步骤是:
(1) 由已知的逻辑图,逐级写出逻辑函数表达式;
(2) 化简和变换逻辑函数表达式;
(3) 由化简后的逻辑表达式列出真值表;
(4) 根据真值表确定电路的逻辑功能。

例 11.2 分析图 11-13 所示电路的逻辑功能。

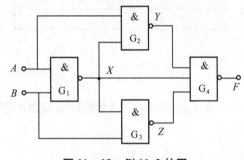

图 11-13 例 11.2 的图

解 (1) 由逻辑图写出逻辑函数表达式

G_1 门: $X = \overline{AB}$

G_2 门: $Y = \overline{A \cdot X} = \overline{A \cdot \overline{AB}}$

G_3 门: $Z = \overline{B \cdot X} = \overline{B \cdot \overline{AB}}$

G_4 门: $F = \overline{X \cdot Y \cdot Z} = \overline{\overline{AB} \cdot \overline{A \cdot \overline{AB}} \cdot \overline{B \cdot \overline{AB}}}$

(2) 对逻辑函数表达式 F 进行化简

$$F = \overline{\overline{AB} \cdot \overline{A \cdot \overline{AB}} \cdot \overline{B \cdot \overline{AB}}}$$
$$= \overline{\overline{AB}} + \overline{\overline{A \cdot \overline{AB}}} + \overline{\overline{B \cdot \overline{AB}}}$$
$$= AB + A \cdot \overline{AB} + B \cdot \overline{AB}$$
$$= AB + A(\overline{A} + \overline{B}) + B(\overline{A} + \overline{B})$$
$$= AB + A\overline{B} + \overline{A}B = A + B$$

由化简后的逻辑表达式可知,该电路能实现或逻辑功能。

例 11.3 分析图 11-14 所示电路的逻辑功能。

解 (1) 由逻辑图写出逻辑表达式

$$G_1 门: X = \overline{AB}$$
$$G_2 门: Y = \overline{BC}$$
$$G_3 门: Z = \overline{CA}$$
$$G_4 门: F = \overline{X \cdot Y \cdot Z} = \overline{\overline{AB} \cdot \overline{BC} \cdot \overline{CA}}$$

(2) 对 F 表达式化简

$$F = \overline{\overline{AB} \cdot \overline{BC} \cdot \overline{CA}}$$
$$= AB + BC + CA$$

(3) 根据表达式列出真值表如表 11-5 所示。

(4) 确定逻辑功能。由真值表可知,当三个输入变量中有两个以上为 1 时,输出 F 为 1,否则输出为 0。该电路为三人表决电路。

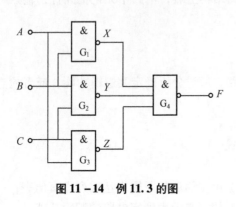

图 11-14 例 11.3 的图

表 11-5 例 11.3 的真值表

输	入		输 出
A	B	C	F
0	0	0	0
0	0	1	0
0	1	0	0
0	1	1	1
1	0	0	0
1	0	1	1
1	1	0	1
1	1	1	1

二、组合逻辑电路的设计方法

组合逻辑电路的设计,就是根据给定的逻辑要求,画出能够实现逻辑功能的最简单的逻辑电路。设计的步骤如下:

(1) 根据给定的逻辑要求列出真值表;
(2) 根据真值表写出输出逻辑函数的与或表达式;
(3) 化简或变换逻辑表达式;
(4) 根据化简后的逻辑表达式画出逻辑电路图。

例 11.4 试用与非门设计一个逻辑电路:A、B 为输入变量,F 为输出变量,当输入变量中 1 的个数为奇数时,F 为 1,否则 F 为 0。

解 (1) 根据题意列出真值表如表 11-6 所示。

(2) 由真值表写出逻辑表达式

$$F = \overline{A}B + A\overline{B}$$

(3) 变换逻辑表达式。

用与非门实现逻辑要求,可利用摩根定律将逻辑表达式进行变换,即

$$F = \overline{\overline{AB + A\overline{B}}} = \overline{\overline{AB} \cdot \overline{A\overline{B}}}$$

(4) 画出逻辑电路图,逻辑电路如图 11-15 所示。

表 11-6 例 11.4 的真值表

输	入	输 出
A	B	F
0	0	0
0	1	1
1	0	1
1	1	0

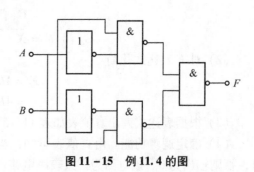

图 11-15 例 11.4 的图

该电路称作二位奇数校验器。就其逻辑功能来讲,当 A、B 状态相同时,输出 F 为 0;

当 A、B 状态相异时，输出 F 为 1。这种逻辑关系称作异或逻辑，其表达式为
$$F = \overline{A}B + A\overline{B} = A \oplus B \qquad (11-9)$$

实现异或逻辑功能的电路，称为异或门电路，用图 11-16 所示的逻辑符号表示。

将异或逻辑取反得 $F = \overline{A \oplus B} = AB + \overline{A}\,\overline{B}$，称作同或逻辑。实现同或逻辑的电路称为同或门，其逻辑符号如图 11-17 所示。

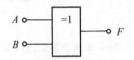
图 11-16 异或门逻辑符号

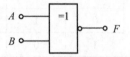
图 11-17 同或门逻辑符号

图 11-18 是集成四异或门 74LS136 的管脚排列图。图 11-19 是集成四异或（同或）门 74LS135 的管脚排列图，当 C 为低电平 0 时，Y 与 A、B 间为异或逻辑关系；当 C 为高电平 1 时，Y 与 A、B 间为同或逻辑关系。

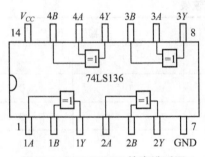
图 11-18 74LS136 管脚排列图

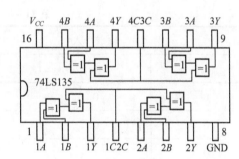
图 11-19 74LS135 管脚排列图

*第四节 加 法 器

算术运算电路是计算机中不可缺少的单元电路，最常用的是加法器。加法器按功能又可分为半加器和全加器。

一、半加器

不考虑来自低位进位的两个一位二进制数的相加为半加，实现半加运算的电路称为半加器。

根据二进制数相加的运算规律可得半加器的真值表如表 11-7 所示。其中 A、B 为被加数和加数，S 为本位和，C 表示进位数。

由真值表可得半加和 S 与进位 C 的逻辑表达式
$$S = A\overline{B} + \overline{A}B = A \oplus B$$
$$C = AB$$

由上式可知，半加器可由一个异或门和一个与门来实现，其逻辑电路和符号如图 11-20 所示。

表 11-7　半加器真值表

A	B	S	C
0	0	0	0
0	1	1	0
1	0	1	0
1	1	0	1

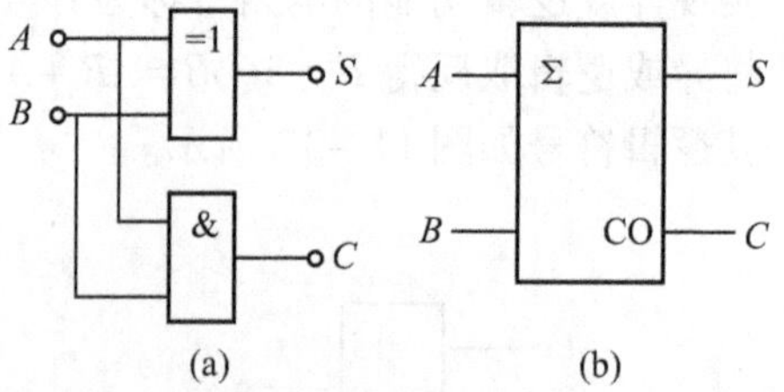

图 11-20　半加器逻辑电路及符号
（a）逻辑电路；（b）逻辑符号

二、全加器

所谓全加，是指两个多位二进制数作加法运算时，第 n 位的被加数 A_n、加数 B_n 以及来自相邻低位的进位 C_{n-1} 三者相加，其结果得到本位和 S_n 以及向相邻高位的进位数 C_n 的运算。实现全加运算的逻辑电路叫作全加器。全加器的真值表如表 11-8 所示。

表 11-8　全加器真值表

输　　入			输　　出	
A_n	B_n	C_{n-1}	S_n	C_n
0	0	0	0	0
0	0	1	1	0
0	1	0	1	0
0	1	1	0	1
1	0	0	1	0
1	0	1	0	1
1	1	0	0	1
1	1	1	1	1

根据真值表可写出和数 S_n、进位 C_n 的逻辑表达式

$$\begin{aligned} S_n &= \overline{A}_n \overline{B}_n C_{n-1} + \overline{A}_n B_n \overline{C}_{n-1} + A_n \overline{B}_n \overline{C}_{n-1} + A_n B_n C_{n-1} \\ &= (\overline{A}_n B_n + A_n \overline{B}_n) \overline{C}_{n-1} + (\overline{A_n B_n + A_n B_n}) C_{n-1} \\ &= (A_n \oplus B_n) \overline{C}_{n-1} + (\overline{A_n \oplus B_n}) C_{n-1} \\ &= A_n \oplus B_n \oplus C_{n-1} \end{aligned}$$

$$\begin{aligned} C_n &= \overline{A}_n B_n C_{n-1} + A_n \overline{B}_n C_{n-1} + A_n B_n \overline{C}_{n-1} + A_n B_n C_{n-1} \\ &= (\overline{A}_n B_n + A_n \overline{B}_n) C_{n-1} + A_n B_n (\overline{C}_{n-1} + C_{n-1}) \\ &= (A_n \oplus B_n) C_{n-1} + A_n B_n \end{aligned}$$

由上式可知，全加器可由两个半加器和一个或门组成，其逻辑电路和符号如图 11 – 21 所示。

三、多位加法器

要实现两个多位二进制数的加法运算，需要多个全加器（最低位可用半加器）。图 11 – 22 是一个 4 位串行进位加法器的逻辑电路，它是由 4 个全加器组成的，低位全加器的进位输出 CO 接到高位的进位输入 CI，任一位的加法运算必须在低一位的运算完成之后才能进行，故称为串行进位。实际应用中，该电路可选用两片 74LS183 或一片 74LS283 集成全加器芯片来完成。74LS183 为 2 位二进制全加器，74LS283 为 4 位二进制全加器。图 11 – 23 是用两片 74LS183 组成的 4 位二进制加法器。

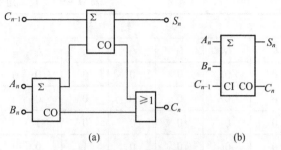

图 11 – 21　全加器逻辑电路及符号
（a）逻辑电路；（b）逻辑符号

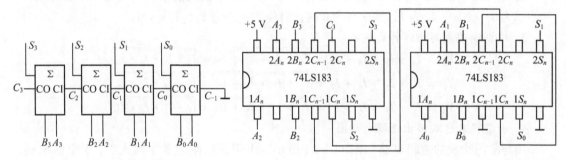

图 11 – 22　4 位串行加法器　　　图 11 – 23　两片 74LS183 组成 4 位二进制加法器

*第五节　编　码　器

把具有特定含义的输入信号（文字、数字、符号）转换成二进制代码的过程叫作编码，能够实现编码的电路称为编码器。常用的有二进制编码器、二 – 十进制编码器等。

一、二进制编码器

将某种信号转换成二进制代码的电路称为二进制编码器。例如将 $I_0 \sim I_7$ 8 个输入信号进行编码，其步骤如下。

1. 确定二进制代码的位数

现有 8 个信号，应有 8 种状态来表示，根据 $2^n = 8$ 可知 $n = 3$，所以输出应为三位二进制代码，即输出端有 3 个。

2. 列编码表

编码表是将待编码的 8 个信号和对应的二进制代码列成表格，如表 11 – 9 所示。

表 11-9 3位二进制编码表

\multicolumn{8}{c}{输入}								输出		
I_0	I_1	I_2	I_3	I_4	I_5	I_6	I_7	Y_2	Y_1	Y_0
0	0	0	0	0	0	0	1	1	1	1
0	0	0	0	0	0	1	0	1	1	0
0	0	0	0	0	1	0	0	1	0	1
0	0	0	0	1	0	0	0	1	0	0
0	0	0	1	0	0	0	0	0	1	1
0	0	1	0	0	0	0	0	0	1	0
0	1	0	0	0	0	0	0	0	0	1
1	0	0	0	0	0	0	0	0	0	0

由编码表可知，对应于每一组二进制代码，要求 8 个输入信号中只能有一个输入为 1，其他都为 0。例如，I_7 为 1，其他都为 0 时，对应的代码为 $Y_2Y_1Y_0 = 111$。

3. 根据编码表写出逻辑表达式

$$Y_2 = I_4 + I_5 + I_6 + I_7 = \overline{\overline{I_4 + I_5 + I_6 + I_7}} = \overline{\overline{I_4} \cdot \overline{I_5} \cdot \overline{I_6} \cdot \overline{I_7}}$$

$$Y_1 = I_2 + I_3 + I_6 + I_7 = \overline{\overline{I_2 + I_3 + I_6 + I_7}} = \overline{\overline{I_2} \cdot \overline{I_3} \cdot \overline{I_6} \cdot \overline{I_7}}$$

$$Y_0 = I_1 + I_3 + I_5 + I_7 = \overline{\overline{I_1 + I_3 + I_5 + I_7}} = \overline{\overline{I_1} \cdot \overline{I_3} \cdot \overline{I_5} \cdot \overline{I_7}}$$

4. 由逻辑表达式画出逻辑电路图

用与非门构成的逻辑电路如图 11-24 所示。由于该电路有 8 个输入端，3 个输出端，所以又称为 8 线-3 线编码器。

二、二-十进制编码器

二-十进制编码器是将十进制的 10 个数码 0~9 编成二进制代码的电路。输入是 0~9 的 10 个数码，输出是对应的二进制代码。用二进制代码表示十进制数，称为二-十进制编码，简称 BCD 码。

1. 确定二进制代码的位数

输入有 10 个数码，要求有 10 种状态，3 位二进制只有 8 种状态，所以输出应为 4 位二进制代码。

2. 列编码表

4 位二进制代码共有 16 种状态，其中任何 10 种状态都可用来表示 0~9 十个数码。最常用的是 8421 编码

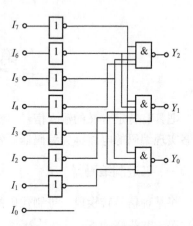

图 11-24 3位二进制编码器

方式，就是在 4 位二进制代码的 16 种状态中取出前 10 种状态，即 0000~1001，后 6 种状态去掉。二进制代码各位的 1 所代表的十进制数从高位到低位依次为 8、4、2、1，称之为"权"，8421 码由此而得名。二进制代码各位的数码乘以该位的"权"再相加，即得出该二进制代码所表示的一位十进制数。例如"0101"表示十进制数的 5，因为

$$0 \times 8 + 1 \times 4 + 0 \times 2 + 1 \times 1 = 5$$

二-十进制编码表如表11-10所示。

表11-10 8421（BCD）码编码表

十进制数码	输入										输出			
	S_0	S_1	S_2	S_3	S_4	S_5	S_6	S_7	S_8	S_9	D	C	B	A
0	0	1	1	1	1	1	1	1	1	1	0	0	0	0
1	1	0	1	1	1	1	1	1	1	1	0	0	0	1
2	1	1	0	1	1	1	1	1	1	1	0	0	1	0
3	1	1	1	0	1	1	1	1	1	1	0	0	1	1
4	1	1	1	1	0	1	1	1	1	1	0	1	0	0
5	1	1	1	1	1	0	1	1	1	1	0	1	0	1
6	1	1	1	1	1	1	0	1	1	1	0	1	1	0
7	1	1	1	1	1	1	1	0	1	1	0	1	1	1
8	1	1	1	1	1	1	1	1	0	1	1	0	0	0
9	1	1	1	1	1	1	1	1	1	0	1	0	0	1

3. 由编码表写出逻辑表达式

$$A = \bar{S}_1 + \bar{S}_3 + \bar{S}_5 + \bar{S}_7 + \bar{S}_9 = \overline{\overline{\bar{S}_1 + \bar{S}_3 + \bar{S}_5 + \bar{S}_7 + \bar{S}_9}} = \overline{S_1 \cdot S_3 \cdot S_5 \cdot S_7 \cdot S_9}$$

$$B = \bar{S}_2 + \bar{S}_3 + \bar{S}_6 + \bar{S}_7 = \overline{\overline{\bar{S}_2 + \bar{S}_3 + \bar{S}_6 + \bar{S}_7}} = \overline{S_2 \cdot S_3 \cdot S_6 \cdot S_7}$$

同理得

$$C = \overline{S_4 \cdot S_5 \cdot S_6 \cdot S_7}$$

$$D = \overline{S_8 \cdot S_9}$$

由逻辑表达式画出逻辑电路图如图11-25所示。当按下某一键号时，输出便产生与该键号对应的8421码。例如按下S_6，相应输入"6"为低电平0，其余输入均为高电平1，则输出端$D = 0$，$C = 1$，$B = 1$，$A = 0$，即将十进制的6编成了二-十进制代码0110。该电路设置了控制标志S，$S = 0$时，电路尚未处于编码状态，输出端$DCBA = 0000$；$S = 1$时，若S_0键按下，输出端$DCBA = 0000$是十进制0的二进制代码。

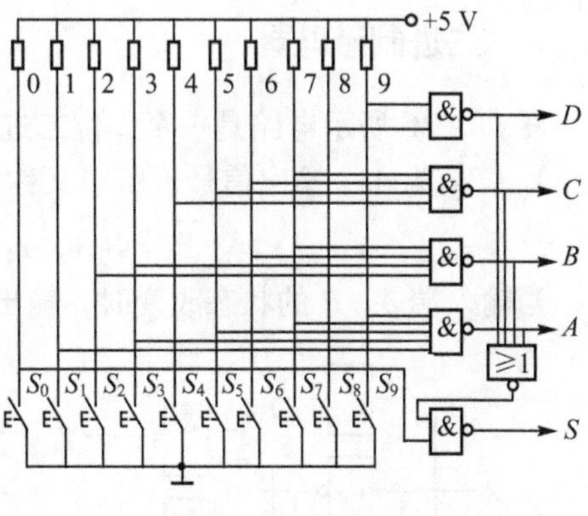

图11-25 键控8421（BCD）码编码器

三、优先编码器

上述两种编码电路存在一定的问题，编码器每次只允许出现一个输入信号。如果同时有多个输入信号出现时，其输出是混乱的。为解决这一问题，可采用优先编码器。优先编码器允许几个信号同时输入，但电路只对其中优先级别最高的输入信号编码。4线-2线优先编码器的功能表如表11-11所示。

表 11-11　4线-2线优先编码器功能表

输入				输出	
I_0	I_1	I_2	I_3	Y_1	Y_0
1	0	0	0	0	0
×	1	0	0	0	1
×	×	1	0	1	0
×	×	×	1	1	1

由功能表可知，4个输入信号的优先级别的高低次序依次为 I_3、I_2、I_1、I_0。例如当 I_3 为 1 时，无论其他 3 个输入信号是否为有效电平输入，输出均为 11。读者可根据功能表列出逻辑表达式，并画出逻辑电路图。

在实际应用中多采用集成优先编码器，常用的有 74LS147、74LS148 等。74LS147 为 10 线-4 线优先编码器，74LS148 为 8 线-3 线优先编码器。

*第六节　译　码　器

译码是编码的逆过程，即将每一组二进制代码"翻译"成一个相应的输出信号。实现译码功能的逻辑电路称为译码器。译码器按用途大致分为三大类：一是二进制译码器，又称变量译码器，用来表示输入变量状态的译码器。二是码制变换译码器，常见的是把 BCD 码转换成十进制的译码器，简称二-十进制译码器。三是显示译码器，用来驱动数码管等显示器件的译码器。

一、二进制译码器

图 11-26 所示电路是一个 2 位二进制译码器，其中 A、B 为输入端，输入 2 位二进制代码，$\overline{Y}_0 \sim \overline{Y}_3$ 为 4 个输出信号，所以又称为 2 线-4 线译码器。其逻辑表达式为：

$$\overline{Y}_0 = \overline{\overline{B}\,\overline{A}},\quad \overline{Y}_1 = \overline{\overline{B}A},\quad \overline{Y}_2 = \overline{B\,\overline{A}},\quad \overline{Y}_3 = \overline{BA}$$

当输入端 A、B 的状态改变时，输出端有相应的信号输出，其真值表如表 11-12 所示。

表 11-12　2线-4线译码器真值表

输入		输出			
B	A	$\overline{Y}_3$	$\overline{Y}_2$	$\overline{Y}_1$	$\overline{Y}_0$
0	0	1	1	1	0
0	1	1	1	0	1
1	0	1	0	1	1
1	1	0	1	1	1

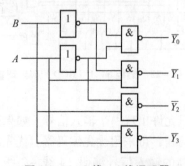

图 11-26　2线-4线译码器

由真值表可看出，对应任何一组代码的输入，都只能有一条相应的输出线有信号输出，在该电路中为低电平 0，而其他输出端均为高电平 1。实现了把输入代码译成特定信号的功能。

常用的集成二进制译码器种类很多，如 74LS139、74LS138 等。74LS139 为双 2 线 – 4 线译码器，74LS138 为 3 线 – 8 线译码器。图 11 – 27 所示为 74LS138 的管脚排列图，它具有三个控制端 G_1、$\overline{G_{2A}}$ 和 $\overline{G_{2B}}$。当 $G_1 = 0$ 或 $\overline{G_{2A}} + \overline{G_{2B}} = 1$ 时，不论其他输入端为何状态，输出端 $\overline{Y_0} \sim \overline{Y_7}$ 均为高电平 1，即禁止编码。只有当 $G_1 = 1$ 且 $\overline{G_{2A}} = \overline{G_{2B}} = 0$ 时，允许编码，译码器输出低电平有效，如当 $A_2A_1A_0 = 101$ 时，$\overline{Y_5} = 0$，其他输出端均为高电平 1。

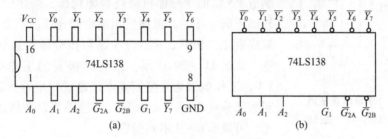

图 11 – 27　74LS138 译码器
(a) 管脚排列图；(b) 逻辑符号图

二、二 – 十进制译码器

图 11 – 28 是集成电路二 – 十进制译码器 74LS42 的管脚排列图。该电路有 4 个输入端 $A_0 \sim A_3$，10 个输出端 $\overline{Y_0} \sim \overline{Y_9}$，所以又称 4 线 – 10 线译码器。其逻辑功能如表 11 – 13 所示。

由表可知，当 $A_3A_2A_1A_0 = 0000$ 时，$Y_0 = \overline{A_3}\,\overline{A_2}\,\overline{A_1}\,\overline{A_0}$，即 $\overline{Y_0} = \overline{\overline{A_3}\,\overline{A_2}\,\overline{A_1}\,\overline{A_0}} = 0$，它对应的十进制数为 0，其余输出以此类推。

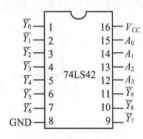

图 11 – 28　74LS42 二 – 十进制译码器

表 11 – 13　74LS42 二 – 十进制译码器功能表

输入				输出									
A_3	A_2	A_1	A_0	$\overline{Y_9}$	$\overline{Y_8}$	$\overline{Y_7}$	$\overline{Y_6}$	$\overline{Y_5}$	$\overline{Y_4}$	$\overline{Y_3}$	$\overline{Y_2}$	$\overline{Y_1}$	$\overline{Y_0}$
0	0	0	0	1	1	1	1	1	1	1	1	1	0
0	0	0	1	1	1	1	1	1	1	1	1	0	1
0	0	1	0	1	1	1	1	1	1	1	0	1	1
0	0	1	1	1	1	1	1	1	1	0	1	1	1
0	1	0	0	1	1	1	1	1	0	1	1	1	1
0	1	0	1	1	1	1	1	0	1	1	1	1	1
0	1	1	0	1	1	1	0	1	1	1	1	1	1
0	1	1	1	1	1	0	1	1	1	1	1	1	1
1	0	0	0	1	0	1	1	1	1	1	1	1	1
1	0	0	1	0	1	1	1	1	1	1	1	1	1

三、显示译码器

常见的显示译码器是数字显示电路，它由译码器、驱动器和显示器等部分组成。

1. 显示器件

常用的显示器件有半导体数码管、液晶数码管和荧光数码管等。这里仅介绍半导体数码管。

半导体数码管亦称 LED 数码管，其基本结构是 PN 结。制造 PN 结的半导体材料是磷砷化镓、磷化镓等。当 PN 结外加正向电压时，就能发出清晰的光线。单个 PN 结可以封装成发光二极管，多个 PN 结可按分段封装成半导体数码管，如图 11-29 所示。发光二极管的工作电压为 1.5~3 V，工作电流为几毫安到十几毫安。半导体数码管将十进制数码分成 7 段，又称为 7 段数码管，选择不同的字段发光，可显示 0~9 不同的字形。

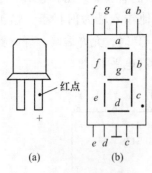

图 11-29 半导体显示器
（a）发光二极管；（b）数码管

半导体数码管中，7 个发光二极管有共阴极和共阳极两种接法，如图 11-30 所示。对共阴极接法，接高电平的字段发光，对共阳极接法，接低电平的字段发光。使用时，每个发光管要串接约 100 Ω 的限流电阻。

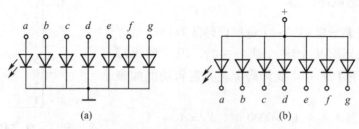

图 11-30 7 段数码管的两种接法
（a）共阴极；（b）共阳极

2. 显示译码器

显示译码器种类很多。7 段显示译码器是把 BCD 代码译成驱动 7 段数码管的信号，显示出相应的十进制数码，其真值表如表 11-14 所示。

表 11-14 7 段显示译码器真值表

输入				输出							显示数字
A_3	A_2	A_1	A_0	a	b	c	d	e	f	g	
0	0	0	0	1	1	1	1	1	1	0	0
0	0	0	1	0	1	1	0	0	0	0	1
0	0	1	0	1	1	0	1	1	0	1	2
0	0	1	1	1	1	1	1	0	0	1	3
0	1	0	0	0	1	1	0	0	1	1	4

续表

输入				输出							显示数字
A_3	A_2	A_1	A_0	a	b	c	d	e	f	g	
0	1	0	1	1	0	1	1	0	1	1	5
0	1	1	0	1	0	1	1	1	1	1	6
0	1	1	1	1	1	1	0	0	0	0	7
1	0	0	0	1	1	1	1	1	1	1	8
1	0	0	1	1	1	1	1	0	1	1	9

由真值表可以看出，该译码器输出为高电平有效，应与共阴极数码管配合使用。与共阳极配合使用的显示译码器，其真值表与表 11 – 14 所示的相反，即将输出状态中的 1 和 0 对换。

集成电路 74LS48 是输出高电平有效的 7 段显示译码器，其管脚排列图如图 11 – 31 所示。该电路除基本输入端和输出端外，还有三个辅助控制端：试灯输入端$\overline{LT}$，灭零输入端$\overline{RBI}$，灭灯输入/灭零输出端$\overline{BI}/\overline{RBO}$。$\overline{BI}/\overline{RBO}$既可以作输入用，也可作输出用。

1) 试灯功能

当$\overline{LT}=0$，$\overline{BI}/\overline{RBO}$作为输出端且$\overline{RBO}=1$，无论其他输入端为何状态，$a \sim g$ 均为高电平 1，所有段全亮，显示十进制数字 8。该输入端常用于检查 74LS48 显示译码器及数码管的好坏。$\overline{LT}=1$ 时，方可进行译码显示。

2) 灭灯功能

$\overline{BI}/\overline{RBO}$作输入端，且$\overline{BI}=0$，无论其他输入端为何状态，$a \sim g$ 均为低电平 0，数码管各段均熄灭。

3) 灭零功能

$\overline{BI}/\overline{RBO}$作为输出端，且$\overline{LT}=1$，$\overline{RBI}=0$，若$A_3A_2A_1A_0 = 0000$ 时，$a \sim g$ 均为低电平 0，实现灭零功能。与此同时，$\overline{BI}/\overline{RBO}$输出低电平 0，表示译码器处于灭零状态。而对非 0000 状态的数码输入，则照常显示，$\overline{BI}/\overline{RBO}$输出高电平。

$\overline{RBO}$ 和 $\overline{RBI}$ 配合使用，可实现无意义位的"消隐"。例如 5 位数显示器显示数为"03.150"，将无意义位的 0 消隐后，则显示"3.15"。

译码显示器 74LS48 与共阴极半导体数码管的连接示意图如图 11 – 32 所示。

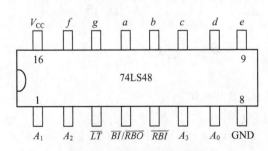

图 11 – 31 74LS48 管脚排列图

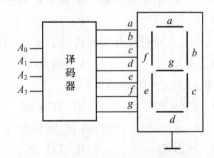

图 11 – 32 显示译码器与数码管连接示意图

习题十一

一、填空题

11.1 按逻辑功能的不同特点，数字电路可分为_____和_____两大类。

11.2 在译码器、寄存器、全加器三者中，不是组合逻辑电路的是_____。

11.3 对16个输入信号进行编码，至少需要_____位二进制数码。

11.4 十进制123的二进制数是_____；八进制数是_____；十六进制数是_____。

11.5 设同或门的输入信号为A和B，输出函数为F。若令$B=0$，则$F=$_____。若令$B=1$，则$F=$_____。

11.6 根据逻辑功能的不同特点，数字电路可分为_____和_____两大类。它们的主要区别是：_____。

11.7 全加器是实现两个一位二进制数和_____三个数相加的电路。

11.8 最简与或表达式是指在表达式中_____最少，且_____也最少。

11.9 在时间上和数值上均作连续变化的电信号称为_____信号；在时间上和数值上离散的信号叫作_____信号。

二、选择题

11.1 满足（　　）时，与非门输出为低电平。
A. 只要有一个输入为高电平　　　　B. 所有输入都是高电平
C. 所有输入都是低电平

11.2 对于未使用的或非门输入，正确的处理方法是（　　）。
A. 连接到地　　B. 直接连接到V_{CC}　　C. 通过电阻连接到地

11.3 组合逻辑电路通常由（　　）组合而成。
A. 门电路　　　　B. 触发器　　　　C. 计数器

11.4 在下列逻辑电路中，不是组合逻辑电路的有（　　）。
A. 译码器　　B. 编码器　　C. 全加器　　D. 寄存器

11.5 四个逻辑变量的取值组合共有（　　）。
A. 8　　　　B. 16　　　　C. 4　　　　D. 15

11.6 三极管作开关元件时，应工作在（　　）。
A. 放大区　　B. 截止区、饱和区　　C. 饱和区、放大区

11.7 $A\bar{B}+BC+AC=$（　　）。
A. $A\bar{B}+BC$　　B. $BC+AC$　　C. $A\bar{B}+AC$

11.8 用三极管构成的门电路称为（　　）门电路。
A. MOS型　　　　B. TTL型　　　　C. CMOS型

11.9 八输入端的编码器按二进制数编码时，输出端的个数是（　　）。
A. 2个　　　　B. 3个　　　　C. 4个　　　　D. 8个

11.10 四输入的译码器,其输出端最多为(　　)。
A. 4 个　　　　B. 8 个　　　　C. 10 个　　　　D. 16 个

三、分析计算题

11.1 试用一个三输入端的二极管与门和一个三极管非门连接成一个与非门电路,列出真值表,写出逻辑表达式。

11.2 试用一个三输入端的二极管或门和一个三极管非门连接成一个或非门电路,列出真值表,写出逻辑表达式。

11.3 晶体管非门电路如图 11–33 所示,已知 $R_C = 2\ \text{k}\Omega$,$R_B = 100\ \text{k}\Omega$,$\beta = 30$,当输入电压分别为 0 V 和 5 V 时,验证此电路是否符合非门的逻辑关系?如果不符合,应采取哪些措施使其满足非门的逻辑关系?

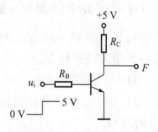

图 11–33　分析计算题 11.3 图

11.4 判断图 11–34 所示各电路的晶体管工作在什么状态?

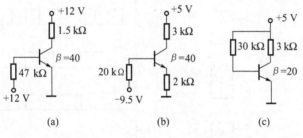
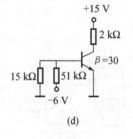

图 11–34　分析计算题 11.4 图

11.5 二极管电路及其输入端 A、B、C 的电压波形如图 11–35 所示。

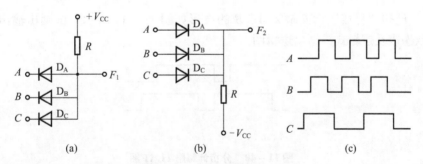

图 11–35　分析计算题 11.5 图

(1) 分别写出 F_1、F_2 与输入端 A、B、C 的逻辑关系;
(2) 画出图 11–35(a)、(b) 电路的逻辑符号图;
(3) 列出图 11–35(a)、(b) 电路的真值表;
(4) 画出 F_1、F_2 的波形图。

11.6 已知某逻辑电路如图 11–36 的输入 A、B 及输出 F 的波形,试分别列出状态表,写出逻辑式并画出逻辑图。

11.7 写出图 11–37 所示电路各输出端 F 的逻辑表达式。

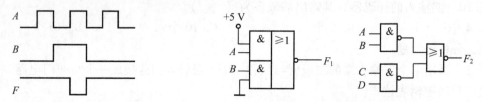

图11-36　分析计算题11.6图　　　　图11-37　分析计算题11.7图

11.8　图11-38是由与非门构成的异或门电路，试分析输出与输入信号的逻辑关系，写出真值表及逻辑表达式。

11.9　试用"与非"门实现逻辑式 $F=\overline{A\ (B+C)}$，写出化简后的逻辑式，画出逻辑图。

11.10　逻辑电路图及输入 A、B、C 的波形如图11-39所示，试分别画出输出 F_1、F_2、F_3 的波形。

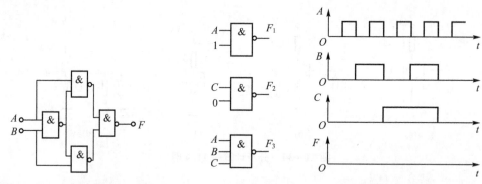

图11-38　分析计算题11.8图　　　　图11-39　分析计算题11.10图

11.11　已知"异或"门两输入 A、B 的波形如图11-40所示。试画出输出 F 的波形图，写出状态表及逻辑式，画出逻辑图。

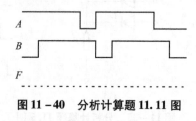

图11-40　分析计算题11.11图

11.12　试写出图11-41所示各电路的逻辑表达式，并化简。

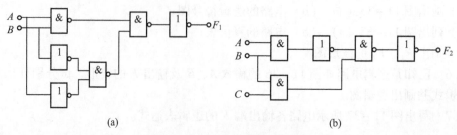

(a)　　　　　　　　　　(b)

图11-41　分析计算题11.12图

11.13 逻辑电路如图 11-42 所示，分别写出两图的逻辑式。

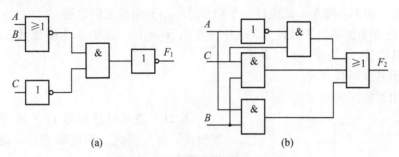

图 11-42 分析计算题 11.13 图

11.14 逻辑电路如图 11-43 所示，写出逻辑式。

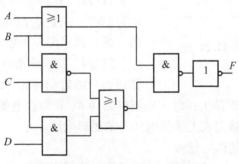

图 11-43 分析计算题 11.14 图

11.15 图 11-44 是一密码锁控制电路。开锁条件是：拨对密码；钥匙插入锁眼将开关闭合。当两个条件同时满足时，开锁信号为 1，将锁打开。否则报警信号为 1，接通警铃。试分析密码 ABCD 是什么？

11.16 图 11-45 是一位二进制数码比较器，a_i、b_i 为输入端，$a_i < b_i$、$a_i = b_i$、$a_i > b_i$ 是比较结果输出端，试分析其工作原理。

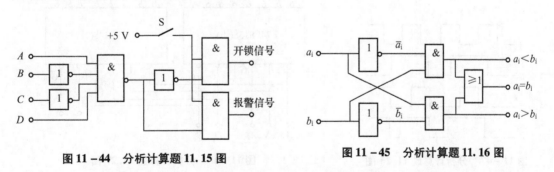

图 11-44 分析计算题 11.15 图　　　　图 11-45 分析计算题 11.16 图

11.17 试设计用单刀双掷开关来控制楼梯照明灯的电路；要求在楼下开灯后，在楼上可关灯，同样在楼上开灯后，在楼下也可关灯。用与非门实现上述逻辑功能。

11.18 试用与非门设计一个 3 输入、3 输出的组合逻辑电路。输出 F_1、F_2、F_3 为 3 台工作电动机，由 3 个输入信号 A、B、C 控制。当 A、B 有信号时，F_1 电动机工作；B、C 有信号时，F_2 电动机工作，C、A 有信号时，F_3 电动机工作。

11.19 旅客列车分为特快车、快车、慢车3种，它们从车站开出的优先顺序由高到低依次是特快车、快车、慢车。试设计一个列车从车站开出的逻辑电路。

11.20 已知半加器的逻辑式为 $S = \overline{A}B + A\overline{B}$，$C = AB$，其中 A 为被加数，B 为加数，C 为向高位的进位数。S 为本位和，要求：

（1）列出其逻辑状态表；

（2）画出逻辑图。

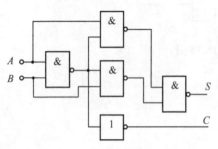

图 11-46 分析计算题 11.21 图

11.21 逻辑电路如图 11-46 所示，试写出逻辑式，并化简之，列出状态表，说明它是什么逻辑部件。

11.22 仿照半加器和全加器的设计方法，试设计一个半减器和全减器。

11.23 有两个 4 位的二进制数，A 为 1001，B 为 1101，若把它们并行相加起来需要几个全加器，画出逻辑图，和数 S 为多少。

11.24 某车间有 3 台大电炉，当一台电炉工作时，只需启动 A 电源；当两台电炉工作时，只需启动 B 电源；当 3 台电炉都工作时，则同时启动 A、B 两台电源供电。要求：

（1）用与非门设计能够完成上述供电任务的逻辑电路。

（2）用全加器实现上述供电任务。

11.25 已知某组合逻辑电路的输入 A、B、C 及输出 F 的波形如图 11-47 所示，试列出真值表、卡诺图、写出逻辑表达式并画出逻辑电路。

11.26 用与非门设计一个 7 段显示译码器，要求能够显示 A、B、C、D、E 5 个字符。

11.27 图 11-48 所示是用两个 3 线-8 线译码器 74LS138 组成的 4 线-16 线译码电路，试分析其逻辑功能，并列出真值表。

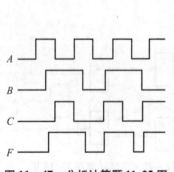

图 11-47 分析计算题 11.25 图

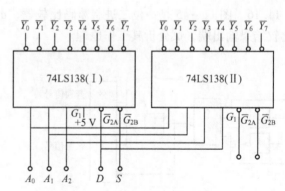

图 11-48 分析计算题 11.27 图

第十二章 时序逻辑电路和集成555定时器

时序逻辑电路与组合逻辑电路不同,它在任何时刻的输出状态,不仅与该时刻输入信号的状态有关,而且还与输入信号作用前的输出状态有关。时序逻辑电路由门电路和具有记忆功能的触发器组成。常用的时序逻辑电路有寄存器、计数器等。555定时器是一种中规模集成电路,可方便的构成施密特触发器、单稳态触发器以及自激多谐振荡器。

第一节 触发器

触发器是由门电路构成的单元电路,它可以接收、存储并输出二进制信息0和1。触发器按其输出端的工作状态可分为双稳态触发器、单稳态触发器和无稳态触发器。双稳态触发器具有两个稳定状态,在触发信号作用下,两个稳定状态可以相互转换,亦称翻转。当触发信号消失后,电路将建立的稳定状态保存下来。根据触发器电路结构的不同,可分为基本$R-S$触发器、同步触发器、主从触发器等。

一、基本$R-S$触发器

由两个与非门交叉连接组成的基本$R-S$触发器及其逻辑符号如图12-1所示,$\bar{S}_D$、$\bar{R}_D$是两个信号输入端,Q、$\bar{Q}$为两个互补的信号输出端。通常规定以Q端的状态表示触发器的状态。输出与输入的逻辑关系分析如下:

1. $\bar{S}_D = 0$,$\bar{R}_D = 1$

当$\bar{S}_D$端接低电平或输入负脉冲,即$\bar{S}_D = 0$时,对与非门G_B,不管输出端Q原来的状态怎样,此时Q必然为1。由于与非门G_A两个输入端都为1,其输出端$\bar{Q}$必然为0。这时即使$\bar{S}_D$端恢复到高电平,Q仍为1。所以把$\bar{S}_D$端称为置位端或置1端。

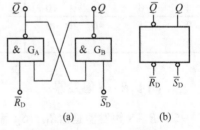

图12-1 基本$R-S$触发器
(a) 电路图;(b) 逻辑符号

2. $\bar{S}_D = 1$，$\bar{R}_D = 0$

当 $\bar{R}_D$ 端接低电平或输入负脉冲，即 $\bar{R}_D = 0$ 时，对与非门 G_A，不论输出端 $\bar{Q}$ 原来为何种状态，此时 $\bar{Q}$ 必然为 1。由于与非门 G_B 两个输入端都为 1，其输出端 Q 必然为 0。这时即使 $\bar{R}_D$ 端恢复到高电平，Q 仍为 0。所以把 $\bar{R}_D$ 端称为复位端或复 0 端。

3. $\bar{S}_D = 1$，$\bar{R}_D = 1$

由与非门的逻辑功能可知，当 $\bar{S}_D = \bar{R}_D = 1$ 时，触发器保持原状态不变。

4. $\bar{S}_D = 0$，$\bar{R}_D = 0$

当 $\bar{S}_D$ 端和 $\bar{R}_D$ 端同时加负脉冲时，与非门 G_A、G_B 的输出端都为高电平 1，破坏了 Q 与 $\bar{Q}$ 端互为反变量的逻辑要求。当输入端的负脉冲同时消失时，由于无法预知与非门动态传输特性的差异，故触发器转换为何种状态将不能确定。因此，对于这种随机性的不定输出，在使用中是不允许出现的。

基本 $R-S$ 触发器输出与输入之间的逻辑关系，可用逻辑状态表来表示。为了表达清楚，我们规定：触发器在接收触发信号之前的原稳定状态称为初态或现态，用 Q^n 表示；触发器在接收触发信号后建立的新稳定状态叫作次态，用 Q^{n+1} 表示。由上述可知，基本 $R-S$ 触发器的状态是由触发信号和初态 Q^n 的取值情况所决定的，其状态表如表 12-1 所示。

由状态表可得出基本 $R-S$ 触发器的特性方程

$$\left. \begin{array}{l} Q^{n+1} = S_D + \bar{R}_D Q^n \\ \bar{S}_D + \bar{R}_D = 1(约束条件) \end{array} \right\} \quad (12-1)$$

图 12-2 是基本 $R-S$ 触发器的工作波形。

表 12-1 基本 $R-S$ 触发器状态表

$\bar{S}_D$	$\bar{R}_D$	Q^n	Q^{n+1}	功能
0	0	0	不确定	不允许
0	0	1		
0	1	0	1	置1
0	1	1	1	
1	0	0	0	复0
1	0	1	0	
1	1	0	0	不变
1	1	1	1	

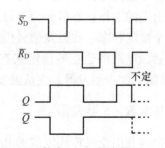

图 12-2 基本 $R-S$ 触发器工作波形

二、同步 $R-S$ 触发器

基本 $R-S$ 触发器是由 $\bar{R}_D$、$\bar{S}_D$ 输入状态直接控制触发器的翻转，这在使用上有许多不便。在实际应用中，往往要求各触发器的翻转在时间上同步，这就需要增加一个同步控制端，只有在同步控制端信号到达时，触发器才能按输入信号改变状态。通常称同步控制信号为时钟信号，简称时钟，用 CP 表示。因此，同步触发器又称为钟控触发器。

图 12-3 是同步 $R-S$ 触发器的逻辑电路及其逻辑符号。图中与非门 G_A、G_B 组成基本 $R-S$ 触发器，G_C、G_D 组成输入控制门电路。S、R 为信号输入端，CP 是时钟脉冲的输入端。逻辑功能分析如下。

当 $CP = 0$ 时，与非门 G_C、G_D 被封锁，不论 S、R 输入端为何种电平，输出均为高电平

1,由基本 $R-S$ 触发器的状态表可知,触发器的状态保持不变。

当 $CP=1$ 时,与非门 G_C、G_D 开启,触发器的输出状态由输入端 S、R 的状态决定。

1. $S=0$,$R=1$

$S=0$,G_D 门输出为 1;$R=1$,G_C 门两个输入端均为 1,输出为 0,使 G_A 门的输出端 $\overline{Q}$ 为 1。此时 G_B 门的三个输入端全为 1,其输出端 Q 为 0。所以触发器被复 0。

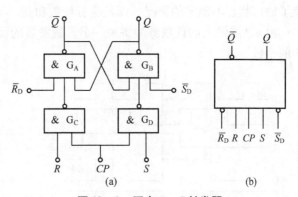

图 12-3 同步 $R-S$ 触发器
(a) 电路图;(b) 逻辑符号

2. $S=1$,$R=0$

$R=0$,G_C 门输出为 1,$S=1$,G_D 门输出为 0,使 G_B 门的输出 Q 为 1,此时 G_A 门输出 $\overline{Q}$ 为 0。所以触发器被置 1。

3. $S=0$,$R=0$

$S=R=0$ 时,G_C、G_D 门输出为 1,所以触发器保持状态不变。

4. $S=1$,$R=1$

$S=R=1$ 时,G_C、G_D 门输出均为 0,迫使触发器的 Q、$\overline{Q}$ 端暂时为高电平 1,当 CP 正脉冲或 S、R 信号消失后,触发器的状态不能确定,这在工作实际中是不允许的。

图中 $\overline{S}_D$ 端为直接置 1 端,当 $\overline{S}_D=0$ 时,不论 CP 和 S、R 为何种状态,触发器被置 1。$\overline{R}_D$ 端为直接复 0 端,当 $\overline{R}_D=0$ 时,触发器被直接复 0。电路工作前,可通过 $\overline{S}_D$ 或 $\overline{R}_D$ 使触发器置 1 或复 0。初始状态预置后,$\overline{S}_D$、$\overline{R}_D$ 均应处于高电平。

同步 $R-S$ 触发器的状态表如表 12-2 所示。

表 12-2 同步 $R-S$ 触发器状态表

S	R	Q^n	Q^{n+1}	功　能
0	0	0	0	状态不变
0	0	1	1	
0	1	0	0	复 0
0	1	1	0	
1	0	0	1	置 1
1	0	1	1	
1	1	0	不确定	不允许
1	1	1	不确定	

由状态表可得出同步 $R-S$ 触发器的特性方程为

$$\left.\begin{aligned} Q^{n+1} &= S + \overline{R}Q^n \\ SR &= 0(约束条件) \end{aligned}\right\} \tag{12-2}$$

图 12-4 是同步 $R-S$ 触发器的工作波形图。

将同步 $R-S$ 触发器的 $\overline{Q}$ 端连到 S 端,Q 端连到 R 端,如图 12-5 所示。该电路不仅避免了输出状态不确定的情况，而且具有计数功能。

由 CP 端输入的计数脉冲每来一个，触发器的状态就翻转一次，翻转的次数等于计数脉冲的个数。

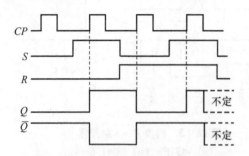

图12-4 同步 R-S 触发器工作波形图

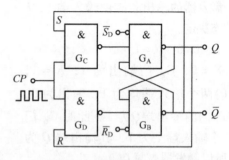

图12-5 计数式 R-S 触发器

同步 R-S 触发器一般要求在 $CP=1$ 时，触发器只能翻转一次，即 $CP=1$ 期间 R、S 的状态不能再有变化。否则，R、S 的变化将会引起触发器状态的相应变化，即触发器在 $CP=1$ 期间可能有多次翻转，出现所谓的"空翻"现象，从而失去同步的意义。

三、主从型 J-K 触发器

主从型 J-K 触发器的逻辑电路如图12-6所示，它由两个同步 R-S 触发器组成。

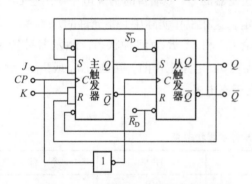

图12-6 主从型 J-K 触发器电路图

由电路可看出，当时钟脉冲上升沿到来时，由于 $CP=1$，主触发器接收输入信号，其输出状态由 J、K、Q、$\overline{Q}$ 决定；与此同时，由于从触发器的时钟信号 $\overline{CP}=0$，所以不接收信号，其输出状态不变。当时钟脉冲下降沿到来时，由于 $CP=0$，主触发器不接收输入信号，其输出状态保持 $CP=1$ 时的状态不变，而从触发器则接收来自主触发器的输出信号，其输出状态由主触发器的状态决定。可见，主从型 J-K 触发器的工作过程是分两步进行的，在 CP 脉冲的上升沿主触发器接收输入信号，在 CP 脉冲的下降沿，从触发器输出相应的状态。每来一个时钟脉冲，触发器只能翻转一次，从而避免了"空翻"现象。

下面分四种情况分析 J-K 触发器的逻辑功能。

1. $J=0$，$K=0$

在 $CP=1$ 时，由于主触发器的 $S=J\overline{Q}=0$，$R=KQ=0$，主触发器的输出状态不变，因此，当 $CP=0$ 时，从触发器的输出状态也不会改变。即 $J=K=0$ 时，$Q^{n+1}=Q^n$，触发器具有记忆（存储）功能。

2. $J=0$，$K=1$

设触发器初始状态为0态，主触发器的 $S=J\overline{Q}=0$，$R=KQ=0$，如上所述，触发器将保持0状态不变。

若触发器初始状态为1态，则主触发器的 $S=0$，$R=1$，当 $CP=1$ 时，主触发器被复0；

当 CP 下降沿到来时，从触发器也被复 0，可见，在 $J=0$，$K=1$ 时，触发器具有复 0 功能。

3. $J=1$，$K=0$

设触发器的初始状态为 0 态，主触发器的 $S=J\overline{Q}=1$，$R=KQ=0$，在 CP 脉冲作用下，触发器被置 1。若触发器的初始状态为 1 态，则主触发器的 $S=J\overline{Q}=0$，$R=KQ=0$，CP 脉冲作用后，触发器的状态不变。所以，$J=1$，$K=0$ 时，触发器具有置 1 功能。

4. $J=1$，$K=1$

设触发器的初始状态为 0 态，则主触发器的 $S=1$，$R=0$，在 CP 脉冲作用下，触发器被置 1；若触发器的初始状态为 1 态，则主触发器的 $S=0$，$R=1$，在 CP 脉冲作用下，触发器被复 0。可见 $J=1$，$K=1$ 时，每来一个 CP 脉冲，触发器的状态就要翻转一次，即 $Q^{n+1}=\overline{Q^n}$。Q 的翻转次数等于 CP 脉冲的个数，因此，这种功能又称为计数功能。

根据上述分析，可列出 J-K 触发器的逻辑状态表如表 12-3 所示。

表 12-3　J-K 触发器状态表

J	K	Q^n	Q^{n+1}	功　能
0	0	0	0 ⎫ Q^n	记忆
0	0	1	1 ⎭	
0	1	0	0 ⎫ 0	复 0
0	1	1	0 ⎭	
1	0	0	1 ⎫ 1	置 1
1	0	1	1 ⎭	
1	1	0	1 ⎫ $\overline{Q^n}$	计数
1	1	1	0 ⎭	

由状态表可写出 J-K 触发器的特性方程为

$$Q^{n+1} = J\overline{Q^n} + \overline{K}Q^n \quad (12-3)$$

前面分析的主从型 J-K 触发器，其输出状态的变化是在 $CP=0$ 时完成的，这类触发器为低电平触发。如果改变电路结构，将主触发器用低电平触发，从触发器用高电平触发，则触发器输出状态的变化是在 $CP=1$ 时完成的，这类触发器为高电平触发。它们的逻辑符号如图 12-7 所示。

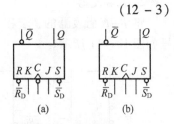

图 12-7　主从型 J-K 触发器的逻辑符号

(a) 低电平触发；(b) 高电平触发

例 12.1　低电平触发主从 J-K 触发器的时钟脉冲 CP 及 J、K 输入信号的波形如图 12-8 所示，试画出输出端 Q 的波形。

解　分析这类触发器的输出波形时，应熟记 J-K 触发器的状态表，并应注意到，触发器输出什么状态，由 CP 上升沿所对应的 J、K 决定；而触发器输出相应状态的时间，却在 CP 下降沿到来之时。例如，当第一个 CP 脉冲上升沿到来时，$J=1$，$K=0$，所以第一个 CP 脉冲下降沿到来时，Q 由 0 变为 1 等。依此可画出 Q 端的波形如图 12-8 所示。

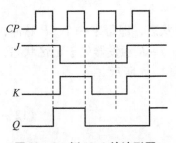

图 12-8　例 12.1 的波形图

这里需要说明，本例的分析是在 $CP=1$ 期间 J、K 输入信号保持不变的条件下进行的。若 $CP=1$ 期间，J、K 状态发生变化，则主从型 $J-K$ 触发器可能发生一次翻转现象。一次翻转会破坏 $J-K$ 触发器的逻辑功能，其结果与状态表不符，使用时应给予注意。

四、其他类型的触发器

1. D 触发器

将 $J-K$ 触发器的 J 端通过一个非门与 K 端相连，输入端用 D 表示，就构成了 D 触发器，其电路如图 12-9 所示。

当输入端 $D=1$ 时，即 $J=1$，$K=0$，在 CP 脉冲的下降沿，Q 端置 1；当 $D=0$ 时，即 $J=0$，$K=1$，在 CP 脉冲的下降沿 Q 端复 0。其逻辑状态表如表 12-4 所示。

表 12-4 D 触发器状态表

D	Q^n	Q^{n+1}
0	0	0
0	1	0
1	0	1
1	1	1

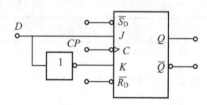

图 12-9 主从型 D 触发器

由状态表可写出 D 触发器的特性方程为

$$Q^{n+1} = D \tag{12-4}$$

与 $J-K$ 触发器一样，D 触发器也有下降沿翻转和上升沿翻转两类，即低电平触发和高电平触发，其逻辑符号如图 12-10 所示。

2. T 触发器

将 $J-K$ 触发器的 J 端和 K 端相连，输入端用 T 表示，就构成 T 触发器，电路及逻辑符号如图 12-11 所示。

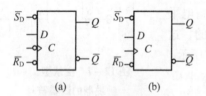

图 12-10 D 触发器逻辑符号
(a) 低电平触发；(b) 高电平触发

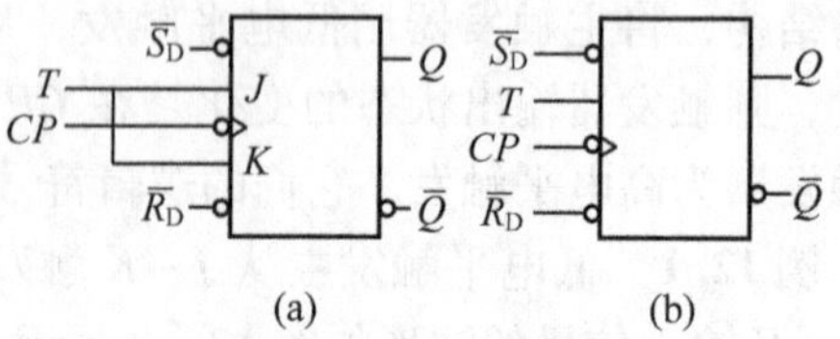

图 12-11 T 触发器
(a) 电路图；(b) 逻辑符号

当输入端 $T=1$ 时，即 $J=K=1$，$J-K$ 触发器处在计数状态，即每来一个 CP 脉冲，触发器的输出端 Q 翻转一次；当输入端 $T=0$ 时，即 $J=K=0$，$J-K$ 触发器处于记忆状态，即使有 CP 脉冲，触发器的状态保持不变。其逻辑状态表如表 12-5 所示。

由状态表可写出触发器的特性方程为

$$Q^{n+1} = T\overline{Q^n} + \overline{T}Q^n \tag{12-5}$$

3. T' 触发器

将 D 触发器的输入端 D 和其输出端 $\overline{Q}$ 相连，输入端用 T' 表示，就构成了 T' 触发器，如

图 12-12 所示。它的逻辑功能是每来一个 CP 脉冲，触发器的输出端 Q 就翻转一次，即具有计数功能，其特性方程为

$$Q^{n+1} = \overline{Q^n}$$

T 触发器、T' 触发器都被广泛用于计数电路中。

表 12-5 T 触发器状态表

T	Q^{n+1}	功能
0	Q^n	记忆
1	$\overline{Q^n}$	计数

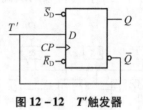

图 12-12 T' 触发器

第二节 寄 存 器

寄存器是数字系统中用来存放数码或指令的时序逻辑部件。它由触发器和一些逻辑门电路组成。触发器用来存放数码，一个触发器有 0、1 两种状态，只能存放一位二进制数，需要存放 n 位数时，就得用 n 个触发器。

寄存器存取数码的方式有串行和并行两种。串行方式是指在一个时钟脉冲作用下，只存入或取出一位数码，n 位数码需经 n 个时钟脉冲作用才能全部存入或取出，称为串行输入或串行输出。具有串行输入或输出功能的寄存器称为移位寄存器，它不仅能存放数码，而且还具有运算功能。并行方式是指在一个时钟脉冲作用下，n 位数码可同时全部存入或取出，称为并行输入或并行输出。具有并行输入或输出的寄存器称为数码寄存器，它只有存放数码的功能。

一、数码寄存器

由 4 个 D 触发器组成的 4 位数码寄存器如图 12-13 所示。4 位待存数码 $D_3D_2D_1D_0$ 与 4 个 D 触发器的输入端相连接。存放数码前，在清零端 $\overline{R_D}$ 加一负脉冲，使各触发器均处于 0 态，清除寄存器中原有数码，准备接收新的数码。设待存数码 $D_3D_2D_1D_0 = 1011$，当寄存脉冲到来时，4 个触发器的输出端分别为 $Q_3 = 1$，$Q_2 = 0$，$Q_1 = 1$，$Q_0 = 1$，数

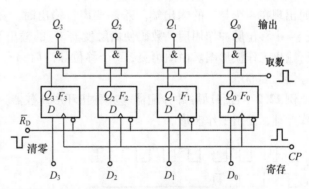

图 12-13 4 位数码寄存器

码已被存入。寄存脉冲过后，各触发器保持原态，数码被寄存。当需要取出该数码时，可发出取数脉冲，将 4 个与门打开，4 位数码分别从 4 个与门输出。只要不存入新的数码，原来的数码可重复取用，并一直保持下去。上述工作方式，即为并行输入、并行输出方式。

二、移位寄存器

移位寄存器按照移位方向可分为左移位寄存器、右移位寄存器、双向移位寄存器。图 12-14 是用 D 触发器构成的 4 位左移位寄存器。待存数码由触发器 F_0 的输入端 D_0 输入，在移位脉冲作用下，可将数码从高位到低位向左逐步移入寄存器中。其工作过程如下。

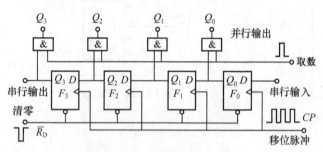

图 12-14　4 位左移位寄存器

输入数据前需进行清零，使各触发器均为 0 态。设待存数码为 1010，则先将数码的最高位 1 送入 F_0 的输入端，即 $D_0=1$，当第一个移位脉冲 CP 的上升沿到来时，F_0 的输出端 $Q_0=1$，移位寄存器呈 0001 状态。随后将数码的次高位 0 送入 F_0 的输入端，则 $D_0=0$，$D_1=Q_0=1$。当第二个移位脉冲到来时，$Q_1=1$，$Q_0=0$，寄存器变为 0010 状态。经 4 个移位脉冲后，4 位数码全部移入寄存器，其状态表如表 12-6 所示。

表 12-6　左移位寄存器状态表

移位脉冲	Q_3	Q_2	Q_1	Q_0	移位过程
0	0	0	0	0	清零
1	0	0	0	1	左移 1 位
2	0	0	1	0	左移 2 位
3	0	1	0	1	左移 3 位
4	1	0	1	0	左移 4 位

该数码寄存器有两种输出方式，数码存入后，在并行输出端送入取数脉冲，4 位数码便同时出现在 4 个与门的输出端。若需要串行输出时，数据存入后可将 D_0 接地，即 $D_0=0$，再经 4 个移位脉冲作用后，数码便由触发器 F_3 的输出端依次送出。图 12-15 为串行输入、串行输出工作波形图。由图可见，4 个移位脉冲后，寄存器的状态为 1010，第 8 个脉冲时，寄存器为 0000。

例 12.2　自启动脉冲分配器（亦称扭环形计数器）的电路如图 12-16 所示，试分析其工作原理，画出工作波形。

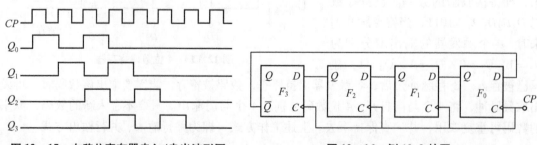

图 12-15　左移位寄存器串入/串出波形图　　　　图 12-16　例 12.2 的图

解 该电路实质上是一个左移位寄存器,其串行输入端和串行反相输出端相连,构成了一个闭合的环。工作前,使各触发器为 0 态,因此 $D_0=1$,D_3、D_2、D_1 均为零。当第一个 CP 脉冲上升沿到来时,4 个触发器的状态为 $Q_3Q_2Q_1Q_0=0001$,…,当第 4 个 CP 脉冲上升沿到来时,$Q_3Q_2Q_1Q_0=1111$。此时 $D_0=0$,D_3、D_2、D_1 都为 1,第 5 个 CP 脉冲上升沿到来时,$Q_3Q_2Q_1Q_0=1110$,…,当第 8 个 CP 脉冲上升沿到来时,$Q_3Q_2Q_1Q_0=0000$,在 CP 脉冲作用下,电路如表 12-7 所示的状态循环工作。

表 12-7 图 12-16 工作状态表

CP	Q_3	Q_2	Q_1	Q_0
0	0	0	0	0
1	0	0	0	1
2	0	0	1	1
3	0	1	1	1
4	1	1	1	1
5	1	1	1	0
6	1	1	0	0
7	1	0	0	0
8	0	0	0	0

由于电路按 8 个状态循环变化,所以可实现八进制计数器,又因为电路结构是闭合的环,故称为扭环形计数器。电路的工作波形如图 12-17 所示。

三、集成电路寄存器

目前各种功能的寄存器大都集成化,中规模集成电路 74LS194 就是一种功能比较齐全的 4 位双向移位寄存器,其管脚排列图如图 12-18 所示。图中 A、B、C、D 为并行输入端,Q_A、Q_B、Q_C、Q_D 为并行输出端,D_{SR} 为数据右移输入端,D_{SL} 为数据左移输入端,$\overline{CR}$ 为清零端,M_1、M_0 为工作模式控制端。其逻辑功能如表 12-8 所示。

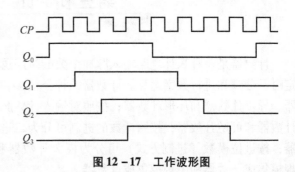

图 12-17 工作波形图

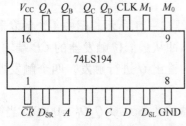

图 12-18 74LS194 管脚排列图

表 12-8 74LS194 功能表

$\overline{CR}$	CLK	M_1	M_0	功 能
0	×	×	×	清零
1	↑	0	0	保持
1	↑	0	1	右移:$D_{SR} \to Q_A \to Q_B \to Q_C \to Q_D$
1	↑	1	0	左移:$D_{SL} \to Q_D \to Q_C \to Q_B \to Q_A$
1	↑	1	1	并入:$Q_AQ_BQ_CQ_D=ABCD$

例 12.3 用 74LS194 构成的 4 位脉冲分配器（亦称环形计数器）如图 12-19 所示，试分析工作原理，画出其工作波形。

解 工作前先在 M_0 端加预置正脉冲，使 $M_1M_0 = 11$，寄存器处于并行输入工作状态，$ABCD$ 的数码 0001 在 CLK 移位脉冲作用下，并行存入 $Q_AQ_BQ_CQ_D$。预置脉冲过后，$M_1M_0 = 10$，寄存器处在左移位工作状态，每来一个移位脉冲，$Q_D \sim Q_A$ 循环左移一位，工作波形图如图 12-20 所示。由波形图可知，从 $Q_D \sim Q_A$ 每端均可输出系列脉冲，但彼此相隔移位脉冲的一个周期时间。

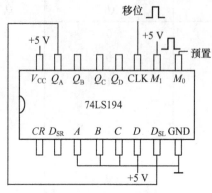

图 12-19 例 12.3 的图

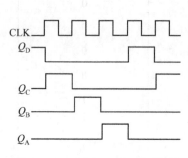

图 12-20 例 12.3 的工作波形图

第三节 计 数 器

计数器是一种累计电路输入脉冲个数的时序逻辑电路。除计数功能外，计数器也可用来定时、分频和进行数字运算。计数器的种类很多，按照时钟脉冲的输入方式可分为同步计数器、异步计数器和环形计数器；按照对输入计数脉冲的累计方式，可分为加法计数器、减法计数器和可逆计数器；按照计数的进制可分为二进制计数器、十进制计数器和任意进制计数器；按进位模数（进制方式）可分为模 2 计数器和非模 2 计数器；按电路集成度可分为小规模集成计数器和中规模集成计数器。

一、二进制计数器

二进制有 0 和 1 两个数码，双稳态触发器有 1 和 0 两个状态，所以一个触发器可以表示一位二进制数。如果要表示 n 位二进制数，就得用 n 个触发器，它可以累计 2^n 个脉冲。

1. 异步二进制计数器

由 4 个 J-K 触发器组成的 4 位二进制加法计数器如图 12-21 所示。图中 4 个触发器的 J、K 端均悬空，相当接高电平 1，处于计数状态。计数脉冲从最低位触发器的 CP 端输入，并用该脉冲触发翻转，而其他触发器均用低一位触发器的输出 Q 进行触发，四个触发器的状态只能依次翻转，故称为异步计数器。

计数前，先在 $\overline{R}_D$ 端加一个负脉冲进行清零，各触发器的状态 $Q_3Q_2Q_1Q_0 = 0000$。当第 1 个计数脉冲 CP 的下降沿到来时，F_0 翻转，Q_0 端由 0 变 1，此时 Q_0 的正跳变不能使 F_1 翻

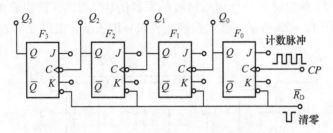

图 12–21　4 位异步二进制加法计数器

转，计数器的输出状态为 $Q_3Q_2Q_1Q_0=0001$。当第 2 个计数脉冲输入后，其下降沿又使 F_0 翻转，Q_0 由 1 变 0，同时 Q_0 的负跳变使 F_1 翻转，Q_1 由 0 变 1，计数器的输出状态为 0010…，第 15 个计数脉冲后，计数器为 1111，第 16 个计数脉冲后，计数器的 4 个触发器全部复 0，并从 Q_3 送出一个进位信号。计数器的工作状态如表 12–9 所示。

表 12–9　4 位二进制加法计数器状态表

计数脉冲	二进制数				十进制数
	Q_3	Q_2	Q_1	Q_0	
0	0	0	0	0	0
1	0	0	0	1	1
2	0	0	1	0	2
3	0	0	1	1	3
4	0	1	0	0	4
5	0	1	0	1	5
6	0	1	1	0	6
7	0	1	1	1	7
8	1	0	0	0	8
9	1	0	0	1	9
10	1	0	1	0	10
11	1	0	1	1	11
12	1	1	0	0	12
13	1	1	0	1	13
14	1	1	1	0	14
15	1	1	1	1	15
16	0	0	0	0	0

计数器的工作波形图如图 12–22 所示。由波形图可看出，Q_0 波形的周期比计数脉冲 CP 的周期大一倍，即频率是 CP 脉冲的一半，称 Q_0 对 CP 计数脉冲二分频。同理 Q_1 为四分频，Q_2 为八分频，Q_3 为十六分频。

将如图 12–21 所示电路稍作变动，即

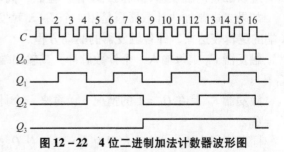

图 12–22　4 位二进制加法计数器波形图

将触发器 F_3、F_2、F_1 的时钟信号分别与前级触发器的 $\bar{Q}$ 端相连,就构成 4 位异步二进制减法计数器,电路如图 12-23 所示,其状态表如表 12-10 所示,工作波形如图 12-24 所示。

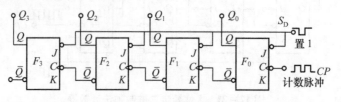

图 12-23　4 位二进制减法计数器

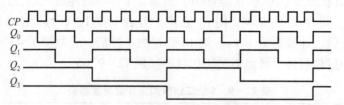

图 12-24　4 位二进制减法计数器波形图

表 12-10　4 位二进制减法计数器状态表

计数脉冲	二　进　制　数				十进制数	计数脉冲	二　进　制　数				十进制数
	Q_3	Q_2	Q_1	Q_0			Q_3	Q_2	Q_1	Q_0	
0	1	1	1	1	15	9	0	1	1	0	6
1	1	1	1	0	14	10	0	1	0	1	5
2	1	1	0	1	13	11	0	1	0	0	4
3	1	1	0	0	12	12	0	0	1	1	3
4	1	0	1	1	11	13	0	0	1	0	2
5	1	0	1	0	10	14	0	0	0	1	1
6	1	0	0	1	9	15	0	0	0	0	0
7	1	0	0	0	8	16	1	1	1	1	15
8	0	1	1	1	7						

2. 同步二进制计数器

同步计数器是指输入的计数脉冲同时送到各触发器的时钟输入端。在计数脉冲触发下,所有应该翻转的触发器可以同时动作。显然,同步计数器的计数速度比异步计数器快得多。

如果二进制加法计数器还是用 4 个 J-K 触发器组成,根据表 12-9 可得出各触发器 J、K 端的逻辑表达式,即各触发器的驱动方程。

触发器 F_0 是每输入一个计数脉冲,其输出端 Q_0 就变化一次,故 F_0 的驱动方程是 $J_0 = K_0 = 1$。

触发器 F_1 是在 $Q_0 = 1$ 的情况下,再来一个计数脉冲时,Q_1 才翻转,其驱动方程为 $J_1 = K_1 = Q_0$。

同理可得出 F_2 的驱动方程为 $J_2 = K_2 = Q_1 Q_0$;F_3 的驱动方程为 $J_3 = K_3 = Q_2 Q_1 Q_0$。

根据上述驱动方程，可画出4位同步二进制加法计数器如图12-25所示。其工作波形与图12-22完全相同。

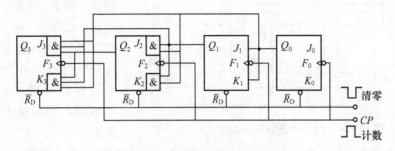

图12-25 4位同步二进制加法计数器

二、十进制计数器

二进制计数器虽然具有结构简单、运算方便的特点，但人们对二进制的读数并不习惯。因此，在数字系统中仍经常用到十进制计数器。

一位十进制数有0~9十个数码，一位十进制计数器必须有10个不同的状态与10个数码相对应。常用的方法是用4个触发器组成一位十进制计数器。4个触发器共有16种不同的状态，取其10种状态分别表示10个数码，去掉多余的6种。被保留的10个状态与十进制数码一一对应的编码方式有多种，常见的有8421码、2421码、5421码等。本节只讨论8421码形式，其编码表如表12-11所示。

表12-11 8421码十进制加法计数器状态表

计数脉冲	二 进 制 数				十进制数
	Q_3	Q_2	Q_1	Q_0	
0	0	0	0	0	0
1	0	0	0	1	1
2	0	0	1	0	2
3	0	0	1	1	3
4	0	1	0	0	4
5	0	1	0	1	5
6	0	1	1	0	6
7	0	1	1	1	7
8	1	0	0	0	8
9	1	0	0	1	9
10	0	0	0	0	0

1. 同步十进制加法计数器

如果同步十进制加法计数器用4个J-K触发器组成，根据表12-11可画出其电路如图12-26所示。工作原理简析如下。

触发器F_0，其驱动方程为$J_0 = K_0 = 1$，每来一个计数脉冲翻转一次。

触发器F_1的驱动方程为$J_1 = Q_0 \overline{Q_3}$，$K_1 = Q_0$。在0~7个计数脉冲期间，$\overline{Q_3} = 1$，故

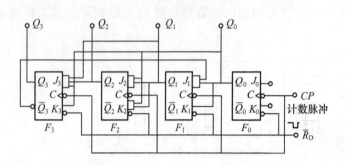

图 12-26 同步十进制加法计数器

$J_1 = K_1 = Q_0$，所以在 $Q_0 = 1$ 的情况下，再来一个计数脉冲 F_1 翻转。第 8、第 9 个计数脉冲作用后，$\overline{Q}_3 = 0$，使 $J_1 = 0$，$K_1 = Q_0$，不论 Q_0 为何状态，计数脉冲到来时 $Q_1 = 0$，因此当第 10 个计数脉冲出现时，Q_1 复 0，而不像二进制加法计数器中被置 1。

触发器 F_2 的驱动方程为 $J_2 = K_2 = Q_1 Q_0$。当 $Q_1 Q_0 = 1$ 的情况下，再来一个计数脉冲，F_2 翻转。

触发器 F_3 的驱动方程为 $J_3 = Q_2 Q_1 Q_0$，$K_3 = Q_0$。不难看出，在 0~7 个计数脉冲期间，$Q_3 = 0$。第 7 个计数脉冲后，$J_3 = Q_2 Q_1 Q_0 = 1$，$K_3 = 1$。所以第 8 个计数脉冲到来时 Q_3 翻转为 1，此时 $J_3 = 0$，$K_3 = 0$。第 9 个计数脉冲到来时，Q_3 保持 1 状态，此时 $J_3 = 0$，$K_3 = 1$。第 10 个计数脉冲到来时，使 Q_3 复 0。4 个触发器恢复到初始状态。

同步十进制计数器的工作波形图如图 12-27 所示。

2. 异步十进制计数器

见图 12-28 是用 $J-K$ 触发器构成的异步十进制加法计数器。其计数原理分析如下。

由图可知，$F_0 \sim F_2$ 中除 F_1 的 J_1 端与 $\overline{Q}_3$

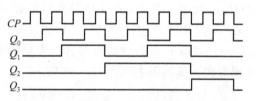

图 12-27 同步十进制计数器工作波形

相连接，其他输入端均接高电平。在 F_3 由 0 变 1 前，即从 0000~0111，$\overline{Q}_3 = 1$，$F_0 \sim F_2$ 均处于计数状态，其翻转情况与异步二进制加法计数器完全相同。

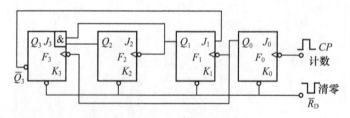

图 12-28 异步十进制加法计数器

经过 7 个计数脉冲后，$F_3 \sim F_0$ 的状态为 0111，$Q_2 = Q_1 = 1$，使 F_3 的 $J_3 = Q_1 Q_2 = 1$，为 F_3 由 0 变 1 准备了条件。

第 8 个计数脉冲到来时，$F_0 \sim F_2$ 均由 1 变 0，F_3 由 0 变 1，计数器的状态为 1000。此时 $\overline{Q}_3 = 0$，使 $J_1 = 0$，当下一次 F_0 出现负跳变时，F_1 不能翻转。

第 9 个计数脉冲到来时，计数器的状态为 1001。

第 10 个计数脉冲到来时，Q_0 产生负跳变，由于 $J_1 = \overline{Q}_3 = 0$，F_1 不翻转，但 Q_0 的负跳变触发 F_3，使 Q_3 由 1 变 0，从而使计数器复位到初始状态 0000，实现了十进制加法的计数功能。其工作波形与同步十进制加法计数器完全相同。

由上述分析可以看出，对异步计数器的分析必须注意两点，一是各触发器输入端的状态；二是是否具有触发脉冲，只有两个条件都具备时，触发器才能翻转。

三、任意进制计数器

在实际工作中，往往需要其他不同进制的计数器，我们把这些计数器称为 N 进制计数器，即每来 N 个计数脉冲，计数器的状态重复一次。

图 12-29 是一个异步七进制计数器，分析步骤是首先根据电路图写出驱动方程和触发脉冲，并依此决定各触发器的状态，然后根据状态表判断是几进制计数器。

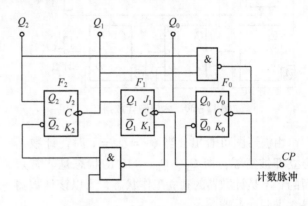

图 12-29 异步七进制计数器

图中三个触发器的驱动方程和触发脉冲分别是

F_0： $J_0 = \overline{Q_2 Q_1}$ $K_0 = 1$ CP 触发

F_1： $J_1 = Q_0$ $K_1 = \overline{\overline{Q_2} \ \overline{Q_0}}$ CP 触发

F_2： $J_2 = 1$ $K_2 = 1$ Q_1 触发

列状态表的过程如下：

首先确定计数器的初值，如 $Q_2 Q_1 Q_0 = 000$，根据驱动方程确定各触发器 J、K 的初值，其次根据 J、K 值确定在 CP 计数脉冲触发下各触发器的状态，如表 12-12 所示。

表 12-12　图 12-29 计数器状态表

CP	Q_2	Q_1	Q_0	J_0	K_0	J_1	K_1	J_2	K_2
0	0	0	0	1	1	0	0	1	1
1	0	0	1	1	1	1	1	1	1
2	0	1	0	1	1	0	0	1	1
3	0	1	1	1	1	1	1	1	1
4	1	0	0	1	1	0	1	1	1
5	1	0	1	1	1	1	1	1	1
6	1	1	0	0	1	0	1	1	1
7	0	0	0	1	1	0	0	1	1

由于 F_1、F_0 直接由 CP 脉冲触发，当计数脉冲到来时，可根据 F_1、F_0 的 J、K 状态确定触发器的状态。F_2 由 Q_1 触发，只有 Q_1 由 1 变 0 时才能触发 F_2 翻转，所以 F_2 只有在第 3 个和第 6 个计数脉冲到来时才能翻转。由状态表可知，该计数器为七进制计数器。

用异步清零法也可以实现任意进制计数。其计数的原理是在二进制计数器的基础上，用直接复零 $\overline{R_D}$ 信号强迫某状态出现时，全部触发器复 0。如图 12-30 所示电路，当 $Q_2 Q_1 Q_0 = 110$ 时，与非门输出为 0，通过 $\overline{R_D}$ 使所有触发器复 0，即 $Q_2 Q_1 Q_0 = 000$。其工作波形如图 12-31 所示。

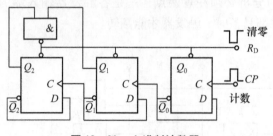

图 12-30 六进制计数器

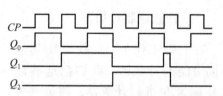

图 12-31 图 12-30 计数器的工作波形

由波形图可看出,当 $Q_2 = Q_1 = 1$ 时,计数器会立即被复零,即 $Q_2Q_1Q_0 = 110$ 的状态是非常短暂的,不是计数器的独立工作状态,所以该计数器是六进制计数器。

四、集成电路计数器

1. 4位同步二进制计数器 74LS161

4 位同步二进制计数器 74LS161 的管脚排列图如图 12-32 所示,逻辑功能如表 12-13 所示。

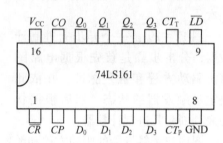

图 12-32 74LS161 管脚排列图

表 12-13 74LS161 逻辑功能表

$\overline{CR}$	$\overline{LD}$	CT_P	CT_T	CP	Q_3	Q_2	Q_1	Q_0	说明
0	×	×	×	×	0	0	0	0	清零
1	0	×	×	↑	D_3	D_2	D_1	D_0	置数
1	1	0	×	×	Q_3	Q_2	Q_1	Q_0	保持
1	1	×	0	×	Q_3	Q_2	Q_1	Q_0	保持
1	1	1	1	↑		加 法 计 数			

当复位端 $\overline{CR} = 0$ 时,输出端 $Q_3Q_2Q_1Q_0$ 全为零,实现异步清零功能。

当 $\overline{CR} = 1$,预置控制端 $\overline{LD} = 0$ 时,在 CP 脉冲上升沿到来时,将 4 位二进制数 $D_3 \sim D_0$ 置入 $Q_3 \sim Q_0$,实现同步置数功能。

当 $\overline{CR} = \overline{LD} = 1$,$CT_P \cdot CT_T = 0$ 时,输出 $Q_3 \sim Q_0$ 保持不变。

当 $\overline{CR} = \overline{LD} = CT_T = CT_P = 1$ 时,计数器在 CP 脉冲的上升沿进行同步加法计数,实现计数功能。

CO 为进位输出端,当计数溢出时,CO 端输出一个高电平进位脉冲。

74LS161 可直接用来构成十六进制计数器,通过 $\overline{CR}$、$\overline{LD}$ 也可以方便地组成小于十六的任意进制计数器。

例 12.4 试用 74LS161 和必要的门电路实现十进制计数器,要求利用 $\overline{CR}$ 端实现。

解 计数器采用 8421BCD 码。十进制计数器的状态如表 12-14 所示。

表 12–14 十进制计数器状态表

CP	Q_3	Q_2	Q_1	Q_0
0	0	0	0	0
1	0	0	0	1
2	0	0	1	0
3	0	0	1	1
4	0	1	0	0
5	0	1	0	1
6	0	1	1	0
7	0	1	1	1
8	1	0	0	0
9	1	0	0	1
10	1	0	1	0（过渡状态）

由于要求利用异步清零端 $\overline{CR}$ 实现，所以状态表中写出了 1010 状态，电路中应将此状态反馈到 $\overline{CR}$ 端实现异步清零，如图 12–33 所示。当第 10 个 CP 脉冲上升沿到来时，计数器的状态为 $Q_3Q_2Q_1Q_0=1010$，与非门输出低电平送到 $\overline{CR}$ 端，计数器复位为 0000，由于 1010 状态转瞬即逝，故称为过渡状态，显然过渡状态不是计数器的独立工作状态。所以图 12–33 为十进制计数器。

例 12.5 试用 74LS161 及必要的门电路实现十进制计数器。要求利用同步预置端 $\overline{LD}$ 实现。设计数器初始状态为 0000。

解 由于要求用同步预置端 $\overline{LD}$ 实现，所以应采用置位法，即当计数器计数到某一数值时，利用 $\overline{LD}$ 端给计数器预置初始状态值，保证计数器循环工作。电路如图 12–34 所示。图中与非门的输入信号取自 Q_3、Q_0，当第 9 个 CP 脉冲上升沿到来时，计数器的状态为 1001，与非门输出低电平，当第 10 个 CP 脉冲上升沿到来时，完成预置操作，计数器的状态为 $Q_3Q_2Q_1Q_0=D_3D_2D_1D_0=0000$，使计数器复 0。由于同步预置使最后一个有效状态 1001 保持一个 CP 周期，所以 1001 是计数器的工作状态。与例 12.4 不同的是，利用预置端 $\overline{LD}$ 实现计数，不需要过渡状态。

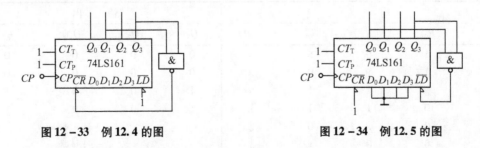

图 12–33 例 12.4 的图　　　　图 12–34 例 12.5 的图

如果需要大于十六进制的计数器，可将 74LS161 串联使用，图 12–35 是用两片 74LS161 构成的二十四进制计数器。

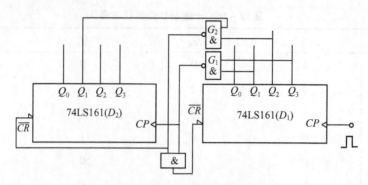

图 12-35　二十四进制计数器

2. 二-五-十进制异步计数器 74LS290

74LS290 逻辑电路如图 12-36 所示。在结构上分为二进制计数器和五进制计数器。二进制计数器由触发器 F_0 组成，CP_0 为二进制计数器计数脉冲输入端，Q_0 为计数输出端。五进制计数器由 $F_3 \sim F_1$ 组成，CP_1 为计数脉冲输入端，$Q_3 \sim Q_1$ 为输出端。若将 Q_0 与 CP_1 相连，以 CP_0 为计数脉冲输入端，则构成 8421BCD 码十进制计数器，"二-五-十进制型集成计数器"由此得名。

74LS290 芯片的管脚排列图如图 12-37 所示。其中 S_{9A}、S_{9B} 称为置 9 端，R_{0A}、R_{0B} 称为置 0 端。74LS290 的逻辑功能如表 12-15 所示。

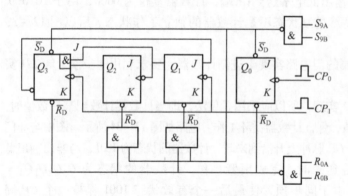

图 12-36　74LS290 逻辑电路

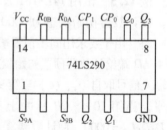

图 12-37　74LS290 管脚图

表 12-15　74LS290 功能表

输入					输出			
R_{0A}	R_{0B}	S_{9A}	S_{9B}	CP	Q_3	Q_2	Q_1	Q_0
1	1	0	×	×	0	0	0	0
1	1	×	0	×	0	0	0	0
0	×	1	1	×	1	0	0	1
×	0	1	1	×	1	0	0	1
×	0	×	0	↓	计 数			
×	0	0	×	↓	计 数			
0	×	×	0	↓	计 数			
0	×	0	×	↓	计 数			

当 $S_{9A}=S_{9B}=1$ 时，不论其他输入端状态如何，计数器输出 $Q_3Q_2Q_1Q_0=1001$，实现置 9 功能。

当 S_{9A} 和 S_{9B} 不全为 1，且 $R_{0A}=R_{0B}=1$ 时，不论其他输入端状态如何，计数器输出 $Q_3Q_2Q_1Q_0=0000$，实现异步清零功能。

当 S_{9A} 和 S_{9B} 不全为 1，且 R_{0A}、R_{0B} 不全为 1，输入计数脉冲 CP 时，计数器实现计数功能。

用一片 74LS290 可以构成十进制以内的任意进制计数器。在图 12-38 所示电路中，(a) 图为五进制计数器；(b) 图为六进制计数器；(c) 图为七进制计数器；(d) 图为八进制计数器。

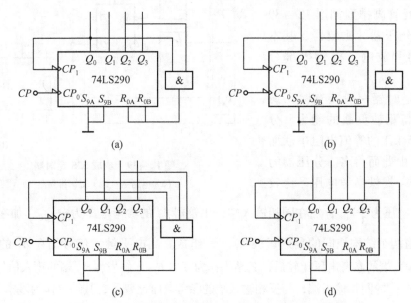

图 12-38　74LS290 构成五、六、七、八进制计数器
(a) 五进制；(b) 六进制；(c) 七进制；(d) 八进制

第四节　集成 555 定时器

在数字系统中，常常需要各种脉冲波形，如时钟信号等。获取脉冲信号的方法通常有两种：一种是利用脉冲振荡器直接产生；另一种是对已有的信号进行整形处理，使之符合电路的要求。本节主要介绍用于脉冲产生、整形的集成 555 定时器及其应用。

555 定时器是一种多用途的单片集成电路。若在其外部配上少许阻容元件，便能构成单稳态触发器、多谐振荡器等各种用途不同的脉冲电路。由于它性能优良，使用灵活方便，在工业自动控制、家用电器、电子玩具等许多领域都得到广泛的应用。

555 定时器按内部元件分为双极型（TTL 型）和单极性（CMOS 型）两种。几乎所有双极型产品的型号最后三位数码为 555，如 NE555；所有单极型产品的型号最后四位数码都是 7555，如 CC7555。在同一基片上集成两个 555 单元，其型号的最后三位数码为 556，如

NE556 或 CC7556 等；在同一基片上集成 4 个 555 单元，其型号的最后三位数码为 558。双极型 555 定时器的电源电压在 4.5~16 V，输出电流大，能直接驱动继电器等负载，并能提供与 TTL、CMOS 电路相容的逻辑电平；CMOS 型定时器输出电流较小，功耗低，适用电源电压范围宽（通常为 3~18 V），定时元件的选择范围大。555 定时器尽管产品型号繁多，但它们的逻辑功能和外部管脚排列却完全相同。

一、电路的组成及工作原理

555 定时器是一种模拟电路和数字电路相结合的中规模集成电路，其内部结构及管脚排列如图 12-39 所示。它由分压器、比较器、基本 R-S 触发器和放电三极管等部分组成。

单极型定时器一般接有输出缓冲级，以提高驱动负载的能力。分压器由三个 5 kΩ 的等值电阻串联而成，"555" 由此而得名。分压器为比较器 A_1、A_2 提供参考电压，比较

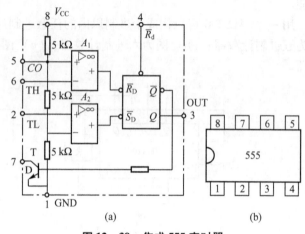

图 12-39 集成 555 定时器
(a) 电路图；(b) 管脚排列图

器 A_1 的参考电压为 $\frac{2}{3}V_{CC}$，加在同相输入端，比较器 A_2 的参考电压为 $\frac{1}{3}V_{CC}$，加在反相输入端。比较器由两个结构相同的集成运放 A_1、A_2 组成。高电平触发信号加在 A_1 的反相输入端，与同相输入端的参考电压比较后，其结果作为基本 R-S 触发器 $\overline{R}_D$ 端的输入信号；低电平触发信号加在 A_2 的同相输入端，与反相输入端的参考电压比较后，其结果作为基本 R-S 触发器 $\overline{S}_D$ 端的输入信号。基本 R-S 触发器的输出状态受比较器 A_1、A_2 的输出端控制。

555 定时器各管脚的功能说明如下：

8 脚为电源电压 V_{CC}，当外接电源在允许范围内变化时，电路均能正常工作。

6 脚为高触发端 TH，当输入的触发电压低于 $\frac{2}{3}V_{CC}$ 时，A_1 的输出为高电平 1；当输入电压高于 $\frac{2}{3}V_{CC}$ 时，A_1 输出低电平 0，使 R-S 触发器复 0。

2 脚为低触发端 TL，当输入的触发电压高于 $\frac{1}{3}V_{CC}$ 时，A_2 的输出为高电平 1；当输入电压低于 $\frac{1}{3}V_{CC}$ 时，A_2 输出低电平 0，使 R-S 触发器置 1。

3 脚为输出端 OUT，输出电流达 200 mA，可直接驱动继电器、发光二极管、扬声器、指示灯等。

4 脚为复位端 $\overline{R}_d$，低电平有效，输入负脉冲时，触发器直接复 0。平时 $\overline{R}_d$ 保持高电平。

5 脚为电压控制端 CO，若在该端外加一电压，就可改变比较器的参考电压值。此端不用时，一般用 0.01 μF 电容接地，以防止干扰电压的影响。

7 脚为放电端 D，当 R-S 触发器的 $\overline{Q}$ 端为高电平 1 时，放电三极管 T 导通，外接电容

器通过 T 放电。三极管起放电开关的作用。

1 脚为接地端 GND。

由上述可得 555 定时器的功能表如表 12 – 16 所示。

表 12 – 16 555 定时器功能表

$\overline{R}_d$	TH	TL	$\overline{R}_D$	$\overline{S}_D$	Q	$\overline{Q}$	OUT
0	×	×	×	×	0	1	0
1	$>\frac{2}{3}V_{CC}$	$>\frac{1}{3}V_{CC}$	0	1	0	1	0
1	$<\frac{2}{3}V_{CC}$	$<\frac{1}{3}V_{CC}$	1	0	1	0	1
1	$<\frac{2}{3}V_{CC}$	$>\frac{1}{3}V_{CC}$	1	1	保持原状态		

二、555 定时器组成单稳态触发器

用 555 定时器组成的单稳态触发器如图 12 – 40（a）所示。R、C 为外接元件，触发信号 u_i 由 2 端输入。电路的工作波形如图 12 – 40（b）所示。工作原理分析如下。

1. 电路的稳态（$0 \sim t_1$）

在 $0 \sim t_1$，u_i 为高电平 1，其值大于 $\frac{1}{3}V_{CC}$，故比较器 A_2 输出为 1，即 $\overline{S}_D = 1$。

此间，若 $R - S$ 触发器的初始状态 $Q = 1$，$\overline{Q} = 0$，三极管 T 截止，电容 C 被充电，当 $u_C \geq \frac{2}{3}V_{CC}$ 时，比较器 A_1 输出 0，即 $\overline{R}_D = 0$，使 $R - S$ 触发器复 0；若 $R - S$ 触发器的初始状态 $Q = 0$，$\overline{Q} = 1$，三极管 T 导通，电容 C 经三极管放电，当 $u_C < \frac{2}{3}V_{CC}$ 时，比较器 A_1 输出为 1，即 $\overline{R}_D = 1$，由于 $\overline{S}_D = 1$，则 $R - S$ 触发器状态不变。所以，在触发负脉冲未加入时，$Q = 0$，输出 u_o 为 0 是电路的稳定状态。

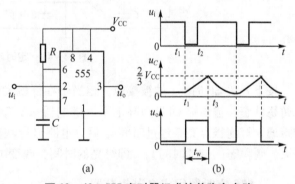

图 12 – 40 555 定时器组成的单稳态电路
(a) 电路图；(b) 工作波形图

2. 电路的暂稳状态（$t_1 \sim t_3$）

在 t_1 时刻，输入触发负脉冲，其幅值小于 $\frac{1}{3}V_{CC}$，比较器 A_2 输出为 0，$R - S$ 触发器置 1，即 $Q = 1$，$\overline{Q} = 0$，此时，输出端 $u_o = 1$，电路进入暂稳状态。在暂稳态期间，三极管 T 截止，电源经 R 对电容 C 充电。当 $t = t_3$ 时刻，$u_C = \frac{2}{3}V_{CC}$，比较器 A_1 输出为 0，即 $\overline{R}_D = 0$，由于在 t_2 时刻，u_i 已恢复到高电平，A_2 输出为 1，即 $\overline{S}_D = 1$，$R - S$ 触发器复 0，使输出 u_o 恢复为低电平 0。此后电容 C 迅速放电，为下次触发做好准备。

如果 u_i 是一串负脉冲，在电路的输出端可得到一串矩形脉冲，其电压波形如图 12 – 40 (b) 所示。

输出脉冲的宽度 t_w 与充电时间常数 RC 有关,即
$$t_w = RC\ln 3 = 1.1RC \tag{12-6}$$

当一个触发脉冲使单稳态触发器进入暂稳状态后,在 t_w 时间内的其他触发脉冲对电路不起作用,因此,触发脉冲 u_i 的周期必须大于 t_w,才能保证 u_i 的每一个负脉冲都能有效地触发。

单稳态触发器可以构成定时电路,与继电器、晶闸管或驱动放大电路配合,可实现自动控制、定时开关的功能。图 12-41 是一个常用的楼梯照明灯的控制电路。平时照明灯不亮,按下开关 SB,灯被点亮,经一定时间后灯泡自动熄灭。其工作原理如下:

由 555 定时器构成的单稳态触发器接通 +6 V 电源后,由于开关 SB 处于常开位置,2 端为高电平。电路进入稳态后,触发器输出端 OUT 为低电平,继电器 KA 无电流通过,串接在照明电路的常开触点不能闭合,灯不亮。

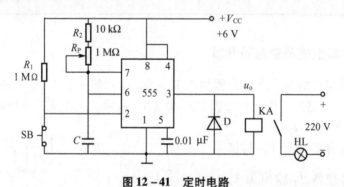

图 12-41 定时电路

按下开关 SB 时,2 端被接地,相当于在低触发端输入了一个负脉冲,使电路由稳态转入暂稳状态,输出端 OUT 为高电平,继电器 KA 有电流流过,其常开触点闭合,照明电路被接通,灯泡被点亮;经过时间 t_w 后,电路自行恢复到稳态,输出端 OUT 为低电平,灯泡熄灭。暂稳态的持续时间 t_w,即灯亮的时间,改变电路中电阻 R_P 或电容 C,均可改变 t_w。

三、555 定时器组成多谐振荡器

由 555 定时器组成的多谐振荡器如图 12-42(a)所示,其中 R_1、R_2 和电容 C 为外接元件。其工作波形如图 12-42(b)所示。

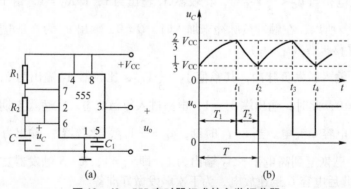

图 12-42 555 定时器组成的多谐振荡器
(a) 电路图;(b) 工作波形图

1. 工作原理

设电容的初始电压 $u_C = 0$。$t = 0$ 时接通电源，由于电容电压不能突变，所以高、低触发端 TH = TL = $0 < \frac{1}{3}V_{CC}$，比较器 A_1 输出为高电平，A_2 输出为低电平，即 $\overline{R}_D = 1$，$\overline{S}_D = 0$，$R-S$ 触发器置1，定时器输出 $u_o = 1$。此时 $\overline{Q} = 0$，定时器内部放电三极管截止，电源 V_{CC} 经 R_1、R_2 向电容 C 充电，u_C 逐渐升高。当 u_C 上升到 $\frac{1}{3}V_{CC}$ 时，A_2 输出由0翻转为1，这时 $\overline{R}_D = \overline{S}_D = 1$，$R-S$ 触发器保持状态不变。所以 $0 < t < t_1$ 期间，定时器输出 u_o 为高电平1。

$t = t_1$ 时刻，u_C 上升到 $\frac{2}{3}V_{CC}$，比较器 A_1 的输出由1变为0，这时 $\overline{R}_D = 0$，$\overline{S}_D = 1$，$R-S$ 触发器复0，定时器输出 $u_o = 0$。

$t_1 < t < t_2$ 时，$\overline{Q} = 1$，放电三极管 T 导通，电容 C 通过 R_2 放电。u_C 按指数规律下降，当 $u_C < \frac{2}{3}V_{CC}$ 时比较器 A_1 输出由0变1，$R-S$ 触发器的 $\overline{R}_D = \overline{S}_D = 1$，$Q$ 的状态不变，u_o 的状态仍为低电平。

$t = t_2$ 时刻，u_C 下降到 $\frac{1}{3}V_{CC}$，比较器 A_2 输出由1变为0，$R-S$ 触发器的 $\overline{R}_D = 1$，$\overline{S}_D = 0$，触发器置1，定时器输出 $u_o = 1$。此时电源再次向电容 C 充电，重复上述过程。

通过上述分析可知，电容充电时，定时器输出 $u_o = 1$，电容放电时，$u_o = 0$，电容不断地进行充电、放电，输出端便获得矩形波。多谐振荡器无外部信号输入，却能输出矩形波，其实质是将直流形式的电能变为矩形波形式的电能。

2. 振荡周期

由图 12-42（b）可知，振荡周期 $T = T_1 + T_2$。T_1 为电容充电时间，T_2 为电容放电时间。

充电时间为

$$T_1 = (R_1 + R_2)C\ln 2 = 0.7(R_1 + R_2)C$$

放电时间为

$$T_2 = R_2 C \ln 2 = 0.7 R_2 C$$

矩形波的振荡周期为

$$T = T_1 + T_2 = 0.7(R_1 + 2R_2)C \tag{12-7}$$

改变 R_1、R_2 和电容 C 的数值，便可改变矩形波的周期和频率。由555定时器组成的多谐振荡器，最高工作频率可达 500 kHz。

对于矩形波，除了用幅度，周期来衡量外，还有一个参数为占空比 q，$q = \frac{脉宽 t_w}{周期 T}$，t_w 指输出一个周期内高电平所占的时间。如图 12-42（a）所示电路输出矩形波的占空比 $q = \frac{T_1}{T} = \frac{T_1}{T_1 + T_2} = \frac{R_1 + R_2}{R_1 + 2R_2}$。所以如图 12-42（a）所示电路只能产生占空比大于 0.5 的矩形脉冲。

如图 12-43 所示电路产生矩形波的占空比，根据需要可以调整。这是因为它的充电、放电的路径不同。当输出 u_o 为高电平时，电源经 R_A、D_2 对电容 C_1 充电；当 u_o 为低电平时，电容 C_1 经 D_1、R_B 放电。调节电阻 R_P 即可改变充、放电时间，也就改变了矩形脉冲的占空比。

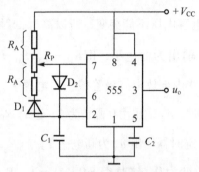

图12-43 可调占空比的多谐振荡器

$$q = \frac{R_A}{R_A + R_B}$$

如图12-44所示为由555定时器组成的光控开关电路。当无光照时，光敏电阻 R_G 的阻值远大于 R_3、R_4，由于 R_3、R_4 阻值相等，此时555②脚、⑥脚的电平为 $\frac{1}{2}V_{CC}$，输出端③脚输出低电平，继电器K不工作，其常开触点 K_{1-1} 将被控电路置于关机状态。当有光照射到光敏电阻 R_G 上时，R_G 的阻值迅速变得小于 R_3、R_4，并通过 C_1 并联到555②脚与地之间。由于无光照时 $U_o=0$，则555⑦脚与地导通，C_1 两端的电压为0，因而在 R_G 阻值变小的瞬间，会使555②脚电位迅速下降到 $\frac{1}{3}V_{CC}$ 以下，处于低电平，触发电路翻转，输出端 U_o 为高电平，继电器吸合，其触点 K_{1-1} 闭合，使被控电路置于开机状态。当光照消失后，R_G 的阻值迅速变大，使555②脚电平为 $\frac{1}{2}V_{CC}$，555输出仍保持在高电平状态，此时555⑦脚呈截止状态，C_1 电容经 R_1、R_2 充电到电源电压 V_{CC}。若再有光照射光敏电阻 R_G，则 C_1 上的电压经阻值变小的 R_G 加到555②脚，使②脚的电位大于 $\frac{2}{3}V_{CC}$，导致电路翻转，输出端 U_o 由高电平变为低电平，继电器K被释放，被控电路又回到了关机状态。

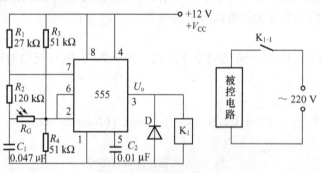

图12-44 光控开关电路

由此可见，光敏电阻 R_G 每受光照射一次，电路的开关状态就转换一次，起到了光控开关的作用。

习题十二

一、填空题

12.1 在译码器、寄存器、全加器三者中，不是时序逻辑电路的是_____。

12.2 单稳态触发器有_____和_____两个不同的工作状态。

12.3 触发器根据输出状态的稳定性，分为_____、_____、_____。

12.4 由555定时器组成的单稳态触发器和多谐振荡器，其中_____能自动产生脉冲信号。

12.5 由555定时器构成的单稳态触发器和多谐振荡器，_____可以做脉冲的整形电路。

二、选择题

12.1 同步 $R-S$ 触发器的特性方程是（　　）。

A. $\begin{cases} Q^{n+1} = S + \overline{R}Q^n \\ RS = 1 \end{cases}$
B. $\begin{cases} Q^{n+1} = S + \overline{R}Q^n \\ RS = 0 \end{cases}$
C. $\begin{cases} Q^{n+1} = R + \overline{S}Q^n \\ RS = 1 \end{cases}$
D. $\begin{cases} Q^{n+1} = R + \overline{S}Q^n \\ RS = 0 \end{cases}$

12.2 D 触发器的特性方程是（　　）。

A. $Q^{n+1} = D$
B. $Q^{n+1} = \overline{D}\ \overline{Q^n}$
C. $Q^{n+1} = D \oplus Q^n$
D. $Q^{n+1} = \overline{D \oplus Q^n}$

12.3 $J-K$ 触发器的特性方程是（　　）。

A. $Q^{n+1} = \overline{J}\ Q^n + K\ \overline{Q^n}$
B. $Q^{n+1} = \overline{J}\overline{Q^n} + KQ^n$
C. $Q^{n+1} = JQ^n + \overline{K}\overline{Q^n}$
D. $Q^{n+1} = J\ \overline{Q^n} + \overline{K}Q^n$

12.4 按数码的存取方式，寄存器可分为（　　）。

A. 数码寄存器、移位寄存器
B. 同步寄存器、异步寄存器
C. 双向移位寄存器
D. 双向移位寄存器、异步寄存器

12.5 移位寄存器可分为（　　）。

A. 左移位寄存器
B. 右移位寄存器
C. 左、右移位和双向移位寄存器
D. 左移位寄存器、右移位寄存器

三、分析计算题

12.1 基本 $R-S$ 触发器输入端 $\overline{S}_D$、$\overline{R}_D$ 的波形如图 12-45 所示，试画出输出端 Q 和 $\overline{Q}$ 的波形。设初始状态为 0 和 1 两种情况。

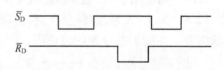

图 12-45　分析计算题 12.1 图

12.2 已知同步 $R-S$ 触发器 CP、R、S 的波形如图 12-46 所示，试画出输出端 Q 的波形。设 Q 的初始状态为 0。

12.3 $J-K$ 触发器的时钟脉冲 CP、输入端 J、K 的波形如图 12-47 所示，试画出输出端 Q 的波形。设触发器的初始状态为 0，CP 为低电平触发。

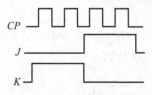

图 12-46　分析计算题 12.2 图

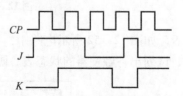

图 12-47　分析计算题 12.3 图

12.4 如图 12-48（a）所示电路中，各输入端的波形如图 12-48（b）所示。试画出输入端 D、输出端 Q 的波形。设触发器的初始状态为 0。

12.5 如图 12-49 所示电路是利用 $R-S$ 触发器、三极管、继电器等组成的触摸转换开关。试问当手指触摸 S_1 或 S_2 时，哪种情况下灯亮？哪种情况下灯灭？

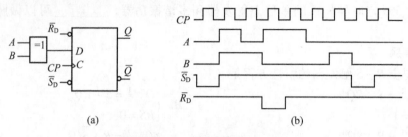

图 12-48 分析计算题 12.4 图

12.6 如图 12-50 所示计数电路中，若计数脉冲的频率 $f = 800$ Hz，试问 Q_0、Q_1 波形的频率各为多少？

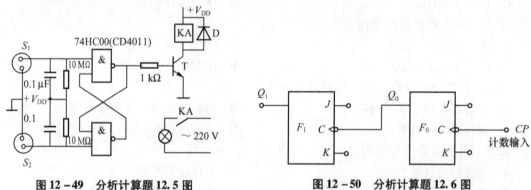

图 12-49 分析计算题 12.5 图　　　　图 12-50 分析计算题 12.6 图

12.7 画出用 $J-K$ 触发器组成 4 位数码寄存器的电路图，并说明其工作原理。

12.8 用 $J-K$ 触发器组成的移位寄存器如图 12-51 所示，试列出串行输入数码 1011 的状态表，并画出各 Q 端的波形图。设各触发器初始状态为 0。

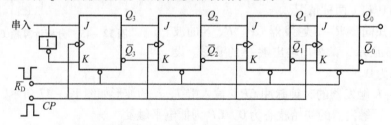

图 12-51 分析计算题 12.8 图

12.9 如图 12-52 所示电路中，各触发器的初始状态为 $Q_3Q_2Q_1Q_0 = 1000$，在 CP 脉冲作用下，试列出各触发器的状态表，画出波形图（设有六个 CP 脉冲）。

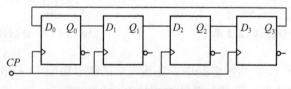

图 12-52 分析计算题 12.9 图

12.10 逻辑电路图如图 12-53 所示，试画出触发器输出 Q_0、Q_1 的波形（设 Q_0、Q_1 的初始状态均为"0"）。

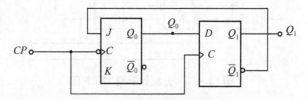

图 12-53 分析计算题 12.10 图

12.11 J-K 触发器电路如图 12-54 所示，试画出输出 Q_0、Q_1 的波形，列出其状态表（设 Q_0、Q_1 的初始状态均为"0"）。

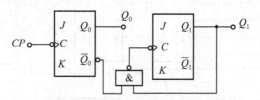

图 12-54 分析计算题 12.11 图

12.12 逻辑电路如图 12-55 所示，各触发器的初始状态为"0"，已知 CP、A、B 的波形，试画出输出 F 的波形图，并写出 F 的逻辑式。

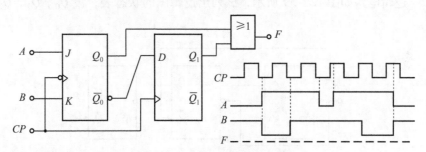

图 12-55 分析计算题 12.12 图

12.13 试用 D 触发器组成一个 4 位二进制异步加法计数器。

12.14 电路如图 12-56 所示，写出逻辑状态表，并说明它是几进制计数器。

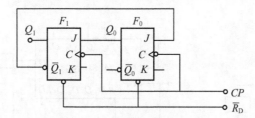

图 12-56 分析计算题 12.14 图

12.15 电路如图 12-57 所示，写出逻辑状态表，并说明是它几进制计数器。

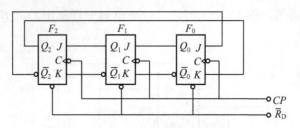

图 12-57　分析计算题 12.15 图

12.16　已知逻辑电路图 12-58 及 CP 和 D 的波形。试画出输出端 X、Y 的波形（各触发器初始状态为 "0"）。

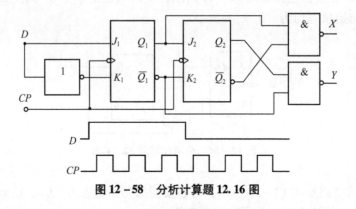

图 12-58　分析计算题 12.16 图

12.17　逻辑电路如图 12-59 所示，试列出逻辑图的状态表，设 Q_0、Q_1、Q_2 初始状态均为 "0"。

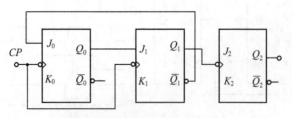

图 12-59　分析计算题 12.17 图

12.18　电路如图 12-60 所示，试分析其逻辑功能，并列出状态表。

12.19　两片 74LS161 组成的计数电路如图 12-61 所示，试分析其逻辑功能为几进制计数器。

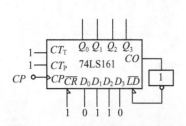

图 12-60　分析计算题 12.18 图

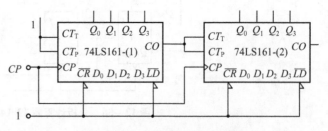

图 12-61　分析计算题 12.19 图

12.20 如图12-62所示各电路均由74LS290所构成的计数电路，试分析它们各为几进制计数器。

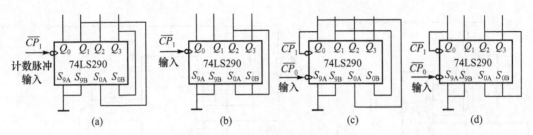

图12-62 分析计算题12.20图

12.21 两片74LS290组成的计数电路如图12-63所示，试分析它为几进制计数器。

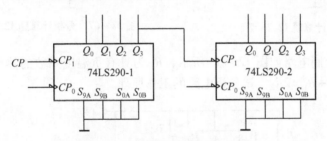

图12-63 分析计算题12.21图

12.22 按同步置数法画出用74LS161实现下列进制计数器的电路图。
(1) 十进制（初始置数为0110）；
(2) 十进制（初始置数为0100）。

12.23 试用触发器及必要的门电路组成数字钟分、时的计时电路。

12.24 用集成555定时器组成的单稳态触发器如图12-64所示，电容$C = 10\ \mu F$，$R = 100\ k\Omega$，试计算输出脉冲宽度t_w。

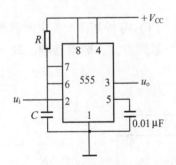

图12-64 分析计算题12.24图

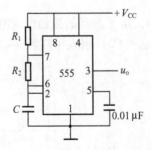

图12-65 分析计算题12.25图

12.25 用集成555定时器组成的多谐振荡器如图12-65所示，$R_1 = 22\ k\Omega$，$R_2 = 62\ k\Omega$，$C = 0.022\ \mu F$，求输出矩形波的周期和频率。

12.26 图12-66是用集成555定时器构成的电子门铃电路，S为门铃按钮，当按动S时，电路会发出"叮咚"的铃声。试分析电路的工作原理。

12.27 图 12-67 是一简单的具有自动关断功能的照明灯电路。Z 为触摸按钮，若要灯亮，需触摸 ON 端与地端。(1) 分析电路的工作原理；(2) 说明 OFF 端的作用。

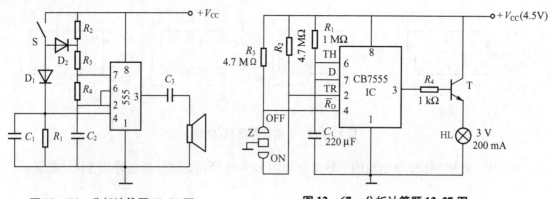

图 12-66 分析计算题 12.26 图　　　图 12-67 分析计算题 12.27 图

12.28 温度控制电路如图 12-68 所示，R_t 为具有负温度系数的热敏电阻，在被检温度为设定值时，$R_3 + R_t = 2R_2$。试分析电路的工作原理。

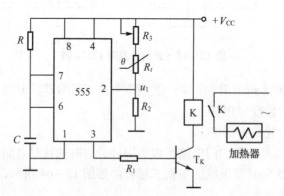

图 12-68 分析计算题 12.28 图

12.29 电子游戏的接触反应电路如图 12-69 所示。(1) 分析两片 555 定时器各接成什么工作状态？(2) 当人手接触 TR 端，输出端 u_{o2} 输出一系列方波，蜂鸣器响。简述电路的工作过程。

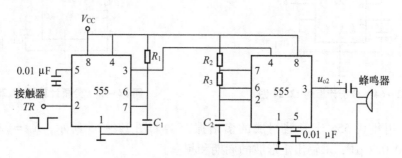

图 12-69 分析计算题 12.29 图

第十三章 数/模和模/数转换器

△ 汽车电工电子基础（第3版）

随着数字技术的飞速发展，在现代控制、自动检测、科学实验、军事指挥等领域中，无不广泛地采用数字电子计算机技术。这就需要首先将被处理的模拟信号转换为数字信号，送入计算机进行运算、处理；其次将处理的结果转换为模拟量并为执行机构所接收。

将模拟量转换为数字量的电路，称为模/数转换器，简称 A/D 转换器或 ADC；将数字量转换为模拟量的电路，称作数/模转换器，简称 D/A 转换器或 DAC。ADC、DAC 是计算机系统中不可缺少的接口电路。

本章主要介绍 ADC，DAC 电路结构、工作原理及常用集成电路转换器的使用方法。

第一节　数/模转换器（DAC）

按照电路结构不同，常用的数/模转换器有权电阻网络 DAC、T 形电阻网络 DAC、倒 T 形电阻网络 DAC 等。倒 T 形电阻网络 DAC 结构简单、速度快、精度高，是目前使用较多的一种。

一、倒 T 形电阻网络 DAC

4 位倒 T 形电阻网络 DAC 如图 13-1 所示。它由倒 T 形电阻网络、模拟电子开关和一个加法器组成。

模拟电子开关 $S_3 \sim S_0$ 受二进制数码控制。当某位数字代码为 1 时，其相应的模拟电子开关接至运算放大器的反

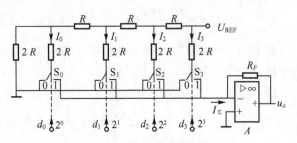

图 13-1　倒 T 形电阻网络 DAC

相输入端（虚地）；若数字代码为 0，相应的模拟电子开关把电阻接地。因此，不管数字代码是 0 或是 1，流过倒 T 形电阻网络各支路的电流始终不变，从参考电压 U_{REF} 输入的总电流也是固定不变的。因此，4 位倒 T 形电阻网络的等效电路如图 13-2 所

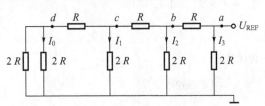

图 13-2　电阻网络的等效电路

示。从 d、c、b、a 各点分别向左看进去的对地电阻均为 R。所以，由 $a \sim d$ 各点对地的电压依次衰减 $1/2$，各 $2R$ 电阻支路的电流分别为

$$I_3 = \frac{U_{REF}}{2R}$$

$$I_2 = \frac{U_{REF}}{2R} \cdot \frac{1}{2} = \frac{U_{REF}}{4R}$$

$$I_1 = \frac{U_{REF}}{4R} \cdot \frac{1}{2} = \frac{U_{REF}}{8R}$$

$$I_0 = \frac{U_{REF}}{8R} \cdot \frac{1}{2} = \frac{U_{REF}}{16R}$$

由图 13-1 可知，当某位输入代码为 1 时，该位的权电流便流入加法器的反相输入端，当输入数字代码为 0 时，相应权电流接地。所以，流入加法器反相输入端的总电流与各位二进制数码有关，即

$$\begin{aligned} I_\Sigma &= d_3 I_3 + d_2 I_2 + d_1 I_1 + d_0 I_0 \\ &= \frac{U_{REF}}{R}\left(\frac{d_3}{2} + \frac{d_2}{4} + \frac{d_1}{8} + \frac{d_0}{16}\right) \\ &= \frac{U_{REF}}{2^4 R}(d_3 \cdot 2^3 + d_2 \cdot 2^2 + d_1 \cdot 2^1 + d_0 \cdot 2^0) \end{aligned} \quad (13-1)$$

运算放大器的输出电压为

$$\begin{aligned} u_o &= -R_F I_\Sigma \\ &= -\frac{U_{REF} R_F}{2^4 R}(d_3 \cdot 2^3 + d_2 \cdot 2^2 + d_1 \cdot 2^1 + d_0 \cdot 2^0) \end{aligned} \quad (13-2)$$

当 $R_F = R$ 时，则

$$u_o = -\frac{U_{REF}}{2^4}(d_3 2^3 + d_2 2^2 + d_1 2^1 + d_0 2^0) \quad (13-3)$$

对于 n 位二进制数的倒 T 形电阻网络 DAC 输出电压的表达式为

$$u_o = -\frac{U_{REF} R_F}{2^n R}(d_{n-1} \cdot 2^{n-1} + d_{n-2} \cdot 2^{n-2} + \cdots + d_1 \cdot 2^1 + d_0 \cdot 2^0) \quad (13-4)$$

例 13.1 如图 13-1 所示电路中，若 4 位二进制数为 1011，$U_{REF} = 15$ V，$R_F = R$。求输出电压 u_o 的值。

解 由式（13-3）可得

$$\begin{aligned} u_o &= -\frac{U_{REF}}{2^4}(d_3 2^3 + d_2 2^2 + d_1 2^1 + d_0 2^0) \\ &= -\frac{15}{2^4}(1 \times 2^3 + 0 \times 2^2 + 1 \times 2^1 + 1 \times 2^0) \\ &= -10.3125 \text{ (V)} \end{aligned}$$

上式中，若 4 位二进制数为 1111，则输出电压为

$$u_o = -\frac{15}{2^4}(8 + 4 + 2 + 1) = -14.0625 \text{ (V)}$$

以上也说明，模拟电压与数字量的大小是成正比的。

二、DAC 的主要参数

1. 分辨率

分辨率用来描述输出最小电压的能力。它是指最小输出电压（对应的输入数字量仅最低位为 1）与最大输出电压（对应的输入数字量各位全为 1）之比。即

$$分辨率 = \frac{1}{2^n - 1} \quad (13-5)$$

式中，n 表示数字量的位数。4 位 DAC 的分辨率为 0.067，8 位 DAC 的分辨率为 0.003 9。可见，位数越多，分辨率越小，分辨能力越强。

有时也直接用 DAC 的位数表示分辨率，如 8 位、10 位等。

2. 转换精度

转换精度是指输出模拟电压的实际值与理论值之差，即最大静态转换误差。

3. 输出电压（电流）的建立时间

从输入数字信号起，到输出模拟电压（或电流）达到稳定输出值所需要的时间。10 位或 12 位集成 DAC 的建立时间一般不超过 1 μs。

三、集成电路 DAC

集成电路 DAC 种类繁多，内部结构不同，输入二进制数的位数不同，功能和性能也不完全相同。DAC0832 是最常用的一种。它是用 CMOS 工艺制成的双列直插式单片 8 位 DAC，其结构框图和管脚排列如图 13-3 所示。

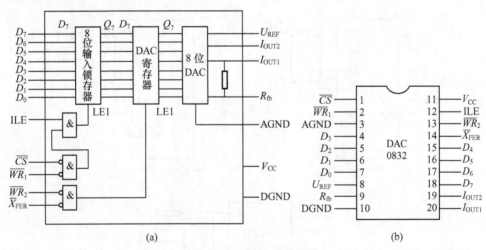

图 13-3 集成 DAC0832
(a) 结构框图；(b) 管脚排列图

DAC0832 由 8 位输入寄存器、8 位 DAC 寄存器、8 位 D/A 转换器三大部分组成。两个 8 位寄存器可实现两次缓冲，使用时不仅可以提高转换速度，而且有较大的灵活性，可根据需要接成不同的工作方式。DAC0832 采用的是倒 T 形电阻网络，无运算放大器，是电流输出，使用时需外接运算放大器。芯片内已设置了反馈电阻 R_{fb}，将 9 脚接到运算放大器的输出端即可。若运算放大器增益不够，还需外接反馈电阻。DAC0832 的分辨率为 8 位，电流建立时间为 1 μs，功耗 20 mW。

DAC0832 各管脚的功能如下：

$\overline{CS}$：片选信号，低电平有效。当$\overline{CS}=0$且$ILE=1$，$\overline{WR_1}=0$时，才能将输入数据存入输入寄存器。若$\overline{CS}=1$，输入寄存器内的数据被锁存。

ILE：允许输入锁存，高电平有效。当$ILE=1$，且$\overline{CS}$、$\overline{WR_1}$均为0时，输入数据存入输入寄存器；$ILE=0$时，输入的数据被锁存。

$\overline{WR_1}$：写信号1，低电平有效。在$\overline{CS}$和ILE均有效的条件下，$\overline{WR_1}=0$允许写入输入数字信号。

$\overline{WR_2}$：写信号2，低电平有效。$\overline{WR_2}=0$且$\overline{X_{FER}}$也为低电平时，用它将输入寄存器的数字量传到DAC寄存器，同时进入D/A转换器开始转换。

$\overline{X_{FER}}$：传送控制信号，低电平有效。用它来控制$\overline{WR_2}$。

I_{OUT1}：DAC输出电流1。当DAC寄存器全为1时，输出电流最大；当DAC寄存器全为0时，输出电流为0。一般接运放的反相输入端。

I_{OUT2}：DAC电流输出2。一般接地。

U_{REF}：参考电压输入。一般在$-10\sim+10$ V内选取。

V_{CC}：电源电压，可在$+5\sim+15$ V内选取。

DGND：数字电路地。

AGND：模拟电路地。

DAC0832的使用有三种工作方式：双缓冲器型、单缓冲器型和直通型，其电路分别如图13-4（a）、（b）、（c）所示。

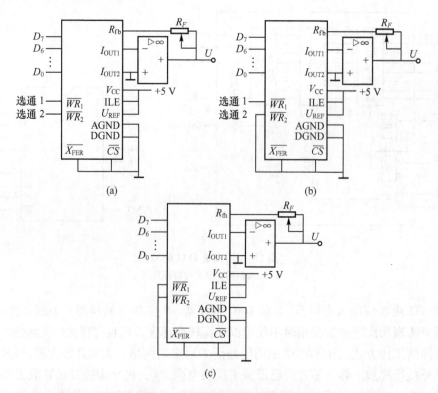

图13-4　DAC0832的工作方式

(a) 双缓冲器型；(b) 单缓冲器型；(c) 直通型

双缓冲器型工作方式：$\overline{WR_1}$ 接低电平，将输入数据先锁存在输入寄存器中，当需要 D/A 转换时，再将 $\overline{WR_2}$ 接低电平，将数据送入 DAC 寄存器中并进行转换，工作方式为两级缓冲方式。

单缓冲器型工作方式：DAC 寄存器处于常通状态，当需要 D/A 转换时，将 $\overline{WR_1}$ 接低电平，使输入数据经输入寄存器直接存入 DAC 寄存器中并进行转换。

直通型工作方式：两个寄存器都处于常通状态，输入数据直接经两寄存器到 DAC 进行转换，故为直通型工作方式。

第二节　模/数转换器（ADC）

模/数转换器（ADC）可分为直接 ADC 和间接 ADC 两大类。在直接 ADC 中，输入模拟信号直接被转换成相应的数字信号，如逐次逼近型 ADC、并行比较型 ADC、计数型 ADC 等，其特点是工作速度高，转换精度容易保证。在间接 ADC 中，输入模拟信号先被转换成某种中间变量（频率、时间等），然后再将中间变量转换为最后的数字量，如单次积分型 ADC、双积分型 ADC 等，其特点是工作速度较低，但转换精度可以做得较高，抗干扰能力强，一般在测试仪表中用得较多。

一、逐次逼近型 ADC

逐次逼近型 ADC 的原理框图如图13-5 所示。它由 D/A 转换器、电压比较器、逐次逼近寄存器、节拍脉冲发生器、输出寄存器、参考电压和时钟信号等部分组成。转换开始前，ADC 输出的各位数字量全为 0。转换开始，节拍脉冲发生器输出的节拍脉冲，首先将逐次逼近寄存器的最高位置 1，使输出数字量为 100…0，这组数码经 D/A 转换器转换成相应的模拟电压 U_D，送到比较器与输入模拟电压 U_x 比较，若 $U_x > U_D$，说明数字量不够大，应将最高位的 1 保留；若 $U_x < U_D$，表明数字量过大，应将最高位的 1 清除。其次再按上述方法把逐次逼近寄存器的次高位置 1，并经过比较以确定这个 1 是否保留。如此逐位比较下去，一直

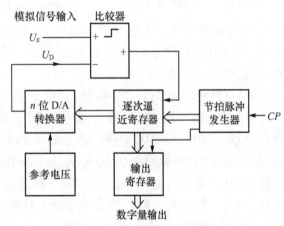

图13-5　逐次逼近型 ADC 框图

进行到最低位为止。最后，逐次逼近寄存器中的状态就是与模拟电压 U_x 对应的数字量。

如图13-6 所示为3 位逐次逼近型 ADC 电路。5 个 D 触发器构成节拍脉冲发生器，它的初始状态为 $Q_A Q_B Q_C Q_D Q_E = 10000$。在时钟脉冲作用下，节拍脉冲发生器产生的脉冲波形如图13-7 所示。逐次逼近寄存器由 R-S 触发器 $F_2 \sim F_0$ 组成。为便于讨论，设 DAC 的参考电压 $U_{REF} = 5$ V，待转换模拟电压 $U_x = 3.13$ V。ADC 的工作过程分析如下。

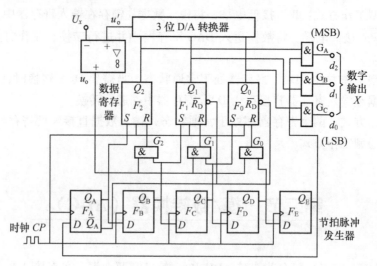

图 13-6 逐次逼近型 ADC 电路

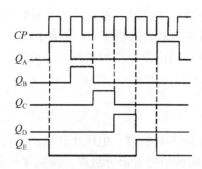

图 13-7 节拍脉冲波形图

第 1 个 CP 脉冲到来时,Q_A 由 1 变为 0,使寄存器中 F_2 置 1,F_1、F_0 均复 0,即 $Q_2Q_1Q_0 = 100$。经 DAC 转换,得到模拟电压 $u'_o = 2.5$ V。该电压送到比较器的同相输入端与 U_x 比较,因为 $U_x > u'_o$,电压比较器的输出 u_o 为低电平 0,同时,第一个 CP 脉冲使节拍脉冲发生器的 $Q_B = 1$,$Q_A = Q_C = Q_D = Q_E = 0$,即 $Q_AQ_BQ_CQ_DQ_E = 01000$。

第 2 个 CP 脉冲到来时,寄存器的 F_1 被置 1,F_0 被复 0,又因为原来 u_o 为低电平 0,F_2 的输入端 $S_2 = R_2 = 0$,状态保持不变,使 $Q_2Q_1Q_0 = 110$,经 DAC 转换,得到模拟电压 $u'_o = 3.75$ V。由于 $U_x < u'_o$,电压比较器输出 u_o 为高电平 1。同时,第 2 个 CP 脉冲使节拍脉冲发生器的状态变为 $Q_AQ_BQ_CQ_DQ_E = 00100$。

第 3 个 CP 脉冲到来时,F_0 被置 1;由于 F_2 的两个输入端均为 0,所以状态仍保持不变;又因为原来 $u_o = 1$,使 F_1 的 S_1 输入端为 0,R_1 输入端为 1,所以 F_1 被复 0。寄存器状态为 $Q_2Q_1Q_0 = 101$。经 DAC 转换,输出 $u'_o = 3.125$ V。由于 $U_x > u'_o$,比较器输出 u_o 为低电平 0。同时第 3 个 CP 脉冲使 $Q_AQ_BQ_CQ_DQ_E = 00010$。

第 4 个 CP 脉冲到来时,由于各 $R-S$ 触发器的输入端都为 0,所以状态保持不变,即 $Q_2Q_1Q_0 = 101$。此时 F_2、F_1、F_0 的状态就是转换结果。同时,节拍脉冲发生器的状态变为 $Q_AQ_BQ_CQ_DQ_E = 00001$。由于 $Q_E = 1$,使 F_2、F_1、F_0 的状态通过门 G_A、G_B、G_C 送到输出端。又因为此时 $Q_2Q_1Q_0 = 101$,比较器输出 u_o 仍为 0。

第 5 个 CP 脉冲到来时,$F_2 \sim F_0$ 的状态仍保持不变。同时 $Q_AQ_BQ_CQ_DQ_E = 10000$,返回到初始状态。此时 $Q_E = 0$,将门 G_A、G_B、G_C 封锁,转换输出信号随之消失,完成一次转换,并为下次转换做好准备。

数字量 101 表示的模拟电压为 3.125 V,但实际的待转换电压为 3.13 V,因此量化误差为 0.005 V。

例 13.2 8 位逐次逼近型 ADC，设其内部 DAC 的基准电压为 10 V。若输入模拟电压 $U_x = 6.25$ V，试计算 ADC 的转换结果。

解 ADC 中的 8 位 D/A 转换器，输入数字量的最低位为 1，表示的模拟量变化为 $\dfrac{1}{2^8} U_{REF} = \dfrac{10}{2^8} = 0.0390625$ V，对 $U_x = 6.25$ V，其转换结果为

$$\frac{U_x}{0.0390625} = 160$$

写成二进制数为 10100000。

二、主要参数

1. 分辨率

常以输出二进制数的位数表示分辨率，如 8 位、10 位等。位数越多，量化误差越小。转换精度越高。

2. 转换速度

指完成一次 A/D 转换所需要的时间，即从接到转换信号到输出端得到稳定数字量输出所需要的时间。

3. 相对精度

指实际转换值和理想特性之间的最大偏差。

其他参数在使用时可查阅有关手册。

三、集成电路 ADC

目前半导体器件生产厂家已经设计并生产出多种多样的 A/D 芯片。ADC0809 是常见的集成 A/D 转换器，它是采用 CMOS 工艺制成的 8 位逐次逼近型 ADC，适用于分辨率较高、转换速率适中的场合。ADC0809 的结构框图和管脚排列图如图 13-8 所示。

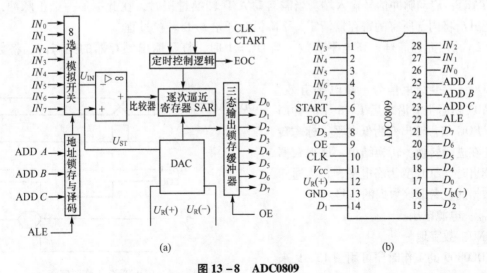

图 13-8 ADC0809
(a) 结构框图；(b) 管脚排列图

ADC0809 由 8 路模拟开关、地址锁存与译码器、A/D 转换器、三态输出锁存缓冲器等组成。各引脚的功能如下：

$IN_0 \sim IN_7$：8 路模拟输入电压输入端。

ADD A、ADD B、ADD C：模拟输入通道的地址选择线。如表 13-1 所示。

表 13-1 模拟通道选择

ADD C	ADD B	ADD A	选中模拟通道
0	0	0	IN_0
0	0	1	IN_1
0	1	0	IN_2
0	1	1	IN_3
1	0	0	IN_4
1	0	1	IN_5
1	1	0	IN_6
1	1	1	IN_7

ALE：地址锁存允许信号，高电平有效。当 ALE = 1 时，将地址线 ADD A、ADD B、ADD C 输入的地址信息锁存，然后由译码器选通模拟输入端的其中一个通道，被选中的通道进行 A/D 转换。

$U_R(+)$、$U_R(-)$：基准电压的正极和负极，为 D/A 转换电路提供参考电压。

$D_0 \sim D_7$：数字量输出端。该数字端由三态锁存缓冲器输出，可直接与系统数据总线相连。

CLK：时钟脉冲输入端。

START：启动脉冲信号输入端。当需启动 A/D 转换过程时，在此端加一个正脉冲，脉冲的上升沿将内部所有的寄存器清零，下降沿时开始 A/D 转换过程。

OE：输出允许信号，高电平有效。当 OE = 1 时，打开输出锁存器的三态门，将数据送出。

EOC：转换结束信号，高电平有效。在 START 信号上升沿之后 1~8 个时钟周期内，EOC 信号输出变为低电平，标志转换器正在进行转换。转换结束，所得数据可以读出时，EOC 变为高电平，作为通知接收数据的设备取该数据的信号。

V_{CC}：电源电压。

GND：数字地。

ADC0809 的工作时序可用图 13-9 来表示。

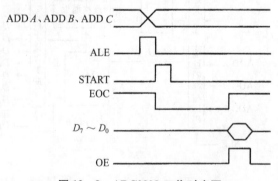

图 13-9 ADC0809 工作时序图

习 题 十 三

一、填空题

13.1 DAC 电路的作用是将_____量转换成_____量。ADC 电路的作用是将_____量转换成_____量。

13.2 DAC 电路的主要技术指标有_____、_____和_____；ADC 电路的主要技术指标有_____、_____和_____。

二、选择题

13.1 ADC 的转换精度取决于（   ）。

A. 分辨率   B. 转换速度   C. 分辨率和转换速度

13.2 对于 n 位 DAC 的分辨率来说，可表示为（   ）。

A. $\dfrac{1}{2^n}$ B. $\dfrac{1}{2^{n-1}}$ C. $\dfrac{1}{2^n-1}$

13.3 $R-2R$ 梯形电阻网络 DAC 中，基准电压源 U_R 和输出电压 u_o 的极性关系为（   ）。

A. 同相   B. 反相   C. 无关

13.4 已知 8 位 DAC 电路的基准电压 $U_R = -5$ V，输入数字量 $D_7 \sim D_0$ 为 11001001 时的输出电压 u_o 是（   ）。

A. 3.94 V   B. 3.90 V   C. 3.92 V

13.5 8 位 DAC 电路的输入数字量为 00000001 时，输出电压为 0.03 V，则输入数字量为 11001000 时的输出电压为（   ）。

A. 6 V   B. 3 V   C. 2.16 V

13.6 已知 DAC 电路的输入数字量最低位为 1 时，输出电压为 5 mV，最大输出电压为 10 V，该 DAC 电路的位数是（   ）。

A. 十位   B. 十一位   C. 十二位

13.7 已知某个 8 位模/数转换器输入模拟电压的范围是 0～5 V，则输入模拟电压为 3 V 时的转换结果为（   ）。

A. 01100110   B. 10011001   C. 10011010

13.8 已知 8 位 ADC 电路的基准电压 $U_R = 5$ V，输入模拟电压 $U_X = 3.91$ V，则转换结果为（   ）。

A. 11001000   B. 11001001   C. 11000111

三、分析计算题

13.1 在一 4 位倒 T 形电阻网络 DAC 中，已知 $U_{REF} = 5$ V，$R_F = 3R$，试求 $d_3 \sim d_0$ 分别为 0101、0111、1011、1111 时的输出电压 u_o。

13.2 有一 8 位倒 T 形电阻网络 DAC，已知 $U_{REF} = 10$ V，$R_F = R$，试求 $d_7 \sim d_0$ 分别为

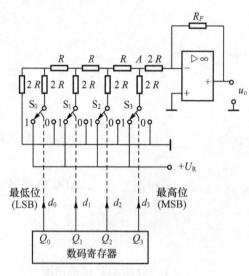

11111111、10001001、00000001 时的输出电压 u_o。

13.3 在倒 T 形电阻网络 DAC 中，若 $n=10$，$U_{REF}=-10$ V，$R_F=R$，输入数字量为 0110110111，求输出电压 u_o 的数值。

13.4 4 位 T 形电阻网络 DAC 如图 13-10 所示，试分析其工作原理，写出 u_o 的表达式。

13.5 4 位逐次逼近型 ADC，已知基准电压 $U_{REF}=5$ V，输入的模拟电压为 $U_x=3.46$ V，试计算转换结果。

13.6 8 位逐次逼近型 ADC，已知基准电压为 10 V，输入的模拟电压为 5.19 V，试计算转换结果。

图 13-10 分析计算题 13.4 图

13.7 并联比较型 ADC 如图 13-11 所示，试分析其工作原理。

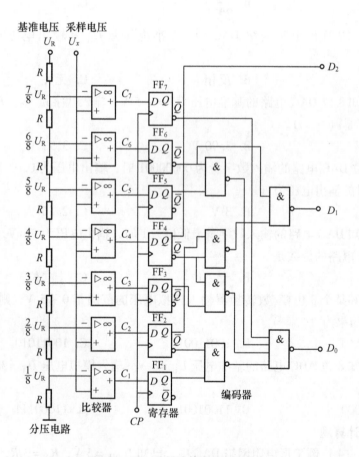

图 13-11 分析计算题 13.7 图

13.8 如图 13-12 所示电路中，已知：$R_1 = 1\ \text{k}\Omega$，$R_2 = 100\ \text{k}\Omega$，$C = 0.01\ \mu\text{F}$，试画出 u_o 的波形图，计算 u_o 的最大值和周期。

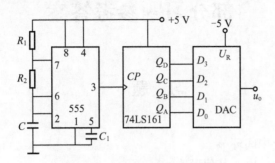

图 13-12 分析计算题 13.8 图

部分习题参考答案

习 题 一

一、填空题

1.1 电源、负载、中间环节

1.2 其他形式、电、电、其他形式

1.3 $-UI$、负载、电源

1.4 KCL、KVL

1.5 不同

1.6 电压、电压

1.7 额定值、U_N、I_N、P_N

二、选择题

1.1 A   1.2 B   1.3 A   1.4 A   1.5 D   1.6 B

1.7 C   1.8 C   1.9 B   1.10 A   1.11 B

三、分析计算题

1.1 (2) $U_{ab} = -75$ V，$U_{cd} = 50$ V，$U_{ef} = 17.5$ V，$U_{gh} = 7.5$ V

1.2 $I_3 = I_{S2} - I_{S1}$，$P_{S1} = (R_1 + R_3)I_{S1}^2 - R_3 I_{S1} I_{S2}$，$P_{S2} = R_3 I_{S2}^2 - R_3 I_{S1} I_{S2} - U_{S2} I_{S2}$

1.3 (1) $I_N = 20$ A；(2) $R_L = 11$ Ω

1.4 $R = 313.9$ Ω

1.5 $I_0 = 7$ A

1.6 $I_1 = 1$ A，$I_2 = -4$ A，$I_3 = 0$ A，$U_1 = 17$ V，$U_2 = 21$ V

1.7 (1) $R_C = 1$ kΩ；(2) $U_{CE} = 3$ V，$U_{BE} = 0.65$ V；(3) $I_1 = 0.2$ mA $I_E = 2.05$ mA

1.8 $E_1 = 0$ V，$E_2 = 125$ V，$E_5 = 90$ V

1.9 $U = 14$ V，$I = 14$ A

1.10 $R_0 = 0.5$ Ω

1.11 (1) $I_1 = I_2 = I_3 = 2$ A；(2) $I_2 = 0$，$I_S = 4$ A；(3) U_1 及 U_3 变高，U、U_2 变低

1.12 $I = 0.25$ A，$U = -\dfrac{10}{3}$ V

1.13 (a) $U_{ab} = 3$ V；(b) $U_{ab} = -1$ V

1.14 -5.8 V，1.96 V

1.15 断开 $V_a = 0$ V，闭合 $V_a = -3$ V

1.16 $V_C = 3$ V，$V_D = 10$ V，$U_{AB} = 3$ V

习 题 二

一、填空题

2.1 3、5、3

2.2 6.25

2.3 2

2.4 电压、电流、电流、电压

2.5 外电路

2.6 理想电压源

2.7   2.8   2.9

2.10 短、开

2.11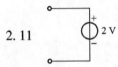

二、选择题

2.1 A	2.2 A	2.3 B	2.4 B	2.5 B	2.6 B
2.7 C	2.8 A	2.9 C	2.10 B	2.11 A	2.12 C
2.13 A	2.14 A	2.15 A	2.16 C		

三、分析计算题

2.1 (a) $R_{ab}=16\ \Omega$；(b) $R_{ab}=12.2\ \Omega$

2.2 (a) $R_{ab}=4\ \Omega$；(b) $R_{ab}=14.2\ \Omega$；(c) $R_{ab}=5\ \Omega$；(d) 开关打开与闭合均为 $R_{ab}=30\ \Omega$；(e) $R_{ab}=10\ \Omega$；(f) $R_{ab}=10\ \Omega$

2.3 (1) 2 A；(2) 2 A；(3) 2 A

2.5 $I_0=1$ A，$I_{R1}=0.2$ A，$I_{R2}=0.8$ A

2.6 11.3~16.8 V

2.7 $R_1=4.2\ \Omega$，$R_2=37.8\ \Omega$，$R_3=378\ \Omega$

2.8 $U_{2a}=20$ V，$U_{2b}=2$ V，$U_{2c}=0.2$ V，$U_{2d}=0.02$ V

2.11 $I=-0.1$ A

2.12 $I=4$ A

2.13 $I=1$ A

2.14 $U_{ab}=-6$ V

2.15 $I_3=0.2$ A

2.16 $I=-0.18$ A

2.17 $U=6.25$ V

2.18 $I_1=-0.2$ A，$I_2=1.6$ A，$I_3=1.4$ A

2.19 $I_1=5$ A，$I_2=-11$ A，$I_3=7$ A

2.20　(1) $I_1 = 2$ A, $I_2 = 0.5$ A, $I_3 = 1.5$ A; (2) $P_{US1} = -60$ W, $P_{US2} = -12$ W $P_{IS} = 18$ W; (3) $P_{R3} = 27$ W

2.22　$I = 4$ A

2.23　$I_1 = -12$ A, $I_2 = 6$ A, $I_3 = 6$ A

2.24　$I_1 = 1$ A, $I_2 = 2$ A, $I_3 = 1$ A, $I_4 = 3$ A

2.25　$I_1 = 1.5$ A, $I_2 = 4.5$ A, $I_3 = 3$ A

2.26　$I_3 = 9$ A

2.27　(a) $U = 4$ V; (b) $U = -4.4$ V

2.29　$I = 2$ mA

2.30　$I_L = 1.47$ A

2.31　(a) 二端网络 U_S 上正下负时：$P = 17$ W, $I = 1$ A;
(b) 二端网络 U_S 下正上负时：$P = 40.04$ W, $I = -2.6$ A

2.32　$I = -1.87$ A

2.33　$U_{ab} = 9.375$ V, $R_{ab} = 3.875$ Ω

2.34　$I_{ab} = 2.5$ A

2.35　$I_{ab} = -2$ mA, $I_{cd} = 2$ mA

习　题　三

一、填空题

3.1　幅值、角频率、初相位

3.2　$\dot{U} = 220\angle 60°$ V

3.3　$i = C\dfrac{\mathrm{d}u}{\mathrm{d}t}$

3.4　$i = 15.55\sin(314t + 120°)$ A

3.5　30、$-j40$、容性

3.6　$10\sqrt{2}\sin(\omega t + 45°)$ V

3.7　$10\angle -30°$ Ω

3.8　$15\angle -90°$ V

3.9　$2\angle -30°$ A

3.10　并联电容

3.11　最大、最小、电压

二、选择题

3.1　C　　3.2　B　　3.3　C　　3.4　A　　3.5　A　　3.6　B
3.7　A　　3.8　C　　3.9　B　　3.10　B　　3.11　B　　3.12　B
3.13　A　　3.14　B　　3.15　B

三、分析计算题

3.1　(2) $U_m = 141.4$ V, $\omega = 314$ rad/s, $f = 50$ Hz, $T = 0.02$ s, $\varphi = -\pi/4$

3.2　(1) $u = 51.8$ V; (2) $u = 173.2$ V; (3) $u = -200$ V; (4) $u = 141.4$ V

部分习题参考答案

3.3　$i=6\sqrt{2}\sin(628t+45°)$ A, $t=0.5$ s 时 $i=6$ A

3.4　(1) $\dot{U}=220\angle{-30°}$ V; (2) $\dot{U}=\dfrac{5}{\sqrt{2}}\angle 45°$ V; (3) $\dot{I}=\dfrac{2}{\sqrt{2}}\angle 0°$ A;
(4) $\dot{I}=10\angle{-30°}$ A

3.5　$i_1=5\sqrt{2}\sin(\omega t-53.1°)$ A, $i_2=5\sqrt{2}\sin(\omega t-126.9°)$ A
$i_3=5\sqrt{2}\sin(\omega t+36.1°)$ A, $u=100\sqrt{2}\sin(\omega t+30°)$ V

3.6　$\dot{I}_1=5\angle{-150°}$ A, $\dot{I}_2=10\angle{-170°}$ A, $\dot{I}_3=7\angle 80°$ A, $\dot{I}_4=8\angle{-100°}$ A

3.7　$\dot{U}=35.7\angle{-50.9°}$ V

3.11　$R=11$ Ω, $P=4\,400$ W

3.12　(1) $i=10\sqrt{2}\sin 314t$; (2) $i=31.8\sqrt{2}\sin(314t-90°)$ A; (3) $i=0.314\sqrt{2}\sin(314t+90°)$ A

3.13　$X_L=16$ Ω, $I=13.75$ A

3.14　(1) $I=2.2$ A, $i=2.2\sqrt{2}\sin(314t-90°)$ A; (2) $p=-484\sin 628t$ W, $Q=484$ Var

3.15　$I_C=0.314$ A, $i=0.314\sqrt{2}\sin(314t+30°)$ A; (2) $Q_C=31.4$ var
(3) $I_C=0.628$ A, $i=0.628\sqrt{2}\sin(628t+30°)$ A

3.16　(a) $A_0=10\sqrt{2}$ A; (b) $V_0=80$ V; (c) $A_0=2$ A; (d) $V_0=10\sqrt{2}$ V

3.17　$R=6$ Ω, $L=15.9$ mH

3.18　$I=5.9$ A, $U_R=118$ V, $U_L=185.3$ V

3.19　$I=0.367$ A, $U_{R1}=102.8$ V, $U_{RL}=190.3$ V

3.20　$R=1\,000$ Ω, $C=0.09$ μF, u_C 滞后于 u 30°

3.21　$U_R=2.4$ V, $U_L=2$ V, $U_C=3.8$ V, $U=3$ V

3.22　(1) $|Z|=37.2$ Ω, $\varphi=57.5°$, $\dot{I}=5.91\angle{-57.5°}$ A, $\dot{U}_R=118.2\angle{-57.5°}$ V, $\dot{U}_L=185.6\angle 32.5°$ V, $P=698.6$ W;
(2) $|Z|=6.72$ Ω, $\varphi=53.5°$, $\dot{I}=32.7\angle{-53.5°}$ A, $\dot{U}_R=130.8\angle{-53.5°}$ A, $\dot{U}_L=176.58\angle 36.5°$ V, $P=4\,277$ W;

3.23　$R=52$ Ω, $C=44.9$ μF, $U_R=130$ V, $U_C=177.5$ V, $S=550$ V·A

3.24　(1) 10 A; (2) 为电感时 14 A; (3) 为电感时 2 A

3.25　$I=0.414$ A, $U_1=124.2$ V, $U_2=169.8$ V

3.26　(a) $\dot{I}=2\angle{-36.9°}$ A, $\dot{U}_1=8\angle{-36.9°}$ V, $\dot{U}_2=14.42\angle{-19.3°}$ V
(b) $\dot{I}_1=2\sqrt{2}\angle{-45°}$ A, $\dot{I}_2=2\sqrt{2}\angle 45°$ A, $\dot{U}=8\angle 0°$ (V)

3.27　$I=10$ A, $X_C=15$ Ω, $X_L=7.5$ Ω, $R_2=7.5$ Ω

3.28　$Z=80+j83.3$ Ω, $\cos\varphi=0.69$, $S=418$ V·A, $P=289$ W, $Q=300.7$ Var

3.29　(2) 断开 $I=0$ A, $U_R=0$ V, $U_L=0$ V, $U_C=220$ V
闭合 $I=22$ A, $U_R=220$ V, $U_L=0$ V, $U_C=0$ V;
(3) 断开 $I=22$ A, $U_R=220$ V, $U_L=220$ V, $U_C=220$ V

$\cos\varphi = 1$, $S = 4\,840$ V·A, $P = 4\,840$ W, $Q = 0$ var

闭合 $I = 11\sqrt{2}$ A, $U_R = 110\sqrt{2}$ V, $U_L = 110\sqrt{2}$ V, $U_C = 0$ V

$\cos\varphi = 0.707$, $S = 3\,421.9$ V·A, $P = 2\,420$ W, $Q = 2\,420$ Var

3.30 $i = 13.17\sqrt{2}\sin(314t + 77°)$ A, $u_{RL} = 263.4\sqrt{2}\sin(314t + 113.9°)$ V

$u_C = 222.6\sqrt{2}\sin(314t - 13°)$ V, $P = 2\,771$ W, $Q = -850$ Var, $S = 2\,897.4$ V·A, $\cos\varphi = 0.96$

3.31 $I = 10\sqrt{2}$ A, $\cos\varphi = 0.707$, $S = 3\,111$ V·A, $P = 2\,200$ W

3.32 $I = 22.75$ A, $\cos\varphi = 0.967$, $P = 4\,840$ W, $S = 5\,005$ V·A

3.33 $C = 412$ μF

3.34 $X_L = 524$ Ω, $L = 1.7$ H, $\cos\varphi = 0.5$, $C = 2.58$ μF

3.35 (1) $R_L = 213.3$ Ω, $r = 30$ Ω, $L = 1.7$ H; (2) $P_{RL} = 30$ W, $P = 34.2$ W, $\cos\varphi = 0.415$; (3) $C = 3.85$ μF

3.36 $f_1 = 484$ kHz, $f_2 = 1\,836$ kHz

3.37 $R = 120$ Ω, $C = 171$ pF, $L = 0.69$ mH, $Q = 16.7$

3.38 $C = 0.1$ μF

3.39 (a) $f_0 = 314.7$ kHz, $|Z_0| = 80$ kΩ; (b) $f_0 = 314.7$ kHz, $|Z_0| = 20$ Ω

3.40 (1) $\dot{I} = 1.5 \angle{-36.9°}$ A, $\dot{I}_C = 3 \angle{143.1°}$ A, $\dot{I}_L = 4.5 \angle{-36.9°}$ A;

(2) $f_0 = 61.3$ Hz, $\dot{I} = 0$ A, $\dot{I}_C = 6.12 \angle{90°}$ A, $\dot{I}_L = 6.12 \angle{-90°}$ A

习 题 四

一、填空题

4.1 大小，频率，相位

4.2 0

4.3 相序

4.4 $220 \angle{-150°}$ V, $220 \angle{-30°}$ V

4.5 三角形

4.6 相电压，线电压

4.7 相电压

4.8 $\dot{U}_{AB} = \sqrt{3}\dot{U}_A \angle{30°}$ V

4.9 $\dot{I}_A = \sqrt{3}\dot{I}_{ab} \angle{-30°}$ A

4.10 相电压，相电流

4.11 端，关联

4.12 对称三相负载

4.13 对称三相电路

4.14 127 V, 220 V

4.15 $U_l = U_p$, $I_l = \sqrt{3}I_p$, 30°

4.16 三角形，星形

4.17　28.87 A

4.18　220 V, 220 V, 19.1 A

二、选择题

1. C　　2. B　　3. C　　4. B　　5. B　　6. D

7. B　　8. A　　9. B　　10. C　　11. C

三、分析计算题

4.1　$\dot{U}_B = U\underline{/\varphi - 120°}$ V, $\dot{U}_C = U\underline{/\varphi + 120°}$ V, $\dot{U}_{AB} = \sqrt{3}U\underline{/\varphi + 30°}$ V, $\dot{U}_{BC} = \sqrt{3}U\underline{/\varphi - 90°}$ V, $\dot{U}_{CA} = \sqrt{3}U\underline{/\varphi + 150°}$ V

4.2　$U_l = 380$ V 时接成丫形，$U_l = 220$ V 时接成△形

4.5　$U_p = 220$ V, $I_p = I_l = 22$ A

4.6　$\dot{I}_a = 4.4\underline{/-6.9°}$ A, $\dot{I}_b = 4.4\underline{/-126.9°}$ A, $\dot{I}_c = 4.4\underline{/113.1°}$ A, $i_a = 4.4\sqrt{2}\sin(314t - 6.9°)$ A, $i_b = 4.4\sqrt{2}\sin(314t - 126.9°)$ A, $i_c = 4.4\sqrt{2}\sin(314t + 113.1°)$ A

4.7　$I_p = 38$ A, $I_l = 65.8$ A

4.8　(a) $I_{ab} = 0$ A, $I_{bc} = I_{ca} = 15$ A, $I_A = I_B = 15$ A, $I_C = 26$ A；
(b) $I_{bc} = 15$ A, $I_{ba} = I_{ac} = 7.5$ A, $I_A = 0$ A, $I_B = I_C = 22.5$ A；

4.9　$I_A = 30.9$ A, $I_B = 40.9$ A, $I_C = 50.9$ A, $I_N = 17.28$ A

4.10　(1) $I_p = I_l = 22$ A; (2) $R = 6$ Ω, $X_L = 8$ Ω

4.11　(1) $U_N = U_l = 380$ V; (2) $I_l = 22$ A, $I_p = 12.7$ A; (3) $Z = 30\underline{/53.1°}$ Ω

4.13　$I_p = 11.5$ A, $I_l = 20$ A

4.14　$\cos\varphi = 0.69$, $U_p = 220$ V

4.15　$I_p = 11.3$ A, $\cos\varphi = 0.43$, $|Z| = 33.6$ Ω

4.16　(1) 丫形联结 $I_p = I_l = 7.33$ A, $P = 3854$ W; (2) △形联结 $I_p = 12.67$ A, $I_l = 21.9$ A, $P = 11558$ W

4.17　$\dot{I}_A = 39.32\underline{/0°}$ A, $\dot{I}_B = 39.32\underline{/-120°}$ A, $\dot{I}_C = 39.32\underline{/120°}$ A, $P = 25.88$ kW

4.18　$\dot{I}_A = 48.4\underline{/51.7°}$ A, $\dot{I}_B = 39.3\underline{/-44.8°}$ A, $\dot{I}_C = 39.3\underline{/-164.8°}$ A, $\dot{I}_N = 20\underline{/0°}$ A

4.19　(1) 满载时 $\cos\varphi = 0.845$; (2) 轻载时 $\cos\varphi = 0.482$

4.20　(1) $C = 111.9$ μF, $U_{CN} = 311$ V; (2) $C = 37.3$ μF, $U_{CN} = 537$ V

习　题　五

一、填空题

5.1　导体、半导体、绝缘体

5.2　正、负

5.3　硅、锗

5.4　伏安、单向导电性

5.5 PN、单向导电

5.6 导通、截止

5.7 大

5.8 0.7、0.2

5.9 反向击穿

5.10 发射、集电

5.11 NPN、PNP

5.12 放大、饱和、截止

5.13 发射结、集电结

5.14 正偏、正偏

5.15 反偏、反偏

5.16 $I_E = I_B + I_C$

5.17 $I_C = \beta I_B$

5.18 工程估算、小信号等效电路

5.19 截止、饱和

二、选择题

5.1 B	5.2 C	5.3 C	5.4 B	5.5 A	5.6 B
5.7 B	5.8 A	5.9 A	5.10 C	5.11 B	5.12 C
5.13 C	5.14 B	5.15 B	5.16 B	5.17 A	5.18 B
5.19 A	5.20 C	5.21 B			

三、分析计算题

5.1

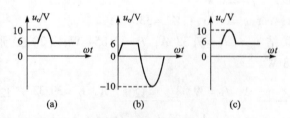

分析计算题 5.1 的图

5.2

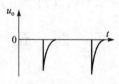

分析计算题 5.2 的图

5.5

分析计算题 5.5 的图

5.7 （1）D_2、D_3、D_4 导通；（2）D_1 导通

5.8 D_1 导通，$I_1 = 5$ mA；D_2 截止，$I_2 = 0$

5.9 $I_B = 30$ μA $\beta = 75.3$

5.10 NPN 型，C、B、E

5.11 （1）截止，5 V；（2）放大，2.42 V

习 题 六

一、填空题

6.1 用小信号和小能量控制大信号和大能量

6.2 晶体管的发射极是输入信号 u_i 和输出信号 u_o 的公共参考点

6.3 阻容耦合、直接耦合

6.4 $A_u = A_{u1} A_{u2} A_{u3} A_{u4}$

6.5 甲类功率放大器、乙类功率放大器、甲乙类功率放大器

6.6 $i_+ = i_- = 0$、$V_+ = V_-$

6.7 晶体管的发射结正向偏置、集电结反向偏置

6.8 50

6.9 均正偏

6.10 电压、电流

6.11 输出端、输入端

6.12 减小、展宽

6.13 ∞、∞、0、∞

二、选择题

6.1 A   6.2 B   6.3 C   6.4 A   6.5 D

6.6 D   6.7 A、A、B

三、分析计算题

6.1 $I_B = 52$ μA，$I_C = 2.6$ mA，$U_{CE} = 4.6$ V

6.3 （1）$I_B = 30.4$ μA，$I_C = 1.52$ mA，$U_{CE} = 9.984$ V；（2）$A_u = -69.3$；（3）$U_o = 693$ mV

6.4 （1）$U_{CE} = 7.85$ V；（2）$R_B = 286$ kΩ

6.5 （1）$I_B = 37.7$ μA，$I_C = 1.507$ mA，$U_{CE} = 7.48$ V；（3）$A_u = -48.5$，$r_o = 3$ kΩ，$r_i \approx 0.99$ kΩ；（4）$A_{u_S} = -32.2$

6.6 $R_B = 465$ kΩ，$R_C = 5$ kΩ

6.7 （1）$A_u = -44$，$r_i \approx 1$ kΩ，$r_o = 3.3$ kΩ

6.8 （1）$I_B = 25$ μA，$I_C = 2$ mA，$U_{CE} = 4$ V；（3）$r_i \approx 1.1$ kΩ，$r_o = 2$ kΩ；（4）$A_u =$

−100

6.9 (1) $r_i \approx 0.86 \text{ k}\Omega$, $r_o = 3 \text{ k}\Omega$; (2) $A_{uS} = -60$

6.10 $r_i = 5.16 \text{ k}\Omega$, $r_o = 3.9 \text{ k}\Omega$; $A_u = -15.33$, $A_{uS} = -12.84$

6.11 $R_{B1} = 45 \text{ k}\Omega$, $R_{B2} = 15 \text{ k}\Omega$

6.12 (1) 不处于反向偏置。因静态时 $U_{BE} = 0.6 \text{ V} = 600 \text{ mV} \gg U_{im} = 3 \text{ mV}$

(2) 因 R_B 开路时，$U_{im} \ll$ 死区电压，则 $i_b = 0$，$u_o = 0$

6.13 (1) $I_B = 20 \text{ μA}$, $I_C = 1 \text{ mA}$, $U_{CE} = 5.6 \text{ V}$; (3) $A_u = -6.81$

6.14 (1) $A_{u_1} = -0.979$; (2) $A_{u_2} = 0.992$

6.15 (1) $I_B = 97.4 \text{ μA}$, $I_C = 3.9 \text{ mA}$, $U_{CE} = 8.1 \text{ V}$; (3) $r_i = 26.7 \text{ k}\Omega$, $r_o \approx 26.8 \text{ }\Omega$

(4) $A_u = 0.982$, $A_{uS} = 0.964$

6.16 $A_u = 0.98$, $r_i = 34.2 \text{ k}$, $r_o \approx 20 \text{ }\Omega$

6.17 $A_u = -129.5$, $r_i = 21.35 \text{ k}\Omega$, $r_o = 3 \text{ k}\Omega$

6.18 (1) $R_1 \approx 2 \text{ M}\Omega$; (2) $R_3 \approx 100 \text{ k}\Omega$;

(3) $A_u = A_{u_1} \times A_{u_2} = 4426.8$, $r_i = R_1 // r_{bel} \approx r_{bel} = 3 \text{ k}\Omega$, $r_o = R_{C2} = 6.8 \text{ k}\Omega$;

6.19 (1) $r_i = 4.7 \text{ k}\Omega$, $r_o = 0.12 \text{ k}\Omega$; (2) $A_u = A_{u_1} \cdot A_{u_2} \approx -175.5$

$R_S = 0$ 时，$\dot{U}_o / \dot{U}_S = A_{uS} \approx -175.5$；$R_S = 20 \text{ k}\Omega$ 时，$A_{uS} \approx -33.6$

6.20 负反馈有电压串联负反馈、电压并联负反馈、电流串联负反馈、电流并联负反馈四种类型。

6.21 (1) 提高放大倍数的稳定性；(2) 减小非线性失真；(3) 展宽通频带；(4) 对输入电阻和输出电阻有影响

6.22 (a) R_F 是级间电压并联负反馈，R_E 是后级电压串联负反馈；(b) 电压串联负反馈；(c) 电流串联负反馈；(d) R_F 是电流并联负反馈，R_E 是电流串联负反馈

习 题 七

一、填空题

7.1 $\dfrac{\omega_H - \omega_L}{2\pi}$

7.2 电压并联、电压串联

7.3 减小、展宽

7.4 $+U_{oM}$、$-U_{oM}$

7.5 高、直接

7.6 虚短、虚断

7.7 $U_+ = U_-$，虚短；$I_+ = I_- = 0$，虚断

7.8 负

7.9 同相输入、反相输入

二、选择题

7.1 B   7.2 B   7.3 B   7.4 B   7.5 A   7.6 B

7.7 A   7.8 B   7.9 C   7.10 B

三、分析计算题

7.1　$A_u = -3$，$R_2 = 7.5$ kΩ

7.2　$R_F = 12$ kΩ，$R_2 = 2.4$ kΩ

7.3　$u_o = -7.5$ V

7.4　(1) $u_o = -(u_{i1} + u_{i2} + u_{i3})$；(2) $R_1 = R_F$，$R_2 = 0.5R_F$，$R_3 = 0.33R_F$

7.5　$u_o = 1$ V

7.6　(a) 开关打开时 $u_o = u_i$，闭合时 $u_o = -u_i$；(b) 开关打开时 $u_o = -2u_i$，闭合时 $u_o = -1.33u_i$

7.7　$u_o = 250$ mV

7.8　$u_o = -\left(u_i + \int u_i \mathrm{d}t\right)$

7.10　(1) $R_1 = 20$ kΩ，平衡电阻 $R = 16.7$ kΩ；(2) $R_{11} = 50$ kΩ，$R_{12} = 166.7$ kΩ，$R = 21.7$ kΩ；

(3) $R_1 = 10$ kΩ，$R = 8.3$ kΩ；(4) $R_1 = 30$ kΩ，$R = 15$ kΩ；

(5) $R_{11} = 50$ kΩ，$R_{12} = 100$ kΩ，$R = 33.3$ kΩ；(6) $C_1 = 10$ μF

7.11　$u_o = 9$ V

7.12　u_o 的变化范围为 $-1.206 \sim 1.077$ V

7.13　$R_F = 500$ kΩ

7.14　$\beta = 50$

7.15　$u_o = -558$ mV

7.16　产生自激振荡的两个基本条件：$|AF| = 1$，$\varphi_A + \varphi_F = 2n\pi$（$n$ 为整数）

7.17　$A_u = 5 \angle -180°$

7.19　79.2 Hz ~ 15.9 kHz

习 题 八

一、填空题

8.1　单向导电

8.2　增大

8.3　0.05

8.4　10 V

8.5　15 V

8.6　2.5 A

二、选择题

8.1　C　　8.2　D　　8.3　D　　8.4　C　　8.5　B　　8.6　B

8.7　C　　8.8　D　　8.9　D　　8.10　A　　8.11　D

三、分析计算题

8.1　$U_o = 16.2$ V，$I_o = 1.62$ A，$U_{RM} = 50.9$ V

8.2　$U_2 = 53.3$ V，选管参数：$U_{RM} = 75.6$ V，$I_D = 2$ A

8.3　(1) $K_1 = 8.25$ 选管参数：$U_{RM} = 37.75$ V，$I_D = 0.6$ A；

(2) $K_2 = 16.5$ 选管参数：$U_{RM} = 18.8$ V，$I_D = 0.3$ A

8.4 (3) $U_o = 0.9U$；(4) 两种情况均为 $U_{RM} = 2.828U$；

8.5 (1) $U_{o1} = 45$ V，极性下正上负；$U_{o2} = 9$ V，极性上正下负；

(2) $I_{D1} = 4.5$ mA，$U_{RM1} = 141$ V；$I_{D2} = I_{D3} = 4.5$ mA，$U_{RM2} = 28.3$ V

8.6 (1) 开关 S_1 闭合、S_2 断开，Ⓥ的读数为 $40\sqrt{2}V = 56.56$ V；

(2) 开关 S_1 断开、S_2 闭合，Ⓥ的读数为 $0.45 \times 40 = 18$ V；

(3) 开关 S_1、S_2 均闭合，Ⓥ的读数为 40 V。波形如图

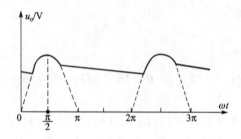

分析计算题 8.6 的图

8.7 (1) $I_D = 75$ mA，$U_2 = 50$ V，$U_{RM} = 70.7$ V；因此选 2CP12；(2) $C = 125$ μF

8.9 (1) 直流电压表Ⓥ的极性 b 端为负，c 端为正；(2) $U_1 = 1\,000$ V；(3) 电流表Ⓐ的读数为 18 mA。

8.11 (1) 14 V 负载电阻 R_L 断开；(2) 12 V 是工作情况；(3) 10 V 是任一个二极管断开；(4) 9 V 是电容 C 断开；(5) 4.5 V 是任一个二极管和电容断开。

8.12 (1) 电压表Ⓥ的读数为 14 V，电流表Ⓐ的读数为 10 mA，电流表Ⓐ₃的读数为 5 mA。

(2) Ⅰ为整流变压器；Ⅱ为单相桥式整流电路；Ⅲ为电容滤波电路；Ⅳ为稳压管稳压电路。

习 题 九

一、填空题

9.1 电压、电压

9.2 P_1、N_1、P_2、N_2；PN

9.3 正向、正向

9.4 1 V、外电路

9.5 同步、移相

9.6 峰点电压 U_P、谷点电压 U_V

9.7 电源电压、移相

二、选择题

9.1 C　　9.2 A　　9.3 A　　9.4 C　　9.5 B

三、分析计算题

9.5 $\theta = 102.25°$；$I_o = 3$ A；选用 KP5-7

9.6 $U_o = 79.2$ V;$I_o = 4.95$ A;$I = 9.78$ A,$U_{FTM} = U_{RTM} = 311$ V;选用 3CT104

9.7 (1) $U = 100$ V;(2) $\theta = 90°$ $I_T = 1.875$ A

9.8 (1) $U_2 = 166.7$ V;选管参数:$U_{RTM} = 235.7$ V;$I_T = 5$ A;(2) $\theta = 109.5°$

9.10 (1) $U_o = 0.9 U_2(1 + \cos \alpha)/2$ V;(2) $I_o = U_o/R_L$

9.11 $U_{o2} = 74.25$ (V)

9.12 导通角 $\theta = 109.5°$

9.13 不能可靠工作

9.14 (1) $I_T = 7.425$ A;(2) 导通角 $\theta = 120°$;(3) $U_{FTM} = 311$ V

9.15 $U_{o2} = 124.4$ V

习 题 十

一、填空题

10.1 时间、幅值;1、0

10.2 二进制、八进制、十六进制

10.3 布尔、与、或、非

10.4 逻辑表达式、真值表、逻辑图、卡诺图

10.5 交换律、分配律、结合律;反演定律

10.6 1

10.7 0

二、选择题

10.1 D   10.2 D   10.3 A   10.4 C   10.5 D
10.6 A   10.7 A   10.8 C   10.9 A   10.10 B

三、分析计算题

10.2 $F = \overline{A}BC + A\overline{B}C + AB\overline{C}$

10.4 (1) $F = B$;(2) $F = 0$;(3) $F = A + B$;(4) $F = A + C$;(5) $F = 0$

10.5 (1) $F = \overline{A}BC + \overline{A}B\overline{C} + \overline{A}\,\overline{B}\,\overline{C} + A\overline{B}\,\overline{C} + A\overline{B}C + ABC + AB\overline{C}$;
(2) $F = \overline{A}\,\overline{B}\,CD + \overline{A}\,\overline{B}\,\overline{C}D + A\overline{B}\,CD + \overline{A}\,B\overline{C}D + \overline{A}BCD + \overline{A}BC\overline{D} + ABC\overline{D} + AB\overline{C}\,\overline{D} + ABCD$;

10.6 (1) $F = AC + BC + C\overline{D}$;(2) $F = B + AC$;(3) $F = A\overline{B} + AD + B\overline{C}$;
(4) $F = \overline{B} + \overline{C}\,\overline{D}$;(5) $F = \overline{A}\,\overline{B}\,\overline{C} + \overline{A}BD + B\overline{C}D + AB\overline{D}$

习 题 十一

一、填空题

11.1 组合逻辑电路、时序逻辑电路

11.2 寄存器

11.3 4

11.4 1111011,173,713

11.5 $\overline{A}$、A

11.6 组合逻辑电路、时序逻辑电路。组合逻辑电路不含存储电路,无记忆功能;时序逻辑电路具有存储记忆功能

11.7 来自低位的进位信号
11.8 与项、变量
11.9 模拟、数字

二、选择题

11.1　B　　11.2　A　　11.3　A　　11.4　D　　11.5　B
11.6　B　　11.7　A　　11.8　B　　11.9　B　　11.10　D

三、分析计算题

11.1　$F = \overline{ABC}$

11.2　$F = \overline{A + B + C}$

11.4　(a) 饱和；(b) 截止；(c) 饱和；(d) 截止

11.5　(1) $F_1 = ABC$　$F_2 = A + B + C$

11.6　逻辑式 $F = \overline{AB}$　　　逻辑状态表

A	B	F
0	0	1
1	0	1
1	1	0
0	1	1

11.7　$F_1 = \overline{A}$, $F_2 = \overline{\overline{AB} + \overline{CD}}$

11.8　$F = \overline{A}B + A\overline{B}$

11.9　$F = \overline{A\ (B+C)} = \overline{A}\ \overline{\overline{B} \cdot \overline{C}}$

11.11　逻辑式：$F = \overline{A}B + \overline{A}\overline{B}$　　　逻辑状态表

A	B	F
1	0	1
1	1	0
0	0	0
0	1	1

11.12　(a) $F_1 = \overline{A}B + A\overline{B}$；(b) $F_2 = \overline{A}BC$

11.13　$F_1 = \overline{(\overline{A+B})\ \overline{C}} = A + B + C$，$F_2 = \overline{A}C + BC + AB$

11.14　$F = BC\overline{D}$

11.15　$ABCD = 1001$

11.17　$F = \overline{\overline{A} \cdot \overline{B} \cdot AB}$

11.18 （1） 真值表

A	B	C	F_1	F_2	F_3
0	0	0	0	0	0
0	0	1	0	0	0
0	1	0	0	0	0
0	1	1	0	1	0
1	0	0	0	0	0
1	0	1	0	0	1
1	1	0	1	0	0
1	1	1	1	1	1

（2）表达式 $F_1 = AB = \overline{\overline{AB}}$，$F_2 = BC = \overline{\overline{BC}}$，$F_3 = CA = \overline{\overline{CA}}$

11.19 $F_特 = A$，$F_快 = \overline{A}B$，$F_慢 = \overline{A}\,\overline{B}C$

11.21 $S = A\overline{B} + \overline{A}B$，$C = AB$ 电路为半加器

11.23 需要四个全加器，如图所示。和数 S 为 10110

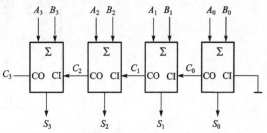

分析计算题 11.23 的图

11.24 $F_A = S_n = \overline{\overline{A}\,\overline{B}C \cdot \overline{A}B\,\overline{C} \cdot A\,\overline{B}\,\overline{C} \cdot ABC}$，$F_B = C_n = \overline{\overline{AB} \cdot \overline{BC} \cdot \overline{CA}}$

11.25 $F = AB + C$

习 题 十 二

一、填空题

12.1 译码器和全加器

12.2 稳态和暂态

12.3 单稳态、双稳态、无稳态

12.4 多谐振荡器

12.5 单稳触发器

二、选择题

12.1 B　　12.2 A　　12.3 D　　12.4 A　　12.5 C

三、分析计算题

12.6 $f_0 = 400$ Hz，$f_1 = 200$ Hz

12.8　　　　　　　状态表

CP	Q_3	Q_2	Q_1	Q_0
0	0	0	0	0
1	1	0	0	0
2	1	1	0	0
3	0	1	1	0
4	1	0	1	1

12.9　　　　　　　　　状态表

CP	Q_3	Q_2	Q_1	Q_0
0	1	0	0	0
1	0	0	0	1
2	0	0	1	0
3	0	1	0	0
4	1	0	0	0

12.11　　　　　　　　　状态表

CP	Q_1	Q_0
0	0	0
1	0	1
2	0	0
3	0	1
4	0	0

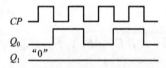

分析计算题 12.11 的图

12.12　逻辑式：$F = Q_0 + Q_1$

12.14　　　　　　　　　状态表

CP	Q_1	Q_0
0	0	0
1	1	0
2	0	1
3	0	0

该逻辑电路为三进制计数器。

12.15　　　　　　　　　状态表

CP	Q_2	Q_1	Q_0
0	0	0	0
1	0	0	1
2	0	1	1
3	1	1	1
4	1	1	0
5	1	0	0
6	0	0	0

该逻辑电路为六进制计数器。

12.17 $J_0 = \overline{Q}_1$, $K_0 = 1$, $J_1 = Q_0$, $K_1 = 1$, $J_2 = K_2 = 1$

状态表

CP	Q_2	Q_1	Q_0
0	0	0	0
1	0	0	1
2	0	1	0
3	1	0	0
4	1	0	1
5	1	1	0
6	0	0	0

12.18

状态表

CP	Q_3	Q_2	Q_1	Q_0
0	0	1	1	0
1	0	1	1	1
2	1	0	0	0
3	1	0	0	1
4	1	0	1	0
5	1	0	1	1
6	1	1	0	0
7	1	1	0	1
8	1	1	1	0
9	1	1	1	1
10	0	1	1	0

该逻辑电路为十进制计数器。

12.19 256 进制

12.20 (a) 五进制；(b) 二进制；(c) 三进制；(d) 四进制

12.21 二十五进制

12.24 $t_w = 1.1$ s

12.25 $T = 2.25$ ms, $f = 444$ Hz

习 题 十 三

一、填空题

13.1 输入的数字、与数字量成正比的输出模拟；输入的模拟、与其成正比的输出数字

13.2 分辨率、转换精度、建立时间等；分辨率、相对精度、转换速度等

二、选择题

13.1　A　　13.2　C　　13.3　B　　13.4　A　　13.5　A

13.6　B　　13.7　B　　13.8　A

三、分析计算题

13.1　-4.69 V，-6.56 V，-10.31 V，-14.06 V

13.2　-9.96 V，-5.35 V，-0.039 V

13.3　4.29 V

13.4　$u_o = -\dfrac{R_F}{2^4 3R} U_R \,(2^3 d_3 + 2^2 d_2 + 2^1 d_1 + 2^0 d_0)$

13.5　1011

13.6　10000101

13.8　$u_{o\max} = 4.69$ V，$T = 22.56$ ms

附录一

半导体器件型号命名法

第一部分		第二部分		第三部分		第四部分	第五部分
用数字表示器件的电极数		用字母表示器件的材料和极性		用字母表示器件的类别		用数字表示器件的序号	用字母表示规格号
符号	意义	符号	意义	符号	意义	意义	意义
2	二极管	A	N型锗材料	P	普通管	反映了极限参数、直流参数和交流参数等的差别	反映了承受反向击穿电压的程度。如规格号为A、B、C、D……，其中A承受的反向击穿电压最低，B次之……
		B	P型锗材料	V	微波管		
		C	N型硅材料	W	稳压管		
		D	P型硅材料	C	参量管		
3	三极管	A	PNP型锗材料	Z	整流管		
		B	NPN型锗材料	L	整流堆		
		C	PNP型硅材料	S	隧道管		
		D	NPN型硅材料	N	阻尼管		
		E	化合物材料	U	光电器件		
				K	开关管		
				X	低频小功率管 ($f_\alpha < 3$ MHz, $P_c < 1$ W)		
				G	高频小功率管 ($f_\alpha \geq 3$ MHz, $P_c < 1$ W)		
				D	低频大功率管 ($f_\alpha < 3$ MHz, $P_c > 1$ W)		
				A	高频大功率管 ($f_\alpha \geq 3$ MHz, $P_c > 1$ W)		
				T	半导体闸流管（可控整流器）		
				Y	体效应器件		
				B	雪崩管		
				J	阶跃恢复管		
				CS	场效应器件		
				BT	半导体特殊器件		
				FH	复合管		
				PIN	PIN管		
				JG	激光器件		

附录二 常用半导体器件的主要性能指标

1. 部分半导体二极管的主要性能指标

类别	型号	最大整流电流/mA	正向压降/V	反向击穿电压/V	最高反向工作电压/V	反向电流/μA	零偏压电容/pF	反向恢复时间/ns
普通检波二极管	2AP1	≤16	≤1	≥40	20	≤250	≤1	
	2AP7	≤16	≤1	≥150	100	≤250	≤1	
	2AP11	≤25	≤1		10	≤250	≤1	
	2AP17	≤15	≤1		100	≤250	≤1	
锗开关二极管	2AK1	≥150	≤1	30	10	≤3	≤200	
	2AK5	≥200	≤0.9	60	40	≤2	≤150	
	2AK10	≥10	≤1	70	50	≤2	≤150	
	2AK14	≥250	≤0.7	70	50	≤2	≤150	
硅开关二极管	2CK70A~E	≥10	≤0.8	A≥30 B≥45 C≥60 D≥75 E≥90	A≥20 B≥30 C≥40 D≥50 E≥60		≤1.5	≤3
	2CK71A~E	≥20	≤0.8				≤1.5	≤4
	2CK74A~E	≥100	≤1				≤4	≤5
	2CK76A~E	≥200	≤1				≤4	≤5
整流二极管	2CZ55A~X	1A	≤1		25V~3000V 共26挡	≤10		
	2CZ57A~X	5A	≤0.8			≤20		
	2CZ58A~X	10A	≤0.8			≤30		
	2CZ59A~X	20A	≤0.8			40		

2. 部分稳压管的主要性能指标

参数\测试条件\型号	稳定电流下 稳定电压/V	稳定电压下 稳定电流/mA	环境温度<50℃ 最大稳定电流/mA	反向漏电流/μA	稳定电流下 动态电阻/Ω	电压温度系数/(10^{-4}℃$^{-1}$)	环境温度<50℃ 最大耗散功率/W
2CW51	2.5~3.5	10	71	≤5	≤60	≥-9	0.25
2CW52	3.2~4.5	10	55	≤2	≤70	≥-8	
2CW53	4~5.8	10	41	≤1	≤50	-6~4	0.25
2CW54	5.5~6.5	10	38	≤0.5	≤30	-3~5	0.25
2CW56	7~8.8		27	≤0.5	≤15	≤7	
2CW57	8.5~9.5	10	26		≤20	≤8	0.25
2CW59	10~11.8	5	20	≤0.5	≤30	≤9	0.25
2CW60	11.5~12.5	5	19	≤0.5	≤40	≤9	0.25

附录二 常用半导体器件的主要性能指标

续表

参数\测试条件\型号	稳定电流下	稳定电压下	环境温度<50℃		稳定电流下		环境温度<50℃
	稳定电压/V	稳定电流/mA	最大稳定电流/mA	反向漏电流/μA	动态电阻/Ω	电压温度系数/(10^{-4}℃$^{-1}$)	最大耗散功率/W
2CW103	4~5.8	50	165	≤1	≤20	−6~4	1
2CW110	11.5~12.5	20	76	≤0.5	≤20	≤9	1
2CW113	16~19	10	52	≤0.5	≤40	≤11	1

3. 部分晶体管的主要性能指标

类别	参数\型号	直流参数			交流参数		极限参数		
		I_{CBO}/μA	I_{CEO}/μA	H_{FE}/(β)	f_T/MHz	c_{ob}/pF	I_{CM}/mA	P_{CM}/mW	$U_{BR(CEO)}$/V
低频小功率管	3AX51A	≤12	≤500	10~150			100	100	12
	3BX81A	≤30	≤1 000	40~270			200	200	10
	3CX200B	≤0.5	≤1	55~400			300	300	18
高频小功率管	3AG54A	≤5	≤300	30~200	≥30	≤5	30	100	15
	3CG100B	≤0.1	≤0.1	≥25	≥100	≤4.5	30	100	
	3DG120A	≤0.01	≤0.01	≥30	≥150	≤6	70	500	≥30
开关管	3DK1A		≤5	30~200	≥200		30	100	≥15
	3DK22B		≤0.5	25~180	≥100			150	≥20
	3DK8A	≤5	≤10	≥20	≥150	≤10	600	500	≥10
中大功率管	3AG61	≤70	≤500	40~300	≥30		150	500	≥20
	3AD30A	≤500		12~100			4A	20W	12
	3DD15A	≤1 mA	≤2 mA	≥20			5A	50W	≥60

4. 部分场效应管的主要性能指标

参数	饱和漏源电流 I_{DSS}/mA	夹断电压 U_P/V	栅源绝缘电阻 R_{GS}/Ω	共源小信号低频跨导 g_m/μS	输入电容 C_{gs}/pF	低频噪声 NFL/dB	最高振荡频率 f_{max}/MHz	最大漏源电压 U_{DSmax}/V	最大栅源电压/V	最大耗散功率 P_{Dmax}/mW	最大漏源电流 I_{Dmax}/mA
条件\型号	U_{DS}=10 V U_{GS}=0 V	U_{DS}=10 V I_D=50 μA	U_{DS}=0 V	U_{DS}=10 V I_D=3 mA	U_{DS}=10 V f=500 kHz		U_{DS}=10 V				
3DJ6D	<0.35	<|−9|	≥10^8	>1 000	≤5	≤5	≥30	>20	>20	100	15
3DJ8F	1~3.5		≥10^7	≥6 000	<8	<5	≥90				
3DJ2D	<0.35	<|−9|	≥10^8	>2 000	≤3	≤5	≥300	>20	>20	100	15
3DJ2F	1~3.5										
3DJ2H	6~10										

5. 部分晶闸管的主要性能指标

	型号 / 参数	3CT101 / (1A)	3CT103 / (5A)	3CT104 / (10A)	3CT105 / (20A)	3CT100A	3CT200A
普通晶闸管	反向工作峰值电压/V	30~800	30~1 200	30~1 200	30~1 200	30~1 200	30~1 200
	正向阻断峰值电压/V	30~800	30~1 200	30~1200	20~1 200	30~1 200	30~1 200
	反向平均漏电流/mA	1	1	1	1	4	4
	正向平均电流/A	1	5	10	20		
	正向电压降平均值/V	≤1.2	≤1.2	≤1.2	≤1.2	≤0.9	≤0.8
	控制极触发电流/mA	3~30	5~70	5~100	5~100	10~250	10~250
	控制极触发电压/V	≤2.5	≤3.5	≤3.5	≤3.5	≤4	≤4
	额定结温/℃	100	100	100	100	100	150
	维持电流/mA	≤30	≤40	≤60	≤60	≤80	≤100
	散热器面积/cm²		350	1 200	1 200	1 100 风冷	2 200 风冷

	型号 / 参数	Q401E3	Q403L3	BTA40B	BTA12B
双向晶闸管	额定通态电流/A	1	3	40 ($T_C=75℃$)	12 ($T_C=85℃$)
	重复峰值电压 U_{DRM}/V	400	400	600	600
	触发电流/mA	10	10	≤50 (1, 2, 3象限)	≤50 (1, 2, 3象限)
	维持电流/mA	15	15	≤80	≤80
	浪涌电流/A	16.7	12.5	≤300	≤120
	控制极开通时间/μs	3	3	2.5	2
	触发电压/V	2	2	≤1.5	≤1.5

附录三
半导体集成电路的型号命名及引脚识别

1. 集成电路器件型号的组成（GB 3430—1989）

第零部分		第一部分		第二部分	第三部分		第四部分	
用字母表示器件符合国家标准		用字母表示器件的类型		用阿拉伯数字和字母表示器件系列品种	用字母表示器件的工作温度范围		用字母表示器件的封装	
符号	意义	符号	意义		符号	意义	符号	意义
C	中国制造	T	TTL 电路	TTL 分为：	C	0 ℃ ~ 70 ℃	F	多层陶瓷扁平封装
		H	HTL 电路	54/74×××	G	−25 ℃ ~ 70 ℃	B	塑料扁平封装
		E	ECL 电路	54/74H×××	L	−25 ℃ ~ 85 ℃	H	黑瓷扁平封装
		C	CMOS	54/74L×××	E	−40 ℃ ~ 85 ℃	D	多层陶瓷双列直插封装
		M	存储器	54/74S×××	R	−55 ℃ ~ 85 ℃	J	塑料双列直插封装
		μ	微型机电器	54/74LS×××	M	−55 ℃ ~ 125 ℃	P	黑瓷双列直插封装
		F	线性放大器	54/74AS×××	⋮		S	塑料单列直插封装
		W	稳压器				T	金属圆壳封装
		D	音响、电视电路	54/74F×××	⋮		K	金属菱形封装
		B	非线性电路	CMOS 为：			C	陶瓷芯片载体封装
		J	接口电路	4000 系列			E	塑料芯片载体封装
		AD	A/D 转换器	54/74HC×××			G	网格针栅陈列封装
		DA	D/A 转换器	54/74HCT×××			⋮	
		SC	通信专用电路	⋮			SOIC	小引线封装
		SS	敏感电路				PCC	塑料芯片载体封装
		SW	钟表电路				LCC	陶瓷芯片载体封装
		SJ	机电仪电路					
		SF	复印机电路					
		⋮						

2. 集成电路引脚识别

集成电路结构形式	管脚标记形式	引线脚识别方法
圆形结构	(图：圆形结构集成电路，标注有管键、引脚、引脚排列序、金属外壳，引脚编号1~8)	圆形结构的集成电路形似晶体管，体积较大，外壳用金属封装，引线脚有3、5、8、10多种。识别时将管底对准自己，从管键开始顺时针方向读管脚序号
扁平形平插式结构	(图：扁平形平插式集成电路，标注有色标，引脚编号1、2…14、13)	这类结构的集成电路通常以色点作为引线脚的参考标记。识别时，从外壳顶端看，将色点置于正面左方位置，靠近色点的引线脚即为第1脚，然后按逆时针方向读出第2、第3、…各脚
扁平形直插式结构（塑料封装）	(图：扁平形直插式集成电路，标注有凹槽标记、色标，引脚1、2)	塑料封装的扁平直插式集成电路通常以凹槽作为引线脚的参考标记。识别时，从外壳顶端看，将凹槽置于正面左方位置，靠近凹槽左下方第一个脚为第1脚，然后按逆时针方向读第2、第3、…各脚
扁平形直插式结构（陶瓷封装）	(图：陶瓷封装扁平形直插式集成电路，标注有引脚、金属封片标记，引脚1、2…14、13)	这种结构的集成电路通常以凹槽或金属封片作为引线脚参考标记。识别方法同上
扁平单列直插式结构	(图：扁平单列直插式集成电路，标注有倒角、AN×××，引脚1~7)	这种结构的集成电路，通常以倒角或凹槽作为引线脚参考标记。识别时将引脚向下置标记于左方，则可从左向右读出各脚。有的集成电路没有任何标记，此时应将印有型号的一面正向对着自己，按上法读出脚号

附录四

常用半导体集成电路的主要性能指标

1. 部分集成运算放大器的主要性能指标

运放类型	参数条件 型号	电源电压范围 /V	差模输入电压 /V	共模输入电压 /V	输入失调电压 /mV $R_s=10$ kΩ	输入失调电流 /nA	输入偏置电流 /nA	差模电压增益 /dB $R_L=2$ kΩ	差模抑制比 /dB $R_s\leq10$ kΩ	差模输入电阻 /MΩ	增益带宽积 /MHz $R_L=2$ kΩ, $C_L=100$ pF	转换速率 /(V·μs^{-1})	失调电压温漂 /(μV·℃$^{-1}$)	失调电流温漂 /(nA·℃$^{-1}$)
通用型	CF741M	≤|±22|	≤|±30|	≤|±15|	≤5	≤200	≤500	≥94	≥70	≥0.3		0.5	20	1
通用型	CF324C	3~30 或 ±1.5~±15	V_-~V_+	0~V_+ -1.5	≤7 $V_+=5$ V, $V_-=0$ V	≤50	≤250	≥87	70				7	0.01
高阻型	CF3130	5~16 或 ±2.5~±8	≤|±8|	V_++8~V_--0.5	≤15 $V_+=7.5$ V, $V_-=-7.5$ V	≤0.03 $V_+=7.5$ V	≤0.05 $V_+=15$ V, $V_-=0$ V	≥94	≥70	1.5×10^6	15	30		
高阻型	CF347C	≤|±18|	≤|±30|	<|±15|	≤10	<0.1	<0.2	≥87	≥70	10^6	4	13	10	
宽带	CF318	≤|±20|			≤10	≤200		≥80	≥70	3	15	>50		
低功耗	CF253	±3~±18	≤|±30|	≤|±15|	≤5	≤50	≤100	≥90	≥80	6	1		3	<1
高速	CF715M	≤|±18|		≤|±15|	≤5	≤250	≤750	≥84	≥74	1	65	18 $A_U=1$		
高压	CF143	±4~±40	≤80 $U_S=±40$	≤|±40| $U_S=±28$ V	≤5	≤3	≤20	≥100 (R_L) =100 kΩ	≥80		1	2.5		
程控	CF4250M	±1~±18	<|±30|	<|±15|	≤5 $U_S=±15$ V, $I_{BI}=10$ μA	≤10	≤50	≥94	≥70		0.25	0.16		
高精度	CF7650	±3~±8			≤5 μV	5×10^{-4}	<0.01	>120	>120	10^6	2	2.5		

* 测试条件:$T_A=25$ ℃。除表中有说明的外,电源电压为 ±15 V。

2. 部分常用集成电路的型号和功能

序号	型号	功能
1	74LS00	2输入四与非门
2	74LS02	2输入四或非门
3	74LS04	六反相器
4	74LS07	六同相缓冲/驱动器（OC）
5	74LS08	2输入四与门
6	74LS10	3输入三与非门
7	74LS11	3输入三与门
8	74LS12	3输入三与非门（OC）
9	74LS14	六反相器（施密特触发）
10	74LS20	4输入双与非门
11	74LS21	4输入双与门
12	74LS27	3输入三或非门
13	74LS30	8输入与非门
14	74LS32	2输入四或门
15	74LS42	BCD码十进制数4线－10线译码器
16	74LS51	2路2输入/2输入四组输入与非门
17	74LS55	4－4输入二路与或非门
18	74LS73	双$J-K$触发器（带清零）
19	74LS74	正沿触发双D型触发器（带预置和清零）
20	74LS76	双$J-K$触发器（带预置和清零）
21	74LS83	4位二进制全加器（快速进位）
22	74LS85	4位比较器
23	74LS86	2输入四异或门
24	74LS90	十进制计数器（$\div 2$，$\div 5$）
25	74LS92	十二分频计数器（$\div 2$，$\div 6$）
26	74LS93	4位二进制计数器（$\div 2$，$\div 8$）
27	74LS95	4位移位寄存器
28	74LS109	正沿触发双$J-K$触发器（带预置和清零）
29	74LS110	与输入$J-K$主从触发器（带数据锁定）
30	74LS112	负沿触发双$J-K$触发器（带预置和清零）
31	74LS125	四总线缓冲门（三态输出）
32	74LS138	3－8线译码器/解调器
33	74LS139	双2－4线译码器/解调器
34	74LS151	8选1数据选择器
35	74LS153	双4选1数据选择器
36	74LS154	4－16线译码器/分配器
37	74LS157	四2选1数据选择器/复工器
38	74LS160	4位十进制计数器（直接清零）
39	74LS161	4位二进制计数器（直接清零）
40	74LS164	8位并行输出串行移位寄存器（异步清零）
41	74LS165	并行输入8位移位寄存器（补码输出）
42	74LS174	六D触发器
43	74LS175	四D触发器
44	74LS176	可预置十进制（二－五进制）计数器/锁存器
45	74LS181	算术逻辑单元/功能发生器
46	74LS190	十进制同步可逆计数器
47	74LS191	二进制同步可逆计数器

续表

序 号	型 号	功 能
48	74LS192	十进制同步可逆双时钟计数器
49	74LS193	二进制同步可逆双时钟计数器
50	74LS194	4位双向通用移位寄存器
51	74LS195	4位并行存取移位寄存器
52	74LS198	8位双向通用移位寄存器
53	74LS244	八缓冲器/线驱动器/线接收器（三态）
54	74LS245	八总线收发器（三态）
55	74LS248	BCD-七段译码器/驱动器（内有升压输出）
56	74LS257	四2选1数据选择器
57	74LS273	八D触发器
58	74LS283	4位二进制全加器
59	74LS290	十进制计数器（÷2，÷5）
60	74LS323	8位通用移位/存储寄存器（三态输出）
61	LM324	四运算放大器（模拟集成电路）
62	555	集成定时器
63	2114	静态 RAM
64	2716	2K×8位 EPROM
65	7800	集成三端稳压器系列
66	7900	集成三端稳压器系列
67	8051	单片微型计算机

3. 三端稳压器的主要性能指标

参数名称 \ 型号	CW7805	CW7815	CW78L05	CW78L15	CW7915	CW79L15
输出电压 U_o/V	4.8~5.2	14.4~15.6	4.8~5.2	14.4~15.6	-14.4~-15.6	
最大输入电压 U_{imax}/V	35	35	30	35	-35	-35
最大输出电流 I_{omax}/A	1.5	1.5	0.1	0.1	1.5	0.1
输出电压变化量 ΔU_o/mV（典型值，U_i变化引起）	3 $U_i=$ 7~25 V	11 $U_i=$ 17.5~30 V	55 $U_i=$ 7~20 V	130 $U_i=$ 17.5~30 V	11 $U_i=-17.5~-30$ V	200(最大值)
输出电压变化量 ΔU_o/mV（典型值，I_o变化引起）	15 $I_o=5$ mA~1.5 A	12	11 $I_o=1~100$ mA	25	12 $I_o=5$ mA~ 1.5 A	25 $I_o=1$ mA~ 100 mA
输出电压变化量 ΔU_o/（mV·℃$^{-1}$）（典型值，温度变化引起）	±0.6	±1.8	-0.65	-1.3	1.0	-0.9
	$I_o=5$ mA，0 ℃~125 ℃					

4. 几种常用集成电路图形符号对照

名　称	新符号	旧符号	国外常用符号
集成运算放大器	$\triangleright A_0$ 符号		
与　门	&		
或　门	≥1	+	
非　门	1		
与非门	&		
或非门	≥1	+	
异或门	=1	⊕	